RENCONTRES
646

Série *Civilisation médiévale*
dirigée par Richard Trachsler et Estelle Doudet
61

L'Expérience des croisades et les échanges culturels au Moyen Âge tardif

Ouvrage publié avec le financement du Ministère de l'université
et de la recherche en Italie (MUR), Projet PRIN 2017
Atlante prosopografico delle letterature romanze medievali
(XII-XIII sec.) (20179KMM4T_002)

L'Expérience des croisades et les échanges culturels au Moyen Âge tardif

Sous la direction de Massimiliano Gaggero
et Filippo Pilati

PARIS
CLASSIQUES GARNIER
2025

Massimiliano Gaggero est professeur associé en philologie romane à l'Università degli Studi di Milano. Il a travaillé sur l'historiographie médiévale des croisades en langue vernaculaire, sur le roman arthurien, sur les traductions médiévales d'Ovide et sur l'histoire de la métrique médiévale.

Filippo Pilati est chercheur post-doc en philologie romane à l'Università degli Studi di Milano. Il a travaillé sur la lyrique occitane et sur l'historiographie médiévale en langue vernaculaire, notamment sur les *Faits des Romains*, *Fatti di Cesare* et *Zesarie batalie*.

ISBN 978-2-406-17445-5 (livre broché)
ISBN 978-2-406-17566-7 (livre relié)
ISSN 2103-5636

PRÉFACE

Depuis les années 2000, les études de philologie et littérature médiévales ont marqué un intérêt constant pour les échanges culturels avec l'Orient latin, dans la période qui va de la création des États croisés à la suite de la Première Croisade jusqu'à la fin du Moyen Âge en passant par la perte de Saint-Jean d'Acre en 1291.

Ce changement de perspective, qui a permis de réévaluer avant tout l'importance de la contribution de l'Orient latin à la culture des derniers siècles du Moyen Âge, a été possible par l'édition critique de textes écrits *outremer* : il s'agit de textes littéraires, tels que la *Chronique du Templier de Tyr* (éditée par Laura Minervini) et la *Bible d'Acre* (éditée par Pierre Nobel), et, plus récemment, la traduction de la *Rectorique de Cyceron* par Jean d'Antioche (éditée par Elisa Guadagnini), mais aussi de documents, tel le corpus de documents italiens de Chypre édité par Daniele Baglioni. Dans les dernières années, des projets d'éditions en ligne, tels que *Lyric Responses to the Crusades in Medieval France and Occitania* (University of Warwick, dirigé par Linda Paterson) et *The Values of French* (King's College London, dirigé par Simon Gaunt) ont aussi été consacrés à des textes qui participent des échanges entre l'Europe et l'Orient latin.

Ce travail d'édition a été accompagné par un examen approfondi de la langue des textes, en premier lieu grâce aux études de Pierre Nobel et Laura Minervini, et par une réévaluation de la tradition manuscrite d'un nombre important d'ouvrages, à partir des études de Fabio Zinelli, qui a permis de comprendre que l'Orient latin a joué un rôle important dans la circulation de textes, tels l'*Histoire ancienne jusqu'à César*, le *Trésor* de Brunet Latin ou les recueils hagiographiques, par le biais de la production de manuscrits qui ont ensuite servi de modèles pour des manuscrits copiés en Europe. La présence *outremer* d'un manuscrit copié en Europe s'avère parfois aussi révélatrice d'un réseau d'échanges culturels, comme le montrent les études qui ont accompagné l'édition critique des textes du manuscrit Saibante Hamilton 390 de la Staatsbibliothek de Berlin (dirigée par Maria Luisa Meneghetti et Roberto Tagliani), qui a appartenu à la famille Morosini de Venise, dont une note de possession atteste la présence à Famagouste en 1350.

Grâce à ce renouveau des études, on peut désormais voir comment les échanges entre l'Europe et l'Orient latin ont lieu dans un espace méditerranéen partagé, dans lequel les territoires orientaux jouent un rôle important de relais culturel non seulement pour la réception mais aussi pour la production – en ce qui nous concerne plus directement – de textes et de manuscrits.

On peut déceler un dénominateur commun entre ces thèmes de recherche et d'autres qui ont caractérisé les études philologiques et littéraires dans les dernières années : l'intérêt porté aux phénomènes du contact linguistique, d'un côté, et aux textes à dominante historique, didactique et documentaire, ainsi qu'à l'évolution et à la diffusion de la prose médiévale. Il s'agit d'une tendance qui a permis d'envisager sous un nouveau jour l'historiographie en langue romane, à partir d'études comme celles de Gabrielle Spiegel et de Catherine Croizy-Naquet sur les enjeux de l'écriture de l'histoire, auxquelles ont fait suite un nombre important de contributions et d'édition de textes.

Les études recueillies dans ce volume mettent en relief plusieurs aspects liés aux transfert culturels entre Europe et Orient latin, et à l'expérience – réelle ou imaginée – de la croisade.

Une première série d'articles (Catherine Croizy-Naquet – Sara Pezzimenti, Paolo Rinoldi, Stefano Resconi) porte sur les legs de l'élaboration culturelle de l'expérience de la croisade dans des textes écrits en Occident à une époque plus ou moins éloignée des faits évoqués. Viennent ensuite deux articles (Peter W. Edbury, Alice Colantuoni) qui portent sur des textes qui sont le produit des milieux d'Outremer. L'article de Daniele Baglioni, aborde l'un des thèmes fondamentaux dans l'étude des échanges culturels entre Orient et Occident que nous avons mentionnés, celui du contact linguistique, à travers le lexique. Cette thématique est aussi abordée par les articles de Di Fabrizio et Mazzitello, dans la seconde partie de ce recueil. Le dernier groupe d'articles (Massimiliano Gaggero, Anna Maria Di Fabrizio, Luca Sacchi, Pantalea Mazzitello) prend en examen des moments de la circulation de la compilation historique connue sous le nom d'*Eracles*, qui a été l'une des références – directes ou indirectes – pour la connaissance de l'histoire des croisades dans l'Europe des XIIIe-XVe siècles, et qui a eu une circulation très vaste et une fortune manuscrite de longue durée dans les trois derniers siècles du Moyen Âge[1].

Le volume dans son ensemble met surtout l'accent sur les dynamiques de la circulation des textes et des motifs dans l'historiographie, la chanson de geste et le roman : ces dynamiques confirment à quel point l'expérience des croisade a été centrale dans l'élaboration des mentalités médiévales, surtout pour l'autoreprésentation de la noblesse, qui se sert aussi de la littérature (et en particulier de la poésie lyrique) en tant que moyen d'intervention dans la situation politique du moment.

L'image que la noblesse projette de soi ne se construit par ailleurs pas seulement à travers les textes littéraires, mais aussi à travers la création des traités de droit coutumier (les *Assises*) ou généalogiques (les *Lignages d'Outremer*), qui apparaissent relativement tôt en Outremer ; ces textes sont par ailleurs très proches de la tradition historiographique (et surtout de l'*Eracles*), qui occupe une place importante dans ce volume, avec laquelle ils entretiennent un dialogue constant.

Nous avons donc choisi d'approfondir le second de ces thèmes de recherche, de façon cohérente avec la démarche adoptée dans le projet PRIN 2017 *Atlante prosopografico delle letterature romanze medievali (XII-XIII sec.)* (20179KMM4T_002), financé par le Ministero de l'Università e della Ricerca (MUR).

Massimiliano GAGGERO
Filippo PILATI
Università degli Studi di Milano

1 Les auteurs ont préparé leurs contributions avant la parution de *The* Chronique d'Ernoul *and the* Colbert-Fontainebleau Continuation *of William of Tyre*, ed. Peter W. Edbury, Massimiliano Gaggero, 2 vol., Leiden-Boston, Brill, 2023 ; il n'était pas envisageable de vérifier toutes le citations sur la nouvelle édition. Les lecteurs pourront aisément comparer les éditions précédentes avec la nouvelle édition, qui donne à la fin de chaque paragraphe le renvoi aux pages des textes critiques utilisés dans le cadre de cet ouvrage.

INFORTUNE MANUSCRITE, FORTUNES TEXTUELLES ?

Le succès d'un idéal, l'*Estoire de la Guerre Sainte* et le motif du pouvoir collectif au Moyen Âge

Dans le panorama littéraire du XIIe siècle, l'*Estoire de la guerre sainte*, premier texte consacré à un récit de croisade en langue vernaculaire, occupe une place singulière[1]. D'une part, il apporte une connaissance sur les faits historiques, issue du témoignage oculaire d'un participant à l'expédition, frotté au monde oriental. D'autre part, il réemploie et assimile des procédés en vigueur dans les écrits contemporains en octosyllabes à rimes plates, combinant l'histoire et la fiction. La pratique n'est pas inédite dans l'écriture de l'Histoire[2] et elle donne parfois à l'histoire vécue en Orient les allures d'une geste flamboyante où le renouvellement le dispute à la tradition. Gaston Paris, qui a fourni l'édition et la traduction complètes de l'*Estoire* en 1897, l'attribue à Ambroise, dont le nom scande à sept reprises le récit, qui serait un jongleur selon lui[3] en raison de sa connaissance des romans et chansons de geste (v. 4179-4203). Il met aussi en avant le statut de pèlerin que revendique Ambroise, bien que ces deux états ne soient guère conciliables[4]. Toutefois, la polyphonie

---

1 *Estoire de la guerre sainte*, éd. Catherine Croizy-Naquet, Paris, Champion, Classiques Français du Moyen Âge, 2014 ; édition de référence pour cet article. Pezzimenti, Sara, *L'Estoire de la guerre sainte : tradizione e ricezione (con edizione del frammento di Dublino)*, Thèse de l'Université de Sienne, dir. Maria Luisa Meneghetti, 2012.

2 Si l'on suit la distinction opérée par Dominique Boutet entre histoire (avec un référent de nature littéraire) et Histoire (avec un référent de nature historique), *Formes littéraires et conscience historique aux origines de la littérature française (1100-1250)*, Paris, PUF, 1999, p. 3, n. 2.

3 *L'Estoire de la guerre sainte, Histoire en vers de la troisième croisade (1190-1192) par Ambroise*, éd. et trad. Gaston Paris, Paris, 1897.

4 Si l'attitude de l'Église a beaucoup changé au cours des siècles, elle est très hostile aux jongleurs jusqu'au XIIe siècle, comme le laissent entendre certains écrits des Pères de l'Église. Casagrande, Carla – Vecchio, Silvana, « Clercs et jongleurs dans la société médiévale (XIIe et XIIIe siècles) », *Annales ESC*, t. 34, 1979, p. 913-928.

énonciative et une composition marquée par des décalages temporels, les voix diverses qui se superposent et font interférer les postures de pèlerin et de narrateur, l'organisation du matériau et les commentaires d'un clerc chrétien et partisan de Richard, s'appuyant sur des sources, latines ou non, écrites et orales, militent en faveur d'un clerc-historiographe, à l'instar de Geffrei Gaimar, Robert Wace ou Benoît de Sainte-Maure, avec qui il partage à plus d'un titre la démarche et l'écriture historiennes[5]. Ces convergences plaident en faveur d'une origine anglo-normande, confortée par des indices factuels, des notations géographiques et les brèves prosopographies des hauts barons de la croisade[6]. La date du texte est plus incertaine. Elle est débattue à la lumière des événements, de l'hypotexte supposé, l'*Itinerarium peregrinorum (IP1)*[7] et de son hypertexte, l'*Itinerarium peregrinorum et gesta regis Ricardi (IP2)* de Richard du Temple[8]. Le style, le contenu entre chronique et apologie du roi anglais, le recensement des œuvres vernaculaires et le mode de prestation oral aident à dater le texte de la fin du XIIe siècle, avant la mort du roi anglais et après son emprisonnement au retour de la croisade[9].

L'*Estoire* se fonde a priori dans la tradition vernaculaire, même si elle s'en abstrait par la relation d'une actualité encore récente, toujours à vif dans la mémoire collective. Pourtant, elle n'a curieusement rencontré aucun succès, si tant est que celui-ci se mesure à la diffusion manuscrite : de l'*Estoire*, on ne possède à ce jour qu'un manuscrit complet et deux fragments. Causée par les aléas matériels, par les circonstances de

---

5 Voir *Estoire de la guerre sainte*, éd. Catherine Croizy-Naquet, *op. cit.*, p. 50-92, et consulter Damian-Grint, Peter, *The New Historians of the Twelfth-Century Renaissance, Inventing Vernacular Authority*, Woodbridge, The Boydell Press, 1999.

6 *Estoire de la guerre sainte*, éd. Catherine Croizy-Naquet, *op. cit.*, p. 58 *sqq.*

7 *Das Itinerarium peregrinorum : eine zeitgenössische englische Chronik zum dritten Kreuzzug in ursprünglicher Gestalt*, hrsg. Hans E. Mayer, Stuttgart, Hiersemann, 1962 (*Schriften der Monumenta Germaniae Historica*, 18). Voir Nicholson, Helen J., « The Construction of a primary source : The Creation of *Itinerarium peregrinorum 1* », *Cahiers de Recherches Médiévales et Humanistes, Conter des croisades*, t. 37, 1, 2019, p. 143-165.

8 *Itinerarium peregrinorum et gesta regis Ricardi, auctore, ut videtur, Ricardo, canonico Sanctae Trinitatis Londoniensis*, dans *Chronicles and Memorials of the reign of Richard I*, 1, ed. William Stubbs, London, Longman-Trübner, 1864 (rist. Millwood, Kraus reprint 1964) ; Nicholson, Helen J. (trad.), *Chronicle of the Third Crusade. A translation of the* Itinerarium peregrinorum et gesta regis Ricardi, Aldershot, Ashgate, 1997 (2e édition, 2001).

9 *Estoire de la guerre sainte*, éd. Catherine Croizy-Naquet, *op. cit.*, p. 83-91. Voir aussi *The History of the Holy War. Ambroise's Estoire de la Guerre Sainte*, I, ed. Marianne Ailes and Malcolm Barber ; II, trad. Marianne Ailes, notes Marianne Ailes and Malcolm Barber, Woodbridge, The Boydell Press, 2003.

production ou par la teneur du texte, une telle infortune, qui n'est pas rare, n'interdit pas toutefois sa postérité par la voie de l'intertextualité, dans la reprise des thématiques, des motifs et des procédés stylistiques. Plus incertaine que la tradition manuscrite, car impalpable, la fortune textuelle n'en contribue pas moins à la fabrique de l'Histoire à venir, sur le fonds d'un patrimoine littéraire et d'un imaginaire partagés. Le legs plus ou moins visible de l'*EGS* s'origine dans son propre rapport au passé et dans l'expérience orientale. Dans le cadre de cet article à deux voix, un bref état des lieux nous conduira à évaluer l'empreinte manifeste de l'*Estoire* dans quelques textes historiographiques auxquels la relie son sujet, par le biais d'un motif récurrent[10], l'exercice du pouvoir royal, autour de la notion de *consilium* et de collégialité.

DE L'INFORTUNE MANUSCRITE À LA FORTUNE TEXTUELLE Le biais d'un motif

ÉTAT DES LIEUX : LES RAISONS D'UNE INFORTUNE MANUSCRITE

Un rapide bilan sur la tradition manuscrite suffit à démontrer la diffusion très limitée de l'*EGS*[11]. On dispose d'un seul manuscrit complet conservé à la Bibliothèque du Vatican : le manuscrit Reg. Lat. 1659, formé de deux unités assemblées en un recueil factice, issu du fonds de la reine Christine de Suède qui, dans un article de son testament, le léguait à sa mort au pape. La présence de traits linguistiques anglo-normands, l'usage des motifs et des couleurs caractérisant les lettres

10 On sait la difficulté à définir ce terme. En l'occurrence, on s'appuiera sur la définition qu'en propose Jean-Jacques Vincensini : « Dans une perspective *formelle*, [...] un motif se définit comme un ensemble virtuel composé de trois noyaux ou encore comme une "molécule" formée de trois "atomes" », à savoir un noyau narratif, un noyau figuratif, correspondant à un thème invariant : *cf.* Vincensini, Jean-Jacques, « D'une distinction préalable à la définition des stéréotypes anthropologiques », *Ethnologie française*, t. 25, 2, 1995, p. 257-264.

11 *Estoire de la guerre sainte*, éd. Catherine Croizy-Naquet, *op. cit.*, p. 187 *sqq.* et le compte rendu par Rinoldi, Paolo, de l'éd. Ailes-Barber, *Revue critique de Philologie romane*, t. 10, 2009, p. 3-83.

filigranées, la main anglaise copiant le texte après l'*Estoire* avec peu de marques anglo-normandes invitent à penser qu'elle aurait été écrite en Angleterre dans le premier quart du XIIIe siècle, sans qu'il soit loisible de la rattacher à un atelier de production spécifique. Deux fragments s'ajoutent à ce manuscrit complet : le fragment du manuscrit de Keio (Université de Tokyo, Rare Books lib. 170X9.11.) et le fragment du manuscrit Trinity College Dublin MS 11325, qui n'apportent guère sur le contenu du texte, montrant simplement l'absence de dérivation directe entre des manuscrits localisés dans une même aire géographique[12].

L'*Estoire* n'a donc trouvé ni ses copistes ni son lecteur/auditeur, et s'est perdue dans une collection où elle cohabite avec des textes foncièrement différents dans un recueil factice[13]. L'insuccès dont pâtit le texte vient probablement de son aspect de satellite et de son isolement partiel dans la production historiographique anglo-normande contemporaine. De fait, l'auteur ne mentionne pas de commanditaire, non plus qu'il ne s'adresse à un destinataire précis, à l'encontre de Wace et de Benoît de Sainte-Maure ou Geffrei Gaimar. Il ne gravite pas dans l'entourage proche du roi, comme le révèle son ignorance sur les tractations menées en haut lieu durant l'expédition. Mieux, son histoire ne se coule pas dans la ligne dominante de l'historiographie latine et vernaculaire, c'est-à-dire, et quel qu'en soit l'empan spatial et temporel, une histoire nationale et/ou dynastique. Lorsqu'ils abordent la Troisième Croisade, les historiens retraçant en latin le règne des rois (ou du roi) Plantagenêts, tels Roger de Hoveden, l'incluent dans le *continuum* chronologique, sans lui donner une attention soutenue ni lui procurer une narration détaillée. Et si un Richard de Devizes se focalise sur la période qui court du couronnement de Richard en Terre sainte en 1189 à son retour en 1192[14], les informations transmises ne sont pas exactement semblables à celles qu'offre l'*Estoire* qui s'intéresse certes aux Grands mais, ce qui est nouveau, aux petites gens aussi.

---

12 *Estoire de la guerre sainte*, éd. Catherine Croizy-Naquet, *op. cit.*, p. 197-199.

13 Le ms. 1659 est formé de deux unités. La première contient l'*EGS* (f°s 1-89vb) suivie des deux premières strophes du *planh* de Gaucelm Faidit, notées par une même main. Très altérée, cette chanson provençale, du XIIIe siècle, est réalisée après la mort de Richard Cœur de Lion dont elle vante les exploits. La seconde unité (f°s 91-100ra), d'une fine écriture anglaise du XIVe, est faite du poème de Chardri, de proverbes misogynes, du *Petit Plet* et d'un fragment de la *Petite Philosophie*, ces deux derniers textes étant d'une autre main. Rien n'indique le moment où ces deux unités furent assemblées en un recueil factice.

14 Sur tous ces points, *Estoire de la guerre sainte*, éd. Catherine Croizy-Naquet, *op. cit.*, p. 32-50.

L'*EGS* est sans doute le fruit d'une initiative personnelle, provoquée par une actualité encore à chaud dont le prologue laisse percer l'intensité : l'auteur y déplore la perte de Jérusalem et condamne les péchés des chrétiens avant d'exalter le départ à la croisade (v. 9-86). C'est un texte de circonstance écrit par un clerc soucieux de rapporter le déroulement de la guerre sainte au quotidien dans ses grandeurs et ses misères. Il atteste un contact direct avec le terrain, exposant des choses vues et entendues, et peut-être lues[15]. Il enserre en effet dans la trame événementielle des *realia* décrivant les lieux, les mœurs et les coutumes au moyen de définitions de termes et de notes encyclopédiques, des anecdotes ou encore les digressions dont celle sur la secte des Assassins, relativement bien informée[16]. Toutes ces vignettes, qui aident à peaufiner l'*ethos* d'un auteur spectateur *in situ*[17], élargissent le champ des savoirs au-delà des attentes ordinaires et des clichés littéraires que favorise le tropisme oriental tiraillé entre réalités et fantasmes. Néanmoins, le clerc ne cherche pas à être un ethnographe en quête d'exotisme : avant tout, il s'efforce de défendre l'action de Richard et de dresser son portrait élogieux en champion de la chrétienté, qui le dédouane de son échec en Terre sainte et des critiques qui ont plu sur lui, avant même qu'il quitte l'Orient (v. 12193-12240). Dans cette perspective, l'*Estoire* a les accents d'un texte de propagande à la gloire de Richard Cœur de Lion, rejoignant les œuvres du même type qui circulent des deux côtés de la Manche[18].

Histoire proche, l'*EGS* est ainsi destinée à un public restreint, évoluant dans le cercle Plantagenêt, accoutumé à entendre dire ou déclamer romans, chansons de geste, historiographies et hagiographies. Cet

15 Sur le témoignage oculaire, *cf. ibid.*, p. 65 *sqq.*

16 Croizy-Naquet, Catherine, « Légende ou histoire ? Les Assassins dans l'*Estoire de la guerre sainte* d'Ambroise et dans la *Chronique d'Ernoul et de Bernard le trésorier* », *Le Moyen Âge*, t. 117, 2, 2011, p. 237-257.

17 Pour une définition de ce terme dans un texte médiéval, voir Mühlethaler, Jean-Claude, Burghgraeve, Delphine, Schertz, Claire-Marie « Introduction. Figure, posture, *ethos* à l'épreuve de la littérature médiévale », *Un territoire à géométrie variable. La communication littéraire au temps de Charles VI*, éd. Jean-Claude Mülhetahler, Delphine Burghgraeve, Paris, Garnier, 2017, p. 9-51.

18 Voir par exemple Gillingham, John, « Royal Newsletters, Forgeries and English Historians : Some Links between Court and History in the Reign of Richard I », *La cour Plantagenêt*, actes du colloque tenu à Thouars du 30 avril au 2 mai 1999, Poitiers, 2000, p. 171-185. Flori, Jean « Ambroise, propagateur de l'idéologie Plantagenêt ? », *Culture politique des Plantegenêt (1154-1224), Actes du Colloque tenu à Poitiers du 2 au 5 mai 2002*, éd. Martin Aurell, Poitiers, CESCM, 2003, p. 173-175.

auditoire modèle, à l'instar du lecteur modèle que définit Umberto Eco, est sensible aux effets de lecture et de sens que ce texte de croisade produit sur lui : il lui est familier par un matériau littéraire commun et par les valeurs qu'il véhicule ; il le déconcerte par l'écart qu'instaure l'horizon oriental sous le regard d'un pèlerin foulant pour la première fois une terre inconnue. On conçoit aisément que l'*Estoire* perde de sa force d'attraction pour une nouvelle génération d'auditeurs, une fois la fièvre et les répercussions de l'événement atténuées, une fois la gamme des émotions émoussée, une fois la curiosité orientale satisfaite. Lors même qu'elle y a concouru, la légende de Richard, que la croisade n'alimente qu'en partie, peut se forger et se pérenniser sans elle, comme l'illustre l'éventail des œuvres qu'il a inspirées par la suite[19].

Replacée dans son historicité, la marginalisation de l'*Estoire*, se comprend aussi par sa facture, frappée d'obsolescence quand, à l'orée du XIIIe siècle, émerge la prose dans l'histoire et dans le roman. Perçue en *medium* de la « veraie estoire », la prose dévalue en conséquence le vers narratif, soupçonné d'être par essence mensonger[20]. L'*Estoire* est alors doublement concurrencée : elle l'est par la tradition des traductions et continuations réalisées à partir de l'œuvre latine de Guillaume de Tyr, qui, dans une tentation totalisante, embrasse le temps long des croisades[21] ; et elle l'est par les chroniques isolées, entreprises par des non professionnels, plus ou moins rompus à l'art d'écrire, les chevaliers acteurs de la Quatrième Croisade puis de la Septième, à qui la prose, plus facile d'accès, accorde une visibilité immédiate[22]. Cette rupture

19 Voir par exemple *Richard Cœur de Lion, Histoire et légende*, textes présentés par Michèle Brossard-Dandré et Gisèle Besson, Paris, 10/18, Bibliothèque médiévale, 1989 ; Broughton, Bradford B., *The Legends of King Richard I, Cœur de Lion. A Study of Sources and Variations to the Year 1600*, The Hague, Paris, Mouton & Co, 1966 ; *Richard Cœur de Lion in History and Myth*, ed. Janet L. Nelson, King's College, London, Centre for Late Antiquity and Medieval Studies, 1992.

20 Sur cette question, Croizy-Naquet, Catherine, « "Nus contes rimés n'est verais". La poésie en procès », *Revue des Sciences Humaines*, t. 276, 4, 2004 (Poésie en procès, éd. Claude Millet), p. 29-44. Voir aussi *Rencontres du vers et de la prose : pensée théorique et mise en page*, Actes du colloque des 12-13 décembre 2013, éd. Catherine Croizy-Naquet, Michelle Szkilnik, Turnhout, Brepols, Code & Contexte, 2016 ; *Vers et prose en moyen français*, éd. Catherine Croizy-Naquet, Michelle Szkilnik (*Le moyen français*, t. 76-77, 2016).

21 Sur cette œuvre, on renverra aux nombreux travaux de Peter W. Edbury et à ceux de Massimiliano Gaggero cités dans la bibliographie de cet ouvrage.

22 Ce n'est pas dire que la prose est dépourvue de sophistication (voir Cerquiglini, Bernard, *La parole médiévale*, Paris, Éditions de Minuit, 1989), mais elle est sans doute plus accessible (Baumgartner, Emmanuèle, *Le récit médiéval*, Paris, Hachette, Contours littéraires, 1995, p. 74).

formelle et la naissance concomitante de nouvelles modalités d'écriture rendent ainsi l'*Estoire* passée de mode.

Pourtant, c'est un texte fondateur qui ensemence considérablement l'historiographie française. Elle assure le passage de la prose latine à la prose française, conférant au vernaculaire sa légitimité à parler de la croisade sur les postulats de vérité et d'édification. Dans la zone aréale qui est la sienne, elle réinvestit des conventions d'écriture bien affirmées dans l'historiographie anglo-normande, qu'elle confronte au monde des humbles et à l'espace oriental[23]. Sous un angle plus idéologique, elle agite des questions essentielles sur l'exercice du pouvoir royal et féodal en pleine guerre sainte et dans le royaume latin de Jérusalem. Dans le même temps, par la forte charge émotive et affective qui l'empreint, par la littérarité qui la soutient, elle fait, aux yeux de la postérité, à la fois office de modèle et de repoussoir. Elle ouvre la voie d'un côté à une prose qui n'a de cesse de dégraisser la narration au profit de la neutralité et de l'objectivité, de l'autre à une prose habitée d'une subjectivité plus ou moins prégnante d'individus engagés comme Robert de Clari ou Joinville. Grosse des acquis passés et présents qu'elle adapte et négocie dans le creuset de l'histoire contemporaine, l'*Estoire* donne ainsi une nouvelle dynamique à l'historiographie. Son succès par contamination intertextuelle s'enracine dans le traitement qu'elle réserve aux paradigmes politiques et religieux, constituant le ferment et l'assise de la royauté au XIIe siècle.

DE L'INFORTUNE MANUSCRITE À LA FORTUNE TEXTUELLE : LES RESSOURCES D'UN MOTIF

L'un des motifs récurrents que le texte envisage, propre au système féodo-vassalique, est celui des liens nouant les seigneurs à leurs vassaux, dont les chroniqueurs de croisade, chevaliers ou clercs, sauront par la suite se souvenir. L'*Estoire* l'explore dans le concret de l'expédition, se révélant pénétrée de la théorie qui le fonde, des sources qui le documentent et des œuvres littéraires qui l'expérimentent. L'interdépendance unissant les rois, y compris le sultan, à leur entourage et aux principales institutions greffées à la royauté, la cour et le conseil, s'exprime tout au long du récit par les substantifs *cort* (*pleniere*) et *concill*, ou *conseil*. Elle entraîne

23 *Estoire de la guerre sainte*, éd. Catherine Croizy-Naquet, *op. cit.*, p. 146 *sqq.*

l'auteur à peindre les protagonistes dans une approche socio-politique et à décrypter les relations qui les soudent.

Dans la configuration du système féodal, avec sa structure pyramidale qui fait primer l'intérêt général, celui qui le couronne, le roi, attire légitimement toute l'attention. Le terme *corone*, signe le plus visible et le plus symbolique de la condition royale, et le verbe *coroner* sont employés (v. 181-184) lorsque Richard succède à son père. L'auteur se concentre en effet sur le roi anglais, modèle du prince chevalier, tel qu'Henri II s'est employé à le propager dans un dessein de propagande anti-capétienne, grâce à Jean de Marmoutier dans la *Chronique des comtes d'Anjou* ou encore à Wace dans le *Roman de Brut*[24]. Richard est de fait un *dux bellorum* dont la prouesse est continûment louée et emblématisée par le surnom accolé à son patronyme : Cœur de Lion (v. 2310). Ces dispositions du roi l'habilitent pleinement à gouverner, soit, pour Georges Duby[25], à assumer la « principale mission temporelle de la royauté », par lesquels se jauge, au nombre des territoires conquis ou reconquis, la force. En Richard, l'*Estoire* associe la souveraineté symbolisée par la cérémonie du couronnement et la suzeraineté à travers le spectacle du pacte féodal sur lequel il édifie son pouvoir et son action en Terre Sainte.

Ces vertus de Richard s'étoffent par celles de piété ou de foi, qui sont au cœur de la *christiana doctrina* de saint Augustin, dédiées au service de Dieu que la croisade requiert au premier chef. Parmi les références en matière de théorie politico-religieuse, l'une des mieux établies à la cour anglo-normande est celle de Jean de Salisbury dont le *Policraticus* applique à la pensée contemporaine « la pensée théocratique antique[26] » et que prolonge, ente 1174 et 1178, le *Livre des manières* (« sur les états du monde ») d'Étienne de Fougères[27]. Dans le feuilleté des événements, l'*EGS* transpose des fragments théoriques ou des réminiscences augustiniennes, qui lui permettent de faire du roi anglais l'élu de Dieu. Dans la mouvance de « l'augustinisme politique », qui fait de la religion chrétienne le fondement de la puissance séculière, le clerc délimite

24 *Chronique des comtes d'Anjou et des seigneurs d'Amboise*, éd. Louis Halphen – René Poupardin, Paris, Picard, 1913. Wace, *Le Roman de Brut*, éd. Ivor Arnold, Paris, SATF, 2 vol., 1938-1940.

25 Voir notamment Duby, Georges, *Guerriers et paysans*, Paris, Gallimard, 1973, p. 60-61.

26 Se reporter à Boutet, Dominique, *Charlemagne et Arthur*, Paris, Champion, 1992, p. 169.

27 Étienne de Fougères, *Le Livre des manières*, éd. Anthony Lodge, Genève, Droz, 1979, v. 149-152.

l'autorité de Richard sur ses sujets et la justice qu'il incarne. Il les relie à la mission divine qui lui incombe et à la foi qui l'anime[28], présidant à ses actions, lui garantissant le salut éternel et lui assurant le triomphe sur les ennemis[29].

Cette représentation du prince idéal s'accompagne d'une peinture de l'entourage qui doit être soigneusement choisi et mû par les mêmes idéaux, afin que s'exerce en toute harmonie le pacte féodal. L'*EGS* relaie cette exigence primordiale, en s'attachant aux hommes qui gravitent étroitement autour des gouvernants. Côté anglais, le versant spirituel est assuré par le haut clergé dont les membres les plus éminents sont les évêques et les archevêques. S'y adjoignent les Templiers et Hospitaliers[30], et des clercs chevaliers sans affiliation à un ordre, tels Hugues de La Mare[31]. Le versant temporel est figuré par l'aristocratie, dans l'orbite de laquelle Richard est intégré et dont il est le point de ralliement. Les listes des noms propres, qui prouvent l'importance de la haute aristocratie anglo-normande, sont souvent complétées par des désignations plus génériques qu'individualisantes : *li haut home*, *li baron*, plus rarement *cuens* et *dux*, etc.[32]. La mise en sourdine le plus souvent des rangs exacts, qu'elle soit ou non calculée, accentue la solidarité, codifiée par les coutumes, entre le roi et ses hommes. L'auteur projette donc les constituantes du système féodal sur la toile du récit de croisade qui en met aussi au jour les angles morts ou les failles.

Le pacte féodal est en effet examiné au quotidien de l'expédition. Il repose, on le sait, sur trois obligations principales qui relèvent du système, augustiniste, de la théocratie royale[33] : l'*auxilium*, le premier service auquel le vassal est astreint tout comme le souverain[34] ; le *consilium*, les vassaux étant tenus de participer aux cours de justice et au conseil royal ou bien

28 Arquillière, Henri-Xavier, *L'Augustinisme politique. Essai sur la formation des théories politiques du Moyen Âge*, Paris, Vrin, 1972 (1re éd. 1933), p. 71 *sqq.*

29 Boutet, *Charlemagne et Arthur*, *op. cit.*, p. 169 *sqq.*

30 Sur les liens entre Richard et les ordres militaires, voir notamment Demurger, Alain, « Templiers et Hospitaliers dans les combats de Terre sainte », *Le combattant au Moyen Âge*, Société des historiens médiévistes de l'Enseignement Supérieur public, Paris, Publications de la Sorbonne, 1995, p. 77-92.

31 Pour l'identification des chevaliers dans l'entourage de Richard, voir Vielliard, Françoise, « Richard Cœur de Lion et son entourage normand : le témoignage de l'*Estoire de la guerre sainte* », *Bibliothèque de l'École des Chartes*, t. 160, 2002, p. 5-52.

32 Voir *Estoire de la guerre sainte*, éd. Catherine Croizy-Naquet, *op. cit.*, p. 112 *sqq.*

33 Boutet, *Charlemagne et Arthur*, *op. cit.*, p. 124 *sqq.*, note 1.

34 *Ibid.*, p. 124 *sqq.*

de donner des conseils, dès lors que le seigneur en éprouve le besoin. La dernière obligation est le devoir d'entretien revenant au souverain et se manifeste, comme dans les romans et chansons de geste, par la largesse dont Richard, distribuant fiefs et biens divers, est le parangon[35]. Ces trois obligations prêtent à des combinaisons variées en fonction des rois et des circonstances de la croisade.

La grande question est celle du rôle respectif du roi et de ses vassaux dans les délibérations et la prise de décision finale. Seul, le départ à la croisade, abondamment motivé dans le prologue, échappe à tout débat, car il est de l'ordre de l'obligation religieuse et morale. La dialectique entre dépendance et autonomie royale parcourt le texte à travers deux formes normées de réunion entre le roi et ses vassaux[36]. La première, la participation aux cours de justice et aux conseils sur la demande du roi, engendre des scènes de *cort pleniere*, de *concill*, autant côté chrétien que sarrasin[37] par une transposition sans distanciation, mais non sans une certaine exactitude, au monde oriental. Saladin réunit effectivement son *majlis*, son entourage fait d'émirs, administrateurs, juristes, élites religieuses, hommes de lettre[38]. Relaté par ʿImâd al-Dîn, le conseil tenu à l'automne 1189, au moment du siège d'Acre, est comparable à ceux qu'organisent les Francs[39]. La seconde forme, plus libre et moins solennelle, réside dans l'administration de conseils « au fil de l'eau » suivant la conjoncture et les urgences.

L'*EGS* reflète les tensions entre l'application d'une règle – qui est aussi une coutume dans le monde fictionnel arthurien[40] – et sa transgression. Notons d'emblée que, dans l'*Estoire*, la proposition n'émane pas toujours du roi – de fait, le conseil par son rôle propose –, et que la décision n'est pas systématiquement du ressort du *barnage*. Les domaines décisionnels concernent l'aspect stratégique des opérations militaires (v. 3664 *sqq.*), qui entre dans les prérogatives du conseil, et l'aspect tactique, plus concret, qui échoit au roi, avec, entre autres, le choix et l'agencement des troupes. L'entourage emporte sans conteste la mise au

---

35 Voir sur ce point, *Estoire de la guerre sainte*, éd. Catherine Croizy-Naquet, *op. cit.*, p. 161 *sqq.*

36 Boutet, *Charlemagne et Arthur*, *op. cit.*, p. 128.

37 *Estoire de la guerre sainte*, éd. Catherine Croizy-Naquet, *op. cit.*, v. 51121, 5195, 6999, 8428.

38 Eddé, Anne-Marie, *Saladin*, Paris, Fayard, 2009, p. 137, p. 158 *sqq.*

39 Imâd al-Dîn al-Isfahânî, *Conquête de la Syrie et de la Palestine par Saladin*, trad. Henri Massé, Paris, Librairie orientaliste Paul Geuthner, 1972.

40 Boutet, *Charlemagne et Arthur*, *op. cit.*, p. 134.

moment où, Jean sans Terre menaçant la stabilité du royaume, Richard décide de retourner en Grande-Bretagne. Il s'agit alors de désigner celui qui dirigera les opérations en Terre sainte : les *barons* optent pour Conrad de Montferrat, ennemi juré du roi anglais, contraint d'accepter (v. 8646), au détriment de Gui de Lusignan qu'il soutient[41]. Le conseil délibère dans ce cas en l'absence du roi, chose qui n'est pas inhabituelle (la fiction en fournit des exemples avec Arthur)[42], et cultive l'image du *primus inter pares*[43]. Chez les Sarrasins, le *barnage* exige pareillement de Saladin la fin du siège d'Acre, de même qu'il l'enjoint, après l'avoir sermonné, à envoyer des espions pour connaître la stratégie des Francs (v. 6874-6894 ; 5106 *sqq.*).

À l'inverse, c'est Richard qui décide seul de prendre Chypre contre l'avis de ses conseillers le pressant de gagner sans tarder Acre (v. 1889 *sqq.*). Le jeu d'alternance en matière de décision est bien plus complexe à propos du siège de Jérusalem et du retour en Angleterre. Les barons sont prêts à assiéger la Ville Sainte, « que que li reis Richarz feïst » / « ne ou qu'il alast, ne qu'il deïst » (v. 9487-9480), et malgré la colère qu'il en ressent (v. 9501). Après la harangue du chapelain Guillaume de Poitiers[44], Richard revient sur sa position, s'alignant sur ses hommes. Ce revirement ne tient ni aux barons ni même au roi, mais au jugement de Dieu dont Guillaume de Poitiers est ici le porte-voix. Il rappelle que le souverain est supérieur à ses hommes, parce qu'il est tout juste au-dessous de Dieu et que c'est la volonté divine qui dicte avant tout ses actes. Reste que, devant l'extrême difficulté à parvenir à ses fins, sous l'impulsion et avec le soutien des ordres militaires (v. 10155-10211), Richard change de nouveau d'avis, abandonnant complètement son projet de reconquête. Ces oscillations circonscrivent les flous ou les zones d'ombre du contrat vassalique qui se nuance dans les faits et par les faits. Elles interrogent l'autorité véritable, détenue en dernière instance par Richard, lui-même instrument entre les mains de Dieu.

---

41 Sur ce conflit, voir notamment Jacoby, David, « Conrad, Marquis of Montferrat, and the Kingdom of Jerusalem (1187-1192) », *Atti del Congresso internazionale « Dai feudi monferrini e dal Piemonte ai nuovi mondi oltre gli Oceani »*, ed. Laura Balletto, Alessandria 2-6 aprile 1990, Alessandria, Accademica degli Immobili, 1993, p. 187-238 ; Croizy-Naquet, « Légende ou histoire ? », *op. cit.*

42 Il en va de même, semble-t-il, lors du siège d'Acre (v. 5221-5224) quand les Francs acceptent la demande de paix formulée par les messagers de Saladin. Voir aussi v. 8646.

43 Boutet, *Charlemagne et Arthur*, *op. cit.*, p. 131.

44 V. 9553 *sqq.* Le *Chapelein Guillames de Peitiers* n'est pas identifié.

Plus nette est en revanche la version négative de ce pacte qui, pour problématique qu'il soit, suppose des échanges, même vigoureux, entre le dirigeant et ses hommes. Philippe Auguste le néglige. Il manifeste un mépris ostensible à l'égard de ses barons en ne les consultant pas pour son départ de Terre sainte ; par avarice, il enfreint son devoir de subvenir aux besoins de ses troupes. Il s'affranchit *de facto* de ses obligations, se voyant fustigé autant par ses opposants que par ses hommes[45]. Appréciée sous le regard de Rigord[46], cette conduite rédhibitoire pour le clerc anglo-normand dénote en réalité une conception du pouvoir en pleine mutation, dans lequel le prestige monarchique et le culte de la royauté, occultant la nature féodale du pouvoir, sont en passe d'être renforcés[47].

Le *consilium*, dans sa réalité mouvante au gré des situations, explique le déroulement de la croisade sur une base idéologique et en articule les enjeux. Le clerc le reprend à nouveaux frais à l'épreuve d'une guerre sainte, en usant d'une écriture qui puise dans les traditions littéraires. Le motif, partie prenante de la narration chronologique et linéaire, constitutive de la chronique historique, importe un imaginaire nourri des valeurs de prouesse et de courtoisie, qui se déploie à travers les portraits, ou plutôt micro-portraits, des protagonistes. L'*Estoire* promeut des types de rois et de conseillers, à telle enseigne qu'elle ébauche un miroir des princes par fragments. La récurrence formulaire autour des termes ou expressions comme *largesse*, *cortoisie*, *prouesse*, *justice* et *amor de Deu* qui, dans une guerre sainte, revêt une singulière acuité, façonne l'image du roi modèle[48]. Richard qui cumule toutes ces qualités en est l'incarnation par les éloges formulés à son endroit tant par les chrétiens que par les Sarrasins et par ses combats racontés sous les couleurs de l'épique. L'arrière-plan littéraire complété de notations hagiographiques

45 Sur cette image, *Estoire de la guerre sainte*, éd. Catherine Croizy-Naquet, *op. cit.*, p. 174 *sqq.*

46 Croizy-Naquet, Catherine, « Rigord, Philippe Auguste et la croisade », *De la pensée de l'histoire au jeu littéraire*, études médiévales en l'honneur de Dominique Boutet, études réunies par S. Douchet, M.-P. Halary, S. Lefèvre, P. Moran et J.-R. Valette, Paris, Champion, p. 148-160.

47 Krynen, Jacques, *L'empire du roi, Idées et croyances politiques en France, XIII*e*-XV*e *siècles*, Paris, Gallimard, 1993, p. 51 *sqq.*

48 Croizy-Naquet, Catherine, « La représentation de Richard Cœur de Lion dans l'*Estoire de la guerre sainte* : des éléments d'hagiographie ? », *Des saints et des rois – L'hagiographie au service de l'histoire*, éd. Françoise Laurent, Laurence Mathey-Maille, Michelle Szkilnik, Paris, Champion, 2014, p. 175-190.

facilite la visualisation et, partant, l'apologie du corps politique du roi[49]. Mais les ajouts, anecdotes ou petits faits recueillis dans le quotidien de la croisade, pour ainsi dire dans la petite histoire – le roi malade, le roi en colère, le roi audacieux, le roi hésitant –, mâtinent avantageusement une perception désincarnée, et donnent à voir le corps privé du souverain, ce dont se souviendra Joinville peignant Louis IX[50]. L'auteur se livre ainsi à une histoire « indisciplinée » qui, par un processus d'individualisation, joue de façon originale sur le registre des émotions et de l'affectivité[51].

La figure de Saladin, en *alter ego* de Richard, inférieur parce que sans Dieu, approfondit la palette descriptive. Le sultan, tel qu'il est représenté à la même époque chez les chroniqueurs arabes, en particulier Ibn Shaddâd et 'Imâd al-Din[52], est paré des mêmes compétences : pitié, sagesse, justice, puissance, largesse, protection des déshérités et souci de bien s'entourer. La reconnaissance dont jouit Saladin s'inaugure véritablement après l'épisode du feu sacré qui lui fait prédire soit sa mort, soit la perte de la croix (v. 8400-8408)[53]. Le sultan échappant alors à la topique du prince oriental, perfide et orgueilleux, l'on est en droit de se demander si le clerc disposait sur place de renseignements précis, au moins par ouï-dire. L'*Estoire* est en ce sens une étape de première importance. Elle annonce – et même prépare – la profusion de récits historiques et fictifs, exaltant Saladin en Orient et en Occident[54]. La proximité du chrétien et du sarrasin accuse par contraste la perception

49 Suivant la célèbre conception des deux corps du roi : Kantorowicz, Ernst, *Les deux corps du roi, Essai sur la théologie politique au Moyen Âge*, trad. Jean-Philippe et Nicole Genet, Paris, Gallimard, 1989 (1re éd. 1957).

50 Jean de Joinville, *Vie de saint Louis*, éd. Jacques Monfrin, Paris, Le livre de poche, Lettres gothiques, 2002.

51 Sur l'émotion comme objet littéraire, voir notamment Boquet, Damien – Nagy, Pirojka, *Sensible Moyen Âge, Une histoire des émotions dans l'occident médiéval*, Paris, Seuil, 2015.

52 Eddé, *Saladin*, *op. cit.*, p. 158 *sqq.*

53 Tolan, John, « Mirror of Chivalry : Salah al-Din in the Medieval European Imagination », *Images of the Other : Europe and the Muslim World before 1700*, Cairo, The American University in Cairo Press, 1996, p. 7-38 ; repris en français « Miroir de la chevalerie : Saladin dans l'imaginaire européen médiéval », *L'Europe latine et le monde arabe au Moyen Âge, Cultures en conflit et en convergence*, Rennes, Presses Universitaires de Rennes, (chap. v), 2009, p. 75-96.

54 La bibliographie est considérable : citons notamment Tolan, « Mirror of Chivalry », *op. cit.* ; Eddé, *Saladin*, *op. cit.*, p. 541 *sqq.* ; Richard, Jean « Les Transformations de l'image de Saladin dans les sources occidentales », *Figures mythiques de l'Orient musulman*, éd. Denise Aigle, *Revue du monde musulman et de la Méditerranée*, Aix-en-Provence, Edisud, 89-90 (2000), p. 177-187 ; Jubb, Margaret A., *The Legend of Saladin in Western Literature and Historiography*, Lewiston, Mapeter, 2000 (*Studies in Comparative Literature*, 34).

discriminante de Philippe Auguste, contraire, il va de soi, à celle qu'en rédige son historiographe, Rigord[55]. Dans un scrupuleux jeu d'antithèses, comme dans un ballet bien réglé, le roi français est l'exact opposé de Richard, par sa convoitise, par son avarice et par son manquement à sa mission de roi très chrétien. Brian J. Levy a parlé avec justesse d'une bataille des vertus contre les vices[56].

Conçus dans l'esprit du système féodal, ces portraits affectent ceux des conseillers ou de l'entourage proche du/des rois sur lesquels ils s'alignent, la capacité de bien s'entourer étant un leitmotiv dans la littérature contemporaine. La louange du *barnage* acquis à Richard s'éploie dans les listes des seigneurs, topos épique repris dans le roman. Surgissant par salves, fondées sur l'anaphore, elles sont assorties de notations sur le rang et la prouesse[57]. L'apologie de l'entourage sarrasin se lit dans la qualification des émirs, sages et avisés, et singulièrement de Saffadin le frère de Saladin, intermédiaire direct des Francs. Image du mauvais roi, Philippe Auguste quant à lui s'avère inapte à bien choisir ses hommes : il compte auprès de lui des barons insubordonnés (v. 5285-5288) et il accorde son soutien à Conrad de Montferrat, exemple du grand féodal rebelle, pour la couronne de Jérusalem contre Gui de Lusignan.

Comportements et caractères, qui démontrent comment s'applique le *consilium*, sont soutenus par d'autres motifs, dont celui des festivités avec, d'entrée, la fête du couronnement en l'honneur de Richard[58]. Entée sur un protocole descriptif bien rôdé dans l'historiographie anglo-normande, elle met en scène le contrat féodo-vassalique et auréole de gloire le roi anglais, de manière à surpasser son frère ennemi français. À cette panoplie qui crée une dramatisation et une interprétation de l'Histoire s'adjoint la fréquence des discours directs, lors des cours plénières et autres réunions[59]. Recomposés ou plutôt inventés, ils sont soutenus par

55 Croizy-Naquet, « Rigord, Philippe Auguste et la croisade », *op. cit.*

56 Levy, Brian J., « Pèlerins rivaux de la Troisième Croisade : les personnages des rois d'Angleterre et de France d'après les chroniques d'Ambroise et d'Ernoul et le récit anglo-normand de la *Croisade et Mort Richard Cœur de Lion* », *La Croisade – réalités et fictions*, Actes du Colloque d'Amiens, 1987, éd. Danielle Buschinger, Göppingen, Kümmerle, 1989, p. 62-80.

57 Vielliard, « Richard Cœur de Lion », *op. cit.*

58 Croizy-Naquet, Catherine, « Les festivités dans l'*Estoire de la guerre sainte* d'Ambroise », *Le Moyen Âge*, t. 108, 1, 2002, p. 61-82.

59 Croizy-Naquet, Catherine, « Les voix de l'histoire dans l'*Estoire de la guerre sainte* d'Ambroise », *La voix dans l'écrit, PRIS MA*, IX/X, 24/1-2, n° 47-48 (2008), p. 55-70.

la scansion des octosyllabes au moyen des anaphores, répétitions, questions rhétoriques, et d'un vocabulaire judiciaire, militaire et politique. La parole directe est souvent déléguée à Richard, par exemple lorsqu'il expose une situation réclamant une décision dans des situations préoccupantes, dont son retour en Grande-Bretagne après les nouvelles alarmantes qu'il en a reçues. Elle revient également aux conseillers, chrétiens et Sarrasins, dans des séquences similaires, dans leur format, aux discours abondant dans les romans antiques et les chansons de geste : celui de Saladin invectivant ses émirs décalque la harangue d'Agoland dans la *Chanson d'Aspremont* (v. 6777 *sqq*.). L'un des plus longs discours est celui du chapelain Guillaume de Poitiers, interpellant Richard, « pensif » devant sa tente, tel Arthur à sa cour (v. 9557). Ce discours, extrêmement travaillé, prononcé par un clerc n'appartenant pas à la suite proche du roi, concourt à privilégier l'autonomie que le roi anglais s'octroie en d'autres occasions par ses courtes répliques. Il répond ainsi cavalièrement à Hugues de la Mare qui lui conseille la prudence lors d'une bataille où il s'expose inconsidérément :

> Sire clers, de vostre escripture,
> dist li reis, vos entremetez
> et de la presse vos jetez.
> Laissiez nos por la chevalerie,
> Por Deu et por seinte Marie ! (v. 1612-1616)

Ce n'est certainement pas la meilleure illustration de l'indépendance royale telle que Philippe Auguste s'emploie à l'acquérir et à l'imposer : cette réponse indique en effet l'une des faiblesses du roi anglais, son amour excessif de la prouesse, que l'évêque de Canterbury pointera dans un dialogue fictif avec Saladin, en fin de récit et de croisade (v. 12133 *sqq*.). Les commentaires du narrateur, pétris de jugements de valeurs, d'ordre bien souvent affectif, entre joie, désolation, regrets, malédictions, viennent enfin questionner en surplomb les faits et les gestes, les conduites et les paroles des Grands et petits, et juger sur le terrain les infractions au pacte féodal, dans une grille de lecture surimposée à la vision chrétienne de l'Histoire. Ils montrent comment l'auteur, bon connaisseur des œuvres contant d'Arthur et de Charlemagne, imprégné de réminiscences théoriques ou d'une culture plus ou moins filtrée, s'approprie un motif essentiel à l'intelligence de l'Histoire, en l'investiguant au gré des circonstances.

La croisade apparaît comme un terrain d'expérimentation idéal de l'équation postulant que le roi propose et le conseil dispose. Si la fiction s'évertue à l'éprouver ou à en faire une dynamique narrative, l'auteur la formule en historien relatant l'événement, animé par une ambition didactique et compassionnelle. Il présente en langue vernaculaire un récit novateur, qui pose les jalons d'une écriture de la croisade, que la postérité du motif illustre dans les textes historiques succédant à l'*Estoire*.

LE MOTIF DU CONSEIL DES BARONS DANS *L'EGS* ET DANS LES CHRONIQUES VERNACULAIRES EN PROSE

Parler de l'*EGS* dans un ouvrage consacré à la circulation de textes, de personnes et de manuscrits entre l'Orient latin et l'Europe peut être gênant. Le texte, en effet, n'est pas directement impliqué dans les échanges culturels entre l'Orient latin et l'Europe, ayant eu, comme l'a justement rappelé Catherine Croizy-Naquet[60], une circulation extrêmement limitée. Il serait cependant superficiel d'affirmer qu'une chronique de la Troisième Croisade détaillée et bien renseignée telle que l'*EGS*, n'a rien à voir avec l'Orient latin. Il y a en effet au moins une question à laquelle il faut d'abord répondre : si l'auteur ne semble pas intéressé par l'Orient – sa géographie, son exotisme, ses légendes, sa culture, sa spiritualité – pourquoi donc a-t-il écrit l'histoire d'une croisade ? La narration de cette entreprise militaire nécessite de prendre en compte la/les altérité/s de l'Orient.

Je n'arrive pas à trouver une meilleure réponse que celle formulée par Catherine Croizy-Naquet : l'auteur de l'*EGS* s'est engagé à raconter en détail l'histoire de la troisième croisade parce que ce récit lui permet notamment de transférer dans un contexte historique réel le problème des rapports entre roi et vassaux et de les analyser « dans le concret de l'expédition[61] ».

Catherine Croizy-Naquet a déjà bien rappelé l'importance du motif de la collégialité du pouvoir dans l'*EGS*. Sur les 248 paragraphes dans

60 *Cf.* p. 13-17.
61 *Cf.* p. 19.

lesquels le ms. de la Reine, seul témoin complet de l'œuvre, est réparti, 25 présentent clairement le motif de la collégialité du pouvoir décisionnel. Le plus souvent, en effet, il est clair que le pouvoir décisionnel revient à l'assemblée, que Richard respecte toujours. Dans l'*EGS*, le motif de la collégialité du pouvoir semble avoir une double fonction. D'un côté, l'assemblée assure plusieurs fois (même si pas toujours) une décision sage, bien pondérée, efficace du point de vue stratégique, et admettre ces qualités est le mérite du roi. De l'autre, attribuer la responsabilité des décisions à un conseil, et pas seulement au souverain, donne une justification à ses décisions qui n'excuse pas Richard de l'absence des résultats de la croisade mais qui permet de partager la responsabilité des erreurs entre plusieurs personnes. Le motif de la collégialité du pouvoir est donc à mettre en lien avec l'apologie de Richard[62]. Voyons, en observant de près le texte, le déroulement de ce mécanisme.

Le motif de la collégialité du pouvoir se présente surtout dans la deuxième partie du poème, après la conquête d'Acre. À chaque fois que Richard doit faire face à un dilemme essentiel pour le succès de l'expédition, c'est à l'assemblée des barons de décider. Nous étudierons six cas remarquables, pour montrer que chacun d'entre eux a une évidente fonction apologétique favorable à Richard.

Le premier exemple se trouve aux paragraphes 151-152 du manuscrit (v. 6941-7030)[63]. Pendant que l'armée campe à Jaffa, on apprend que Saladin veut détruire Ascalon. Se pose alors le problème suivant : faut-il empêcher la destruction d'Ascalon pour utiliser la ville comme base, abandonner Ascalon à son sort et reconstruire Jaffa ou encore avancer tout de suite vers Jérusalem ? Richard est partisan de la première idée : son plan aurait permis, selon toute probabilité, de reconquérir Jérusalem, qui fondait sa résistance sur les ressources provenant d'Égypte via Ascalon, mais c'est le second parti qui l'emporte, avec le concours des barons français. Richard accepte l'avis de l'assemblée :

62 Sur l'histoire comme apologie *cf.* Guenée, Bernard, *Histoire et culture historique dans l'Occident médiéval*, Paris, Aubier Montaigne, 1980, p. 332-354 mais aussi, pour l'*EGS*, Hanley, Catherine., « The siege engine as metaphor in four Old French chronicles », *French Studies Bulletin*, t. 77, 2000, p. 2-5 e Id., « Reading the past through the present : Ambroise, the Minstrel of Reims and Jordan Fantosme », *Mediaevalia*, t. 20, 2001, p. 265-271.

63 *Estoire de la guerre sainte*, éd. Catherine Croizy-Naquet, *op. cit.* Je ne cite que les passages les plus significatifs pour l'analyse.

Li uns rovoient e disoient
que vers Jerusalem iroient,
e li autre, s'il peüssent,
Escalone as Turs escussent,
car la feïst bon receter.
La peüssiez oïr reter
les uns as autres lor devises
com genz de si granz emprises.
Lores parla li reis d'Engletere,
qui toz jorz fud nurri en guere,
al duc e as Franceis ensemble,
si lor dist : « Seignors, il me semble
que nos avoms divers corages.
Ço puet torner a granz damages.
Li Turc font Eschalone abatre,
il ne s'osent a nos combatre.
Alons Eschalone rescorre.
Tot li mondes i devreit corre,
e vis m'est que c'est bien a faire. »
Que vos direie altre affaire ?
Fors que Franceis respondirent,
tels qui mult s'en repentirent,
que illoc feiseit boen sejorner
por Jaffe faire ratorner,
e que ço iert li plus cort veiages
a faire lor pelerinages. (v. 6999-7024)

Ces vers sont évidemment un moyen de protéger le roi aussi bien de l'accusation de ne pas s'être dirigé immédiatement vers Jérusalem que de celle de n'avoir pas assez gardé Ascalon. Leur suite renforce cette hypothèse :

Mais mult malveis conseil donerent
quant a Eschalone ne alerent,
car se lores l'eüssent escosse,
la terre fust tote rescusse.
Mais tant parlerent e tant distrent
que Jaffe a rafermer enpristrent. (v. 7025-7030)

L'auteur de l'*EGS* est par ailleurs tout à fait conscient de la valeur stratégique de Ascalon pour les Turcs qui occupaient Jérusalem : il le démontre au paragraphe 167 (v. 7761-7780), où l'assemblée doit décider s'il faut avancer vers Jérusalem ou revenir à Ascalon pour y intercepter le ravitaillement égyptien destiné à la ville sainte. Les « poulains », qui ont été consultés par les barons et les lieutenants de Richard – non pas par Richard lui-même –, travaillent pour que l'assemblée penche en faveur du second parti. Il s'agit donc d'une délibération valide du point de vue stratégique et Richard a le mérite de l'appliquer :

> Aprés la feste de la Tiffaine,
> li halt home e li chevetaine
> a un concile s'asemblerent.
> As sages genz demanderent,
> qui de la terre né esteient,
> saver mon qu'il loereient
> de aler ariere ou avant.
> Cil respondirent tut devant,
> e l'Ospital e cil del Temple,
> que, a lor los, en cel contemple,
> vers Jerusalem pas n'ireient,
> mais Escalone fermereient,
> s'il les en voleient creire,
> por guarder le passage e l'eire
> as Sarazins qui trespassouent,
> qui de Babiloine aportouent
> la vitaille en Jerusalem.
> E por ço esgarda l'em
> qu'a Escalone returreient
> e qu'il la refermereient.

La décision de Richard n'est pas communiquée explicitement aux lecteurs. Il faut la déduire du comportement de l'armée déçue par l'arrêt du pèlerinage vers les lieux saints. Mais le fait d'avoir présenté la décision de ratifier l'avis de l'assemblée met Richard à l'abri de tous les détracteurs, qu'ils fassent partie de l'armée, ou qu'ils écoutent les gestes du roi en Angleterre, lors d'une récitation de l'*EGS*.

Un dilemme à peu près similaire (avancer vers Jérusalem ou essayer de conquérir l'Égypte ?) est discuté encore aux paragraphes 217-218 (v. 10137-10266). Pour les raisons logistiques et militaires déjà expliquées, Richard ne souhaite pas marcher sur Jérusalem, mais c'est encore au bon vouloir de l'assemblée qu'il fait confiance. Il prend garde qui plus est de faire participer à l'assemblée des personnes expérimentées : les Templiers, les Hospitaliers et les barons de Terre Sainte qui ont besoin de reconquérir leurs fiefs. Les vingt participants décident qu'il vaut mieux entreprendre la conquête de l'Égypte (ce qui, comme on l'a déjà dit, aurait sans doute permis la reconquête de Jérusalem, en arrêtant l'arrivée du ravitaillement), mais la délibération n'est pas mise en pratique. Une fois de plus, cependant, ce n'est pas la faute du roi, mais des barons français, qui refusent formellement toute entreprise autre que le siège de Jérusalem. La réaction de Richard est digne du jugement de Salomon : il se soumet à la volonté du collège, tout en gardant sa neutralité : il suivra les barons français à Jérusalem, mais n'en dirigera pas le siège. Cette précaution lui permet de préserver son honneur dans le cas, tout à fait probable, d'un échec :

> E li Franceis le rei requistrent
> plusors foiees e li distrent,
> tels i aveit, que il loassent
> que Jerusalem asejassent.
> E li reis dist : « Ço ne puet estre,
> ne vos ne me verrez ja mestre
> de gent mener dont j'aie blame,
> si ne me chalt qui m'en mesame. (v. 10151-10158)

Suit la liste des raisons logistiques et tactiques qui empêcheraient une attaque victorieuse à Jérusalem :

> E si jo l'ost issi menoue
> e Jerusalem asejoue
> e aventure i avenist
> par quei il lor mesavenist,
> ge en sereie tuz jorz blasmez
> e honiz e meins aamez,
> e si sai de veirs sanz dotance,
> qu'il ad tel gent ici e en France
> qui ont volu e qui voldreient
> e qui mult le desireient
> que jo eüsse tele ovre faite,
> que fust partut en mal retraite.
> E noz, genz de estranges contrees,
> nos ne savoms lor estrees,
> ne les chemins ne les destroiz
> ne les mals pas ne les estroiz
> par quoi nos peüssoms riens conquere.
> Mais par cels qui sunt de la terre,
> qui lur fiez volent recovrir,

par icels devons nos ovrir
et par le conseil des Templiers
o l'assens des Ospitaliers,
e par icels qui autre feiz i furent
en la terre, et qui la conurent
et qui la conussent uncore.
Sor cels loreie jo encore
que l'en meist l'esguard a faire,
iço si freit bien affaire,
u del siege faire e emprendre
ou d'aler Babiloine prendre
u a Barut ou a Damas… ». (v. 10179-10209)

Sont ensuite exposés la description de la composition de l'assemblée, la délibération favorable à l'attaque à l'Égypte et le refus des Français. Le discours de Richard recommence ici :

E quant il ço ne volent faire,
ge sui tut prest d'aler al siege,
fors que, par seint Lambert de Lege,
sachent que jo nes merrai mie,
mais bien iere en lor compainie. (v. 10248-10252)

Les paragraphes 188-189 (v. 8561-8646) ont aussi une intention apologétique, mais avec un changement de perspective : on passe du plan militaire au plan politique. Dans ce cas, il s'agit de choisir le candidat le plus indiqué à devenir roi de Jérusalem et à être le nouveau commandant en chef de la croisade. Richard, en effet, vient de recevoir des mauvaises nouvelles d'Angleterre, car son frère Jean a essayé d'usurper le trône. Le roi est donc en train de peser l'opportunité d'un retour immédiat au pays. Les barons ne sont pas du tout disposés à rester en Terre Sainte sans lui, à moins qu'il soit dignement remplacé par quelqu'un de versé aussi bien dans l'art militaire que dans le gouvernement. Richard demande qui, entre les deux candidats, doit être élu : Gui de Lusignan ou Conrad de Montferrat ? Bien qu'il soit allé en Terre sainte précisément pour donner appui à Guy, il accepte à regret la décision de l'assemblée, à l'unanimité, en faveur de Conrad. Le mécontentement de Richard naît non pas du choix du collège, contraire à ses préférences, mais du fait qu'auparavant les seigneurs n'ont pas hésité à blâmer Conrad devant lui. Le roi leur reproche de ne pas lui avoir soumis auparavant leur position :

E li reis demanda aneire
qu'il quidot estre sor son eire,
del quel des reis il le voloient
e del quel il le desvoloient,
del rei Guion e del marchis.
E distrent tuit qui sunt requis
e devant lui s'agenoillerent
e tuit requistrent e proierent,
petit e main e greinor,
que del marchis feïst seignor,
car ço esteit le plus sucurables
al regne e le plus aidables.
Quant li reis vit que tut le voldrent
e que nuls genz ne le desvoldrent,
lues blama tels qui illoc esteient,
qui mal de lui dit aveient.
E quant chescons por lui proia,
lores le volt e si otreia
que hautes genz por lui alassent
e que a grant joie l'amenassent,
e que il e li Franceis venissent
e que tot a un se tenissent. (v. 8625-8646)

La décision de l'assemblée est, cette fois-ci, légitime du point de vue politique, et Richard en reconnaît la justesse : s'agit-il d'une tentative d'éloigner de lui l'accusation d'avoir travaillé contre l'élection de Conrad, en arrivant jusqu'au point de le faire assassiner ?

Les paragraphes 207-208 (v. 9433-9508) montrent que l'honneur du roi est le premier souci de ses barons. Après avoir pris connaissance de la tentative d'usurpation de la part de Jean sans Terre, l'assemblée doit délibérer pour savoir s'il est préférable de poursuivre la croisade et d'assiéger Jérusalem, ou s'il ne faut plutôt retourner en Angleterre pour aider Richard à récupérer ses possessions. Indépendamment de l'avis du roi, les barons décrètent qu'il faut marcher sur Jérusalem, pour éviter qu'un départ collectif de la Terre Sainte porte atteinte à la réputation du roi. Le raisonnement des barons est tout à fait politique : ils entendent garantir au roi que la croisade pourra continuer grâce à leur présence, permettant ainsi à Richard de prendre sa décision en toute liberté, sans se soucier d'accusations éventuelles de *recreantise*[64] :

64 Il faut par ailleurs remarquer que la responsabilité de l'atteinte à la dignité royale n'est pas seulement de Jean, mais aussi des barons déloyaux qui sont restés en Angleterre et qui ont trahi leur seigneur légitime.

Quant li reis oï les noveles,
qui n'esteient ne bones ne beles,
lores fud pensis, maz e murnes,
e dist a sei : « S'or ne retornes,
veirement as terre perdue. »
Es vos sa pensee esperdue,
tant qu'il dist estroseement
qu'il s'en ireit veirement.
E quant bones genz l'oïrent,
sachiez point ne s'esjoïrent.
Li uns les noveles savoient
par l'ost, li autre non fesoient.
Li uns diseit : « Il s'en ira. »
E l'autre diseit : « Nu fera. »
Si enemi mult le voloient,
mais si ami le desvoloient,
car s'enor fust abaissiee
s'il eüst la terre laissee
en autre point qu'il ne deüst
e que plus bien feit n'i eüst.
Eth vos que illoques ou il erent
que tuit li baron s'assemblerent,
Franceis, Norman e Peitevin,
Engleis, Mansel e Angevin :
lores pristrent conseil qu'il freient
tant qu'il distrent qu'il ireient,
que que li reis Richarz feïst,
ne ou qu'il alast, ne qu'il deïst,
en Jerusalem tut ensemble. (v. 9461-9489)

L'importance du rôle des barons apparaît avec une pleine évidence au paragraphe 239 (v. 11725-11749), justement lorsque ceux-ci se retirent du conseil sans donner leur avis : « assenza, più acuta presenza », comme le dit le poète italien Attilio Bertolucci. Les croisés ont reconquis Jaffa, mais ils ont payé un prix très élevé : épuisés par la fatigue et malades à cause des infections dues aux nombreux cadavres qui n'ont pas été enterrés après la bataille, ils n'ont plus la force de poursuivre l'expédition. Richard est donc obligé de demander à son neveu Henri de Champagne et aux ordres militaires de continuer, seuls, à défendre Jaffa et Ascalon, tandis qu'il ira se soigner à Acre. Sans sa participation, pourtant, personne n'est prête à rester. Les barons convoqués à l'assemblée refusent d'accepter cette proposition et, sans rien ajouter d'autre, ils le laissent seul sans ajouter rien d'autre. Abandonné des siens, le roi ne peut rien faire, et il ne fait rien :

> Li rois iert a Jaffe en dotance,
> [...]
> Lores manda le conte Henri,
> qui sa seror avoit nurri,
> si manda por les Templiers,
> si manda por les Ospitaliers,
> e lor ramentut son meschief
> qu'il aveit al cuer e al chief.
> E lors dist que li un alassent
> a Escalone e la gardassent
> e li autre illoc remansissent
> a Jaffe e guarde en preïssent,
> e il a Acre s'en vendroit
> e mescine illoc prendroit,
> e dit qu'il ne pot el faire.
> Que vos diroie autre affaire ?
> Fors que trestut s'en escondirent,
> e tot en travers respondirent
> que ja chastel ne guarderoient
> sanz lui, n'en guarde ne seroient,
> e s'en alerent sanz plus dire. (v. 11731-11748)

Un roi abandonné par son *barnage*, même s'il est valeureux, ne peut pas se charger tout seul d'une entreprise comme la croisade. À la fin du poème, la conclusion de la croisade est décrétée par une dernière assemblée, et non pas par le roi. Le choix de Richard de signer une trêve avec les musulmans, que le texte n'explique pas, est justifié par le récit dans son ensemble : s'il avait agi autrement, il aurait trahi l'engagement pris auparavant avec l'assemblée des barons :

> Eth vos le roi en trop grant ire.
> Quant li rois vit que tot li mondes,
> qui n'est guaires ne liaus ne mondes,
> lui fu tot en travers failliz,
> lors fu troblez e maubailliz
> e durement desconseilliez.
> Seignors, ne vos esmerveilliez
> s'il fist del mielz qu'il savoit
> selonc le tens qu'il avoit :
> car qui crient honte e aime henor

choisist de deus mauls le menor ;
si velt mielz une triwe quere
que leisser en peril la terre,
car tuit li autre la leissoient
e a lor nefs a plain aloient. (v. 11750-11764)

Notre analyse est confirmée par cinq cas où, contrairement à ce que nous avons vu, l'assemblée fait (ou voudrait faire) une proposition que le roi n'adopte pas. Il s'agit de cinq occasions qui mettent en lumière la prouesse militaire de Richard plus que ses qualités de chef politique, ou qui donnent des exemples négatifs.

Catherine Croizy-Naquet a déjà analysé les paragraphes 33 (v. 1485-1700) e 156 (v. 7147-7176), dans lesquels l'entourage des barons prie Richard de ne pas mettre sa vie en danger en se lançant tout seul dans des actions dangereuses, mais se heurte à son indifférence. Tant que ses forces le lui permettent, le roi continue à se jeter dans la mêlée et à revendiquer son droit à pratiquer la *proesce*, comme si celle-ci était en dehors de la portée des observations de l'assemblée des barons.

Les paragraphes 117 (v. 5273-5288), 147-148 (v. 6769-6834) et 159 (v. 7233-7428) donnent en revanche des exemples décidément négatifs de la réticence du roi à écouter les barons. Les protagonistes de ces épisodes sont les trois souverains qui apparaissent dans le texte : Philippe Auguste (paragraphe 117), Saladin (paragraphes 147-148) et une fois (paragraphe 159) Richard Ier.

Philippe Auguste (qui est, comme Catherine Croizy-Naquet l'a rappelé, le vrai pendant négatif de Richard quant à la capacité de collaboration avec ses hommes[65]) décide d'abandonner la croisade sans écouter ses barons qui, furieux, arrivent presque au point de le renier :

Eth vos de France le barnage
tot plein de forsan e de rage,
que le chief dont il menbre esteient[66]
en itel volenté veeient
qu'il ne voleit por els remaindre,
ne por plorer ne por complaindre.
E quant il ne porent fin metre,

65 *Cf.* p. 22-26.
66 Il y a ici une référence évidente à l'apologue d'Agrippa Menenius repris par Jean de Salisbury dans le *Policraticus*. L'épisode est une véritable métaphore de l'importance de la collaboration de toutes les parties de l'État pour assurer la survie d'un organisme politique.

tant ne se sorent entremetre,
si vos di bien qu'il le blasmouent,
e por poi qu'il ne reneiouent
et lor rei e lor seignorie,
tant haeient s'avoerie. (v. 5277-5288)

Même Saladin, qui apparaît, tout en étant musulman, comme un modèle de mesure et de sagesse, commet une faute politique semblable. Il reproche à ses émirs avec virulence la défaite d'Arsuf, et leur adresse des accusations injustes, sans leur demander quelles sont les raisons de leur choix tactiques et sans leur donner la possibilité de répondre. Le point de vue critique de l'auteur est exprimé par l'émir Sangui de Halabi, qui n'est pas identifiable avec un personnage historique. Il est le seul à avoir le courage de répondre à Saladin :

[...] « Dreiz soldans, or m'oez.
Mult nos avez estotoiez
vilainement e trop blasmez,
mei por quei nos mesaamez
si vos ne savez l'achaison ? (v. 6805-6809)

L'émir mentionne ensuite les armures des croisés, que les flèches turques ne peuvent pas percer, et fait l'éloge de la *proesce* de Richard.

Richard n'est pas non plus exempt de la faute d'être trop individualiste : pendant les entretiens privés avec le frère de Saladin, il accepte ses cadeaux et se laisse tromper sur ses intentions réelles, en s'exposant aux critiques de ses sujets :

Car Saffadin tant le deçut
que li reis ses presenz reçut.
Messagier vindrent e alerent,
qui les presenz al rei porterent,
dont il fud blasmé durement
e en parla on malement. (v. 7405-7410)

Les enseignements que l'*EGS* veut transmettre sont clairs. D'abord, il n'est pas souhaitable que le souverain prenne seul ses décisions, même s'il représente un modèle idéal de roi-chevalier : l'assemblée offre dans la plupart des cas la garantie d'une décision bien réfléchie. Ensuite, les barons doivent partager avec le roi le mérite des réussites et la responsabilité des erreurs. La responsabilité du manque de succès de la croisade n'est pas entièrement imputable à Richard, mais elle revient, dans les justes proportions, aux barons qui l'ont accompagné, conseillé, et, en dernier lieu, abandonné.

Il convient de le remarquer, un message semblable est transmis par deux autres textes sur les croisades qui ont été écrits dans les mêmes années que l'*ESG* par des auteurs qui ont à peu près le même profil sociologique qu'on imagine pour le rédacteur : il s'agit d'hommes au service de grands seigneurs sans pourtant être au premier rang de leur entourage mais attention l'auteur de l'*EGS* n'est pas un chevalier. Un de ces textes est la chronique d'Ernoul, *vaslet* (aide, écuyer ?) de Balian d'Ibelin, l'autre est la chronique de la Quatrième Croisade par Robert de Clari, noble de petit rang de l'entourage de Pierre d'Amiens[67].

Si dans l'*EGS* le motif du caractère collégial du pouvoir fait surface de façon discontinuée avec la double fonction d'éloge du conseil des barons et d'apologie de Richard, chez Ernoul et Robert de Clari le même motif se présente de façon plus concentrée dans le texte et le point de vue des auteurs est nettement favorable au *barnage*.

Les chapitres 10-13 de l'édition Mas Latrie de la *Chronique* d'Ernoul sont entièrement construits sur le motif que nous étudions[68]. Au chapitre 10, à partir du moment où Baudouin IV le Lépreux sent que le moment de sa mort approche et décide de régler le problème de sa succession, les barons sont toujours présents en tant que protagonistes de la scène. Le ton avec lequel Baudouin IV s'adresse aux barons est significatif :

> Or vous dirai dou roi mesiel qui aproça de se fin, et fu si malades qu'il ne li demoura dois en main, ne oel, ne nés. Et manda tous ses barons en Jherusalem qu'il venissent à lui, et il i vinrent. Quant il i furent venu, si lors dist : « Signour, pour Dieu, or aidiés consel à metre en le tiere, car je n'i vivrai mie longuement. Car par le consel de Diu et de vous, vaurroie tant faire que l'ounour de Diu fust et de vous, et le sauvetés de m'ame, car jou n'ai nul oir ». Dont disent li baron : « Sire, qu'avés vous empensé à faire ? ne que vaudrés vous faire ? Ce que vous aves empensé à faire, faites le nous savoir, et selonc che que nous orons, nous vous consillerons[69] ».

---

67 *Chronique d'Ernoul et de Bernard le Trésorier*, éd. Louis de Mas Latrie, Paris, Renouard, 1871 ; Robert de Clari, *La Conquête de Constantinople*, éd. Ph. Lauer, Paris, Champion, 1924.

68 *Chronique d'Ernoul*, éd. Louis de Mas Latrie, *op. cit.*, p. 107-154. Nous n'avons pas fait un repérage systématique sur le reste du texte, mais il faut s'attendre à ce que la suite confirme les observations faites sur cet échantillon limité.

69 *Ibid.*, p. 115.

Le roi décide avec eux de confier la régence à Raymond de Tripoli et d'exclure de la succession Gui de Lusignan, qui manque, selon le *barnage*, des qualités nécessaires pour gouverner (un avis semblable est par ailleurs exprimé par les barons dans l'*EGS*). Un des barons, Balian d'Ibelin, est chargé en tant que co-régent de porter dans ses bras le roi-enfant Baudouin V lors de la cérémonie du couronnement, pour qu'il ne se trouve pas en position inférieure à celle de ses chevaliers. Les barons siègent auprès du roi pendant le banquet et, au moment de sa mort, partagent ses derniers instants.

La tâche d'assister Raymond de Tripoli pendant la régence revient aux barons. C'est avec eux que Raymond décide de demander une trêve de quatre ans à Saladin pour éviter que celui-ci attaque Jérusalem pendant une période de sécheresse prolongée (décision juste, car c'est grâce à l'aide des Turcs que les chrétiens pourront survivre à la sécheresse). Raymond et le conseil « élargi » des barons qui est réuni autour de lui enjoignent à Sibylle et à son conseil « réduit », qui a proposé à celle-ci la couronne du royaume de Jérusalem après la mort de son fils, Baudouin V, de respecter les accords pris sur le lit de mort de Baudouin IV : ceux-ci prévoyaient, en cas de mort prématurée de Baudouin V, que son successeur soit désigné par le pape, l'empereur, le roi de France et le roi d'Angleterre. La décision de Raymond et de son conseil est juste car elle demande le respect des accords pris à la mort de Baudouin IV, qui prévoyaient, en cas de mort de Baudouin V, que les critères pour la succession soient établis par les quatre autorités principales du monde chrétien : le pape, l'empereur et les rois de France et Angleterre.

Chez Ernoul, en outre, ce sont les individus qui commettent des erreurs lorsqu'ils prennent des décisions sans consulter l'assemblée, ou, pire encore, lorsqu'ils font entièrement confiance à un seul mauvais conseiller. La première faute de Gui de Lusignan en tant que roi de Jérusalem est d'écouter un mauvais conseiller, le maître du Temple Gérard de Ridefort. Celui-ci le pousse à prendre deux décisions fatales du point de vue tactique, qui amèneront rapidement à la défaite de Hattin et, par conséquent, à la perte définitive de Jérusalem. Gérard conseille d'abord à Gui d'attaquer dans son château de Tibériade Raymond de Tripoli, qui n'a pas voulu faire hommage au roi en tant que vassal[70]. Le danger perçu pousse Raymond à chercher

70 *Ibid.*, p. 141-142 : « Il [*i. e.* Gui] prist conseil au maistre del Temple qu'il poroit faire del conte de Triple qui ne voloit faire son homage. Li maistres del Temple li donna consel qu'il alast assegier Tabarie ».

l'aide de Saladin : on a là, d'après Ernoul et d'autres auteurs de l'époque, l'une des causes de la perte de Jérusalem. Ernoul se réfère probablement à la trêve signée par Raymond et Saladin après le couronnement de Gui de Lusignan, qui permit au sultan d'installer une armée dans la partie septentrionale du royaume de Jérusalem. Lorsque Raymond se réconcilie avec Gui, l'armée de Saladin envahit Tibériade.

Le second conseil de Gérard aux conséquences néfastes est aussi de type tactique : rongé par sa haine pour le comte de Tripoli[71] et probablement par l'humiliation subie dans la bataille du Cresson, où est mort un grand nombre de Templiers et d'Hospitaliers, il n'est pas capable de prévoir la catastrophe qui attend l'armée chrétienne une fois quitté Acre, position bien défendue et pourvue de points d'eau, pour aller reconquérir Tibériade par une longue marche de rapprochement qui expose les armées au danger des attaques turques et à la soif. Malheureusement, Gérard arrive à convaincre Gui en flattant son amour propre de roi qui vient d'accéder au trône et qui, ayant à sa disposition une armée de dimensions considérables, risque de s'attirer des accusations de lâcheté. Pourtant, l'assemblée des barons, grâce à l'avis de Raymond de Tripoli, avait tout prévu et avait conseillé correctement le roi :

> Lors demanda li rois as barons qu'il lor estoit avis de cel consel que li quens [*i.e.* Raymond de Tripoli] donnoit. Et il respondirent que li quens disoit voir de quanques il disoit, et bien s'acordoient tout qu'ensi le fesist on. Et li Hospitaus s'i acordoit bien ; et li rois meismes s'acordoit bien à cel consel, et tout li baron, fors seulement le maistres del Temple. Toutes eures, li creanta li rois et tout li baron qu'ensi le feroit on.
>
> Quant il orent ensi atourné, si lor donna li rois congié d'aler à lor herberges et il si fîsent. Et quant il se départirent, si estoit ja priés de mienuit. Li rois s'asist al souper. Et quant il ot soupe, si vint li mais – tres del Temple à lui, et se li dist : « Sire, créés vous chel traïtour qui tel consel vous a donné ? C'est pour vous honnir qu'il le vous a donné. Car grans hontes vos iert et grant reproviers se vos, qui estes novelement rois, et avés si grant ost que onques mais rois qui fust en ceste tiere n'assambla, si grant com vos avés fait en si poi de tamps, se vous laissiés à vi liues priés de vous perdre une cité. [...] Alés, dist il, si faites crier par l'ost qu'il s'arment tout et voist cascuns en se bataille, et sivent le confanon de le sainte Crois ».
>
> Li rois ne l'osa desdire, ains fist che que il commandast [...] Quant li baron oïrent le ban le roi, si s'esmervillierent mout. [...] Ains alerent tout li baron à le tente le roi, pour destourner s'il pooient faire qu'il ne se meussent.

71 *Ibid.*, p. 114.

> Quant li baron vinrent à le tente le roi, si trouverent le roi qui s'armoit. Quant li rois les vit, si ne vaut mie qu'il parlaissent à lui ; ains lor commanda qu'il s'alaissent armer errant, et alaissent apriès lui. Il retournèrent, et alerent à lor herberges, et fisent le commandement le roi. Si s'armerent moult dolant, car il savoient bien que nus biens ne lor en pooit venir se maus non[72].

Par deux fois, les nobles réunis en assemblée démontrent qu'ils perçoivent le poids de leurs responsabilité politique. La première fois, il s'agit d'approuver le couronnement de Gui de Lusignan en tant que roi de Jérusalem, ce que Baudouin d'Ibelin refuse parce que le nouveau roi n'est pas, à son avis, à la hauteur de cette charge :

> Dont vint Bauduins de Rames, si dist au conte de Tripe e as barons : « Signor, faites au mieux que vous poés, que li tiere est perdue. Car je vuiderai le tiere, pour çou que *je ne veul avoir reproce ne blasme* à le perdicion de le tiere. Car je connois tant le roi qui ore est à fol et à musart, que par men consail, ne par les vostres, ne fera il riens ; ains volra errer *par le consail de ceus qui riens ne sevent*[73]… ».

La seconde fois, Onfroy de Toron, époux d'Isabel de Jérusalem, refuse d'être couronné par opposition à Gui, ce qui empêche les barons de se situer dans le respect de la légitimité dynastique, et ce qui les force à rendre hommage à Gui. Le dilemme des barons est alors de savoir comment concilier cet acte avec le respect de l'engagement pris sur le lit de mort du roi Baudouin IV, à savoir obéir à Raymond de Tripoli en tant que régent. Leur crainte, en faisant acte de soumission à Gui, est d'être accusés d'avoir trahi leur serment et d'ignorer l'incompétence du roi :

> Dont vinrent li baron al conte de Triple, se li disent : « Sire, pour Dieu, or nous conselliés del sairement que li rois mesiaus nous fist faire à vous. Car *nous ne volons faire chose dont nous aions blasme ne reproce*, ne que nous ne meffaisons enviers vous[74] ».

Ce que nous avons vu pour l'*EGS* et la chronique d'Ernoul est confirmé par la narration de la Quatrième Croisade par Robert de Clari. Cette expédition avait en effet à sa tête un véritable « parlement » de croisés qui remplaçait les souverains de l'époque, trop occupés ailleurs pour

72 *Ibid.*, p. 160-162.
73 *Ibid.*, p. 135.
74 *Ibid.*, p. 137.

répondre à l'appel d'Innocent III[75] ; il ne serait pas étonnant que l'examen d'autres sources sur la Quatrième Croisade confirme nos observations.

Au début de la chronique de Robert de Clari, le conseil des barons est le protagoniste absolu de la narration (la même observation vaut pour la chronique « parallèle » de Geoffroi de Villehardouin). Les conseils des barons commencent d'entrée : le premier est convoqué pour nommer Thibaut de Champagne chef de la croisade ; le deuxième mène à l'élection de Boniface de Montferrat après la mort de Thibaut ; le troisième sert à s'accorder sur l'itinéraire de la croisade ; le quatrième ratifie la décision de s'adresser à Pise, Gêne et Venise pour organiser le transport :

> Aprés s'asamblerent tout li conte et li haut baron qui croisié estoient. Si manderent tous les haus hommes qui croisié estoient, et quant il vinrent tout ensamble, si prisent conseil entr'aus de qui il feroient chievetaine d'aus et seigneur, tant qu'il prisent le conte Thiebaut de Champaingne, si en fisent lor segneur ; puis si se departirent, si s'en ala cascuns en son païs. Et puis ne demoura mie gramment aller que li cuens Tiebaus morut [...] Quant li croisié seurent que li cuens de Champaingne, leur sires, fu mors, et maistres Foukes aller, si en furent molt dolent et molt corchié et molt esmari ; et s'asanlerent a un jour tout a Sessons, et prisent consel entr'aus que il feroient et de qui il feroient kievetaine et seigneur d'aus, tant qu'il s'acorderent entr'aus qu'il envoieroient pour le marchis de Monferras en Lombardie. [...] Aprés quant li marchis fu croissiés, si dist as barons : « Seigneur, » fist li marchis, « ou vaurrés vous passer, ne en quel tere de Sarrasins vaurés vous aller ? » Li baron respondirent que en le tere de Surie ne voloient il mie aller, car il n'i porroient riens forfaire ; mais il avoient pourposé a aller en Babyloine ou en Alexandre tres en mi aus la ou il leur peussent plus forfaire, et avoient pourposement de liwer estoire qui tous ensanle les y passast. Adont dist li marchis que ch'estoit boins consaus, et que il s'i acordoit bien, et que on y envoiast bons messages des plus sages chevaliers d'aus ou a Pise ou a Genvre ou en Venice ; a chest consaus s'acordent tot li baron[76].

L'éclipse de l'individu en tant que sujet qui prend des décisions semble se traduire au niveau de l'énonciation : souvent, la voix qui donne des ordres n'est pas celle d'un chef (roi, baron, évêque, etc.), mais une voix impersonnelle représentée par l'indéfini *on*, qui représente la collectivité :

---

75 Pour les sources de la Quatrième Croisade *cf. La caduta di Costantinopoli, 1204 : fonti bizantine e occidentali sulla Quarta crociata, testi presentati in occasione del Convegno "Venezia, la Quarta crociata, l'impero latino d'Oriente"* (Venezia 4 maggio 2004), Venezia, Università Ca'Foscari, 2004 ; Meschini, Marco, *1204 : l'incompiuta : la quarta crociata e le conquiste di Costantinopoli*, Milano, Àncora, 2004 ; *Quarta crociata : Venezia, Bisanzio, impero latino*, ed. Gherardo Ortalli, Giorgio Ravegnani,, Peter Schreiner, Venezia, Istituto veneto di scienze, lettere ed arti, 2006, voll. 2.

76 *La Conquête de Constantinople*, éd. Ph. Lauer, *op. cit.*, p. 4-6.

– Si kemanda *on* as messages que il livaissent vaissiaus a passer [...].

– Quant li dux oï che, si dist qu'il s'en conseilleroit que de si grant afaire se devoit *on* bien conseillier. Adont si demanda li dux tous les haus consaus de le vile [...] [dans ce passage le doge réunit les nobles vénitiens pour évaluer les demandes des croisés].

– [...] puis si manda *on* tous les barons croisiés qu'il venissent tout a Corbie [...].

– [...] et si leur bailla *on* des deniers le conte de Champaingne [...][77].

Cette instance impersonnelle est peut-être l'expression la meilleure, bien qu'indirecte, de l'idéal de collégialité du pouvoir prôné par les textes en prose en continuité avec l'ESG, idéal politique qui traduit les aspirations du public auquel s'adresse l'historiographie vernaculaire, ainsi que des auteurs des textes étudiés.

CONCLUSIONS

Le titre de cette étude à deux mains est : *Infortune manuscrite, fortunes textuelles*. Il n'y a rien à ajouter sur l'infortune manuscrite : la tradition du texte est pauvre, et même si des nouveaux témoins étaient découverts, ils seraient probablement localisables dans la même aire que le témoin unique que nous connaissons actuellement ; il nous semble difficile que le rayonnement du texte ait dépassé le domaine anglo-normand.

Dans quel sens peut-on parler de fortune textuelle ? Si l'*EGS* n'a pas eu une circulation importante, ce qui a largement circulé est en revanche l'idéal qu'elle transmet, celui d'un pouvoir partagé, collégial, qui comporte pour la noblesse une plus grande autonomie et un plus grand poids, mais aussi une plus grande responsabilité.

La composition de l'*EGS* précède de peu la signature de la *Magna Charta*, et ceci peut justifier l'attention portée par l'auteur à ce sujet, sans parler du contexte culturel mis en évidence par Catherine Croizy-Naquet[78], qui trouve ses précédents dans le *Policraticus* et dans le mythe arthurien. Le choix de traiter le sujet de la collégialité du pouvoir à

77 *Ibid.*, p. 6-8.
78 *Cf.* p. 18-20.

travers la narration des événements de Terre Sainte indique sans doute quelque chose de plus que sa connaissance des idées dans l'air du temps. L'auteur entend traiter concrètement un des sujets importants de l'époque, en montrant les acteurs politiques dans le déroulement de l'action, comme dans une sorte d'*exemplum*. Ernoul et Robert de Clari n'ont sans doute pas lu l'*EGS* et nous ne pouvons pas non plus savoir, pour l'instant, jusqu'à quel point ces deux auteurs partageaient la même formation culturelle que leur prédécesseur. Mais il est significatif que trois personnages au profil social qu'on peut imaginer semblable ont tiré de l'expérience de la croisade la même idée : aucune célébration du roi sans la représentation – aussi bien politique que littéraire – des barons et de ses conseillers.

Catherine CROIZY-NAQUET
Paris III Sorbonne Nouvelle

Sara PEZZIMENTI
IUSS Pavia

SAINTE LEGION

Il motivo dell'armata celeste nelle *chansons de geste*

> Il re era giunto di fronte a un cavaliere dall'armatura tutta bianca [...]
> Nell'armatura bianca dall'iridescente cimiero non c'era dentro nessuno.
> Italo CALVINO, *Il cavaliere inesistente.*

Nonostante studi recenti abbiano provveduto a ridimensionare il quadro tradizionale di una cristianità d'oltremare *fronteriza*, militarizzata e poco attenta all'attività culturale, i motivi letterari arrivati in Europa insieme al racconto di eventi accaduti durante le crociate non sono numerosissimi. Si tratta di aneddoti, storie e celebrazioni che nascono in mezzo alle dicerie degli accampamenti o grazie all'abilità propagandistica di scaltri letterati e si diffondono tanto nei circuiti delle cronache monastiche (e da lì nella varia letteratura di predicazione) quanto in testi laici di più largo consumo come le *chansons de geste*[1].

Il motivo di cui vorrei discorrere, limitandomi quasi esclusivamente ai testi epici, è quello dell'intervento in battaglia di santi armati a

1 Per un'informata panoramica sulla letteratura d'Oltremare rimando ai numerosi lavori di Laura Minervini, fra i quali, di più stretta pertinenza in questa sede, «Leggende dei cristiani orientali nelle letterature romanze del Medioevo», *Romance Philology*, 49 (1995), p. 1-12; EAD., «Outremer», *Lo spazio letterario del Medioevo. 2. Il Medioevo volgare*, I, *La produzione del testo*, Roma, Salerno editrice, 2001, p. 611-648; EAD., « Les manuscrits français d'Outremer. Un nouveau bilan », *Transferts culturels entre France et Orient latin (XIIe-XIIIe siècles)*, eds. Martin Aurell – Marisa Galvez – Estelle Ingrand Varenne, Paris, Garnier, 2021, p. 149-172. Utili riflessioni in Sweetenham, Carol, "What really happened to Eurvin de Créel's Donkey? Anecdotes in the Sources for the First Crusade", *Writing the Early Crusades. Text, Transmission and Memory*, eds. Marcus Bull – Damien Kempf, Woodbridge, The Boydel Press, 2014, p. 75-88.

sostegno dell'esercito o del capo cristiano[2]: può trattarsi di uno, più spesso di una coppia o una triade di santi, oppure di un intero battaglione celeste (quello degli *angle Deu*, spesso definito «armée des saints» nella bibliografia) comandato da San Giorgio[3] e inviato da Dio per aiutare i suoi fedeli in difficoltà. Lo spirito religioso, la *prière du plus grand péril*, la presenza di angeli che portano in paradiso l'anima del martire, l'intercessione miracolosa a vantaggio della *pars Christi* sono ovviamente patrimonio comune a moltissime cronache e *chansons de geste*, ma l'aiuto dei *milites sancti* ha una storia particolare. Non manca qualche esempio precoce in Occidente[4], derivante in ultima analisi dal modello veterotestamentario dell'intervento angelico in favore dei Maccabei,[5] ma è soprattutto il contatto con Bisanzio a rinvigorire il culto e la rappresentazione dei *sancti bellatores* – la Chiesa

2 Sul fenomeno dei santi guerrieri in Francia si veda di Dehoux, Esther, *Saints guerriers. Georges, Guillaume, Maurice et Michel dans la France médiévale (XIe-XIIIe siècle)*, Rennes, Presses Universitaires de Rennes, 2014; in particolare sulla *chanson* d'*Aspremont*: EAD., «*Con avés non, vasal al ceval blanc?* Sur quelques apparitions des saints guerriers lors de combat, notamment dans la *Chanson d'Aspremont*», *L'epopea normanna e il territorio*, Reggio Calabria, Associazione Nuovo Umanesimo, 2007, p. 23-114.

3 S. Giorgio è il capo e il più presente di questi santi militari, certo grazie alla sua fama e al celebre santuario di Lydda in Palestina (il *Saint Jorge de Rames* dei testi francesi, cioè Ramla a pochi chilometri da Lydda): *cf.* MacGregor, James, "Negotiating Knightly Piety: The Cult of the Warrior-Saints in the West, ca. 1070-ca. 1200", *Church History*, t. 73, 2004, p. 317-345, p. 332-342; Dehoux, Esther, « Le clerc, le combattant et le saint », *Inflexions*, t. 14, 2010, p. 139-148, p. 147-148; Ligato, Sergio, «Una figura agiografica cara ai crociati: san Giorgio in una miniatura del ms 76 F5 della Koninklijke Bibliotheek dell'Aja», *Studia Orientalia Christiana-Collectanea*, t. 57, 2024, p. 279-358. Per un riassunto e ulteriore bibliografia: Péron, Pascal, *Les Croisés en Orient. La représentation de l'espace dans le cycle de la croisade*, Paris, Champion, 2008, p. 260-269; Andrei, Filippo, *L'epica ultima. La* Chanson de Jérusalem *e le crociate*, Alesssandria, Edizioni dell'Orso, 2022, p. 212-214; Esposito, Davide, *La chanson de Jérusalem. L'epopea dei crociati cannibali. La storia dei «fanatici dell'Apocalisse»*, Roma, Carocci, 2023, p. 104-110. Per questa ragione S. Giorgio può essere l'unico nominato esplicitamente a capo di un battaglione di soldati bianchi, come ad esempio in *Octavian*, hrsg. von Karl Vollmöller, Heilbronn, Henninger, 1883, v. 4705-4716 (per altri esempi v. qui le note 39 e 40).

4 Per l'evoluzione del motivo fra XI e XII sec., prima e dopo le crociate, *cf.* Dehoux, « Le clerc, le combattant et le saint », *op. cit.* e MacGregor, James, "Negotiating Knightly Piety", *op. cit.*

5 Lapina, Elizabeth, *Warfare and the Miraculous in the Chronicles of the First Crusade*, University Park (Pennsylvania), The Penssylvania State University Press, 2015, p. 97-121; il riferimento scritturale all'*eques in veste candida* di 2 Mc 11,8 serve ogni tanto anche come chiave interpretativa per l'episodio dei santi guerrieri, ad esempio nella cronaca di Guibert de Nogent.

ortodossa ne possiede un ricco Pantheon adeguatamente sfruttato a fini politici[6] – prima e durante le crociate: in particolare la loro fama è legata nell'immaginario occidentale all'intervento durante l'assedio di Antiochia (1098), narrato in una serie di cronache latine e testi volgari proprio a partire dall'estrema fine dell'XI sec[7].

La classica descrizione della *Chanson d'Antioche*[8] serve bene come introduzione ai testi oitanici:

> Mout fu grans la bataille, mout fist a resognier,
> et d'une part et d'autre i sont li caple fier.
> Mais tant erent espés la gent a l'aversier,
> Tant ne sevent li nostre ocire et detrencier;
> Ce lor est vis que riens puisent amenuisier,
> Dont veisciés les nostres durement esmaier
> Quant li vesques del Pui, qui Deu aime et tient cier,
> Garda vers la montagne par dejouste .i. sentier
> Et vit une compagne venir et cevaucier.
> Tant estoit grans et large c'on nel poroit prisier,
> Je quic bien ke il furent plus de .v.c. millier.
> Si estoient plus blanc que nois aprés fevrier,
> et Saint Jores venoit devant el cief premier
> et li ber sains Meurises c'on tient a boin guerrier,
> Domistres et Mercures ki sont confanounier.
> (OFCC, IV, v. 10928-10942; ed. Guidot, v. 9052-9065)

---

6 Basti il rinvio a *Images et ornemets autour des ordres militaires au Moyen Âge. Culture visuelle et culte des saints (France, Espagne du Nord, Italie)*, éds. Damien Carraz, Esther Dehoux, Toulouse, Presses Universitaires du Midi, 2016; *Des dieux civiques aux saints patrons (IV*e*-VII*e *siècle)*, éds. Jean-Pierre Caillet, Sylvain Destephen, Bruno Dumézil et Hervé Inglebert, Paris, Picard, 2015; Walter, Christopher, *The Warrior Saints in Byzantine Art and Tradition*, Aldershot, Ashgate, 2003.

7 Lapina, *Warfare*, *op. cit.*, p. 147-148; MacGregor, "Negotiating Knightly Piety", *op. cit.*, p. 324-332; Dehoux, «*Con avés non, vasal al ceval blanc?*», *op. cit.*, p. 32-39 per il riutilizzo nei testi della *Reconquista*.

8 Cito i testi del ciclo della crociata dalla serie – abbreviata d'ora in poi OFCC – *The Old French Crusade Cycle*, general editors Jan A. Nelson – Emanuel J. Mickel: vol. I: *La naissance du Chevalier au Cygne. Elioxe*, ed. Emanuel J. Mickel; *Beatrix*, ed. Jan A. Nelson, Univ. of Alabama, The University of Alabama Press, 1977; vol. IV: *Chanson d'Antioche*, ed. Jan A. Nelson, Tuscaloosa – London, The University of Alabama Press, 2003; vol. V: *Les Chétifs*, ed. Geoffrey G. Myers, Univ. of Alabama, The University of Alabama Press, 1981; vol. VIII: *The Jérusalem Continuations. The London-Turin* Version, ed. Peter R. Grillo, Tuscaloosa – London, The University of Alabama Press, 1994; vol. X: *Godefroi de Buillon*, ed. Jan Boyd Roberts, ivi, 1996. Per *Antioche* aggiungiamo i rimandi a *La Chanson d'Antioche*, éd. Bernard Guidot, Paris, Champion, 2011, che si basa su un ms. diverso e migliore rispetto a quello di OFCC.

Il motivo si inserisce nel quadro più generale della ridefinizione dell'aristocrazia guerriera, della sua progressiva cristianizzazione e del rapporto fra *clergie* e *chevalerie*, con conseguenti implicazioni ideologiche molto interessanti (ad esempio quelle sul diverso ruolo e la mediazione del clero)[9]: secondo Jean Flori, già all'inizio del XII secolo, in Francia, sono proposti i modelli del guerriero santo e martire, del guerriero-monaco (si pensi ai *Moniages* epici), ma anche del guerriero *tout court* che ottiene il martirio e il paradiso in battaglia[10].

QUESTIONI DI ONOMASTICA

I santi implicati sono potenzialmente molti, quasi tutti *milites* orientali, giusta l'origine del motivo, martiri protettori dei cavalieri o comunque legati alla cavalleria. A S. Giorgio si aggiungono spesso Demetrio di Salonicco e Mercurio di Cappadocia, cioè i patroni dell'esercito a Bisanzio (li troviamo insieme nella lassa appena ricordata di *Antioche*), accompagnati da una costellazione mutevole: per esempio Pierre Tudebode riprende la triade delle *Gesta Francorum* (Giorgio, Mercurio, Demetrio), ma sostituisce il secondo con l'altrettanto celebre Teodoro[11]; più spesso fa capolino qualche santo occidentale o acclimatato in Occidente (non stupirà quindi trovare nei testi francesi *Michel* o *Denis* e soprattutto, come nel brano di *Antioche*, Maurizio di Agaune[12], noto come *Morice d'Angers* perché la chiesa locale aveva avuto le sue reliquie)[13]. Le varianti dei manoscritti

9 *Cf.* Dehoux, *Saints guerriers*, *op. cit.*, p. 166-171.

10 Fra i molti lavori di Flori ricordo solo *Croisades et chevalerie (XIe-XIIe siècles)*, Paris-Bruxelles, De Boeck & Larcier, 1998 e *Chevalerie et christianisme au XIIe et XIIIe siècles*, éd. Martin Aurell – Catalina Girbea, Rennes, Presses universitaires de Rennes, 2011, p. 271-290; nella *Chanson d'Antioche* compare addirittura una *esciele del clergié*, una truppa di chierici, *cf.* OFCC, IV, v. 10009 (ed. Guidot, v. 8217). *Cf.* anche Leclercq, Armelle, *Portraits croisés. L'image des Francs et des Musulmans dans les textes sur la Première Croisade*, Paris, Champion, 2010, p. 381-398.

11 Lapina, *Warfare*, *op. cit.*, p. 54 e bibl.

12 *Cf.* Dehoux, *Saints guerriers*, *op. cit.*, p. 114-137, 164-165 e *passim* (S. Michel); 100-102, 108-111 e *passim* (Maurice). La cronaca di Robert le Moine aggiunge *Mauricius* alla triade, ma in alcuni mss. *Mercure* scompare; *cf.* anche Andrei, *L'epica ultima*, *op. cit.*, p. 211.

13 Per alcune considerazioni su questo pantheon (e in particolare sul ruolo minore esercitato da S. Pietro), *cf.* Riley-Smith, Jonathan, « The First Crusade and Saint Peter », *Outremer. Studies in the History of the Crusading Kingdom of Jerusalem presented to Joshua Prawer*, ed.

bastano già a chiarire l'estensione del fenomeno e la commutazione, spesso endemica, di alcuni nomi. Restiamo per il momento nella *Chanson d'Antioche* e scorriamo brevemente l'onomastica nelle altre apparizioni, più o meno abbozzate, dell'esercito celeste: già precocemente, durante l'assedio di Nicea, il vescovo Ademaro promette il paradiso per i martiri a fianco di *Saint Piere, saint Pol et saint Denis* (OFCC, IV, v. 1685), che diventano in alcuni manoscritti *Jorge* e *Domi(s)tre* (ed. Guidot, v. 1311), variante che cerca di creare una connessione, assai intelligente, con i santi che poi vedremo nel combattimento; qualche centinaio di versi più tardi *Jores* e *Domistres* caricano i nemici che risultano così confusi e spaventati da uccidersi l'un l'altro (OFCC, IV, v. 2711-2715; ed. Guidot, v. 2179-2183); durante una sortita saracena nel campo cristiano, *saint Jore et saint Domin* (OFCC. IV, v. 3358; ed. Guidot, v. 2784, con la variante *Domistre* in cesura epica) aiutano Goffredo a respingere il nemico; Solimano afferma che i cristiani hanno a loro guardia quattro baroni, « Li .i. est sains Domistres qui mout est glorious / Sains Denis et sains Jores ki est cevalerous, / sains Mikius est li quens ki est sires d'aus tous » (OFCC, IV, v. 6344-6346; ed. Guidot, v. 5118-5120)[14]; dei v. 10940-10942 abbiamo già detto, ma aggiungiamo che una variante di 10942 recita *Sains Domius sains Michiés furent li escuier* (*Domius* è un banale errore per *Domins*, Michele ogni tanto compare come variante di Mercure).

Alternanze del tutto sovrapponibili troviamo anche fuori dal *cycle de la croisade*: in *Garin le Loherain*, al grido di *Saint Denis*, patrono abituale, S. Giorgio si aggiunge alla battaglia («Crïent François l'enseigne saint Denis ; / Saint Jorge i fu, sor un blanc cheval sist, / molt i fu bien et veü et choisi»[15]), mentre nella versione del ms. N intervengono «Sain Denise *(sic)*, saint Jorge, Saint Martis, / et Saint Morise[16]»; ancora diversa

Benjamin Zeev Kedar, Hans Eberhard Mayer, Raimund Charles Smail, Jerusalem, Yad Izhak Ben-Zvi Institute, 1982, p. 41-63. Un esempio interessante di aggiunte «locali» riguarda la *Chanson de Jérusalem* (*cf.* Jeanroy, Alfred, « La *Chanson d'Aspremont* et les poèmes sur la première Croisade », *Studi medievali*, n.s., t. 11, 1938, p. 1-11, p. 2-3) e i santi *bellatores* che intervengono nella *Canso de San Gili* (*cf.* il riassunto equilibrato e la bibliografia in Sweetenham, Carol, Paterson, Linda M., *The* Canso d'Antioca. *An Occitan Epic Chronicle of the First Crusade*, Ashgate, Aldershot, 2003, p. 45-48).

14 Si nota qui la presenza, e preminente, di S. Michele, un tratto probabilmente arcaico, *cf.* Dehoux, « Le clerc, le combattant et le saint », *op. cit.*

15 *Garin le Loherenc*, éd. Anne Iker-Gittleman, Paris, Champion, 1996-1997, I, v. 1797-1799.

16 *Garin le Loherant*, according to manuscript N [...]. Text published for the first time with an Introduction by Richard Gladwin Monges, New York, Columbia University Press, 1951, v. 2514-2515.

la costellazione di santi nella versione del ms. A («Car sains Denis sor .i. cheval i vint, / et sains Domins et sains Jorges aussi»)[17].

Un ultimo esempio, ben articolato, è offerto dalla *Chanson d'Aspremont*, una «chanson de croisade par excellence[18]» che non solo mette in scena lotte fra cristiani e saraceni avvalendosi delle potenzialità parenetiche e emotive del meraviglioso cristiano ma mostra – a differenza di molte altre *chansons de geste* – richiami precisi a temi e episodi delle crociate, fra cui naturalmente il motivo dei santi *bellatores*. Passiamo rapidamente in rassegna le lasse da 406-413 secondo l'edizione Suard (d'ora in poi abbreviata Su[19]).

> 406: alla fine della lassa (Su 7985-7990), mentre i cristiani sono in preda alla paura di fronte all'armata saracena, arrivano da *un tertre* tre cavalieri, per ora anonimi.
>
> 407-410: il papa possiede un pezzo della S. Croce e la propone a turno a vari cavalieri che si rifiutano di portarlo perché preferiscono combattere. Alla fine Turpino si offre.
>
> 411: (dopo l'intermezzo della Croce, la lassa riprende il contenuto della parte finale di 406): Ogier monta a cavallo e vede i tre santi mentre scendono dalla montagna; essi superano i ranghi, non fanno motto e nessuno domanda loro; arrivati alla prima fila Ogier chiede loro il nome; S. Giorgio dichiara la sua identità e aggiunge che egli ha *partout le premier cop dou champ* (Su 8133), ma che lo concede all'*enfant* Roland.
>
> 412-413 «Si com Rolland perçoit le mesagier / que Dex dou ciel li ot fait envoier» (Su 8158-8159), si lancia nella mischia. I cristiani sconfiggono il nemico.

In queste lasse compaiono a due riprese (Su 8204-8205 e 8217-8218) i nomi della triade di santi coinvolti nella battaglia, con varianti che non sorprendono nelle tre famiglie dei manoscritti[20].

---

17 *Garin le Loheren*, according to manuscript A [...] With Text, Introduction and Linguistic Study by Josephine Elvira Vallerie, Ann Arbor, Edwards, 1947, v. 1910-1911.

18 De Mandach, André, *Naissance et développement de la Chanson de geste en Europe*, III. *Chanson d'Aspremont*, Genève, Droz, 1975, p. 2.

19 *Aspremont. Chanson de geste du XIIe siècle d'après le manuscrit 25529 de la BNF*, éd. François Suard, Paris, Champion, 2008. Il testo delle lasse che richiameremo risulta stabile in tutta la tradizione manoscritta, con le solite varianti che non toccano la linea del nostro ragionamento. Per altre osservazioni su questo passaggio di *Aspremont* e i rapporti con altre canzoni, cfr. Palumbo, Giovanni, Rinoldi, Paolo, « La *Chanson d'Aspremont* dans le nord de la France : quelques remarques sur la chronologie littéraire », in c. di s. negli Atti del *XXII Congrès International de la Société Rencesvals (Lille, 18-22 juillet 2022)*.

20 Mi avvalgo dei dati e dei testi delle tre redazioni della *Chanson* in corso di edizione a cura del gruppo italo-belga guidato da Giovanni Palumbo.

Su 8204-8205:

α
Entre seint Jorge seint Domin et Ogier
Et seint Morise qui ert confanoniers

β
Entre saint Jorge saint Domiste et Ogier
Et saint Mercurie qui fu confanonier

γ
Entre Seint Joire seint Domite e Ogier
E Seint Mercure qui ert gunfanoner

Su 8217-8218:

α
Li troi baron sont an l'estor venu
Qui des monteignes estoient dessendu
Ce fu seinz Jorges o seint Domin son dru
Et seinz Morises qu'avec aus fu venuz
Roland an ot le premier cop feru
Si com seinz Jorges li avoit consentu

β
Li troi baron sont a l'estor venu
Qui des montagnes estoient descendu
Ce fu sains Jorges sains Domistres son dru
Et sains Mercuries qui avuec ces i fu
Rolland en ot les premiers cols ferus
Si con sains Jorges lor ot amenteus

γ
Les trois barons sunt en l'estor venuz
Qui des montaines esteient descenduz
Co fu saint Joire saint Domite sis druz
E saint Mercure qui ovec els fu venuz
Rollant en ot les premers cops feruz

Da notare in P2 (Paris, BnF, fr. 25529) e P5 (Paris, BnF, Nouv. acq. fr. 10039), rappresentanti di α, le varianti «occidentali» *Domin* e *Morises*, diffuse e poligenetiche. Di *Domin* diremo tra poco. Maurice, appartenente alla legione tebana, è apparizione non rara (abbiamo visto gli esempi di Robert le Moine, di *Antioche* e *Jérusalem*), nella fattispecie una variante usuale (identica per corpo sillabico) di Mercure, la cui genesi si spiega bene nella tradizione di *Aspremont*: Maurice è infatti il patrono di Girart e compare in molte altre *chansons de geste* (in *Girart de*

Vienne, un paio di volte con questo ruolo anche in *Aspremont* stesso[21], fino all'*Entrée d'Espagne*[22]). L'ultimo riferimento ai tre santi, che intervengono a sostegno dei crociati, si verifica alla lassa Su 431, vv. 8695-8696, in cui Ogier li presenta a Hues: l'opposizione è sempre fra P2/P5 (*Jorge*, *Domins*, *Morises*) e gli altri manoscritti (*Jorge*, *Domite*, *Mercure*), ma in questo caso anche il ms. W (Nottingham, Univ. Library, Muniments Room, Mi.LM.6), rappresentante di β, porta *Domins*, a ulteriore dimostrazione di una varianza poligenetica.

Nonostante la parte dell'invenzione, soprattutto per la rima, debba essere tenuta in conto[23], in genere la *varia lectio* oscilla all'interno di una scelta ristretta, ma qualche caso è più interessante e ha dato del filo da torcere agli studiosi: che pensare del misterioso *sains Barbe*, che compare nei *Chétifs* e in *Jérusalem* e viene spesso interpretato al femminile, come se fosse la celebre santa orientale Barbara[24]?

> Segnor, c'estoit sains Jorges, sains Barbes [*varr.* Fremins, Brames], sains Domis [*var.* Moris] !
> (*Chétifs*, OFCC, V, v. 3744)

> Atant es vos saint Jorge a esperon broçant
> saint Barbe [*varr.* Barle, Blaue] et saint Domin, cascun sor l'auferrant,
> Saint Denise de France sor le blanc ataignant,
> Saint Morise d'Angers, que Dex par ama tant,
> Une legion d'angeles conme faucon volant,
> Si se fierent es Turs conme sengler bruiant
> (*Jérusalem*, OFCC, VI, v. 809-814)

> Saint Barbe et saint Domin [var. *Domistre*] l'un vers l'autre adrecier
> (*Jérusalem*, OFCC, VI, v. 853)

> Ki la veïst saint Jorge poignant par mi les prés,
> Saint Morise et saint Barbe [*var.* Jaque], les gonfanons levés
> (*Jérusalem*, OFCC, VI, v. 5991-5992)

---

21 Su 3211 e 3372.

22 Vedi la nota di Thomas al v. 5331 in *Entrée d'Espagne*. Ristampa anastatica dell'edizione di Antoine Thomas con una premessa di Marco Infurna, Firenze, Olschki, 2007, 2 voll. La vicenda di S. Maurizio e della legione tebana viene cantata da un giullare in *Elioxe*, OFCC, I, v. 3182-3197.

23 Come sempre nelle varianti onomastiche: cfr. ad. es. *Crociate. Testi storici e poetici*, a cura e con introduzione di Gioia Zaganelli, Milano, Mondadori, 1988, p. 616, n. 21.

24 Leclercq, *Portraits croisés*, *op. cit.* p. 383; l'editore della *Chanson de Jérusalem*, OFCC, VI, s.v. non glossa, ma quello dei *Chétifs*, OFCC, V, s.v., opta per Barbara; *sains Barbes* compare anche nella prosificazione *Godefroi de Buillon* (OFCC, X), senza glossa nell'indice dei nomi.

Non c'è dubbio che sia femmina (una reinterpretazione?) la *sainte* Barbe che compare in *Berthe au grans piés*[25], ma nonostante Santa Barbara, patrona della folgore e delle fortificazioni, sia spesso associata ad un contesto militare[26], l'apparizione nel drappello maschile di *Chétifs* e *Jérusalem* lascia perplessi, e *sains* non è facilmente correggibile in *sainte* per ragioni di metro. Jeanroy legge, nell'ed. Hippeau di *Jérusalem*, *Basle* (s. Basolo?), che ha avuto una certa fortuna e non è più chiaro, ma l'edizione porta in realtà *Barle* (che difatti compare nella *varia lectio* dell'ed. critica, v. *supra*[27]). Se san Basolo, anche come congettura, non è appropriato, non lo sono neppure l'apostolo Bartolomeo proposto da Moisan (senza contare che l'evoluzione *Bartel(e)mieu* > *Barles*/*Basles* è assai problematica[28]). Più interessante sarebbe *Blaise* (afr. *Blaive*), Biagio, che non è propriamente un santo militare ma compare in una lettera dei vescovi greci e latini datata al gennaio 1098, poco prima della presa di Antiochia, in cui i santi Giorgio, Teodoro, Demetrio e Biagio (probabilmente il martire armeno) sono presentati come aiutanti dei crociati in cinque famose battaglie[29]. L'antroponimo è comunque rarissimo nell'epica[30].

Credo sia nel giusto MacGregor a identificarlo con il *Barbarus* che la leggenda dice essere stato un soldato martire[31], ma resta un ulteriore,

25 Henry, Albert, *Les Œuvres d'Adenet le roi. IV. Berte aus grans piés*, Bruxelles-Paris, Presses Universitaires de Bruxelles – Presses Universitaires de France, 1963, v. 890 (nel *Glossaire* interpretato *Sainte Barbe*); il nome scompare nella versione della *Geste Francor.*

26 Corvisier, André, *Les saints militaires*, Paris, Champion, 2006, p. 211, 264. Sul fenomeno della devozione a sante di sesso femminile da parte degli ordini militari si veda Nicholson, Helen J., "The Head of St Euphemia. Templar Devotion to Female Saints", *Gendering the Crusades*, eds. Susan Edgington and Sarah Lambert, Cardiff, University of Wales Press, 2001, p. 108-120.

27 Jeanroy, « La *Chanson d'Aspremont* et les poèmes sur la première Croisade », *op. cit.*, p. 3.

28 Moisan, André, *Répertoire des noms propres de personnes et de lieux cités dans les chansons de geste françaises et les œuvres étrangères derivées*, Genève, Droz, I/1, 1986, p. 213, s.v. *Basle*, rimanda alla voce *Bartelemieu*/*Barle(s)*, in cui sono raccolti gli esempi di *Jérusalem* 810 (sotto la variante *Barle*), e altri in cui il nome è *Bartolomeu*, *Bertolmieu*, *Berthemeus.*

29 MacGregor, « Negotiating Knightly Piety », *op. cit.*, p. 322-323 (le ragioni per l'apparizione di Biagio « must remain speculative », p. 323).

30 Moisan, *Répertoire*, *op. cit.*, conosce solo un'occorrenza nella redazione lunga del *Moniage Guillaume*, all'interno di un'invocazione che non ha niente a che vedere con il *topos* dei santi guerrieri (*Les deux rédactions en vers du Moniage Guillaume*, éd. Wilhelm Cloetta, Paris, Libraire de Firmin Didot, 2 voll., 1906-1911, v. 6089; *Le Moniage Guillaume*, Chanson de geste du XIIe siècle. Édition de la rédaction longue par Nelly Andrieux-Reix, Paris, Champion, 2003, v. 6361).

31 MacGregor, « Negotiating Knightly Piety », *op. cit.*, p. 339-340; Péron, *Les Croisés en Orient*, *op. cit.*, p. 268-269 n. 497.

piccolo problema di accento: partendo da *Barbarus* si arriva a *Bàrbe(s)*, come richiesto infatti dall'accento nell'esempio del v. 5992, ma senz'altro si tratta di un *Barbés* ossitono, garante la rima, nell'episodio del *Moniage Rainouart* in cui quattro santi aiutano Renouart in pericolo di naufragio[32]:

> saint Julïens est a lui [Ranouart] demostrés,
> o lui sains Domes, sains Jorges, sains Barbés,
> plus erent blanc que n'est la flors en prés[33].

Moisan preferisce infatti pensare, per gli esempi di *Chétifs* (che però non richiede necessariamente *-és*) e del *Moniage Rainouart*, a *Barbés*, variante sincopata di *Barnabés*, cioè l'apostolo Barnaba[34], candidato non molto pertinente, visto che non sembra trattarsi in alcun modo di un santo «marziale». Poiché altri possibili candidati sono altrettanto difettosi, meglio pensare a un'alterazione di *Barbes* in vista della rima, forse anche per attrazione di *barbé* 'barbuto'?

Anche solo scorrendo i brani citati fin qui si sarà notato *Domins*, che Moisan interpreta come variante di *Domistre*[35], mentre Bédier vi vede più plausibilmente S. Donnino (*Domis, Domins*) e ne trae le ben note conclusioni sull'importanza delle vie dei pellegrinaggi (Borgo S. Donnino, odierna Fidenza, è sulla via Francigena e compare come toponimo in rare canzoni[36]). Senz'altro lo si deve legare al *Domes* (var. *Donin*) che abbiamo visto nel *Moniage Rainouart*, e che Bertin nella tavola dei nomi propri interpreta come *Donin* o *Domice* (ricordando contestualmente che

32 *Le moniage Rainouart*, publié d'après les manuscrits de l'Arsenal et de Boulogne par Gérald A. Bertin, Paris, Picard, 1973, v. 4433-4436; Bertin intende (ma con opportuno punto interrogativo) Barbara.

33 Variante dei vv. 4435-4436: o lui s. Jorge s. Domins de delés / et sains Barbés li bons sains honorés.

34 *Cf.* Moisan, *Répertoire*, *op. cit.*, I/1, p. 210. Suggestione accolta da Alvaro Barbieri e Eugenio Burgio nell'*Indice dei nomi* di *Crociate. Testi storici e poetici*, a cura e con Introduzione di Gioia Zaganelli, Milano, Mondadori, 2004 e (per *Jérusalem*, v. 810) da Esposito, *La chanson de Jérusalem*, *op. cit.*, p. 107.

35 *Cf.* Moisan, *Répertoire*, *op. cit.*, I/1, p. 348 e 359 (« Des noms sensiblement différents s'appliquent, semble-t-il, dans les textes épiques à un seul martyr »); dello stesso parere MacGregor, « Negotiating Knightly Piety », *op.cit.*, p. 340 n. 52.

36 Bédier, Joseph, *Les légendes épiques. Recherches sur la formation des chansons de geste*, Paris, Champion, III éd., 1926-1929, II, p. 206-215; Ott, Muriel, « Édition et géographie (2) : du Piémont à la Toscane dans la *Chevalerie Ogier* », « *Par deviers Rome m'en revenrai errant* ». *XX*ᵉ *Congrès International de la Société Rencesvals pour l'étude des épopees romanes*, a cura di Maria Careri, Caterina Menichetti e Maria Teresa Rachetta, Roma, Viella, 2017, p. 121-129, p. 125.

le reliquie di Domizio furono trasferite nella cattedrale di Amiens nel XIII sec.). Dato che Donnino fece parte della legione tebana comandata da s. Maurizio[37], mentre il Domizio di Amiens non ha alcun tratto del *miles* (così come il s. Domizio orientale), la questione va risolta a favore del primo.

COSTANTI, VARIAZIONI, TRAVESTIMENTI

Il motivo «classico», giusta l'origine, è quello marziale di *Antioche e Jérusalem*, e come tale ha un'alta riconoscibilità e una buona durata[38], anche fuori dai testi epici[39], ma la sua plasticità ammette nel tempo variazioni, semplificazioni e veri e propri annacquamenti. Ad esempio, in *Garin* o nel *Moniage Rainouart* l'aiuto dei santi guerrieri è diluito in un generico sostegno durante la battaglia; nella *London-Turin Continuation* della *Chanson de Jérusalem*[40] S. Giorgio interviene a salvare e rimettere a cavallo il conte di Fiandra disarcionato e a esortarlo alla vittoria; nel *Moniage* addirittura i santi nemmeno combattono.

Più interessante l'innovazione di un testo relativamente antico come i *Chétifs*, in cui i tre santi, divenuti tre cervi, si fondono con gli animali-guida di antichissima origine mitologica[41]:

37 Corvisier, *Les saints militaires*, *op. cit.*, p. 117-120.

38 Si trova ad esempio intatto o quasi nella tarda *Lion de Bourges*, éd. William W. Kibler, Jean-Louis J. Picherit, Thomas S. Fenster, Genève, Droz, 1980, 2 voll., II, v. 17972-17979 (*George*, *Jacque* e *Domins* con armi bianche ornate di croci rosse intervengono in aiuto dei cristiani), e in Laborderie, Noëlle, *Florent et Octavien. Chanson de geste du XIV siècle*, Paris, Champion, 1991, v. 5792-5794 (*George* e *Moris* con un esercito di cavalieri bianchi mettono in fuga i nemici). Anche nella *Rotta di Roncisvalle*, per influsso dei testi d'Aspromonte italiani, i «pagan fur rotti e pesti» grazie a San Giacomo, Giorgio e Dionigi (cfr. Palumbo, Giovanni, *La* Chanson de Roland *in Italia nel Medioevo*, Roma, Salerno editrice, 2013, p. 300-301).

39 Ad es. nella canzone di crociata di Aimeric de Belenoi, I, v. 37-40: «Molt devon esser ses paor, / segur e bon guerreiador / sels qu'iran, qu'ades er de latz / saint Iorgi, e Dieus er ab lor» (Aimeric de Belenoi, *Le poesie*, ed. critica a c. di Andrea Poli, Firenze, Positivamail, 1997, 122).

40 OFCC, VIII, v. 26627-26648.

41 L'episodio deve essere quindi aggiunto alle altre occorrenze del motivo, accanto al cervo crucifero identificato con Cristo: *cf.* Donà, Carlo, *Per le vie dell'altro mondo. L'animale guida e il mito del viaggio*, Soveria Mannelli, Rubbettino, 2003, p. 310-326.

Atant es vos .III. cers ramus, blans et floris,
Tres devant Corbaran en la route sont mis,
Et Corbarans les siut par mons et par lairis,
Segnor c'estoit sains Jorges, sains Barbes (var. Fremins; Brames), sains Domis (var. Moris)[42]!

Non stupisce che, così come le apparizioni gettarono talvolta nella costernazione o nella confusione i testimoni oculari[43], la sottile trama di queste variazioni, in cui la riconoscibilità del motivo è talvolta affidata a un dettaglio, a un aggettivo o all'onomastica[44], abbia generato incomprensioni:

– nella *Chanson de la première croisade* edita da Jennifer Gabel compare alle lasse CCCIV-CCCXI, durante l'assedio di Antiochia e sulla scorta della fonte (la cronaca di Baudri de Borgueil), un *conroi* di truppe celesti guidate dai santi *George*, *Domitre* e *Mercurien*[45], ma

42 OFCC, V, v. 3741-3744. Molto più vaga l'invocazione all'interno della lunga preghiera di Baldovino impegnato nella lotta contro il serpente in cui, fra gli altri, sono ricordati *saint Jorge de Rames* e il *baron saint Moris* (v. 2543).

43 Esempi in Lapina, *Warfare*, *op. cit.*, p. 25 e Dehoux, *Saints guerriers*, *op. cit.*, p. 67 e *passim*.

44 Fra le apparizioni tardive ricordiamo quelle dell'*Aquilon de Bavière*, in cui l'intervento miracoloso dell'arturiano Galahad è modellato su quello dei santi di *Aspremont*, anche per via di un collegamento esplicito con S. Giorgio: *cf.* il riassunto della questione e bibliografia in Raffaele da Verona, *Aquilon de Bavière*. Introduction, édition et commentaire par Peter Wunderli, III, Tübingen, Niemeyer, 1982, p. 85.

45 Gabel de Aguirre, Jennifer, *La* Chanson de la Première Coisade *en ancien français d'après Baudri de Bourgueil. Édition et analyse lexicale*, Heidelberg, Winter, 2015 (p. 26 e 45 per un riassunto; l'edizione è parziale e non comprende il brano, la cui trascrizione mi è stata gentilmente inviata da J. Gabel, che ringrazio): « De la guaste montaigne un conroi desbuscha, / Unques tant bel ne vit qui cel n'esgarda. / Conreé de bataille vers paens chevalcha. / Saint George et saint Domitre de devant les guia / Et saint Mercurïen qui l'enseigne porta. / Tut sunt blanc comme noif, ice descomforta / Le poeple deffaé et forment esmaia, / As crestïens comfort et hardement duna » (il testo è in corso di edizione, *cf.* https://medievaldigital.ace.fordham.edu/siegeofantioch/ [20/6/2024]). Testo latino (*The* Historia Ierosolimitana *of Baldric of Bourgueil*, edited by Steven Biddlecombe, Woodbridge, The Boydell Press, 2014, p. 81): «exercitus innumerabili, equis albis insidentes, et in manibus uexilla candida preferentes». I cristiani esitano, poi riconoscono i «duces illius agminis, Sanctum Georgium et Sanctum Mercurium et Sanctum Demetrium». Mercurio, come abbiamo detto, è un martire cappadociano, ma secondo Marie-Madeleine Castellani (« De quelques manifestations divines et apparitions célestes dans le *Récit en vers de la première croisade* d'après Baudri de Bourgueil (RPCBB) », in *Chanter de geste. L'art épique et son rayonnement. Hommage à Jean Claude Vallecalle*, éd. Marylène Possamaï-Pérez – Jean-René Vallette, Paris, Champion, 2013, p. 67-79, p. 76 n. 30) vi si potrebbe riconoscere anche un influsso del dio pagano Mercurio.

già all'altezza della lassa LXXIV fa il suo ingresso quella che Gabel giudica essere una «armée de croisés[46]». Si tratta probabilmente di una schiera celeste, anche se non si fa il nome dei santi gonfalonieri: «Mais Deus le [Godefroy] succurut par ital destinee, / Que as Turs fud vïaire que devers la valee / venoit de crestïens, de la gent redutee: / Plus de trente millier l'unt li paien esmee. N'i ad nul tant hardi n'ait sa regne viree» (v. 2975-2979); poco sotto «Il [Godefroy] vit la compaignie que Deus out amenee / qui furent trestut blanc comme neif sur gelee, / mais onc ne pot saver quele part est alee. / Damedeu aora et la vertu nomee [...]» (v. 2985-2988). Questa compagnia *è creduta* di cristiani dai Saraceni (v. 2976), ma in realtà il colore bianco, l'apparizione e la sparizione improvvisa[47] seguita da una preghiera di Godefroy fanno capire che si tratta di una vera e propria schiera angelica; lo conferma il paragone (in sé trito) della *noif sur gelee*, che serviva già a descrivere la *compaigne armee* nella *Chanson d'Antioche*[48].

– Nella *Chanson de Godin*[49], una delle continuazioni di Huon de Bordeaux, *Jorge*, *Domins* e *Meurisse* aiutano l'eroe eponimo in battaglia e, nonostante siano sempre accompagnati dall'aggettivo *saint* e sia chiaro che sono stati mandati da Gesù, diventano quasi personaggi ferici perfettamente inseriti nel contesto tipico della canzone, al punto che l'editrice non li riconosce e nell'indice dei nomi li qualifica come «amici» di Godin. Va detto che essi compaiono più volte, quasi sempre tutti e tre insieme, in contesti anodini e senza gli attributi usuali (colore bianco, croce ecc.), anche perché nella canzone la battaglia è fra cristiani (Godin e il lignaggio dei traditori).

Vorrei concludere questa carrellata accennando alla frammentaria *Canso d'Antioca* provenzale, che offre una descrizione dell'esercito biancovestito, presentato in occasione della sfilata di squadroni cristiani alla vigilia della battaglia. Il testo aggiunge che si tratta dei morti in battaglia che vengono in aiuto dei compagni, guidati dai santi Giorgio

46 Gabel de Aguirre, *La* Chanson de la Première Coisade, *op. cit.*, p. 17.

47 Su questi tratti costitutivi, vedi Dehoux, «*Con avés non, vasal al ceval blanc?*», *op. cit.*, p. 54-63.

48 OFCC, IV, p. 375 v. 206.

49 *La Chanson de Godin. Chanson de geste inédite*, éd. Françoise Meunier, Louvain, Bibliothèque de L'Université – Publications Universitaires de Louvain, 1958.

e Dionigi e dall'apostolo Andrea[50]. L'*Antioche* oitanica rimaneggiata alla fine del XII sec. da Graindor de Douai presenta un testo molto diverso e trasforma questo esercito di morti in un inedito squadrone di *vieillards* (OFCC, IV, v. 9884-9921; ed. Guidot, v. 8091-8127), mentre la *sainte legion* capitanata da S. Giorgio comparirà più avanti nel testo, come abbiamo visto, nel corso della battaglia. La questione testuale di *Antioca* e le sue relazioni con *Antioche* sono talmente inestricabili che è difficile trarne sicuro partito[51], ma se accettiamo l'idea che *Antioca* conservi comunque traccia di un'*Antioche* primitiva perduta[52], poi rimaneggiata da Graindor, risulta istruttivo cercare di capire le motivazioni dell'intervento. Secondo Duparc-Quioc il nodo problematico del testo provenzale è il punto dell'apparizione, cioè *prima* della battaglia. Si tratta di una posizione attestata anche altrove (ad esempio nelle lasse della *Chanson d'Aspremont* citate poco sopra[53]), ma sicuramente minoritaria: in questo senso l'intervento di Graindor riserva agli esseri soprannaturali una seconda apparizione nella posizione abituale, cioè *durante* lo scontro[54]. Secondo Lucia Lazzerini, invece, è il motivo dei morti risuscitati ad essere stato censurato[55]. Oltre a una possibile interferenza con il motivo della masnada ultraterrena più famosa del Medioevo, la *mesnie herlequin*, che a partire da Orderico Vitale tanta fortuna ha avuto nella letteratura e nel folclore[56], possiamo osservare che il testo di *Antioca*

---

50 «Arloïs, ditz lo reis, quals es aqestas jens / que sorzon davas destre (e) per mei un deriben, / e meno cavals blancs, e am blancs garnimen, / e blanccas armaduras e totz los vestimens; / e las senheras blanccas qe panneio al ven / a.l fer de las lansas senblo flamas arden[s]?... / ... mas angels me resemblo ab lor captenemen [...] // «Tuh aque*l* homes blanc eisso de Paradis / e son en la[s] batalhas detrencatz e ausis. / Deu los tramet socore a(i) lur autres amis / E porto tuh escirpas a lei de peleris; / S. Giorgi los guida e lo cors .S. Daunis / e Sanh Andreu l'apostol qe.[l]s a en garda pris...» (Sweetenham – Paterson, *The* Canso d'Antioca, *op. cit.*, v. 125-131, 142-147).

51 *Cf.* Sweetenham – Paterson, *The* Canso d'Antioca, *op. cit.*, p. 51-78 per un riassunto ragionato della questione.

52 Duparc-Quioc pensa che la *Canso* derivi da *Antioche* primitiva, altri postulano testi intermedi e continuamente rimaneggiati (Sweetenham – Paterson, *The* Canso d'Antioca, *op. cit.*, p. 59-63).

53 Palumbo – Rinoldi, « La *Chanson d'Aspremont* dans le nord de la France », *op. cit.*

54 *La* Chanson d'Antioche. *Édition du texte d'après la version ancienne*, éd. Suzanne Duparc-Quioc, Paris, Librairie Orientaliste Paul Geuthner, 1977, 2 voll., II, p. 184-188, in part. 184-185.

55 Lazzerini, Lucia, *Letteratura in lingua d'oc*, Modena, Mucchi, 2001, p. 187-188.

56 Lecco, Margherita, *Il motivo della* Mesnie Hellequin *nella letteratura medievale*, Alessandria, Edizioni dell'Orso, 2001; Barillari, Sonia Maura, « L'esercito dei morti: lungo il filo del

ha ragioni di imbarazzo perché pone sul tappeto una questione che poteva suscitare qualche perplessità: la schiera guidata da S. Giorgio e altri santi marziali da chi è composta? Da santi? Angeli? Da guerrieri morti per la fede, per i quali è previsto il paradiso ma non certo una promozione automatica alla santità? O da veri e propri martiri[57]? Le *chansons de geste* sono prevedibilmente vaghe su questo punto, e anche *Antioca* non è priva di ambiguità quando identifica i biancovestiti con i guerrieri morti per la fede e usciti per l'occasione dal Paradiso, che però *sembrano* angeli.

Il dato letterario conferma l'ipotesi del ritocco, sia perché allungamenti e raddoppiamenti fanno parte dei procedimenti di Graindor, sia perché, come ha notato Lazzerini, la squadra di *vieillards* da lui tratteggiata ha un elemento che ne tradisce l'origine: la bianchezza delle barbe li fa sembrare infatti discesi «de paradis celestre» e «faé» (OFCC, IV, v. 9889; ed. Guidot, v. 8096).

Paolo Rinoldi
Università degli studi di Parma

tempo, dal mito all'epica », in *WAR! – L'esperienza della guerra fra storia, folclore e letteratura*, a c. di Sonia Maura Barillari – Martina Di Febo, Aicurzio, Virtuosa-mente, 2016, p. 126-139.

57 *Cf.* Flori, Jean « Les héros changés en saints... et les saints en héros. Sacralisation et béatification du guerrier dans l'épopée et les chroniques de la première croisade », *PRIS-MA*, t. 30, 1999, p. 255-272; Id., « La chevalerie célestielle et son utilisation idéologique », *op. cit.*, n. 58 per ulteriore bibl.

L'IMAGE DES CROISADES ENTRE RÉALITÉ HISTORIQUE ET IDÉALISATION COURTOISE

dans le *Roman du Châtelain de Coucy et de la Dame de Fayel*[1]

Le *Roman du Châtelain de Coucy et de la Dame de Fayel* par Jakemes, auteur picard qui écrit entre la fin du XIIIe et le début du XIVe siècle, est un texte intéressant à bien des égards[2]. Il est avant tout connu pour son utilisation du motif folklorique du cœur mangé[3], mais il marque aussi une étape importante dans le développement du roman à citations lyriques. Cette typologie de roman, qui a été inaugurée presque un siècle plus tôt par le *Guillaume de Dole* de Jean Renart, est utilisée de façon très novatrice, puisque le protagoniste de la narration est aussi l'auteur des textes lyriques enchâssés. Le roman devient ainsi une vaste *razo* de la production poétique du Châtelain de Coucy, dont Jakemes tire parti pour reconstruire les épisodes de la *fabula*[4]. La présence des

---

1 Je souhaite rémercier M. Massimiliano Gaggero et Mme Julie Métois pour la révision linguistique de ce texte.

2 Les citations sont tirées de Jakemés, *Le Roman du Châtelain de Coucy et de la Dame de Fayel*, éd. Catherine Gaullier-Bougassas, Paris, Champion, 2009. L'édition plus ancienne (*Le Roman du Castelain de Couci et de la Dame de Fayel* par Jakemes, éd. établie à l'aide des notes de John E. Matzke par Maurice Delbouille, Paris, Société des Anciens Textes Français, 1936) reste toujours utile. L'auteur, qui est peut-être originaire du Hainaut, révèle son nom par un acrostiche qui se lit dans les derniers vers de l'ouvrage.

3 Il n'est pas possible de résumer ici la bibliographie – très vaste – consacrée à ce sujet. On peut tout de même citer Rossi, Luciano, «Il cuore, mistico pasto d'amore: dal *Lai Guirun* al *Decameron*», *Studi provenzali e francesi 82*, L'Aquila, Japadre, 1983, p. 28-128 (en partic. p. 95-98 et 106-109), et Di Maio, Mariella, *Le cœur mangé. Histoire d'un thème littéraire du Moyen Âge au XIXe siècle*, Paris, PUPS, 2005, p. 26-31.

4 Sur le roman à citations lyriques voir McCann Boulton, Maureen B., *The Song in the Story. Lyric Insertions in French Narrative Fiction, 1200-1400*, Philadelphia, University of Pennsylvania Press, 1993 (p. 61-66 sur notre texte) ; Simó, Merixtell, *La arquitectura del* roman courtois *en verso con inserciones líricas*, Bern-Berlin-Frankfurt am Main-New York-Paris-Wien, Lang, 1999 (p. 299-338) ; Butterfield, Ardis, *Poetry and Music in Medieval*

citations lyriques n'est pourtant pas le seul aspect qui situe le *Roman du Châtelain de Coucy* dans le sillon des innovations de Jean Renart : Jakemes se conforme aussi aux caractéristiques propres au roman « réaliste » à partir, encore une fois, du *Guillaume de Dole*[5]. Le jeu sur les citations lyriques est lui aussi l'une des stratégies par lesquelles Jakemes donne un ton « réaliste » à son texte : comme Cesare Segre l'a remarqué, « *opere di finzione citate in un'altra opera di finzione creano effetti di reale, ma nel contempo evocano un reale che alla primitiva finzione è imparentato: una specie di* trompe l'oeil*, se non di* mise en abyme *della letterarietà*[6] ».

Notre discours sur les caractéristiques de la représentation de la croisade dans le *Roman du Châtelain de Coucy* peut commencer justement en essayant de cerner le rôle joué par l'évocation des expéditions militaires en Orient dans la construction du « réalisme » du roman. L'encadrement assez précis, à la fois géographique et historique (ou historicisé), des événements est l'un des éléments qui enlèvent au roman l'atmosphère de conte de fées dans laquelle Erich Auerbach voyait la limite la plus évidente du réalisme du roman courtois[7]. Nous préférons parler d'encadrement historicisé (et non pas historique) de la narration parce que, nous le verrons, l'introduction de références extratextuelles ne vise pas la véridicité de la chronique, mais il permet de rendre vraisemblables des situations narratives qui sont, en revanche, très idéalisés

---

France: from Jean Renart to Guillaume de Machaut, Cambridge, Cambridge University Press, 2002 ; Ibos-Augé, Anne, *Chanter et lire dans le récit médiéval. La fonction des insertions lyriques dans les œuvres narratives et didactiques d'oïl aux* XIII*e et* XIV*e siècles*, Bern-Berlin-Bruxelles-Frankfurt am Main-New York-Wien, Lang, 2010, 2 voll. (vol. I, p. 385-386 pour le *corpus* des citations insérées dans notre roman).

5 *Cf.* Meneghetti, Maria Luisa, *Il romanzo nel Medioevo. Francia, Spagna, Italia*, Bologna, Il Mulino, 2010, p. 85-90 et 92-95.

6 [« les œuvres de fiction citées dans une autre œuvre de fiction créent des effets de réel, mais évoquent en même temps un réel lié à la fiction primitive : une sorte de trompe-l'œil, voire de mise en abyme de la littérarité »]. Segre, Cesare, «Quello che Bachtin non ha detto. Le origini medievali del romanzo», Id., *Teatro e romanzo*, Torino, Einaudi, 1984, p. 61-84, p. 69.

7 Voir le chapitre de *Mimesis* consacré à l'*Yvain* de Chrétien : Auerbach, Erich, *Mimesis. Il realismo nella letteratura occidentale* (1956), Torino, Einaudi, 2000, I, p. 146. Sous ce point de vue aussi, Jakemes poursuit de façon originale sur la voie ouverte par Jean Renart, pour lequel restent valables les commentaires de Lejeune-Dehousse, Rita, *L'œuvre de Jean Renart. Contribution à l'étude du genre romanesque au Moyen Âge*, Paris-Liège, Faculté de Philosophie et de Lettres-Droz, 1935, p. 328-332. Voir aussi Lyons, Faith, *Les éléments descriptifs dans le roman d'aventure au* XIII*e siècle (en particulier* Amadas et Ydoine, Gliglois, Galeran, L'Escoufle, Guillaume de Dole, Jehan et Blonde, Le Castelain de Couci*)*, Genève, Droz, 1965, p. 150-166.

et investies d'une prégnance idéologique très forte. La représentation de la croisade donnée par le roman devra être étudiée à la lumière du rôle qu'elle joue dans l'économie du récit.

Rappelons d'abord quelques renseignements qui peuvent nous permettre de comparer ce que nous savons à propos de la participation du Châtelain de Coucy aux croisades avec les vicissitudes de son double littéraire dans le *Roman*. Le trouvère est identifié avec Gui de Ponceaux (châtelain de Coucy de 1186 à 1203), qui, encore jeune, participa à la Troisième et ensuite à la Quatrième Croisade. Il mourut soudainement pendant cette dernière expédition, comme le rappelle Villehardouin, lors de la traversée de la mer Égée[8].

Il est probable que Jakemes, qui donne à son protagoniste le nom de Renaus, superpose le personnage historique du Châtelain-trouvère (Gui de Ponceaux) avec Rainaud de Magny, le cousin de Gui, qui fut à son tour châtelain de Coucy entre 1207 et 1218. Nous retrouverons à plusieurs endroits dans le roman ce genre de superposition des différents plans chronologiques : elle concerne des personnages et des événements qui se situent entre la Troisième Croisade et le début du XIIIe siècle. Il faut toutefois remarquer, à propos de la superposition entre Gui de Ponceaux et Rainaud de Magny, que Jakemes n'a pas été le seul à avoir des problèmes dans l'identification du trouvère connu comme Châtelain de Coucy : cette difficulté peut aussi expliquer le fait que, dans les chansonniers, les poèmes de celui-ci sont introduits par la simple rubrique *Chastelain de Coucy*. Il est donc probable qu'à l'époque de la transcription de ces recueils il était déjà impossible de préciser l'identité de ce personnage[9].

Il est probablement pour cette raison que le récit du *Roman* est censé se dérouler à l'époque de la Troisième Croisade, comme le montre la dernière partie de l'œuvre : le fait que parmi les poèmes du Châtelain de

8 « Lors avint un granz domaige : que uns halz hom de l'ost qui avoit nom Guis li chastelains de Coci morut et fu gitez en la mer » (Geoffroy de Villehardouin, *La conquête de Constantinople*, éd. Edmond Faral, Paris, Les Belles Lettres, 1961, 2 voll., § 124) ; *cf.* Longnon, Jean, *Les compagnons de Villehardouin. Recherches sur les croisés de la quatrième croisade*, Genève, Droz, 1978, p. 118.

9 Pour l'identification du trouvère avec Gui de Ponceaux voir *Gace Brulé. Trouvère champenois*, éd. Holger Petersen Dyggve, Helsinki, Imprimerie de la Société de Littérature Finnoise, 1951, p. 74-84.

Coucy figurent deux chansons de croisade à sujet amoureux (RS 985=986 e RS 679[10], qui sont aussi citées à l'intérieur du roman), et le souvenir, peut-être, de la tradition selon laquelle le trouvère serait mort en Orient, ont suggéré à Jakemes de terminer le roman en situant le traitement du motif du cœur mangé dans le contexte de la croisade. Il a donc fait participer son personnage à l'expédition en Terre Sainte à laquelle les personnages de haute noblesse prennent part en grand nombre.

Essayons d'examiner de plus près la présentation de la participation du Châtelain-personnage à la croisade, en nous interrogeant aussi sur la correspondance du récit avec les événements historiques. Le départ de Renaus pour l'Orient est le produit de la stratégie du mari de la Dame de Fayel pour séparer les amants : le Seigneur du Fayel croit que, s'il feint devant sa dame d'avoir l'intention de prendre la croix, Renaus décidera de participer à la croisade pour suivre sa bien-aimée Outremer. Pour prendre la croix, le Châtelain se rend en Angleterre, parce qu'il a appris que le Roi, Richard Cœur de Lion, a appelé les nobles à un tournoi, à la fin duquel il fera prêcher la croisade par un cardinal et prendra à son tour la croix. Après avoir participé à la joute et y avoir été reconnu pour son habileté par le roi, Renaus écoute le prêche du cardinal :

> Et quant il nous voet tant cierrir,
> Bien nous deveroit souvenir
> De lui et nos coers enflamer
> Del Saint Sepulcre delivrer.
> Dont deveroit cescuns entendre
> a le crois recevoir et prendre. (v. 6911-6916)

Le roi, comme prévu, prend la croix et il est imité par beaucoup des nobles présents; parmi ces derniers se trouve un grand nombre de chevaliers du Vermandois, y compris le Châtelain :

> Des cevaliers de Vermendois
> Se croisa maint a celle fois,
> Dont moult fu liés li rois Richars,
> Qui n'estoit avers ne escars.
> Ains lor fist maint rice present
> De juiaus et d'or et d'argent,

10 Pour ces deux textes, *cf.* Dijkstra, Cathrynke Th. J., *La chanson de croisade. Étude thématique d'un genre hybride*, Amsterdam, Schiphouwer en Brinkman, 1995, p. 147-152.

Et lor dist qu'a la mi aoust
Soient aprestё, coi qu'il coust,
Pour passer mer et mouvoir guerre
As paiiens en la Sainte Tierre. (v. 6921-6930)

Cet épisode du roman est bien loin de la vérité historique, contrairement à ce qui se passe avec d'autres références au déroulement de la Troisième Croisade : Richard prend la croix soudainement à Tours en novembre 1187, quand le roi d'Angleterre était encore Henri II[11]. Nous verrons cependant que l'idée d'une prédication en marge d'un tournoi est tout à fait cohérente avec l'idée que Jakemes veut donner de la croisade dans son texte. En outre, cette scène n'est pas invraisemblable, parce que en 1199, pendant les préparatifs pour la Quatrième Croisade, plusieurs nobles français avaient pris la croix en marge d'un tournoi organisé à Ecry-sur-Aisne : l'auteur du roman pourrait donc avoir développé une situation de ce genre, en la plaçant à l'epoque de l'histoire narrée[12]. Il importe aussi de réfléchir sur le choix de privilégier Richard Ier comme le seul référent politique auquel se lie le Châtelain-personnage pendant la croisade, surtout parce que la production du Châtelain-trouvère ne se réfère jamais aux milieux Plantagenêts. Le fait que, parmi les trois souverains qui ont participé à la Troisième Croisade, Richard est celui qui a obtenu les succès les plus importants, justifie seulement partiellement ce choix de Jakemes, qui peut s'expliquer plutôt avec la renommée de Richard en tant que mécène de troubadours aussi bien que de trouvères[13].

11 *Cf.* Tyerman, Christopher, *God's War. A New History of the Crusades*, London, Penguin Books, 2007, p. 376; Flori, Jean, *Richard Cœur de Lion. Le roi-chevalier*, Paris, Payot & Rivages, 1999, p. 74-77 ; Runciman, Steven, *A History of the Crusades*, III, *The Kingdom of Acre and the Later Crusades*, Cambridge, Cambridge University Press (1951), 1995, p. 5.

12 *Cf.* Tyerman, *God's War*, *op. cit.*, p. 502-503 ; Runciman, *A History of the Crusades*, III, *op. cit.*, p. 107. Il faut signaler que les sources historiques ne s'accordent pas sur la description de cet événément : *cf.* Gaggero, Massimiliano, « Western Eyes on the Latin East: the *Chronique d'Ernoul et de Bernard le Trésorier* and Robert of Clari's *Conquête de Constantinople* », *The French of Outremer. Communities and Communications in the Crusading Mediterranean*, ed. Laura K. Morreale and Nicholas L. Paul, New York, Fordham University Press, 2018, p. 86-109, p. 92.

13 Il suffit de rappeler le rôle de mécène de la poésie vernaculaire et son activité en tant qu'auteur, attesté par la célèbre *rotrouenge* et par la *tenso* bilingue avec le Dalfi d'Alvernhe : *cf.* Milonia, Stefano, «Riccardo Cuor di Leone, *Ja nuns hons pris ne dira sa raison*. Una proposta di edizione critica», *Critica del Testo*, t. 20, 1, 2017, p. 243-300 ; Viel, Riccardo, «La tenzone tra Re Riccardo e il Delfino d'Alvernia: liriche d'oc e d'oïl a confronto», *Dai pochi ai molti. Studi in onore di Roberto Antonelli*, ed. Paolo Canettieri e Arianna Punzi, Roma, Viella, 2014, II, p. 1761-1786. On peut encore rappeler les liens avec l'espace plantagenêt qui est commun

Après la séparation des amants, le roman continue avec le récit des préparatifs pour l'expédition, sans mentionner ni le roi de France ni Frédéric Barberousse, et sans faire référence aux complexités de la situation politique européenne qui empêche Richard Ier de partir pour l'Orient jusqu'en 1190, lorsqu'il est désormais devenu roi d'Angleterre :

Tant vont k'il vinrent a Marselle,
U li rois englois s'apareille
O toute sa chevallerie.
Aprestee fu la navie,
S'entrent en mer communalment
Et Dieus leur donna si boin vent,
Par sa grasce, que mer passerent,
K'assés petit y demorerent. (v. 7398-7405)

Les armées de Richard Cœur-de-Lion et de Philippe Auguste partirent ensemble de Vézélay le 4 juillet 1190 et, une fois à Lyon, se séparèrent : le roi de France prit la route de Gênes, tandis que le roi d'Angleterre partit pour Marseille, où son projet était de retrouver ses navires, qui devaient contourner la péninsule ibérique, au début du mois d'août. Le roman semble garder ici une trace de la réalité historique, même si, en effet, Richard attendit ses navires jusqu'au 7e jour du mois d'août et finit (à cause de son impatience ou de rumeurs qui le convainquirent que sa flotte avait eu des problèmes pendant la navigation) par louer d'autres embarcations pour continuer le trajet ; la flotte arriva ensuite à Marseille le 22 du même mois[14].

L'embarquement du roi eut lieu en effet plus ou moins *a la mi aoust*, comme on le lit au v. 6927 de notre texte. Jakemes laisse de côté des événements de grande importance politique qui auraient compliqué inutilement un récit qui reste en tout cas un roman et non pas une chronique : l'épisode sicilien qui tourne autour de Jeanne, sœur de Richard, et la conquête de Chypre par le roi d'Angleterre. L'action se déplace en revanche tout de suite en Terre sainte :

à plusieurs traces d'une production lyrique d'oïl distincte de celle – plus proche des modèles troubadouresques – qui se développe dans les régions du Nord-Est à partir des dernières décennies du XIIe siècle : nous nous permettons de renvoyer à ce propos à Resconi, Stefano, «Tracce, ricontestualizzazioni, canali di trasmissione peculiari: percorsi tra le liriche oitaniche trascritte al di fuori dei canzonieri francesi», *Critica del Testo*, t. 18, 3, 2015, p. 169-198).

14 *Cf.* Tyerman, *God's War*, *op. cit.*, p. 435-437 ; Flori, *Richard Cœur de Lion*, *op. cit.*, p. 109-110 ; Runciman, *A History of the Crusades*, III, *op. cit.*, p. 36.

Droit a Acre sont arivé,
Le port trouverent delivré.
Cil d'Acre sont venu contre euls,
Ses reçurent a coers joieus.
De lor venue orent grant joie,
Cescuns les fiestie et conjoie,
Et leur vont honneur presentant,
Car il estoient desirant
D'avoir et secours et aÿe,
Car Sarrasin par ahatie
Les maneçoient cescun jour
D'ocire a doel et a tristour. (v. 7406-7417)

Étant impossible d'entrer dans la ville de Tyr, Richard Ier débarqua à Acre le 8 juin 1191. La situation politique et militaire de la ville était pourtant différente de celle qui est décrite dans le roman : elle appartenait aux musulmans et était assiégée – de façon peu efficace, il est vrai – par les armées chrétiennes[15]. Pour cette raison, les chrétiens accueillirent de façon très chaleureuse le roi qui venait d'arriver ; sa contribution se révèlerait par la suite fondamentale pour la reconquête d'Acre (qui eut lieu le 12 juillet), d'où Richard partira ensuite pour mener l'attaque qui le conduira à la victoire d'Arsūf.

En effet, au v. 7429 et suivants le roman mentionne les conséquences d'une bataille dans laquelle le roi d'Angleterre emporte la victoire ; à cette bataille participe par ailleurs aussi le Châtelain de Coucy, qui se fait remarquer pour sa prouesse. Jakemes se sert ici d'un procédé très courant dans la tradition épique, et il affirme avoir tiré ces renseignements d'une source fiable :

Li estours fu moult perilleus,
Mes nous trouvons en vraie istore
Que li rois eut illuec victore. (v. 7437-7439)

Cet épisode n'est que le début des succès militaires de Richard en *Outremer* :

Apriés celle [la première] bataille avint
Que li rois en Acre revint :

15 *Cf.* Tyerman, *God's War*, *op. cit.*, p. 448-449 ; Flori, *Richard Cœur de Lion*, *op. cit.*, p. 139 et suivantes ; Runciman, *A History of the Crusades*, III, *op. cit.*, p. 47 et suivantes.

Mout conquist avoir et prison,
Dont le somme pas n'esprison.
Par plusieurs fois moult y conquist,
Et tant y fist de ce qu'il quist,
Qu'il prist Escalonne et Cesaire
Et Sur, qui ja fu le roi Daire. (v. 7454-7461)

Ascalone et Césarée appartenaient aux musulmans depuis la bataille de Hattin de 1187, et elles furent reconquises par Richard lors de la Troisième Croisade ; Tyr, en revanche, était toujours restée une possession des chrétiens et, depuis la prise de la Ville Sainte par Saladin jusqu'à la prise d'Acre par les chrétiens avait même été le siège du Royaume de Jérusalem. La référence à Tyr est donc la seule véritable erreur dans le passage cité, mais ce passage nous permet d'identifier quel est le texte ayant laissé une trace dans le roman de Jakemes : l'indication que Tyr, avant la conquête d'Alexandre le Grand, avait appartenu à Darius, empereur des Persans, dérive avec toute probabilité d'une des rédactions du *Roman d'Alexandre*[16].

Aux vers 1766-1767 le roman nous donne un renseignement sur la durée du temps passé par le Châtelain de Coucy en Orient : « Au païs demorra lonc temps, / Bien par l'espasse de .ii. ans ». Encore une fois, l'estimation est vraisemblable, mais ne saurait correspondre à une donnée historique précise : Richard demeura en Terre sainte pendant seize mois, et Jakemes nous dit que le Châtelain, blessé par la flèche empoisonnée qui l'amènera à sa mort, prend congé du roi lorsque celui-ci est encore engagé sur le champ de bataille.

Malgré le fait que Jakemes affirme, comme nous l'avons vu, avoir tiré ses renseignements d'une source fiable, il est évident que sa reconstruction de la Troisième Croisade n'est qu'une toile de fond sur laquelle est projetée la narration. Cette toile de fond n'a pas l'ambition de donner un récit historique précis – et il serait donc inutile d'aller à la recherche de la *vrai istore* à laquelle se réfère l'auteur – mais elle donne une impression de réalisme grâce aux renvois vaisemblables à des expéditions militaires qui étaient déjà entrées dans la légende.

Les caractéristiques de la contextualisation historique que Jakemes donne à son récit sont pourtant utiles pour donner une description plausible du chronotope de la croisade, dans le but de présenter une expédition – la Troisième croisade – qui avait eu une issue ambiguë en tant qu'expédition victorieuse. Ceci nous permet de remarquer combien l'imaginaire de la

16 *Cf.* la note du commentaire à ce passage dans l'éd. citée par Catherine Gaullier-Bougassas.

croisade, dans le roman, est marqué par une très forte idéalisation, qui se manifeste de façon de plus en plus évidente au fur et à mesure que nous nous rapprochons de la dernière partie du texte. La campagne militaire en *Outremer* n'est pas seulement vue comme l'occasion d'exprimer sa dévotion et en même temps de montrer son habileté militaire, mais elle est aussi une activité « mondaine » et connaturelle aux habitudes de la noblesse de l'époque : la participation à la croisade n'oblige pas les nobles à renoncer aux rituels quotidiens de la cour qui scandaient leur vie en Europe.

Une première indication en ce sens est donnée lorsque le mari de la Dame de Fayel annonce à celle-ci vouloir prendre la croix pour observer sa réaction : après avoir décrit la croisade comme un pèlerinage qui a pour but l'expiation des péchés, il précise qu'en Orient : « mout y a grans chevallerie / Et dames aussi a plenté » (v. 6444-6445). Même si le discours du mari vise à tromper son interlocutrice, il reflète l'idée que, dans le contexte de la croisade, on peut s'adonner aux plaisirs de la vie aristocratique parmi les dames et les chevaliers comme cela est décrit dans la première partie du roman. Cette idée est très éloignée de l'expérience – souvent très dure – des femmes contraintes de suivre leur mari en Terre sainte : il suffit de se rappeler les mésaventures endurées par Aliénor d'Aquitaine, obligée à accompagner son époux Louis VII en Orient au temps de la Deuxième Croisade.

Pendant sa permanence *Outremer*, le Châtelain de Coucy ne renonce pas non plus à ses habitudes courtoises, en particulier à celle de se battre en arborant un don reçu de sa bien-aimée en tant que signe d'amour : il s'agit ici des tresses blondes que la Dame de Fayel avait fait couper et livrer à son amant avant le départ de celui-ci. Cet élément finit par devenir tellement caractéristique de Renaus que les musulmans l'appellent « li cevaliers as grans proecces, / Qui sour son elme porte trecces » (v. 7452-7653) : c'est un appellatif qui est pour nous comique plus que menaçant, mais qui montre comment en Orient le Châtelain continue à se comporter exactement comme il l'avait fait dans les tournois auxquels il participait dans la première partie du roman, lorsqu'il était encore en Occident. Dans ces occasions, il portait par exemple une manche que la dame de Fayel lui avait donnée au début de leur relation (un motif classique : dans *Flamenca* une manche utilisée en tant qu'enseigne dans un tournoi est à l'origine des vicissitudes de la protagoniste), ou un couvre-chef bordé d'or offert par la Dame de Vermandois (pour se venger de cette dernière, qui avait révélé au seigneur de Fayel l'amour qui liait sa femme au Châtelain).

Ces épisodes montrent comment le recours à une contextualisation historique « réaliste » permet de rendre vraisemblable une représentation de la croisade qui est, au contraire, fortement idéalisée, selon un procédé qui caractérise l'ensemble du roman, où les renvois extratextuels servent à ancrer dans un scénario apparemment concret une histoire qui se nourrit des situations évanescentes propres à l'imagination lyrique courtoise.

Si la dernière section du roman, sur laquelle nous nous sommes concentrés jusqu'ici, est fondamentale pour notre analyse, il nous semble qu'il est possible de reconnaître un écho des expéditions *Outremer* dans au moins un autre lieu du texte. Il s'agit d'un écho moins explicite, mais tout à fait significatif pour une meilleure définition du lien entre l'idée de croisade et la représentation idéologique de la noblesse qui est esquissée dans le roman, et aussi pour identifier les liens de continuité qui nous semble exister entre cette représentation et certaines caractéristiques de la réception manuscrite de la lyrique d'*oïl* dans les régions où le roman a été écrit. Il s'agit de l'épisode du premier tournoi auquel participe le Châtelain-personnage dans le roman, organisé entre La Fère et Vendeuil.

Maurice Delbouille a eu le mérite de préciser la nature de la relation intertextuelle entre ce passage du *Roman du Châtelain de Coucy* et le *Tournoi de Chauvency* de Jacques Bretel : Jakemes a repris les modes de la narration de cette œuvre, écrite en Lorraine, qui décrit de façon minutieuse le tournoi organisé en 1285 par le comte de Chiny[17]. À ce tournoi participa une bonne partie de la noblesse française de l'Est et du Nord-Est, avec un certain nombre de nobles des régions voisines, de langue et de culture allemande ; le but de l'ouvrage est de célébrer les membres de ces familles importantes, qui sont clairement identifiés dans le récit, entre autres par la description minutieuse et tout à fait correspondante à la réalité des armoiries représentées sur leurs boucliers.

Lisons par exemple la présentation d'Henri de Blâmont lorsqu'il intervient dans le tournoi :

17 Delbouille, Maurice, « Problèmes d'attribution et de composition. IV. L'auteur du *Roman du Châtelain de Coucy* est-il Jacques Bretel ? », *Revue belge de philologie et d'histoire*, t. 12, 1-2, 1933, p. 29-48, et *Le Roman du Castelain de Couci*, éd. Delbouille, *op. cit.*, p. LXIX-LXXIII. Pour le texte de Jacques Bretel : Jacques Bretel, *Le Tournoi de Chauvency*, éd. Maurice Delbouille, Liège-Paris, Vaillant-Carmanne-Droz, 1932, et les contributions recueillies dans *Lettres, musique et société en Lorraine médiévale. Autour du* Tournoi de Chauvency *(Ms. Oxford Bodleian Douce 308)*. Actes réunis et édités par Mireille Chazan et Nancy Freeman Regalado, Genève, Droz, 2012.

Devant les dames droitement
Vint chevauchent mout cointement,
Paréz d'unes armez vermoilles,
Et bien li sïent a mervoilles
Li dui saumont d'argent batu. (v. 1735-1739)

Dans le manuscrit le plus connu du *Tournoi* (Oxford, Bodleian Library, Douce 308, comprenant une section de poèmes des trouvères connue sous le sigle I et dépendante de la tradition lorraine), cette description est reprise dans l'apparat iconographique, formé par des vignettes qui représentent quelques-uns des duels décrits dans le texte en apportant un soin particulier à la représentation des armoiries (fig. 1)[18].

FIG. 1 – Oxford, Bodleian Library, Douce 308, f. 117*r*: *Tournoi de Chauvency*, duel entre Henri de Blâmont (à gauche) et le seigneur de Gevigni (à droite) (source : Digital Bodleian).

18 Sur l'apparat iconographique du manuscrit voir maintenant Stones, Alison, « Le contexte artistique du *Tournoi de Chauvency* », *Lettres, musique et société en Lorraine médiévale*, *op. cit.*, p. 151-204. Sur le rapport entre images et texte dans le manuscrit restent fondamentales les considérations de Delbouille in Jacques Bretel, *Le Tournoi de Chauvency*, *op. cit.*, p. XXVIII-XXIX.

En s'inspirant du *Tournoi de Chauvency*, Jakemes utilise le même procédé narratif pour la description du tournoi, et donne une description minutieuse des armes des nobles qui y participent[19]. La noblesse représentée n'est pas la même que dans le texte de Jacques Bretel : en se conformant au « réalisme » historique que nous avons étudié jusqu'ici, l'auteur met en scène des membres de la haute noblesse française de l'époque de la Troisième Croisade. Plusieurs des personnages cités avaient participé à l'expédition : il s'agit avant tout de Geoffroy de Lusignan (v. 1163) et de Guillaume de Barres (v. 1195), mais aussi de Gaucher de Châtillon (v. 1314, s'il s'agit de Gaucher III, et non pas d'autres membres de sa famille portant le même nom) et d'André de Chauvigny (v. 1594), avec lequel se bat le Châtelain.

À côté de ces grands seigneurs croisés, l'auteur introduit d'autres membres importants de la noblesse française qui ne sont identifiés que par le nom de leur famille, et, parfois, avec l'anthroponyme que Jakemes devait considérer caractéristique de la famille en question. Ainsi, des anachronismes se produisent, et pourtant ils s'expliquent très bien sur la base des procédés d'une représentation littéraire avec d'importantes implications idéologiques. Des membres des plus connus parmi les familles de la noblesse du Nord-Est de la France au XIIIe siècle viennent se mêler aux grands seigneurs qui ont participé à la Troisième Croisade. Le prestige des premiers est accru par le fait qu'ils se trouvent dans la joute à côté de personnages historiques qui, dans l'économie du roman, représentent une noblesse ancienne et mythique, caractérisée par un idéal de vie courtoise fondé sur trois piliers : l'amour, les rites de la vie aristocratique (les tournois et les fêtes qui les accompagnent), et les vertus chevaleresques qui trouvent dans la croisade le contexte propice à leur manifestation la plus haute.

« Réalisme » et représentation idéalisée se croisent ainsi encore une fois dans cette partie du roman, cette fois dans le but d'esquisser les traits d'une noblesse idéale qui, en se nourrissant d'un imaginaire mythique dont la croisade est aussi partie intégrante, se tourne vers les lignages les plus prestigieux dans la région où le texte a été écrit. La particularité de la construction, à la fois historique et littéraire du tournoi de la Fère-Vendeuil le distingue de ceux qui apparaissent dans

19 Comme l'a montré Prinet, Max, « Les armoiries dans le roman du *Chatelain de Coucy* », *Romania*, t. 46, 1920, p. 163-179.

les romans arthuriens, mais aussi des épisodes, beaucoup plus proches de celui-ci, comme le tournoi de Saint-Trond du *Guillaume de Dole* ou le *Tournoi de Chauvency* même[20].

La reprise du texte de Jacques Bretel dans l'épisode de La Fère-Vendeuil montre que Jakemes reprend les acquis de la culture littéraire contemporaine, tout en les renouvelant pour les rendre cohérents avec sa propre construction poétique. Puisqu'il y a un rapport indéniable entre notre roman et la tradition lyrique d'oïl, on pourrait se demander si les formes de la tradition manuscrite des trouvères circulant dans la région où le *Roman du Châtelain de Coucy* a été composé ont pu contribuer à la construction de l'idéal de noblesse que nous avons reconnu dans le texte et qui est étroitement lié à l'idée de la croisade. Nous devrions donc vérifier si, dans ce contexte, circulaient des chansonniers qui, comme c'est le cas dans le roman, ne mettaient pas tant en valeur un rapport vague entre poésie et noblesse, mais plutôt un lien entre des personnages historiques bien précis de la noblesse et la production lyrique.

La mise en relief des auteurs de haut niveau social est en effet une caractéristique qui se manifeste souvent dans les manuscrits picards-artésiens de la tradition des trouvères.

Le manuscrit qui suit de la façon la plus cohérente cette stratégie est le chansonnier français M (Paris, BnF, fr. 844, copié en Artois au troisième quart du XIIIe siècle) : il s'agit en effet de l'anthologie qui, parmi les recueils poétiques en langue romane, fonde avec plus de rigueur l'ordonnancement des pièces lyriques sur une évaluation du rang social des auteurs, qui est toujours précisé dans les rubriques. Après une ouverture sur un ton édifiant avec des poèmes religieux de Guillaume le Vinier, le corpus de poèmes courtois du recueil débute par une série de poètes de haut ou très haut niveau social : à côté de poèmes de Thibaut de Champagne (qui figure ici en tant que roi de Navarre), on lit des textes de personnages qui sont connus plutôt en tant que membres de la haute noblesse que comme trouvères : Guillaume II de Villehardouin († 1278), Charles Ier d'Anjou († 1285), Thibaut II de Bar (1211-1291), Henri III de Brabant († 1261), Jehan de Braine († 1240, qui ne doit

20 Sur le tournoi de Saint-Trond voir Baldwin, John W., « Jean Renart et le tournoi de Saint-Trond : une conjonction de l'histoire et de la littérature », *Annales. Économies, sociétés, civilisations*, t. 45, 3, 1990, p. 565-588.

pas être identifié avec Jean de Brienne, empereur de Constantinople), Jehan II de Roucy († 1251)[21].

L'importance donnée par les responsables de l'ordonnancement du manuscrit à ce corpus de textes est soulignée non seulement par sa position d'ouverture de l'anthologie, mais aussi par quelques anomalies du point de vue ecdotique : dans cette section, nous pouvons déceler des dettes probables envers la tradition lorraine de la tradition manuscrite des trouvères, qui est bien distincte de la branche picarde-artésienne dont M dérive la plus grande partie de ses textes. Pour construire la série initiale de trouvères appartenant à la haute noblesse, le compilateur du chansonnier a donc cherché des textes dans des sources différentes de leur source principale.

Ces sources alternatives semblent correspondre à la tradition orientale à laquelle remontent, d'après Delbouille, au moins trois des sept citations lyriques attribuées au personnage de Renaus dans le *Roman du Châtelain de Coucy*, ce qui prouve que Jakemes avait aussi à disposition des matériaux provenant de Lorraine, comme le suggérait déjà sa connaissance du *Tournoi de Chauvency*[22]. Jakemes devait en tout cas avoir à disposition une source déjà mixte, puisque l'apport de la tradition

21 Pour une étude détaillée de cette série de trouvères de la haute noblesse dans l'ensemble du chansonnier nous nous permettons de renvoyer à Resconi, Stefano, «Canoni, gerarchie, luoghi, tradizioni: le strategie compilative del canzoniere francese M (BnF, fr. 844)», *I confini della lirica. Tempi, luoghi, tradizione della poesia romanza*, ed. Alessio Decaria et Claudio Lagomarsini, Firenze, Edizioni del Galluzzo per la Fondazione Ezio Franceschini, 2017, p. 167-191.

22 Nous avons décrit les péculiarités de cette section du chansonnier du point de vue ecdotique dans Resconi, «Canoni, gerarchie, luoghi, tradizioni», *op. cit.*, p. 184-186. Les citations de textes attribués au Châtelain-personnage étaient originairement neuf (deux ayant été omises dans les deux manuscrits du *Roman* qui nous sont parvenus). À propos des sources de ces citations voir la note dans *Le Roman du Castelain de Couci*, éd. Delbouille, *op. cit.*, p. LXV-LXVI, confirmée par une analyse de l'édition plus récente : *Chansons attribuées au Chastelain de Couci (fin du XII*e *– début du XIII*e *siècle)*, éd. Alain Lerond, Paris, Presses Universitaires de France, 1964, en ce qui concerne au moins RS 679 e 1913 : l'envoi du premier texte est transmis seulement par U et par le roman, qui partage avec C l'interversion des v. 25 et 27. Au v. 11 du deuxième texte, en revanche, la citation participe avec C U à une petite dispersion de variantes (roman : *si le feroit amours pour fol tenir*; C : *cel feroit bien a. p. f. t.* ; U : *si lo porroit a. p. f. t.* ; texte critique : *si me feroit a. p. f. t.*), qui s'explique en tant qu'adaptation indépendante dans le but de donner une cohérence grammaticale avec la formulation du vers précédent qui est partagée par les manuscrits cités. Partant, la leçon du v. 10 (*qui averoit tot lo sens Salemon* au lieu que *se j'avoie le sens qu'ot Salemons*) devra être considérée inauthentique, puisqu'elle est le facteur dynamique de l'innovation. La distribution inusuelle des rimes dans les strophes de cette chanson peut en outre expliquer pourquoi le roman ne cite que le trois premières strophes (les chansonniers lorrains C U en transmettent déjà seulement quatre sur cinq).

picarde-artésienne semble apparaître dans le roman dans l'ordre des strophes de la citation de RS 437, qui est partagée seulement par le *Roman* et le chansonnier M[23].

Dans le fr. 844, les éléments textuels ne sont pas les seuls à souligner l'attention portée aux auteurs appartenant à la noblesse : l'apparat décoratif concourt à donner la même impression. Le manuscrit est décoré par un nombre élevé d'enluminures (dont un certain nombre a été malheureusement découpé) qui se trouvent en tête des sections des trouvères considérés comme plus importants par leur statut social et/ou par leur talent de poètes. À la lumière de ce que nous avons vu en analysant l'épisode du tournoi de La Fère-Vendeuil, il nous semble important de souligner que les auteurs nobles sont représentés sur la selle de leurs chevaux et armés ; chacun montre les armoiries de sa famille, qui sont peintes de façon réaliste, même si, cette fois, elles ne sont pas décrites dans les textes (fig. 2). À chaque trouvère qui apparaît dans la première section, est consacrée une miniature, même si les textes qui lui sont attribués sont en nombre très réduit. Une iconographie semblable est aussi utilisée pour des auteurs appartenant à des familles nobles de moindre statut, comme le Vidame de Chartres, Maurice de Craon ou Gilles de Viés Maisons, qui sont pourtant armés de façon moins somptueuse. Maria Luisa Meneghetti, en parlant du chansonnier français M, a défini ce type d'iconographie

23 Ce texte est donné à Gace Bruleé dans tous les chansonniers qui le transmettent avec une attribution, et qui appartiennent aux trois branches de la tradition manuscrite des trouvères (mais l'attribution est ajoutée dans C). Il n'est pas impossible que l'attribution attesté dans le roman ne dérive d'un choix délibéré de Jakemes, plutôt que d'une erreur de transmission : le contenu du texte est en effet parfaitement cohérent avec le contexte narratif où il est inséré, et le lecteur est naturellement amené à le lier à l'épisode de la Dame de Vermandois qui vient de se terminer. Sur les problèmes d'attribution de RS 437 voir aussi *infra* la n. 30. Il ne serait tout de même le seul cas où notre auteur attribue au Châtelain un poème qui ne lui appartient pas : le cas du virelai RS 1435a, qui est transcrit par un seul des deux témoins du roman est significatif à cet égard. RS 549 est aussi attribué au Châtelain seulement dans le roman, alors qu'elle est attribuée à Gace Brulé dans M et est anonyme dans les manuscrits K N O P X (dans O, qui ne donne pas d'attributions pour les poèmes transcrits, elle pourrait appartenir à une série de chansons de Gace, mais elle est dans une position qui ne permet pas de tirer des conclusions sûres sur l'attribution de ce texte dans la source du manuscrit). Une autre preuve du mélange de traditions dans la source utilisée par Jakemes est aussi le fait que, toujours pour RS 1435a, la citation dans le roman partage la présence d'un vers surnuméraire dans l'envoi avec certains manuscrits de tradition parisienne (O N P). L'anonymat du poème dans cette dernière partie de sa tradition manuscrite et sa cohérence avec la narration où la citation est insérée pourrait permettre à expliquer l'attribution prétendue au Châtelain dans le roman.

« *nominalistico-simbolica* », dans le sens où « *i diversi poeti vengono rappresentati sulla base di una sorta di concretizzazione del loro nome o del loro status sociale*[24] ».

Fig. 2 – Paris, Bibliothèque nationale de France, fr. 844 (chansonnier français M), f. 6*r* : Henri III, Duc de Brabant (source : gallica.bnf.fr / Bibliothèque nationale de France).

24 [« les différents poètes sont représentés sur la base d'une sorte de concrétisation de leur nom ou de leur statut social »] Meneghetti, Maria Luisa, *Storie al muro. Temi e personaggi della letteratura profana nell'arte medievale*, Torino, Einaudi, 2015, p. 252.

FIG. 3 – Sceau et contre-sceau d'Henri III, Duc de Brabant (1253).

La nature « politique » de la typologie d'illustration utilisée dans le fr. 844, qui vise à fonder un lien étroit entre poésie et noblesse de sang, nous semble ressortir encore plus si l'on considère que plusieurs seigneurs de la noblesse féodale du Nord-Est de la France (et parfois les mêmes qui apparaissent dans M) sont représentés dans les sceaux officiels selon une iconographie tout à fait semblable : il suffit, pour s'en rendre compte, de comparer le portrait d'Henry III de Brabant dans M (fig. 2) avec ceux qui apparaissent sur son sceau et contre-sceau (fig. 3)[25]. La stratégie par laquelle l'organisation des textes et l'apparat iconographique mettent en relief le rapport entre poésie et statut social des auteurs dans le fr. 844 n'a pas de correspondant dans la tradition manuscrite de la lyrique romane médiévale, et semble indiquer la possibilité que le chansonnier ait été compilé dans le milieu de la noblesse artésienne, même s'il n'est pas nécessaire de faire l'hypothèse qu'il ait été commandité par la famille d'Anjou, comme on a pu le soutenir encore récemment[26].

---

25 Sur la valeur symbolique des images des sceaux voir surtout Pastoureau, Michel, « Les sceaux et la fonction sociale des images », *L'image. Fonctions et usages des images dans l'Occident médiéval*, Actes du VIe International Workshop on Medieval Societies, 17-23 octobre 1992, sous la direction de Jérôme Baschet et Jean-Claude Schmitt, Paris, Le Léopard d'or, 1996, p. 275-307. Pour les sceaux des ducs de Brabant, voir *Notice sur les sceaux des Comtes de Louvain et des Ducs de Brabant (976-1430)*, éd. Pierre F. X. De Ram, Bruxelles, Hayez, 1852.

26 *Cf.* Hatzikiriakos, Alexandros Maria, *Musiche da una corte effimera: lo* Chansonnier du Roi *(BnF f. fr. 844) e la Napoli dei primi angioini*, Verona, Edizioni Fiorini, 2020, p. 124.

Une iconographie semblable à celle que nous avons vu utilisée pour les auteurs nobles dans M apparaît aussi ailleurs dans les manuscrits artésiens des trouvères, ce qui montre que le lien étroit entre composition poétique et noblesse de sang devait être une idée enracinée dans la réception nord-orientale du canon de la poésie lyrique d'oïl.

Le chansonnier T (Paris, BnF, fr. 12615), qui est pourtant proche de M du point de vue de la filiation stemmatique, adopte une modalité de présentation tout à fait différente de l'expérience des trouvères, qui vise à mettre en relief surtout les auteurs bourgeois artésiens ; il consacre toutefois sa seule miniature à Thibaut de Champagne, l'auteur avec lequel s'ouvre le recueil (fig. 4). L'iconographie est la même que dans M : le roi de Navarre est représenté armé et à cheval, avec l'épée dans la main et ses armoiries décorant le bouclier et les draps recouvrant son cheval. L'isolement de cette miniature dans le recueil souligne le statut social et le prestige poétique reconnu à Thibaut, mais aussi, probablement, l'identité textuelle du *Liederbuch* par lequel les compilateurs avaient choisi de faire débuter le recueil en le faisant suivre d'auteurs artésiens plus récents[27].

L'hypotèse selon laquelle le manuscrit aurait été commissioné par Charles d'Anjou avait été dejà formulée à l'epoque des premières études consacrées à ce recueil ; elle a été recemment réprise sur la base d'une réconstruction historique fascinante, mais peu probable, par Haines, John, « The Songbook for William of Villehardouin, Prince of the Morea (Paris, Bibliothèque nationale de France, fonds français 844). A Crucial Case in the History of Vernacular Song Collections », *Viewing the Morea. Land and People in the Late Medieval Peloponnese*, ed. Sharon E.J. Gerstel, Washington, Dumbarton Oaks Research Library and Collection, 2013, p. 57-109 ; à ce propos je me permets de renvoyer à ma contribution citée à la n. 21.

27 À propos du *Liederbuch* de Thibaut de Champagne *cf.* Barbieri, Luca, «Note sul *Liederbuch* di Thibaut de Champagne», *Medioevo Romanzo*, 23 (1999), p. 388-416.

FIG. 4 – Paris, Bibliothèque nationale de France, fr. 12615 (chansonnier français T), f. 1*r* : Thibaut de Champagne, Roi de Navarre (source : gallica.bnf.fr / Bibliothèque nationale de France).

Le cas des chansonniers A (Arras, Bibliothèque Municipale, 657) et a (Città del Vaticano, BAV, Reg. lat. 1490), qui sont décorés par un plus grand nombre de miniatures représentant quelques-uns des auteurs des textes contenus dans les deux recueils, est encore plus intéressant[28]. Comme dans M, les enlumineurs adoptent des iconographies différentes pour les auteurs bourgeois et pour les auteurs nobles : pour ces derniers, ils suivent la typologie d'images que nous connaissons. Parmi les enluminures qui n'ont pas été découpées, dans a, cette iconographie est partagée par Gace Brulé et le Vidame de Chartes ; dans A, par Gautier de Dargies, Hugues de Berzé et le Châtelain de Coucy[29].

Cette dernière image (fig. 5) est très importante pour notre étude, parce qu'elle nous permet d'imaginer le portrait perdu de notre trouvère dans M (f. 52*r*), mais surtout parce que les armoiries qui lui sont attribuées par A correspondent exactement à celles qui sont décrites par Jakemes dans l'épisode du tournoi de la Fère-Vendeuil :

> Bien sai qu'il avoit escu d'or,
> D'unne bare d'asur faissiet,
> Et s'i ot ou cief entaillet
> Un lÿonciel viermeil passant. (v. 1278-1281)

Il s'agit encore une fois d'une description précise des armoiries des châtelains de Coucy, qui correspond à ce que nous savons par les études d'héraldique[30].

---

28 Pour une description détaillée de ces deux chansonniers *cf. Tables de chansonniers romans* (série cordonnée par Anna Ferrari), *II. Chansonniers français. 1. a (B.A.V., Reg. lat. 1490), b (B.A.V., Reg. lat. 1522), A (Arras, Bibliothèque Municipale 657)*, par Madeleine Tyssens, Città del Vaticano, Biblioteca Apostolica Vaticana, 1998.

29 Gace Brulé et Gautier de Dargies étaient en effet des chevaliers de la petite noblesse (*cf. Gace Brulé. Trouvère champenois*, éd. Holger Petersen Dyggve, Helsinki, Imprimerie de la Société de Littérature Finnoise, 1951, p. 11 ; Gautier de Dargies, *Poesie*, ed. Anna Maria Raugei, Firenze, La Nuova Italia, 1981, p. 30-33) ; Hugues de Berzé doit être identifié avec Hugues V de Berzé, châtelain bourguignon (*cf. Le liriche di Hugues de Berzé*, ed. Luca Barbieri, premessa di Aldo Menichetti, Milano, CUSL, 2001, p. 3-10).

30 *Cf.* Prinet, « Les armoiries », *op. cit.*, p. 162-163. Les armoires du Châtelain sont décrites dans la même façon aussi au v. 712-714 du roman : « *Escut d'or a face d'asur* | *Au lïonciel viermeil passant* | [...] *ens ou cantiel devant* ».

FIG. 5 – Arras, Médiathèque de l'Abbaye Saint-Vaast, 657 (chansonnier français A), f. 130*r* : le Châtelain de Coucy (source : Bibliothèque numerique de l'IRHT).

Le roman vise donc à construire, par les procédés que nous avons décrits, l'image idéale et figée d'un rapport étroit entre noblesse de sang, écriture poétique et vertus courtoises, en projetant cette image sur le moment historique de la Troisième Croisade, pendant laquelle cette union se serait parfaitement réalisée. Comme nous l'avons vu, l'idéologie qui caractérise le roman, en soulignant la relation étroite entre la poésie lyrique et la noblesse féodale, semble reprendre et réorienter des instances qui se manifestent aussi bien dans la production littéraire contemporaine et dans la réception de la production des trouvères dans l'aire de composition du roman. Ce n'est donc pas un hasard si cette construction très idéalisée est née dans une région et à une époque où l'apport de la noblesse à la tradition poétique diminuait tandis que s'affirmaient des auteurs d'origine bourgeoise : écrivant dans une période de transition à la fois sociale et culturelle, Jakemes cherche à fixer l'image abstraite d'un âge doré désormais éloigné et définitivement révolu ; on retrouve des procédés d'idéalisation semblables dans les nouvelles courtoises du *Novellino* italien, ainsi que, de façon tout de même plus raffinée et problématique, dans certaines nouvelles du *Decameron* qui développent des thèmes courtois.

Cette caractéristique permet peut-être d'expliquer la fortune que le roman de Jakemes a eu dans des contextes très différents, qui partageaient pourtant le désir de se confronter avec ce modèle idéal pour plusieurs raisons : la contiguïté culturelle avec l'auteur, la volonté de célébrer son propre statut social, le divertissement désenchanté produit par les aventures des chevaliers du passé. Il suffit de penser qu'une copie du roman, aujourd'hui perdue, figurait dans l'inventaire de la bibliothèque du roi de France rédigé par Gilles Malet en 1373, tandis que l'un des témoins conservés (Paris, BnF, fr. 15098) appartenait aux ducs de Bourgogne ; nous avons en outre des traces plausibles de la réception du texte dans les gloses au *volgarizzamento* des *Héroïdes* transmis par le ms. Firenze, Biblioteca Medicea Laurenziana, Gaddi 71, écrit dans le milieu bourgeois de Florence au début du XIVe siècle[31]. D'autres traces de la fortune du texte se trouvent même dans la tradition manuscrite de la poésie des trouvères qui est la source principale de l'imaginaire du *Roman*, et en Lorraine, région avec laquelle Jakemes avait des rapports, comme nous l'avons vu. Un rubricateur qui intervient à une époque

31 La première strophe de RS 437 est traduite dans une des gloses au *volgarizzamento* de la quatrième épître (65-68 dans l'édition par D'Agostino, Alfonso – Barbieri, Luca, Istorietta troiana *con le* Eroidi *gaddiane glossate. Studio, edizione critica e glossario*, Milano, Ledizioni, 2017, p. 419). Elle est attribuée au Châtelain seulement ici et dans le roman de Jakemes : à ce propos *cf.* les p. 85-88 de l'édition citée ci-dessus et Perugi, Maurizio, « Chiose gallo-romanze alle *Eroidi* : un manuale per la formazione letteraria del Boccaccio », *Studi di Filologia Italiana*, t. 47, 1989, p. 101-148, en partic. p. 114-122. Ici (p. 116-117) il est noté que la traduction italienne des derniers deux vers de cette strophe est plus proche du texte trasmis par les chansonnier C U, plutôt que de la citation insérée dans le roman ; sur la base d'autres indices, Perugi estime néanmoins probable que l'auteur toscan ait consulté directement le texte de Jakemes. On pourrait en revanche hypotiser que cette poésie ait circulé en Toscane dans une forme proche de celle transmise par une source lorraine – ce qui n'est pas improbable, considérant que les seuls deux chansonniers français écrits en Italie, H et Z^a, appartiennent à cette tradition (la même que C U). Cette source aurait pu être caractérisée par l'attribution au Châtelain, et dans ce cas Jakemes pourrait avoir connu ce poème comme œuvre du Châtelain, bien qu'il semble avoir tiré sa citation d'une autre source (*cf.* la n. 22, où une autre hypotèse est illustrée) ; dans le cas contraire, elle pourrait avoir repris l'attribution par le roman lui-même.

encore ancienne dans le chansonnier C (Bern, Burgerbibliothek, 389), copié en Lorraine, attribue *Chanterai por mon corage* de Guiot de Dijon (RS 21) à *la Dame dou Fael* (f. 86*v*)[32]. L'explication de cette attribution renvoie encore une fois à la dernière partie du roman : il s'agit en effet d'une chanson de départie pour la croisade à voix féminine[33]. Malgré quelques incongruences, dues au fait que la jeune femme qui prononce la chanson n'est pas mariée et que son être aimé est parti en Orient depuis plus qu'un an, le rubricateur peut avoir perçu une affinité entre la situation décrite dans le texte et celle de la Dame de Fayel lorsqu'elle découvre le stratagème du mari pour la séparer du Châtelain, mais aussi l'analogie entre le monologue que Jakemes prête à son personnage à cette occasion et la modalité d'expression de la typologie lyrique à laquelle appartient le texte de Guiot de Dijon :

> Ciertes bien doi iestre esmarie
> Quant chi m'estevra demourer
> Et vous serés outre la mer !
> Et quant de vous si loing serai,
> Lasse, comment me consirrai
> D'a vous parler et del veïr
> Et de souvent nouvielle oïr ?
> Ciertes, bien croi de doel morrai
> Ne ja de mort n'escaperai. (v. 7058-7066)

32 Voir la description de la main du rubricateur dans « *Intavulare* ». *Tables de chansonniers romans, II. Chansonniers français* (série coordonnée par Madeleine Tyssens). *3. C (Bern, Burgerbibliothek 389)*, par Paola Moreno, Liège, Université de Liège, 1999, p. 25. Le texte est publié dans Guiot de Dijon, *Canzoni*, ed. Maria Sofia Lannutti, Bottai-Impruneta, SISMEL Edizioni del Galluzzo, 1999, p. 18-49, et, dans une version plus récente, toujours éditée par Lannutti, publiée en ligne dans le projet *Lyric Responses to the Crusades in Medieval France and Occitania* (University of Warwick, coordonnement Linda Paterson) : ‹https://warwick.ac.uk/fac/arts/modernlanguages/research/french/crusades/›. Ce n'est par ailleurs pas le seul cas où le rubricateur de C attribue un texte lyrique au protagoniste d'un roman : RS 389 est attribué à Andrieu de Paris ; voir à ce propos Meneghetti, Maria Luisa, «L'"altro amante": qualche considerazione sulla storia di Andrieu de Paris (o de Fransa), innamorato fantomatico», *Letteratura, alterità, dialogicità. Studi in onore di Antonio Pioletti*, ed. Eliana Creazzo, Gaetano Lalomia, Andrea Manganaro [=«Le Forme e la Storia», n.s., t. 8, 2, 2015], p. 607-617, p. 615-616.

33 Je me permet à ce propos de renvoyer à Resconi, Stefano, « La *chanson de départie* per la crociata a voce femminile: contributo all'interpretazione di una tipologia lirica romanza », in *Atti del XXVIII Congresso internazionale di linguistica e filologia romanza* (Roma, 18-23 luglio 2016), éd. Roberto Antonelli, Martin Glessgen, Paul Videsott, 2 voll., Strasbourg, EliPhi, 2018, I, p. 234-246.

Le rubricateur du chansonnier C a donc été le premier à saisir le lien entre la narration du roman et une des formes qui traitent la thématique de la croisade dans les genres lyriques d'oïl.

La croisade est une thématique que nous avons rencontrée à plusieurs reprises dans le roman de Jakemes, où elle est étroitement liée avec l'idéologie qui est proposée par le texte. Nous pouvons aussi imaginer que, pour le public auquel l'œuvre s'adresse, le haut niveau d'idéalisation dans la description de la croisade en Orient devait être perçu comme étant en contraste avec la situation politique en Moyen Orient entre la fin du XIIIe et le début du XIVe siècle : après la perte de Saint-Jean d'Acre en 1291 et l'éloignement des Européens de la Terre sainte, l'idée même de la croisade, au moins telle qu'on l'avait conçue jusque à ce moment – devait être perçue comme le legs d'une époque révolue et désormais légendaire.

Stefano RESCONI
Università degli Studi di Milano

MEDIEVAL LEGAL TREATISES FROM THE LATIN EAST IN THE *LANGUE D'OÏL*

Treatises on customary law written in the French vernacular first appear in the twelfth century. What is seems to have been the earliest, the so-called *Leis Willelme*, was composed in England around the middle of the century and provides an unofficial description of the laws of England as then understood. Despite its title it is not in any sense an authentic description of the legislative activity of William the Conqueror, but would seem to have been an attempt to reinforce the rule of law by harking back to a supposed earlier epoch. The breakdown of law and order in the troubled reign of King Stephen (1136-1154) or its immediate aftermath should be seen as the most likely context for its composition[1].

Much of my own research is concerned with texts written in French in the lands conquered by the crusaders in the East. As is well known, the thirteenth century saw the rise of the use of the French vernacular in formal documents. So for example, when major figures such as the future King Edward I of England and the English nobleman Hugh Neville were in the Acre–in 1272 and 1267 respectively–they made wills written in French[2]. The earliest surviving charters from the Latin East composed in French were issued by Prince Bohemond IV of Antioch in the late 1220s[3]. The kings of Cyprus soon followed suit with the first

1 Liebermann, Felix, ed., *Die Gesetze der Angelsachsen*, Halle, Max Niemeyer, 1903-1916, t. 1, p. 492-520. See O'Brien, Bruce, « Leis Willelme », *The Encyclopedia of Medieval Literature in Britain*, ed. Siân Echard and Robert Rouse, Oxford, Wiley-Blackwell, 2017, t. 3, p. 1167-1169.

2 Rymer, Thomas, *Foedera*, ed. Adam Clarke, Frederick Holbrook et John Caley, London, Record Commission, 1816-1869, vol. 1, p. 495; Giuseppi, Montague Spencer, « On the Testament of Sir Hugh de Nevill, written at Acre, 1267 », *Archaeologia*, 2[d] series, t. 56, 1899, p. 352-354.

3 *Tabulae Ordinis Theutonici ex Tabularii Regii Belinensis Codice Potissimum*, hrsg. Ernst Strehlke, Berlin, Weidmann, 1869, no. 61 (p. 50), no. 64 (p. 53); *Cartulaire général de*

known royal charter in French dated 1234[4]. The practice caught on, and by the third quarter of the century secular lords in the East were using French in their diplomas as commonly as Latin[5]. The formulae they employed closely parallel those in their Latin prototypes, but the use of French in legal documents nevertheless shows that people trusted that they could use that language to express themselves accurately and without ambiguity, and that diplomas written in French were acceptable in the courts. The shift from Latin to French is discernible in other spheres as well. In the thirteenth century in the Latin East the writing of history was mostly in French. This has to be seen in part as a secularisation of historical culture with the writing and reading of history taken out of the cloister and embraced by the laity. However, an examination of those texts that were actually composed in the East shows that some authors writing in French, such the anonymous compilers of the *Annales de Terre Sainte*[6] or whoever was responsible for the so-called 'Lyon Continuation' of the Old French Guillaume de Tyr[7], were clerics who evidently considered that language to be more appropriate than Latin.

---

l'ordre des Hospitaliers de S. Jean de Jérusalem (1100-1310), éd. Joseph Delaville le Roulx, Paris, Ernest Leroux, 1897, vol. 2, nos. 2001-2003 (p. 428-430).

4 *The Cartulary of the Cathedral of Holy Wisdom of Nicosia*, ed. Nicholas Coureas, Christopher Schabel, Nicosia, Cyprus Research Centre, 1997 (*Texts and Studies in the History of Cyprus*, 25), no. 60 (p. 165-166).

5 See Röhricht, Reinhold, *Regesta Regni Hierosolymitani*, Innsbruck, Libraria Academia Wagneriana, 1893-1904, vol. 1, p. 313-394 *passim*.

6 Röhricht, Reinhold – Raynaud, Gaston, « Annales de Terre Sainte », *Archives de l'Orient latin*, t. 2, 1884, documents p. 427-461; Sánchez Candeira, Alfonso, «Las cruzadas en la historiografía española de la época: traducción castellana de un redacción desconocida de los *Anales de Tierra Santa*», *Hispania*: *Revista Española de Historia*, t. 20, 1960, p. 325-367; Edbury, Peter W., « A New Text of the *Annales de Terre Sainte* », *In Laudem Hierosolymitani*: *Studies in Crusades and Medieval Culture in Honour of Benjamin Z. Kedar*, ed. Iris Shagrir, Ronnie Ellenblum and Jonathan Riley-Smith, Aldershot, Ashgate, 2007, p. 145-161. For a discussion of authorship and mode of composition, see Edbury, Peter W., « Making Sense of the *Annales de Terre Sainte*: Thirteenth-century vernacular narratives from the Latin East », *Crusader Landscapes in the Medieval Levant*: *the Archaeology and History of the Latin East*, ed. Micaela Sinibaldi, Kevin J. Lewis, Balázs Major and Jennifer A. Thompson, Cardiff, University of Wales Press, 2016, p. 403-413.

7 *La Continuation de Guillaume de Tyr (1184-1197)*, éd. Margaret Ruth Morgan, Paris, Geuthner, Académie des Inscriptions et Belles-Lettres, 1982. For the clerical authorship, see Edbury, Peter. W., « Ernoul, *Eracles* and the Beginnings of Frankish Rule in Cyprus, 1191-1232 », *Medieval Cyprus*: *a Place of Cultural Encounter*, ed. Sabine Rogge and Michael Grünbart, Münster / New York, Waxmann, 2015, p. 29-51 at p. 40-41, 45-46.

By far the most substantial assemblage of the French-language texts composed in the East before the fall of Acre in 1291 comprises the treatises on customary law that are often referred to collectively as the *Assises de Jérusalem*[8]. This label is misleading: far from concentrating on enacted law–the *assises*–they are mostly concerned with custom and how to plead, and in any case not all were composed in the kingdom of Jerusalem. These treatises provide historians with a wealth of information about law and court procedure and at the same time give insights into the mentalities of both lawyers and litigants. They were produced by men who were themselves practitioners in the courts, and taken together they stand out as the most impressive literary achievement produced in the Latin East in the thirteenth century. These writings were private treatises: they had no official status. It was only much later, in 1369, a century after it was written, that the greatest of them, that by John of Ibelin count of Jaffa, was designated a work of reference in the *Haute Cour* of Cyprus[9]. Most of these treatises are concerned with the *Haute Cour*–the court for the king and his vassals–but, as its title indicates, the *Livre des Assises de la Cour des Bourgeois* described the workings of the burgess courts[10]. There was a burgess court in all the major towns; it was there that non-vassals, both non-noble Franks and members of the indigenous communities, could gain legal redress. It was also there that sales and leases of non-feudal properties were registered and where criminal cases were tried[11].

The earliest Latin Syrian legal treatise is the anonymous *Livre au Roi* which can be dated from internal evidence to the reign of the king

8 The texts were assembled and published by Count Auguste Arthur Beugnot as « Assises de Jérusalem ou Recueil des ouvrages de jurispridence composés pendant le XIIIe siècle dans les royaume de Jérusalem et de Chypre », *Recueil des Historiens des Croisades. Lois*, Paris, Imprimerie royale, vol. 1-2, 1841-1843. (Henceforth *RHC Lois*.) It was largely as consequence of this edition that the shorthand designation *Assises de Jérusalem* passed into general usage.

9 John of Ibelin, *Le Livre des Assises*, ed. Peter W. Edbury, Leiden-Boston, Brill, 2003, p. 17-21, 732-737.

10 *Assises de la baisse court. Les Livres des assises et des usages dou reaume de Jérusalem sive leges et instituto regni hierosolymitani*, ed. Eduard Heinrich von Kausler, Stuttgart, Krabbe, 1839, p. 43-352; *Livre des assises de la cour des bourgeois*, *RHC. Lois*, vol. 2, p. 19-226.

11 For modern studies on the Burgess court, see Nader, Marwan, *Burgesses and Burgess Law in the Latin Kingdoms of Jerusalem and Cyprus (1099-1325)*, Aldershot, Ashgate, 2006, and, sharply critical of Nader, Mayer, Hans E., *Von dem* Cour des Bourgeois *zum öffentlichen Notariat: Die freiwillige Gerichtsbarkeit in den Kreuzfahrerstaaten*, Wiesbaden, Harrassowitz Verlag, 2016.

of Jerusalem, Aimery of Lusignan (1198-1205)[12]. The title, *Livre au Roi*, is really the dedication: it is the book presented to the king. We know from other evidence that King Aimery was keen to codify the law in the aftermath of the destruction of the kingdom of Jerusalem by Ṣalāḥ al-Dīn in 1187 and the partial restoration that had been achieved by the Third Crusade (1188-1192). Ṣalāḥ al-Dīn's conquests had been devastating and traumatic; the message that Aimery and his circle evidently wished to project was that for all the upheavals, nothing had changed: the kingdom might be smaller, but the institutions were unaffected, and in due course the former territories including Jerusalem and the sacred sites would be recovered. There is no suggestion in the *Livre au Roi* that the law had been affected by events since 1187, and the impression is left that the administration of justice in the *Haute Cour* had survived unchanged[13]. It is, however, hard to believe that the events of 1187 and the Third Crusade had had no effect on the legal institutions in the East, but it is not possible to pinpoint any specific developments. It might also be noted that the later legal writers who described the procedures of the *Haute Cour* make no mention of any legislative ordinances datable to the period between 1187 and the time of writing. Again, it is hard to believe that there were none.

Passing on to the mid-thirteenth century, we come to the work of Philip of Novara. Philip was from Novara and had come from Italy to Cyprus while still young. There he was successful in making a career for himself as a member of the knightly class. He was also a literary figure of considerable significance who, besides his legal treatise[14], wrote a history of the rebellion of the local nobility against the emperor Frederick II and a treatise on knightly manners called *Des .iiii. tenz d'aage d'ome*[15].

---

12 *Le Livre au Roi*, éd. Myriam Greilsammer, Paris, Académie des Inscriptions et Belles-Lettres, 1995.

13 See Edbury, Peter W., « Fiefs and Vassals in the Kingdom of Jerusalem: from the Twelfth Century to the Thirteenth », *Crusades*, vol. 1, 2002, p. 49-62 at p. 56-58.

14 Philip of Novara, *Le Livre de Forme de Plait*, ed. and trans. Peter W. Edbury, Nicosia, Cyprus Research Centre, 2009.

15 Filippo da Novara, *Guerra di Federico II in Oriente (1223-1242)*, ed. Silvio Melani, Napoli, Liguori Editore, 1994; Philippe de Novare, *Les quatre âges de l'homme*, ed. Marcel de Fréville, Paris, Didot, 1888; Filippo da Novara, *Les .iiij. tenz d'aage d'ome*, testo, traduzione e note a cura di Silvio Melani, Padova, Università degli Studi di Padova, 2020 (https://phaidra.cab.unipd.it/o:500198, last accessed 23 october 2023).

Philip was also reputed to be the best pleader of his age[16]. Ostensibly his legal treatise was written to instruct his young lord, John of Ibelin the younger, lord of Beirut (d. 1264), and it is datable to the early 1250s. In it he describes court procedure before moving on to the enacted law, the law of the *assises*, and he ends with some thoughts on the moral issues that litigants and pleaders in the court had to confront.

John of Ibelin count of Jaffa clearly made use of Philip's work when he came to compose his own treatise in the mid 1260s. It is the longest of these works: as originally written, it was almost 160,000 words in length, and later additions, a significant proportion of which were lifted or adapted from Philip's text, took it over 200,000[17]. In it a lengthy discussion of procedure eventually makes way for an equally elaborate discussion of the law of fiefs and vassalage; it ends by incorporating earlier material describing the ecclesiastical and seigneurial structures of the kingdom of Jerusalem, much of which appears to date from shortly before Ṣalāḥ al-Dīn's conquests in 1187[18].

Besides the *Livre au Roi* and the treatises by Philip of Novara and John of Ibelin, there are the much shorter contributions by Geoffroy Le Tor[19] and James of Ibelin[20], both of which apparently date from the third quarter of the thirteenth century, as well as some anonymous writings of the *Haute Cour*[21] and the *Livre des Assises de la Cour des Bourgeois*[22].

The fact that any of these works survive is largely due to the fact that they were copied and kept in Cyprus. The Frankish regime on the island was established in the early 1190s; many of the first settlers were refugees from Latin Syria, and these people brought with them the customary law of the kingdom of Jerusalem. Whereas what was left of the kingdom of Jerusalem succumbed to Muslim attack in 1291, Cyprus remained in Christian control until 1571, ruled first by

16 Philip of Novara, *Le Livre de Forme de Plait*, *op. cit.* p. 19. For a summary of Philip's career and a discussion of the date and circumstances of his legal treatise, see p. 14-26.

17 John of Ibelin, *Le Livre des Assises*, ed. Peter W. Edbury, *op. cit.*, p. 2-3, 11-13.

18 *Ibid.* p. 34-44. For the material from the 1180s, see Edbury, Peter W., *John of Ibelin and the Kingdom of Jerusalem*, Woodbridge, Boydell, 1997, chapters 4-8.

19 *Livre de Geoffroy Le Tort*, *RHC Lois*, vol. 1, p. 433-450.

20 *Livre de Jacques d'Ibelin*, *RHC Lois*, vol. I, p. 451-468.

21 *La clef des Assises de la Haute Cour du Royaume de Jérusalem et de Chypre*, *RHC Lois*, vol. I, p. 579-600; *De la bataille por murtre*, ed. Kausler, *Les Livres des assises*, p. 397-401; also edited in *RHC Lois*, vol. 2, p. 327, 329, 331, 333, 335.

22 See note 10 above.

its royal dynasty of crusading origins, the Lusignans, and then, from the 1470s, by Venice. The legal system retained sufficient vitality for the Venetian authorities on the island to commission and then publish Italian translations of several of the French language treatises–those by John of Ibelin, Geoffroy le Tor, James of Ibelin and the anonymous authors of the *Livre des Assises des Bourgeois* and the fourteenth-century Cypriot *Livres du Pledéant et du Plaidoyer*[23]. Probably in the fourteenth century and certainly before 1469, the *Livre des Assises des Bourgeois* was translated from French into Greek for use in Cyprus[24], and at some time between 1333 and 1346 John of Ibelin's treatise and the *Livre au Roi* were utilized by author of the *Assises de Romanie* in Frankish Greece[25].

Of the five surviving medieval manuscripts containing the text of John of Ibelin's treatise, three were definitely kept on Cyprus. Of these, two may have been copied in Acre, although recent work questioning the presence of a manuscript *atelier* there in the later thirteenth century means that we may have to reconsider this assumption and perhaps reassign them to Cyprus itself[26]. It is of course possible that some of the manuscripts were copied in the West and then taken to the island. But in establishing the provenance of manuscripts which may or may not have been produced in the East we have to confront a serious problem. Some scholars–the pioneer was Édith Brayer writing in the mid-twentieth century[27]–have identified certain orthographical characteristics that would point to a French-language manuscript's eastern origin. However, by no means all the manuscripts that are thought to have been copied in

23 *L'Alta Corte, le Assise, et buone usanze del Reame de Hyerusalem*, Venezia, Aurelio Pincio, 1535; reprinted in Canciani, Paolo, *Barbarorum leges antiquae*, Venezia, Coletiu et Pitter, 1781-1792, vol. 5, p. 109-309. See Grivaud, Gilles, *Entrelacs Chiprois* : *Essai sur les lettres et la vie intellectuelle dans le royaume de Chypre, 1191-1570*, Nicosia, Moufflon Publications, 2009, p. 240-245.

24 *The Assizes of the Lusignan Kingdom of Cyprus*, trans. Nicholas Coureas, Nicosia, Cyprus Research Centre, 2002, pp. 13-19.

25 Jacoby, David, *La féodalité en Grèce médiévale* : *Les « Assises de Romanie »* : *sources, application et diffusion*, Paris and The Hague, Mouton, 1971, p. 51-52, 62, 70, 105-106, 138.

26 Jacoby, David, « Society, Culture and the Arts in Crusader Acre », *France and the Holy Land: Frankish Culture at the End of the Crusades*, ed. Daniel H. Weiss and Lisa Mahoney, Baltimore and London, The Johns Hopkins University Press, 2004, p. 97-137; Wollesen, Jens T., *Acre or Cyprus? A New Approach to Crusader Painting Around 1300*, Berlin, Akademie Verlag, De Gruyter, 2013.

27 Brayer, Édith, « Un manuel de confession en ancien français conservé dans un manuscript de Catane (Bibl. Ventimiliana, 42) », *Mélanges d'archéologie et d'histoire publiés par l'École française de Rome*, t. 59, 1947, p. 155-198.

the East share these characteristics, and it could well be the case that, at least so far as the production of luxury manuscripts was concerned, skilled copyists and illuminators from West would travel to East where they would work for a period of perhaps a few years before moving on. These people would of course have continued to employ the same style and orthography to which they had been accustomed in the West with the result that the manuscripts they produced would be indistinguishable from those created elsewhere. That would explain why scholars have been unable to identify any characteristic school of manuscript illumination or decoration from Cyprus despite the fact that there is likely to have been a market there for luxury manuscripts[28].

Of course, for manuscripts once kept on Cyprus to have survived, they must have been taken to the West at some point. In the case of the John of Ibelin manuscripts we know that one, now in the Vatican (Vaticanus latinus 4789), came to the West with an exiled supporter of Queen Charlotte who was forced to leave Cyprus in the 1460s[29]. In the 1530s the Cypriot owner, John de Norès count of Tripoli, allowed another manuscript containing John's treatise together with a number of others, to be taken to Venice to check the translation of his treatise into Italian. It was seemingly never returned, but instead found its way into the Marciana Library (fr. App. 20 [=265])[30].

So why were these treatises written and copied, and why should some of the manuscripts have been cherished sufficiently for them to have been preserved? Ostensibly they were written to instruct practitioners in the courts. Litigants in the *Haute Cour* would need another member of the court to act as counsel and conduct their litigation for

28 The problem is exemplified by the early fourteenth-century breviary, now in Saint-Wandrille in Normandy (ms P.12). There is no doubting that it was kept in Cyprus, but it is far from certain that it was copied and illuminated on the island. For a discussion of this manuscript which clearly inclines towards the view that it was of Cypriot provenance, see Rapti, Ioanna, « Identities on the Page: Painted Books in Late Medieval Cyprus », *Identity/Identities in Late Medieval Cyprus*, ed. Tassos Papacostas and Guillaume Saint-Guillain, Nicosia, Cyprus Research Centre and King's College London Centre for Hellenic Studies, 2014, p. 322-328.

29 See Brayer, Édith, Lemerle, Paul, Laurent, Vitalien, « Le Vaticanus latinus 4789. Histoire et alliances des Cantacuzènes au XIVe-XVe siècles », *Revue des Études byzantines*, t. 9, 1951, p. 47-105.

30 See *RHC Lois*, vol. 1, p. 21 note 1. Cfr. *Cipro nella Biblioteca Marciana di Venezia: Manoscritti, teste e carte. Catalogo della mostra*, Venezia, Salone Sansoviniano, Biblioteca Nazionale Marciana 22-27 agosto 2022, ed. Marco Fanelli, Venezia, Edizioni Ca' Foscari, 2022, pp. 47-51.

them–then as now pleading one's own case in court was fraught with peril–and advice and experience was needed. However, the point needs to be made that the surviving manuscripts of John of Ibelin, Philip of Novara and the other writers lack the sort of marginal annotations and underlinings that might indicate that they were frequently consulted by lawyers and litigants. Maybe in practice they were not much used.

An alternative approach is to see these treatises as having been written to defend the system of customary law against contemporary criticism and against the challenge of other legal systems. There is evidence for the authors fending off the claims made by canon lawyers, specialists in the Roman Law and people more conversant with customary law as operated in the royal domain in France. Those familiar with Roman Law would have found the approach to evidence and the mode of proof primitive; those familiar with French law would argue that Latin Syrian law should conform to that system if, as was believed, it was introduced in the East by Frenchmen and founded on immutable custom[31]. In the thirteenth century there was a growing sense throughout western Christendom that there should be written authority, but in the East royal ordinances seem not to have been preserved and no court records were kept. The result was that the lawyers were frequently unable to distinguish elements that had simply evolved through custom from elements that had come into being thanks to legislation; as for individual law suits, litigants were dependent on those present in the court remembering what had been said and done at previous hearings[32]. It is likely that the legal treatises were composed by men who were anxious to bolster the system with which they were familiar in the face of these shortcomings and the censure they attracted.

As in the rest of Latin Christendom, the Church claimed jurisdiction over matters of belief, over testamentary and matrimonial issues as well as over the persons of clerics accused of crime and over ecclesiastical property and tithes. In theory these were discrete areas, but in practice there was ample room for conflict between the secular and ecclesiastical jurisdictions. Philip of Novara asserted that the Jerusalem Church had agreed that cases coming before it would not be determined "by the

31 Edbury, Peter W., « Law and Custom in the Latin East: *Les Letres dou Sepulcre* », *Mediterranean Historical Review*, 10 (1995), p. 71-79, p. 78.

32 See Philip of Novara, *Le Livre de Forme de Plait*, *op. cit.*, p. 35, 207.

decreta, *decretales* or laws but would judge according to the usage and *assise* of the land"[33]. Whereas it is possible that in the twelfth century the king and the patriarch had reached a working agreement over the boundaries of their respective jurisdictions, by the mid-thirteenth century when Philip was writing it is unlikely that concessions on the part of the Church were anything more than wishful thinking on his part. Canon Law had developed to the extent that local compromise would have been difficult, all the more so as most senior clerics in the East were from western Europe and not drawn from the local community and so were unlikely to have been sympathetic to the views of the local laity on such matters.

The customary law also found itself in competition with the Roman Law as practiced by the notaries active in the East[34]. The allure of Roman Law with its codifications and commentaries would have been strong, and many visitors to the East, especially from Italy, would have regarded the learned law of the western schools as superior to Latin Syrian custom. In fourteenth-century Cyprus the kings came to make considerable use of the services of lawyers trained in the schools of the West, and it would appear that it was then that they developed a prerogative court which allowed litigants to petition the king to be allowed to institute proceedings there and, if their petition was successful, the case could then go ahead using Roman Law procedures and modes of proof[35]. In Johannes de Ancona we meet an Italian lawyer working in Acre writing in Latin who produced both a *Summa iuris canonici* datable to the period 1265-1268 and a *Summa super usibus feudorum* which, it has been suggested, belongs to years 1258-1266[36]. His *Summa super usibus feudorum* is clearly inspired by Pillius's *Summa feudorum*, and it is at those points at which he departs from his model that he is of the greatest interest. Among the issues identified by Jonathan Rubin in his recent discussion of this text are disputes over land in which one

33 *Ibid.* p. 119, 260.

34 Brundage, James A., « Latin Jurists in the Levant: the Legal Elite of the Crusade States », *Crusaders and Muslims in Twelfth-century Syria*, ed. Maya Shatzmiller, Leiden, Brill, 1993, p. 27-29.

35 Edbury, Peter W., *The Kingdom of Cyprus and the Crusades, 1191-1374*, (Cambridge, Cambridge University Press, 1991, p. 189-191, 193.

36 See Rubin, Jonathan, « John of Ancona's *Summae*: A Neglected Source for the Juridical History of the Latin Kingdom of Jerusalem », *Bulletin of Medieval Canon Law*, n.s., 29 (2011-2012), p. 183-218.

party claims that the property is feudal and the other denies that it is so, and issues surrounding the alienation of property to the Military Orders; in both instances Johannes' approach is at odds with those of the writers on Latin Syrian custom, and it is doubtless significant in this connection that in the 1260s Johannes had been handling the legal affairs of the Templars. There are no critical editions of either of his works, but it might be noted that more pre-1500 manuscripts survive of his *Summa super usibus feudorum* than of any of the French-language legal texts from the Latin East.[37]

The mid thirteenth-century authors, John of Ibelin, Philip of Novara, Geoffroy Le Tor and James of Ibelin, all knew each other, and they also shared a common allegiance to the same political grouping. The cultural significance of what they achieved is noteworthy and invites comparisons with contemporary legal writers in the West, especially Bracton and Beaumanoir. They are of course familiar to those historians who study the politics and institutions of the Latin East, but their writings, together with the anonymous works that are also mentioned here, should be seen more generally as part of the great flowering of French vernacular literature that is such a vital part of western European culture in the thirteenth century.

Peter W. EDBURY
Cardiff University

37 Rubin (« John of Ancona », *op. cit.*, p. 214-217) has identified eight copies of what appears to be the original version and a further seven of a revised version.

SCRIVERE STORIA OLTREMARE

Fonti e organizzazione narrativa nella *Chronique de Morée* (XIV s.)

L'insieme di testi convenzionalmente indicato come *Cronaca della Morea* (=*CrM*) costituisce da più di un secolo e mezzo una questione aperta nonostante l'imponente quantità di studi dedicati all'argomento sin dal 1840, anno della riscoperta moderna del testo[1]. La cronaca, elaborata nei primi decenni del Trecento nei territori d'oltremare occupati dai francesi dopo la Quarta Crociata, è la principale fonte storica per il primo secolo di vita del principato di Acaia (1205-1432), correntemente chiamato, all'epoca, Morea[2].

---

1 È in questo anno che Jean Alexandre Buchon pubblica la versione greca della cronaca (*Chroniques étrangères relatives aux expéditions françaises pendant le 13e siècle, publiées pour la premiere fois, élucidées et traduites*, éd. J. A. Buchon, Paris, A. Desrez, 1840). Qualche anno più tardi riconosce in un manoscritto conservato a Bruxelles una versione francese dello stesso testo – ritenuta da lui, peraltro, quella originale (*Recherches historiques sur la principauté française de Morée et ses hautes baronnies. Le* Livre de la conqueste de la princée de la Morée *publié pour la première fois d'après un manuscrit de la bibliothèque des ducs de Bourgogne à Bruxelles, avec notes et éclaircissements. Première époque : conquête et établissement féodal, de l'an 1205 à l'an 1333*, éd. J. A. Buchon, 2 vol., Paris, Librairie de Jules Renouard et fils, 1845). Per una presentazione della tradizione manoscritta della cronaca si veda il paragrafo successivo. Le edizioni di riferimento per ciascuna versione sono oggi *The Chronicle of Morea: a History in Political Verse relating the Establishment of Feudalism in Greece by the Franks in the Thirteenth Century, edited in two parallel Texts from the mss. of Copenaghen and Paris*, ed. John Schmitt, London, Methuen & Co., 1904 (*CrM* greca); *Libro de los fechos et conquistas del principado de la Morea compilado por comandamiento de Don Fray Johan Fernández de Heredia*, ed. Alfred Morel-Fatio, Ginevra, Jules-Guillaume Fick, 1885 (*CrM* aragonese); Hopf, Carl, *Chroniques greco-romaines inédites ou peu connues*, Berlin, Librairie de Weidmann, 1873, p. 414-468 (*CrM* italiana). Per la versione francese l'edizione attualmente disponibile è *Livre de la conqueste de la princée de l'Amorée : Chronique de Morée (1204-1305)*, éd. J. Longnon, Paris, Librairie Renouard-H. Laurens, 1911; si rimanda però alla tesi di dottorato Colantuoni, Alice, *La Cronaca della Morea: edizione e studio della versione francese*, Napoli, Federico II – Paris, École pratique des hautes études, 2017, di cui è in preparazione la pubblicazione. Le citazioni dalla versione francese sono tratte da questa edizione.

2 Acaia (*Achaÿe* nella *CrM* francese) riprende il toponimo classico in uso per la provincia romana del Peloponneso. Morea (*Moree* nella *CrM* francese), dal greco *Μορέας*, è

Numerosi studi hanno tentato di determinare i rapporti tra le quattro versioni esistenti e di individuare un antecedente comune all'intera tradizione. Le ipotesi sulla fisionomia, la data e la lingua di questo *Urtext* sono molteplici e la questione può ritenersi sostanzialmente aperta, nonostante nel recente *A Companion to Latin Greece* Gill Page scriva: «*French, Italian, Greek and even Provençal have all been proposed as the language of the original Chronicle, but the consensus must now be for a Greek original*»[3]. Tale affermazione poggia senza dubbio sulle ipotesi conclusive formulate da Teresa Shawcross nella monografia *The Chronicle of Morea: Historiography in Crusader Greece*[4], che è sì tra i contributi più recenti sulla *CrM*, nonché l'unica monografia dedicata all'argomento, ma giunge a risultati che non possono dirsi definitivi e che hanno suscitato diverse perplessità[5].

Dopo aver presentato brevemente la tradizione manoscritta del testo evidenziando i dati disponibili e i nodi ancora irrisolti – comprese le questioni di metodo che inevitabilmente pongono le tradizioni multilingui –, in queste pagine si dedicherà particolare attenzione alla versione

---

originariamente riferito alla zona nordoccidentale della penisola, estesa fino alla pianura dell'Elide. Passa in seguito ad indicare l'intera penisola ed entrambi gli usi sono attestati nella cronaca. L'etimologia sembrerebbe riferirsi alla presenza di coltivazioni di gelso nella regione (ὁ μορέας), cfr. *The Chronicle of Morea*, ed. Schmitt, *op. cit.*, p. 637; Bon, Antoine, *La Morée Franque; recherches historiques, topographiques et archéologiques sur la Principauté d'Achaïe (1205-1430)*, Paris, Boccard, 1969, p. 303-314. Sulla Morea si vedano le recenti monografie *A companion to Latin Greece*, ed. Nickiphoros Tsougarakis, Peter Lock, Leiden-Boston, Brill, 2014; Lock, Peter, *The Franks in the Aegean, 1204-1500*, London, Longman, 1995, oltre ai classici Bon, *La Morée Franque*, *op. cit.*; Longnon, Jean, *L'empire latin de Constantinople et la principauté de Morée*, Paris, Payot, 1949 e Miller, William, *The Latins in the Levant: a History of Frankish Greece (1204-1566)*, London, J. Murray, 1908. Sulla quarta crociata si rimanda a Setton, Kenneth M., *A History of the Crusades*, 6 vol., Madison, University of Wisconsin Press, 1969-1989, vol. 2, 1969, e a Laiou, Angeliki, *Urbs Capta: The Fourth Crusade and Its Consequences / La IVe Croisade et ses consequénces.* Paris, Éditions Lethielleux. 2005.

3 [« Le français, l'italien, le grec et même le provençal ont tous été proposés comme langue de la Chronique originale, mais le consensus doit maintenant se faire en faveur d'un original grec »] Page, Gill, « Literature in Frankish Greece », *A companion to Latin Greece*, *op. cit.*, p. 288-305, p. 308; *Viewing the Morea: Land and People in the Late Medieval Peloponnese*, ed. Sharon E. J. Gerstel, Cambridge, Harvard University Press, 2013, p. 308.

4 Shawcross, Teresa, *The Chronicle of Morea: Historiography in Crusader Greece*, Oxford, Oxford University Press, 2009, p. 36-37.

5 Cfr. Jacoby, David, « Compte rendu de Teresa Shawcross, *The Chronicle of Morea. Historiography in Crusader Greece* », *Byzantinische Zeitschrift*, t. 104, 2, 2011, p. 780-783 e Blanchet, Marie-Hélène, Saint-Guillain, Guillaume, « À propos d'un ouvrage récent sur la Chronique de Morée », *Byzantion*, t. 83, 2013, p. 13-39.

francese della cronaca, facendo luce sulle sue fonti e riportando in primo piano alcuni dati codicologici in parte già noti ma spesso ignorati. A completare il quadro, si tracceranno i rapporti che essa possibilmente intrattiene con i modelli culturali locali – per quanto possiamo ricostruire – e con altri prodotti letterari nati nei territori latini dopo la quarta crociata. Ne risulterà rafforzata l'ipotesi della priorità del francese sul greco nella storia della trasmissione del testo, contrariamente a quanto affermano Shawcross e Page e in linea, d'altra parte, con gli studi di David Jacoby, Karl Uitti e Tina Lynn Rodrigues[6].

LA TRADIZIONE DELLA CRONACA DELLA MOREA

La cronaca è trasmessa da otto manoscritti, latori di quattro versioni diverse: francese, greca, aragonese e italiana. La versione greca, in versi, è la sola pluritestimoniata e conta cinque degli otto manoscritti. Di questi, quello conservato a Copenhagen (Kongelige Bibliotek, Fabricius 57-4, di seguito H) è il più antico e quello che attesta la lezione migliore: è databile all'ultimo quarto del Trecento e presenta il testo in 9235 versi politici copiati senza soluzione di continuità dal punto di vista della *mise en page*[7]. Il testo è acefalo, essendo caduti i primi tre fogli del manoscritto, ed è inoltre incompleto della fine. Il secondo testimone greco più accreditato, il manoscritto gr. 2898 della Bibliothèque nationale de France (P), è più tardo e presenta un testo sensibilmente diverso da quello di H, oltre a una lingua con tratti meno arcaici. Lo si colloca in un ramo discendente da un distinto subarchetipo e le sue lezioni forniscono un prezioso riscontro per

6 Cfr. Jacoby, David, « Quelques considerations su les versions de la Chronique de Morée », *Journal des savants*, t. 3, 1968, p. 133-189; Uitti, Karl, « Historiography and Romance: Explorations of Courtoisie in the Chronique de Morée », *Autobiography, Historiography, Rhetoric: a Festschrift in Honor of Frank Paul Bowman by His Colleagues, Friends and Former Students*, ed. M. Donaldson-Evans, L. Frappier-Mazur, G. Prince, Amsterdam-Atlanta, Rodopi, 1994, p. 265-286; Rodrigues, Tina Lynn, *The Old French Chronique de Morée: Historiographic-Romance Narrative, The Greek Context, and Courtoisie*, Princeton University Thesis, 1996.

7 Il verso politico è il primo metro usato nella letteratura in greco volgare, presenta una struttura accentuativa di 15 sillabe ed è di destinazione tipicamente orale; cfr. Jeffreys, Elizabeth – Jeffreys, Michael, *Popular Literature in Late Byzantium*. London, Variorum Reprints, 1983, in partic. IV: « The Nature and Origins of the Political Verse ».

quelle di H. Quanto ai restanti manoscritti greci, i codici gr. 5009 della Burgerbibliothek di Bern (P2) e gr. 2753 della Bibliothèque nationale de France (P3) sono *descripti* di P, mentre il codice B.II.1 della Biblioteca nazionale di Torino (T) appartiene alla stessa famiglia di H e conserva un testo deteriorato oltre che linguisticamente lontano dal greco del XIII sec. Il testo critico di H e di P è fornito in sinottica da John Schmitt nel 1904 in quella che è ancora oggi l'edizione di riferimento per la versione greca: la sistemazione genealogica dei manoscritti per questo versante della tradizione è rimasta sostanzialmente invariata. In questa sede, parlando della versione greca senza ulteriori specificazioni, ci si riferirà al testo di H stabilito da Schmitt[8].

Le versioni francese, aragonese ed italiana sono invece monotestimoniate e in prosa. La versione italiana, pubblicata da Hopf nella raccolta *Chroniques greco-romaines inédites ou peu connues*, è conservata in un manoscritto piuttosto tardo, del sec. XVIII, dove figura con il titolo di *Istoria della Morea* insieme ad una *Istoria del regno di Romania*, traduzione italiana dell'opera latina perduta di Marino Sanudo Torsello (Venezia, Biblioteca Nazionale Marciana, Ital. VII 712 (8754); l'*Istoria della Morea* ai f. 25r-49v, di seguito V)[9]. Secondo Hopf, come poi Lurier e Shawcross, si tratterebbe di una traduzione tarda dal greco, come rivelano diversi errori spiegabili come il risultato di una cattiva conoscenza della lingua[10]. In particolare, il manoscritto sembrerebbe seguire da vicino il testo di T, con il quale ha in comune l'inizio, la fine e una stessa lacuna (in T dopo il verso 315). Stanitsas rileva però alcuni passaggi di V assenti in T e ipotizza quindi la discendenza di V da un intermediario perduto

8 Si rimanda a Schmitt per la discussione completa dei rapporti tra i testimoni greci della cronaca (*The Chronicle of Morea*, ed. Schmitt, *op. cit.*, p. XXVIII-XXXIII). Schmitt non traccia, comunque, un vero e proprio *stemma codicum*: alla base della sua edizione, seppur ricca di erudizione storica, c'è un interesse principalmente linguistico per uno dei primi monumenti letterari del greco demotico. Edizioni successive propongono un testo unico, utilizzando P per colmare lacune di H o emendarne la lezione: cfr. Kalonaros, Petros, «Μορέας», *Neoteron enkyklopaidikon lexikon: methodike kai sustematike sumpyknosis kai eklaikeusis olon ton anthropinon gnoseon*, ed. I. D. Passas, 18 vol., Atene, Elios, 1948-1957, vol. 13; Egea, 1996.

9 Hopf, *Chroniques greco-romaines*, *op. cit.*, edizione a p. 414-468, datazione del manoscritto a p. XV.

10 *Ibid.*, p. XLII ; Lurier: « a badly executed translation of the Greek version », *Crusaders as conquerors: the* Chronicle of Morea *translated from the Greek*, ed. Harold E. Lurier, New York-London, Columbia University Press, 1964, p. 36; Shawcross, *The Chronicle of Morea*, *op. cit.*, p. 36-37.

tra H e T[11]. Quanto alla localizzazione del manoscritto, manca ad oggi uno studio sistematico delle forme che dimostri la provenienza veneziana del testo proposta da Shawcross[12]. Lo stesso Stanitsas dimostra su basi codicologiche la presenza di T a Cipro fino al 1586, e dunque verosimilmente anche quella del suo antigrafo, che servì probabilmente da modello per V. Del codice madrileno Biblioteca Nacional 10131, latore della versione aragonese, si conoscono invece provenienza e datazione esatte: il copista dichiara di star completando il lavoro nell'anno 1393 per conto del Gran Maestro dell'Ordine degli Ospedalieri Juan Fernández de Heredia (1310-1396). Il testo è dunque parte del consistente insieme di opere promosse e dirette dal Gran Maestro, dove figurano traduzioni in aragonese da autori classici e medievali (Plutarco, Paolo Orosio, la *Fleur des Histoires d'Orient* di Hayton, parte del libro di Marco Polo) e alcune compilazioni storiche: una *Grant crónica de Espanya* e una *Grant crónica de los conquiridores*[13]. La *CrM* aragonese, in particolare, si inscriverebbe in un più vasto progetto storiografico di argomento greco, rimasto però incompiuto[14]. Il testo della versione aragonese è ricco di elementi

11 Cfr. Stanitsas, Stamatis, « Origine des manuscrits P (Parisinus gr. 2898) et T (Taurinensis B. II. 1) de la *Chronique de Morée* », *Πρακτικὰ Α΄Διεθνοῦς Συνεδρίου Πελοποννησιακῶν Σπουδῶν*, Atene, 1976, p. 277-340. Per una presentazione sintetica della questione si veda anche Blanchet, Saint-Guillain, *op. cit.*, p. 24.

12 Cfr. Shawcross, *The Chronicle of Morea*, *op. cit.*, p. 84: « a Venetian carried out the task ». La lingua della versione italiana della cronaca e dell'*Istoria del regno di Romània* è però genericamente descritta da Hopf come « langage classique des écrivains italiens du XIVe siècle » (cfr. Hopf, *Chroniques greco-romaines*, *op. cit.*, p. XVI).

13 Tra i numerosi studi sulla figura e sul progetto culturale di Heredia si rimanda qui a Vives, José, «Juan Fernaández de Heredia, Gran Maestre de Rodas. Vida, obras, formas dialectales», *Analecta sacra Tarraconensia*, t. 3, 1927, p. 121-192 e a Cacho Blecua, Juan Manuel, *El Gran Maestre Juan Fernández de Heredia*, Zaragoza, Caja de Ahorros de la Inmaculada de Aragón, 1997. Le opere del *corpus* herediano rappresentano buona parte dei testi medievali in aragonese oggi conservati, l'insieme dei quali è stato trascritto e informatizzato dall'Hispanic Seminary of Medieval Studies. Nell'ambito del progetto, il trattamento della *CrM* aragonese si deve a David Mackenzie (*Crónica de Morea, Medieval Navarro-Aragonese Texts Corpus, Digital Library of Old Spanish Texts, Hispanic Seminary of Medieval Studies*, online all'indirizzo http://www.hispanicseminary.org/t&c/nar/index-en.htm, consultato il 3/12/2023).

14 Sembra indicare così la testimonianza di Giovanni d'Aragona (1350-1396), figlio di Pietro IV, il quale scrive in una lettera di voler reperire dalla biblioteca del defunto Heredia « tres volums grans de les istories de Grecia ». Dei presunti tre volumi non restano che il *Libro de los emperadores* e la *CrM* aragonese: il primo copre la storia greca dal 780 d. C. al 1118, la seconda dal 1202 al 1377. Il terzo volume, oggi perduto, avrebbe potuto collocarsi cronologicamente tra i due o prima di entrambi, trattando di storia antica. Per la testimonianza di Giovanni d'Aragona e la ricostruzione qui illustrata si veda Luttrell, Anthony, « Greek Histories Translated and Compiled for Juan Fernández

testuali assenti dalle versioni conservate in H e nel codice latore della versione francese (cfr. *infra*). Si tratta di informazioni storiche che con tutta probabilità il compilatore attingeva in parte da una versione della cronaca più estesa in francese o in greco, in parte da altre fonti. Se il testo aragonese derivi dalla versione francese o da quella greca è oggetto di discussione sin dalla sua pubblicazione. Anthony Luttrell ha in seguito convincentemente dimostrato che il lavoro di compilazione di questa versione comportò il ricorso a diverse fonti, sia greche che francesi, narrative e documentarie[15]. Il ricorso a più fonti dovette peraltro essere necessario per colmare il *décalage* cronologico della materia trattata in questa versione, che si estende fino a coprire tre quarti del Trecento, mentre le altre giungono alle soglie o ai primi anni del secolo[16]. Tra le fonti di cui si servì il compilatore della *CrM* aragonese figurano quindi certamente una versione francese e una greca della cronaca, ma queste non sono identificabili con le rispettive versioni oggi conservate.

La versione francese, infine, di cui ci occupiamo in queste pagine, ci è pervenuta in un solo manoscritto coevo o di poco successivo ad H, il 15702 della Bibliothèque Royale de Bruxelles (B), datato sulla base di

de Heredia, Master of Rhodes: 1377-1396 », *Speculum*, t. 35, 3, 1960, p. 401-407 e Id., « Juan Fernandez de Heredia's History of Greece », *Byzantine and Modern Greek Studies*, t. 34, 1 (2010), p. 30-37.

15 Morel-Fatio, primo editore del testo, già isolava una serie di passaggi in cui la cronaca è in accordo con la versione greca distanziandosi da quella francese, facendo però notare, allo stesso tempo, i frequenti gallicismi: *abandonar*, *argent* ('denaro'), *careza*, *conget*, etc. (*Libro de los fechos*, ed. G. Morel-Fatio, *op. cit.*, p. LVII). Oltre ad essere in linea con ciò che sappiamo sull'allestimento di testi e codici all'interno dell'atelier herediano di Avignone, l'ipotesi di una compilazione che prevedesse il ricorso a più fonti trova oggi d'accordo la maggior parte degli studiosi: Shawcross, *The Chronicle of Morea*, *op. cit.* (si veda la sezione « Appendix. The *Libro de los fechos* from the French or from the Greek? », p. 268-273; in particolare p. 271 per tre errori di traduzione che si sarebbero prodotti a partire da una fonte greca); Luttrell, Anthony, « Juan Fernández de Heredia and the Compilation of the Aragonese Chronicle of the Morea », *Deus Vult: miscellanea di studi sugli ordini militari*, ed. C. Guzzo, Tuscania, Penne & Papiri, 2011, p. 69-134; Pomer Monferrer, Juanjo, «Les fonts grega i francesa de la versió aragonesa de la Crònica de Morea», *La traducció (in)directa dels clàssics a les literatures hispàniques, entre més*, ed. J. Pomer Monferrer & J. Redondo, Amsterdam, Adolf M. Hakkert, 2016, p. 135-229 (quest'ultimo contributo ripropone sinteticamente tutti gli indizi testuali disponibili, per lo più riprendendo Shawcross).

16 La versione francese si arresta al 1304, mentre quella greca e quella italiana limitano il 1292. Fatta eccezione per quella aragonese, delle altre versioni non ci è comunque pervenuta la fine a causa di accidenti nella trasmissione manoscritta (talvolta imputabili all'antigrafo: è il caso della versione francese, nella quale un explicit scribale avverte: « tant com j'ay trové, tant j'ay escript de ceste conqueste de la Moree », f. 179r).

4 filigrane all'ultimo scorcio del Trecento ed appartenuto alla biblioteca dei duchi di Borgogna[17]. Il testo della cronaca conservato in B è organizzato in 98 paragrafi ed è preceduto da una tavola cronologica in 19 capitoli che ne sintetizza la materia; questa arriva fino all'anno 1332, mentre la cronaca, che prende il via dalla prima crociata, si interrompe all'anno 1304 ma contiene riferimenti ad avvenimenti occorsi fino agli anni '40 del Trecento[18]. Lo scriba non indica l'anno in cui completa la copia ma dichiara che la sua fonte è un *livre* il quale «fu jadis del noble baron messire Bartholomée Guys, le grant connestable, lequel livre il avoit en son chastel d'Estives». Si tratta del veneziano Bartolomeo II Ghisi († 1341), gran connestabile della Morea dal 1320 e terziero di Negroponte, il quale, intorno al 1330, acquisisce a Tebe (*Estives*) il castello di Saint-Omer (Saint-Omer-lès-Thèbes), probabilmente in seguito al matrimonio del suo primogenito con la figlia di Alfonso Federico d'Aragona, comandante della Compagnia Catalana († 1338). L'indicazione dello scriba sul possessore dell'antigrafo è generalmente accettata per vera ed ha addirittura contribuito ad orientare Jean Longnon, editore della versione francese, verso l'ipotesi di un originale italiano, forse persino uscito dalla penna di questo personaggio[19]. Teresa Shawcross considera invece con sospetto l'affermazione del copista/redattore: «*because of its reputation, Saint-Omer-les-Thèbes would have been an obvious choice for a redactor or copyist seeking to authenticate a text dealing with the crusader territories in Greece*»[20]. Shawcross

17 Cfr. Bousmanne, Bernard, van Hemelryck, Tania, van Hoorebeeck, Céline, *La librairie des ducs de Bourgogne. Manuscrits conservés à la Bibliothèque royale de Belgique. Volume IV: Textes historiques*, Turnhout, Brepols, 2009. Per le filigrane, ritenute tutte di tipo italiano e localizzate a Treviso, si veda Wittek, Martin, *Inventaire des plus anciens manuscrits de papier conservés à la Bibliothèque royale Albert Ier et de leur filigranes (XIIIe-XIVe siècles)*, Bruxelles, Bibliothèque royale Albert 1er, 2001, p. 43-45.

18 Sicuro *terminus ante quem* è il riferimento, nel testo, a Caterina II di Valois-Courtenay come ancora vivente (« la tres excerlente dame que ores s'appelle empereÿs », 13.6). Caterina muore nel 1346.

19 Così Longnon nell'introduzione alla sua edizione: « le texte original de la Chronique de Morée avait dû être rédigé en italien, et vraisemblablement dans le dialecte vénitien » (*Livre de la conqueste de la princée de l'Amorée*, éd. Jean Longnon, *op. cit.*, p. LXXXIII-LXXXIV); diversi anni dopo scrive ancora: « *La Chronique de Morée* [...] fut composé dans l'entourage d'un baron d'origine vénitienne, Barthélemy Ghisi, si ce n'est par ce baron lui-même » (Longnon, *L'empire latin de Constantinople*, *op. cit.*, p. 316-317).

20 [« En raison de sa réputation, Saint-Omer-les-Thèbes aurait été un choix évident pour un rédacteur ou un copiste cherchant à authentifier un texte traitant des territoires croisés en Grèce »] Shawcross, *The Chronicle of Morea*, *op. cit.*, p. 33. Nell'ipotizzare la creazione finzionale della fonte Shawcross non giustifica però la scelta di Bartolomeo II Ghisi quale

immagina che la versione francese sia nata probabilmente al di fuori della Morea, in area angioino-napoletana, e che si tratti di una traduzione dal greco da collocarsi cronologicamente sotto il regno di Roberto I (1309-1343). Alcune indicazioni codicologiche sembrano però poco compatibili con l'ipotesi di Shawcross e ci riportano verso l'altra sponda dello Ionio, quella greca: la presenza in B di un sistema di numerazione dei fascicoli in lettere greche suggerisce infatti un probabile allestimento del codice in Morea. E non solo: tra le annotazioni successive alla copia del testo si riscontra la parola *elafi*, traslitterazione del gr. ελάφι, 'cervo', accanto al disegno di questo animale. Tale annotazione, insieme alla fascicolazione in greco, sembrerebbero suggerire che il codice non solo sia stato esemplato in Grecia, ma che vi fosse rimasto almeno per qualche tempo[21].

IPOTESI E PROBLEMI[22]

Come si vede, il posto che spetta alla versione francese nella storia della trasmissione del testo è tuttora discusso. Conviene a questo punto passare brevemente in rassegna le ipotesi ad oggi formulate circa il prototipo della

personaggio da far figurare in apertura. Lo stesso dato, tra l'altro, acquisisce per la studiosa un valore diverso quando se ne serve per illustrare il prestigio sociale associato al possesso di una copia della cronaca nel contesto moreota: in quel caso il dato mostrerebbe che l'antigrafo di B appartenne realmente a Bartolomeo Ghisi (p. 319).

21 Cfr. Shawcross, *The Chronicle of Morea*, *op. cit.*, p. 264-265. La tesi di un'origine napoletana della versione francese è da Shawcross chiaramente suggerita ma sempre affermata con cautela: « given the continuous exchange of people and texts between the Principality and the Regno, it could have been produced on either side of the Ionian Sea » (*Ibid.*, p. 102). Sembra improbabile anche la più recente ipotesi di un allestimento del codice in Veneto (*The Old French* Chronicle of Morea. *An account of Frankish Greece after the Fourth Crusade*, ed. A. Van Arsdall & H. Moody, Farnham (U.K.)-Burlington (U.S.A), Ashgate, 2015, p. 3, nota n. 12). La fascicolazione in greco è osservabile nel manoscritto a partire dal quaderno 15 (f. 105r), poiché le precedenti annotazioni sui fascicoli sono andate perdute in seguito ad una rifilatura (ne resta traccia alle carte 38r, 82r, 97r); questo dettaglio codicologico era stato già rilevato in Wittek, *Inventaire des plus anciens manuscrits de papier*, *op. cit.*, e in Bousmanne, van Hemelryck, van Hoorebeeck, *La librairie des ducs de Bourgogne*, *op. cit.* (la descrizione di B si deve in particolare a C. Lemaire, p. 225-230). L'annotazione, nel manoscritto al f. 181v., riporta le parole «*cervu*; *elafi*; *nosdi* (lettura incerta), *ego sum*» accompagnate da raffigurazioni a penna di pesci e cervi.

22 Il contenuto di questo paragrafo, come pure di quello conclusivo, riprende in parte gli argomenti già esposti in Colantuoni, Alice, « Multilingual Traditions in Multilingual

CrM (termine che la tradizione degli studi sulla cronaca ha adottato in sostituzione di quello di archetipo, non essendo quest'ultimo individuabile in termini lachmanniani). Esse sono sostanzialmente due: 1) la sua identificazione con H o con un modello a lui affine, e 2) la sua identificazione con un testo oggi perduto, la cui lingua è ulteriore oggetto di discussione. Hanno sostenuto la prima ipotesi Michael Jeffreys in un articolo apparso nel 1975 e Gregorios Makris in un più recente ed esile contributo[23]. Tra i sostenitori del prototipo perduto, invece, Buchon, Lurier, Jacoby, Spadaro, Topping e Rodrigues pensano ad un testo in francese[24]; De Loray, Schmitt e Shawcross ad un testo in greco[25]; Longnon e Bon ad un testo in veneziano[26]; infine Kalonaros ad un testo in provenzale[27].

Va anche detto che a una tale diversità nelle ipotesi corrisponde uguale diversità negli approcci metodologici adottati: ciò si deve in parte al tipo di tradizione, caratterizzata da un altissimo tasso di variazione distribuita su più livelli. Nel processo di trasmissione il testo ha conosciuto, infatti, adattamento linguistico – incluso il passaggio da una lingua romanza ad una non romanza o viceversa –; adattamento poetico-retorico – dai

Contexts. State of the Art and Methodological Problems in the Study of the Chronicle of Morea (XIV c.) », *Byzantion*, t. 91, 2021, p. 75-98.

23 Per motivi di verosimiglianza cronologica, Jeffreys sostiene che l'intera tradizione discenda non esattamente da H, ma da un suo antigrafo che però H riproduce fedelmente. In sostanza, comunque, le caratteristiche di H servirebbero a spiegare la lezione di tutti gli altri manoscritti della cronaca. Cfr. Jeffreys, Michael, « The Chronicle of The Morea: Priority of the Greek Version », *Byzantinische Zeitschrift*, t. 68, 1975, p 304-350; Makris, Gregorios, « Vernacular Greek from Old French or Vice Versa? The Chronicle of the Morea », *Quarta crociata: Venezia, Bisanzio, impero latino*, ed. G. Ortalli, G. Ravegnani, P. Schreiner, Venezia, Istituto veneto di scienze lettere ed arti, 2006, Vol. II, p. 607-615.

24 Jacoby, « Quelques considerations », *op. cit.*; *Crusaders as conquerors*, ed. H. E. Lurier, *op. cit.*; Spadaro, Giuseppe, «Studi introduttivi alla 'Cronaca di Morea'» I, II, III, *Siculorum gymnasium*, t. 12, 1959, p. 125-252; t. 13, 1960, p. 133-176; t. 14, 1961, p. 1-70; si veda anche il t. 45, 1992, p. 89-99 («Sul propotipo della 'Cronaca di Morea'»; Topping, Peter, « Review of H.E. Lurier, Crusaders as Conquerors: the Chronicle of Morea », *Speculum*, t. 40, 4, 1965, p. 737-742; Rodrigues, *The Old French Chronique de Morée*, *op. cit.* È il caso di precisare che Topping pensa ad un testo in francese redatto da un italiano: ciò renderebbe ragione dei numerosi italianismi presenti in questa versione.

25 *The Chronicle of Morea*, ed. J. Schmitt, *op. cit.*; Shawcross, *The Chronicle of Morea*, *op. cit.* Naturalmente anche i già citati Jeffreys e Makris rientrano tra i sostenitori di un antecedente in greco.

26 *Livre de la conqueste de la princée de l'Amorée*, éd. Jean Longnon, *op. cit.*; Bon, *La Morée Franque*, *op. cit.*

27 Kalonaros, voce «*Μορέας*», *Neoteron enkyklopaidikon lexikon*, *op. cit.*, vol. 13. Mantiene invece una posizione agnostica Hopf, l'editore della versione italiana (Hopf, *Chroniques greco-romaines*, *op. cit.*, p. XLII).

versi alla prosa o viceversa –; adattamento cronologico, con ampliamento dell'estensione temporale della materia trattata; adattamento ideologico; ed infine il ricorso a fonti diverse nella compilazione di ciascuna versione. La tipologia variazionale che occorre tipicamente nella tradizione è quella che Fernández-Ordóñez chiama «*transformación por adaptación del texto a las coordenadas del transmisor*»[28], un tipo di variazione difficilmente predicibile perché non nasce da caratteristiche interne al testo o al manoscritto ma interviene per ragioni esterne, legate al desiderio di adattare il testo alle coordinate culturali dell'attore della trasmissione. Dal punto di vista metodologico, nel caso di una tradizione manoscritta multilingue nella quale si producano variazioni così forti dal punto di vista marco- e microdiscorsivo, il metodo più affidabile per stabilire la lingua dell'originale consiste nella ricerca di «errori di traduzione monodirezionali» o *misunderstanding*[29]. Tuttavia, come dimostrano i risultati contraddittori a cui sono pervenuti Lurier, Spadaro, Jeffreys, Rodrigues, Makris, l'individuazione di tali errori risulta problematica a causa dell'interferenza delle altre categorie variazionali e del contesto multilingue dal quale proviene la *CrM* (per la discussione dettagliata dei presunti errori di traduzione si rimanda ad un contributo futuro). Oltre agli errori di traduzione, per stabilire la lingua del prototipo si è fatto largamente ricorso ad analisi lessicali, accompagnandole però da valutazioni quantitative più che qualitative (Longnon, Lurier, Spadaro)[30].

---

28 Ordóñez propone una classificazione tipologica dei meccanismi evolutivi che interessano le tradizioni dei testi medievali, cfr. Fernández-Ordóñez, Inés, «Trasmissione e metamorfosi. Verso una tipologia dei meccanismi evolutivi nei testi medievali», *Ecdotica*, t. 10, 2013, p. 118-177 (in partic. p. 142 ss) e Id., «El texto medieval: propiedad y uso», *Medioevo romanzo*, t. 38, 1, 2014, p. 45-68 (p. 60 ss.).

29 Barbato, Marcello, «Trasmissione testuale e commutazione del codice linguistico. Esempi italoromanzi», *Transcrire et/ou traduire. Variation et changement linguistique dans la tradition manuscrite des textes médiévaux. Actes du congrès international (Klagenfurt, 15-16 novembre 2012)*, éd. R. Wilhelm, Heidelberg, Winter, 2013, p. 193-211, a p. 199. Sul valore degli errori di traduzione per lo studio di tradizioni multilingui si rimanda anche a Reginato, Irene, «I nomi propri come "fossili-guida" nello studio filologico-linguistico di un testo: il caso della Versione K del Devisement du Monde», *Nomina sunt...? L'onomastica tra ermeneutica, storia della lingua e comparatistica*, Edizioni Ca' Foscari – Digital Publishing, 2016, p. 65-76 e Ead., «L'interferenza linguistica nella trasmissione indiretta. Errori di copia ed errori di traduzione nella costellazione catalana del Devisement du monde», *Interferenze. Teorie, Contaminazioni, Interfacce, Trasmissioni*, ed. P. M. Caleffi, A. Cappelletto, F. Ginelli, M. Magnan, Verona, Fiorini, 2018, p. 165-187.

30 *Livre de la conqueste de la princée de l'Amorée*, éd. Jean Longnon, *op. cit.*; *Crusaders as conquerors*, ed. H. E. Lurier, *op. cit.*; Spadaro, «Studi introduttivi alla Cronaca di Morea», *op.cit.*

Anche in questo caso, peraltro, andrebbe tenuto in conto il contesto mistilingue dal quale il testo proviene: i prestiti rilevati nelle versioni greca e francese provenienti dall'una e dall'altra lingua, più che costituire prove della presunta direzione della traduzione, potrebbero essere spiegati come il risultato della formazione di una comunità (almeno in parte) bilingue in Morea nei sec. XIII-XIV[31]. Inoltre, la presenza di grecismi o francesismi nel testo andrebbe messa in relazione con i referenti di ciascun lemma: la maggior parte dei prestiti rilevati nelle due versioni designa istituzioni o entità inesistenti nel mondo greco (relative, ad esempio, al campo semantico della feudalità) o in quello francese (cariche istituzionali di origine bizantina). Una terza via metodologica adottata negli studi sulla cronaca è poi consistita nell'esame delle componenti ideologiche e identitarie nel testo di ciascuna versione, con particolare attenzione all'identificazione del narratore con gli attanti collettivi (i francesi, i greci, etc.); anche questo terreno, però, non ha portato a risultati sicuri e anzi, ancora una volta, a tesi opposte[32].

Possiamo concludere che, di tutti i manoscritti conservati, H e B sono i più antichi e conservano le versioni più prossime al contesto originario di elaborazione della cronaca, ma, come si è visto, non è stato finora possibile dimostrare con certezza la diretta discendenza dell'uno dall'altro, né la discendenza di una delle versioni che conservano dall'altra. Se la versione aragonese è certamente più tarda e doveva conoscere sia la redazione greca che quella francese, queste ultime due hanno piuttosto l'aspetto di elaborazioni indipendenti: sono entrambe lontane di diversi decenni dall'originale e sicuramente, rispetto a questo, abbreviate, ma risultano evidentemente da campagne di abbreviazione ben distinte.

---

31 Quanto osservato a proposito del lessico vale in parte anche per alcuni presunti errori di traduzione: se la cronaca greca traduce alla lettera l'espressione idiomatica presente nel testo francese « il ne le mengera mie au sel » (49.18, con il significato "non lo tratterrà a lungo presso di sé come prigioniero"), nulla vieta di pensare che l'espressione fosse entrata nella lingua parlata localmente e che non fosse usata sia in greco che in francese. Sulla questione delle prove lessicali si veda anche Shawcross, la quale verifica la presenza del 70 per cento delle espressioni non-greche di H anche nel resto della letteratura neogreca in versi e in prosa proveniente dai territori occupati dai latini, mettendo in crisi uno degli argomenti più usati per sostenere il francese come lingua della *CrM* originale (Shawcross, *The Chronicle of Morea*, *op. cit.*, p. 50).

32 Quasi tutti gli studi citati hanno menzionato aspetti identitari come indizi per identificare l'autore e la lingua dell'originale.

Mettere in relazione le versioni greca e francese significa, peraltro, confrontarsi con due prodotti testuali ben diversi dal punto di vista dello stile e, se vogliamo, del genere letterario. Da un lato, un poema in versi in cui, secondo la prassi discorsiva dei generi orali, l'autore/narratore manifesta la sua voce di frequente, mantenendo vivo il contatto con il pubblico; dall'altro, un testo in prosa in linea con le istanze stilistico-ideologiche che caratterizzano la storiografia francese a partire dal XIII secolo: il rifiuto del verso e l'oggettivizzazione del racconto, nel quale la voce dell'autore è programmaticamente eclissata[33]. La versione greca si presenta come un prodotto testuale pienamente coerente dal punto di vista della voce narrante e dell'andamento stilistico: nello studio *Formulas in the Chronicle of the Morea* Jeffreys ha respinto gli argomenti che additavano la presunta povertà sintattica e lessicale del testo, collocandolo invece nell'ambito dell'epica storica che costituisce il primo genere della letteratura demotica[34]. Tutti i manoscritti greci offrono, in effetti, un testo caratterizzato dalle marche tipiche di quei generi in cui l'oralità ha un peso preponderante: anonimato, stile formulare, presenza di un narratore che si esprime alla prima persona con funzioni assimilabili a quelle del *performer*, continue apostrofi all'uditorio, impiego del discorso diretto.

Nella *CrM* francese, invece, la voce narrante in prima persona interviene con una frequenza decisamente minore rispetto alle occorrenze registrate in quella greca, ma quasi sempre nei passaggi corrispondenti. Gli interventi alla prima persona sono maggioritari ma non esclusivi: compare talvolta una forma impersonale che si riferisce a una fonte:

---

33 Se è vero che fin dalla terza crociata il testo storico tende a configurarsi come testimonianza diretta di un attore/osservatore degli eventi raccontati (è così per Ambroise, Geoffroy de Villehardouin, Robert de Clari, Henri de Valenciennes), allo stesso tempo, però, si predilige uno stile oggettivo che prevede una *Selbstdarstellung*. Cfr. Spiegel, Gabrielle, *The Past as Text: the Theory and Practice of Medieval Historiography*, Baltimore-London, John Hopkins University Press, 1997, p. 178-194.

34 Secondo le stime di Jeffreys, la percentuale di formule nel materiale discorsivo di H si attesta al 31.7, ben al di sopra di quella di altri testi coevi in greco demotico, i quali mantengono una media al di sotto del 10 per cento (cfr. Jeffreys, Michael, « Formulas in the Chronicle of Morea », *Dumbarton oaks papers*, t. 27, 1973, p. 163-195). Jeffreys definisce quindi la *CrM* greca « a mediocre though original epic, rather than a poorly translated work of history ». E ancora: « had they [the Moreot Franks] survived longer, the Chronicle would have been a source of national pride, like the Homeric poems, *Roland* and *Cid*. The *Chronicle* must be regarded as an inferior example of this genre, but it should be classified within it » (*ibid.*, p. 165).

un *conte*, un'*estoire* o un *livre* (si tratta del 30% ca. delle occorrenze sul totale)[35]. Quanto al discorso riportato, questo assume la forma diretta in misura minore che nella *CrM* greca, probabilmente anche in ragione del fatto che la versione conservata in B è decisamente abbreviata rispetto a quella di H. In numerosi casi, peraltro, in B il passaggio al discorso diretto avviene in assenza di marche discorsive, e sebbene si tratti di un fenomeno comune nella prosa francese del XIV sec., è probabile che in quei casi il copista/rimaneggiatore, abbreviando il testo, abbia tralasciato di adattare singoli pronomi o singole forme verbali (tali casi rappresentano circa il 19% delle occorrenze del discorso diretto).

Seppur in modalità diverse rispetto ad H, anche in B il narratore mostra un notevole controllo dell'andamento narrativo, informando il destinatario della volontà di riadattare la materia secondo il principio della *brevitas*[36] e guidandolo attraverso le sequenze testuali tenendo conto della sua competenza progressiva sui fatti narrati. Il controllo dell'andamento narrativo passa attraverso la segnalazione, con opportune formule, di salti cronologici, geografici o di argomento: è nelle sezioni liminari tra i paragrafi che il narratore è particolarmente attivo, gestendo prolessi e analessi: «si vous lairay ore a parler de [...] et vous conteray de [...]» (4.6); «tout ainxi comme il sera conté chi devant en cestui livre» (10.6); «[...], dont vous avés ouy parler ça arrieres» (14.1). Nonostante il buon livello di coerenza della versione oggi leggibile, il «basso gradiente di autorialità[37]» lascia a volte trasparire l'assetto delle fonti, ora a livello sintattico (dove a sezioni vivacemente romanzesche si alternano passi che poggiano senza dubbio su fonti documentarie), ora, come si vedrà, a livello strutturale, cioè nell'organizzazione testuale in unità narrative.

---

35 *Conte*: 14.1, 15.5, 45.14, 55.28, 57.1, 58.1, 58.20, 63.1, 63.2, 64.6, 66.18, 78.1; *estoire*: 57.1; *livre*: 20.4, 77.72.

36 Cfr. nel testo francese: « Si vous diray mon compte non pas ainxi com je trovay par escript, mais au plus brief que je porray », 0 (prologo); « Donc, pour ce [que] seroit grant annuys de conter particulerement par escript comment il furent et combatirent, si vous dirons en briefs paroles [...] », 59.17; etc. Se si tratta senza dubbio di un *topos* della scrittura storica, presente oltretutto anche in H, tuttavia, come già osservato, i riscontri con le altre versioni confermano l'effettiva tendenza della versione francese conservata in B ad abbreviare la materia.

37 Varvaro, Alberto, «Il testo letterario», *Lo spazio letterario del medioevo. 2. Il Medioevo volgare*, I, 1, *La produzione del testo*, ed. Pietro Boitani, Mario Mancini, Aberto Varvaro, Roma, Salerno Editrice, 1999, p. 387-422, a p. 402.

LA VERSIONE FRANCESE CONSERVATA IN B: PARAGRAFI, FONTI E ORGANIZZAZIONE NARRATIVA

Un dato finora ignorato è che nel manoscritto francese il testo è organizzato in ampie sequenze testuali che trovano corrispondenza nella *mise en page* del codice. Questa organizzazione della materia, chiaramente individuata da *lettrines* (seppur mai realizzate) in apertura di ogni paragrafo, è potuta emergere durante l'allestimento di una nuova edizione critica della versione francese. L'edizione Longnon seziona infatti il testo, in modo piuttosto arbitrario, in 1024 paragrafi a fronte dei 98 del codice: operazione di indubbia utilità per lo storico che voglia agilmente riferirsi a porzioni circoscritte del testo, ma che ha opacizzato aspetti macrostrutturali e ha forse sottratto uno strumento valido per riflettere sul laboratorio testuale che soggiace alla versione francese conservata in B[38].

La mia ipotesi è infatti che in alcuni casi sia possibile intuire come porzioni di testo più ampie, distribuite in paragrafi la cui successione non prevede soluzioni di continuità metadiscorsive, siano state ereditate direttamente dalle fonti; siano cioè il prodotto dell'inserzione, nella cronaca, di sequenze narrative più o meno ampie derivate da altri testi. Allo scopo di verificare questa ipotesi ho individuato, nella cronaca francese, tre tipologie di passaggio da un paragrafo al successivo: un primo tipo, che chiamo transizione forte, è caratterizzato dalla presenza di una formula di chiusura costruita sul tipo *laisser* (se il narratore si esprime alla prima persona) / *taire* (se si riferisce ad una fonte) + l'argomento trattato in precedenza, seguiti da una coordinata che introduce l'argomento da trattare («*Si vous lairay ore a parler de... et vous conteray de...*», 4.6, ecc.). A tale formula ne corrisponde, in apertura del paragrafo successivo, una speculare che richiama la materia del paragrafo precedente, con funzione ricapitolativa prima di passare all'esposizione di fatti nuovi[39]. A questa tipologia si oppone quella

38 Longnon non dà conto in nessun luogo della paragrafatura originale del manoscritto (cfr. *Livre de la conqueste de la princée de l'Amorée*, éd. Jean Longnon, *op. cit.*). La paragrafatura del testo è tuttora uno degli aspetti sui quali gli editori intervengono in modo talvolta piuttosto arbitrario.

39 Esempi: « A cellui temps que je vous conte [...], si avint chose que [...] », 5.1; « Or dit li contes que, puis que [...], tout ainxi que l'estoire le vous a conté ça arriers [...] », 57.1; « Quant [...], tout ainxi comme le conte le vous a dit et conté ça arriers », 58.1.

caratterizzata da una transizione in assenza di formule: la narrazione procede su più paragrafi (di solito brevi), i quali si aprono con una generica indicazione di tempo: *Quant* / *Lors* / *A l'endemain*[40]. Si distingue poi un caso intermedio, che chiamo transizione debole, la quale non prevede alcuna formula in chiusura di paragrafo e che comporta invece, in apertura del successivo, una riformulazione sintetica di quanto era stato oggetto della narrazione (di solito introdotta da *Après (ce) que* / *Puis que*)[41].

Si offre di seguito un prospetto completo della paragrafatura del manoscritto, in cui ○=assenza di formule; ●=transizione forte; ⊙= transizione debole. Tra parentesi quadre si riporta l'argomento trattato nei paragrafi precedenti.

§ 0 [prologo] § 1 ○ § 2 ○ § 3 ○ § 4 ● § 5 ○ § 6 ○ § 7 ○ § 8 ○ § 9 ○ § 10 ● § 11 ○ § 12 ○ § 13 [sequenza sulla quarta crociata] ●§ 14 ○ § 15 ○ § 16 ○ § 17 ○ § 18 ○ § 19 ○ § 20 ⊙ § 21 ○ § 22 [sequenza sulla conquista della Morea] ● § 23 ○ § 24 ○ § 25 ○ § 26 ○ § 27 ○ § 28 ⊙ § 29 [sequenza sull'arrivo di Robert in Morea] ⊙ § 30 ○ § 31 ○ § 32 ⊙ § 33 [regni di Geoffroy II e Guillaume II de Villehardouin] ○ § 34 ○ § 35 |lacuna| § 36 ● § 37 ○ § 38 [la Valacchia e l'impero di Nicea] ● § 39 ● § 40 ○ § 41 ○ § 42 ⊙ § 43 [contrasti tra il signore di Atene, il barone di Karytaina e Guillaume II de Villehardouin] ● § 44 ● § 45 ● § 46 ○ § 47 ○ § 48 ⊙ § 49 ⊙ § 50 ⊙ § 51 | lacuna | § 52 ○ § 53 ○ § 54 [guerre tra l'impero di Nicea e la Morea] ● § 55 [fuga d'amore del barone di Karytaina] ● § 56 [episodio de 'le tre sorelle'] ● § 57 [matrimonio tra Isabelle de Villehardouin e Filippo d'Angiò] ● § 58 [fatti sulla Morea] ● § 59 [battaglia di Tagliacozzo] ● § 60 ○ § 61 [il caso dell'eredità di Marguerite de Passavant] ● § 62 [fatti sulla Morea] ● § 63 [fatti sul ducato di Atene] ● § 64 ⊙ § 65 ○ § 66 [presa del castello di Bucelet da parte di Geoffroy de Briel] ● § 67 ● § 68 ● § 69 ● § 70 ○ § 71 [Florent de Hainaut principe della Morea; episodi militari con il despotato d'Epiro] ● § 72 ○ § 73 ○ § 74 [il caso di Fozio] ⊙ § 75 ● § 76 [trattative sul castello di Calamata] ● § 77 [scorribande di Ruggiero di Lauria] ● § 78 ⊙ § 79 ⊙ § 80 [presa del castello di Saint George de l'Escorta] ⊙ § 81 ⊙ § 82 ○ § 83 ○ § 84

40 Nel testo 48.1; 53.1; 94.1.

41 Essendo le temporali riformulative molto comuni nell'andamento sintattico del testo, la tipologia di transizione che chiamo debole è assimilabile all'assenza di formule più che a una transizione forte.

⊙ § 85 [reggenza e matrimoni di Isabelle de Villehardouin] ● § 86 ⊙ § 87 ○ § 88 [relazioni con la Valacchia e il despotato d'Epiro] ● § 89 ○ § 90 [tassazione e rivolta dei baroni di Escorta] § 91 ○ § 92 [il caso dell'eredità del conte di Cefalonia] ● § 93 ○ § 94 ● § 95 [episodio sulla gelosia della moglie del maresciallo della Morea] ⊙ § 96 ○ § 97 ○ § 98 [giostra di Corinto] | lacuna[42].

Salta subito all'occhio che la distribuzione delle transizioni forti è piuttosto ineguale: esse sono maggiormente concentrate nella seconda metà della cronaca, con sole tre occorrenze nei primi 36 paragrafi. Tale distribuzione, incrociata con altri dati, potrebbe essere spiegata a partire dal ricorso alle diverse fonti impiegate nella compilazione del testo. L'ampia sequenza testuale dedicata alla quarta crociata, ad esempio (§ 1-13), risulta costituita da una successione di paragrafi in cui la narrazione procede in linea di massima senza soluzione di continuità, con due sole transizioni forti a segnalare il passaggio geografico dall'Adriatico a Costantinopoli (§ 4 > § 5) e quello dall'impero latino all'impero di Nicea (§ 10 > § 11). Il racconto della quarta crociata trasmesso dalla *CrM* è in effetti senza dubbio non originale e derivato, in particolare, da una fonte pro-veneziana. È stato già osservato come questa sezione del testo sia, con alcune peculiarità, molto vicina alla versione dei fatti di Geoffroy de Villehardouin[43]. Rispetto alla *Conquête de Constantinople*, però, l'aspetto apologetico nei confronti di Venezia è decisamente accentuato: se anche qui come in Villehardouin la necessità di prendere Zara sarebbe nata dal mancato rispetto del contratto con i veneziani da parte dei crociati, non è però raccontata allo stesso modo la presa di Costantinopoli, poiché, diversamente da come rappresentato nella *Conquête*, sono proprio i veneziani e non gli altri crociati ad entrare per primi nella città grazie alle loro eccellenti abilità navali e militari («et en celle maniere fu la cité prise par lez Veniciens ainçois que des François», 8.8). Anche sull'annosa questione della deviazione della crociata le versioni divergono e, se Villehardouin giudica il problema richiamandosi al rispetto degli accordi presi e alla fedeltà ad un'idea di

42 Le formule di transizione si ritrovano in H nei passaggi corrispondenti, tuttavia, come si è detto, la *mise en page* del manoscritto non presenta alcuna organizzazione in sezioni.

43 Geoffroy de Villehardouin, *La Conquête de Constantinople*, éd. Jean Dufournet, 2004. Cfr. Shawcross, *The Chronicle of Morea*, *op. cit.*, che dedica alla questione le p. 68-73; per un elenco dei punti in comune tra la *CrM* e la *Conquête* si veda in particolare p. 70.

crociata unitaria, la *CrM* esibisce un intento apologetico ancor più evidente: prima ancora dell'arrivo della spedizione a Costantinopoli, il papa in persona approva la crociata attraverso l'invio di un legato pontificio a Zara (§ 7). Ancora diversamente dalla *Conquête* e sempre in direzione di un'esaltazione di Venezia, nella *CrM* è Enrico Dandolo che l'assemblea dei crociati vuole eleggere imperatore dopo la fondazione dell'impero latino, ma questi rifiuta e suggerisce che venga scelto Baldovino di Fiandra (8.42-45)[44]. Ora, è ben nota la circolazione manoscritta della *Conquête* di Villehardouin in ambito veneziano: secondo Shawcross, proprio uno dei rimaneggiamenti veneziani del testo potrebbe essere stato la fonte della *CrM* per la quarta crociata[45]. Si tratta di un'ipotesi molto probabile, varrebbe però la pena verificare se la lezione di qualcuno dei manoscritti rimaneggiati non contenga riferimenti ad almeno uno degli elementi che seguono, particolari del racconto che sono esclusivi della *CrM*, e in alcuni casi della versione francese. Il primo è la menzione di una località del Monferrato indicata nel testo francese come *Lans*, dove Bonifacio di Monferrato avrebbe soggiornato durante i preparativi per la crociata (1.13-14). Il secondo è il riferimento a un episodio che spiegherebbe la cecità di Enrico Dandolo (2.2). Il terzo è l'attribuzione ad un *Lion le Philosophe* di una profezia riguardante il destino di Marzuflo,

44 Per una rassegna sintetica sulle fonti della quarta crociata, con particolare attenzione al trattamento di Venezia, si vedano gli articoli Queller, Donald E., Katele, Irene B., « Attitudes Towards the Venetians in the Fourth Crusade: The Western Sources », *The International History Review*, t. 4, 1, 1984, p. 1-36, Queller, Donald E., Day, Gerald W., « Some Arguments in Defense of the Venetians on the Fourth Crusade », *The American Historical Review*, t. 81, 4, 1976, p. 717-737.

45 Per una ricognizione dei testimoni della *Conquête* si rimanda all'edizione di E. Faral (Geoffroy de Villehardouin, *La conquête de Constantinopole*, ed. Edmond Faral, 2 voll., Paris, Les belles lettres, 1938-1939), 1, p. XXXVII-XXXIX. Di particolare interesse, qui, sono i tre rimaneggiamenti conservati nei tre codici f. fr. 15100 e f. fr. 15460 della Bibliothèque nationale de France, e Str. App. II 237 della Biblioteca Nazionale Marciana. Sarebbero ugualmente interessanti riscontri con la continuazione in latino della *Conquête* che si deve a Marino Sanudo Torsello il Vecchio (c. 1270–1343), conservata nei codici Laud. misc. 587 della Bodleian Library e f. fr. 4972 della Bibliothèque nationale de France (cfr. Wolff, Robert L., "Hopf's So-Called *Fragmentum* of Marino Sanudo Torsello", *Studies in the Latin Empire of Constantinople*, t. 10, 1976, p. 149-159). La *Conquête* continua ad essere copiata, rimaneggiata e tradotta in ambente veneziano anche in seguito: vale la pena anche ricordare le copie commissionate da Andrea Dandolo (delle quali dà notizia Longnon, *L'empire latin de Constantinople*, p. 316-317), oltre ad una traduzione di Giovan Battista Ramusio (1485-1557), sulla quale si veda Reginato, Irene, « Le manuscrit Contarini de *La conquête de Constantinople* dans un témoin indirect: Ramusio traducteur de Villehardouin », *Romania*, t. 134, 2016, p. 31-76.

l'imperatore bizantino Alessio V (8.35). Il toponimo *Lans* è stato variamente identificato con Milano, Lanzo Torinese, Lanslebourg in Savoia o (più probabilmente) con Castagnole delle Lanze in provincia di Asti[46]. Poca attenzione ha invece ricevuto il riferimento, nella cronaca, ad un aneddoto leggendario che sarebbe all'origine della cecità di Enrico Dandolo, questa sì menzionata da tutte le fonti sulla crociata. Nella versione francese si racconta di come:

> ycil dux [messire Henry Dandule] si avoit moult courte veue, car l'empereor des Grecs si l'avoit embachiné les yeux pour aucune occhoison. (2.2).

Il riferimento all'episodio è assente da tutti gli altri manoscritti della cronaca e, tra le altre fonti sulla crociata, lo si ritrova solo nella russa *Cronaca di Novgorod* (manoscritto cosiddetto del Sinodo, metà XIII sec.). L'episodio riaffiora nuovamente, più tardi, in ambito veneziano (e non è un caso): è infatti citato nelle *Vite dei dogi* di Marino Sanudo il Giovane, completate entro il 1530[47]. Entrambi i testi riferiscono di come

---

46 Dal testo della versione francese: « Et revint a son païs de Lombardie, a Monferra. Et quant il fu en sa cité de Lans, [...] ». Buchon propone « probablement Milan, en Lombardie » (*Recherches historiques*, éd. Buchon, *op. cit.* p. 6); Schmitt: "perhaps Lans le Bourg in Piedmont, and certainly not Milan, as Buchon supposes" (*The Chronicle of Morea*, *op. cit.*, p. 630). Longnon glossa semplicemente « Lans, en Lombardie » (1911, p. 5), mentre Usseglio propone Castagnole delle Lanze (Usseglio, Leopoldo, *I marchesi di Monferrato in Italia ed in Oriente durante i secoli XII e XIII*, Milano, 1962, p. 179). Nella versione greca il toponimo è indicato come Λάντζαν (H, v. 226), mentre in quella aragonese non è presente: secondo questa versione è a *Leon sobre el Rose*, cioè Lione (sul Rodano) che il marchese risiede prima di avviare i preparativi per la crociata (*Libro de los fechos*, ed. Morel-Fatio, *op. cit.*, § 14, p. 5).

47 Il testo della *Cronaca di Novgorod* è il più dettagliato e informa sui particolari della vicenda in una breve digressione che trova posto nell'elenco dei nomi dei principali leader della crociata: « III. The blind Duzh from St. Mark's island, Venedik. Tsar Manuel blinded this Duzh; for many philosophers had begged the Tsar: 'If thou lettest this Duzh go whole, then he will do much harm to thy empire'. And the Tsar, not wishing to kill him, he ordered his eyes to be blinded with glass; and his eyes were as if uninjured, but he saw nothing », *The Chronicle of Novgorod 1016-1471*, trad. Robert Mitchell, Neville Forbes, London, Royal Historical Society, 1914, p. 48. Sanudo il Giovane riprende l'episodio più succintamente: «questo Arrigo Dandolo fu al prefato Imperadore [Emanuello Imperadore di Costantinopoli], il quale, come nella Cronaca Dolfina è scritto, essendo in segreto in una camera col detto Ambasciadore, gli fece abbacinare gli occhi, sì ch'egli perdette il vedere, che fu grandissima crudeltà». E ancora: «Il quale Arrigo Dandolo fu quegli che fu abbacinato negli occhi a Costantinopoli», Marino Sanudo il Giovane, *Vite dei dogi*, ed. Giovanni Monticolo, serie *Rerum Italicarum scriptores: raccolta degli storici italiani dal Cinquecento al Millecinquecento*, ordinata da Ludovico Antonio Muratori, Città di Castello,

l'imperatore Manuele I Comneno (1143-1180) avrebbe accecato Enrico Dandolo durante la sua ambasceria a Costantinopoli del 1172 tramite l'applicazione di un bacino rovente sugli occhi (da cui il termine *embachiner*, it. *abbacinare*). Si tratterebbe, secondo Thomas Madden, di una leggenda che prese forma a Costantinopoli nel periodo immediatamente successivo alla quarta crociata[48]. La menzione di «Leone il Filosofo» va invece riferita all'imperatore bizantino Leone VI il Saggio (866-912), al quale vengono attribuite dalla tradizione orientale una serie di profezie postume e in particolare l'abilità di leggere il futuro sui monumenti di Costantinopoli. Nel testo della *CrM* la profezia che gli è attribuita sarebbe stata incisa sulla Colonna di Giustiniano, «devant l'ecglise de Saint Sophie»: l'episodio richiama alla mente le colonne costantinopolitane descritte da Robert de Clari, ma sembra che all'epoca di Clari le interpretazioni fossero ancora anonime e che solo nel corso del XIII sec. vi fosse associato il nome di Leone, così come si legge nella *CrM*[49].

S. Lapi, 1900-1911, t. XXII, n. 4, p. 508c e 526b. Interessante il riferimento alla *Cronaca Dolfina*, indicata da Sanudo come fonte dell'episodio. Si tratta della *Cronicha* di Giorgio Dolfin (1396-1458), conservata presso la Biblioteca Marciana nel codice VII 794 (8503) (edizione parziale in Thomas, Georg M., « Über handschriftliche venezianische Chroniken und den Lateinerzug nach einer solchen », *Sitzungsberichte der königlichen bayerischen Akademie der Wissenschaften*, n 4, 1864, 2, p. 67-80; l'edizione completa si può leggere in Dolfin, Giorgio, *Cronicha dela nobil cità de Venetia et dela sua provintia et destretto (origini-1458)*, ed. Angela Caracciolo Aricò e Chiara Frison, 2 vol., Venezia, Centro di Studi Medievali e Rinascimentali "E.A. Cicogna", 2007-2009. Nella sezione sulla quarta crociata, però, la *Cronaca Dolfina* riporta solo che «*El doxe [Rigo Dandolo]* [...] *haueua curta uista et li occhij sui erano bellissimi*» (*ibid.* p. 68).

48 Madden (cfr. Madden, Thomas F., *Enrico Dandolo and the Rise of Venice*, John Hopkins University Press, 2003, p. 64) cita come fonte dell'episodio la *Cronaca di Novgorod* e la cronaca di Andrea Dandolo cosiddetta *Extensa* (secondo quarto del XIV sec.). Quest'ultima, però, riferisce soltanto della vista debole del doge, al pari di tutte le altre fonti sulla crociata: «Dux [...] senex, et visu debilis, fortis tamen, et fremens animo», cfr. Dandolo, Andrea, *Chronica per extensum descripta*, serie *Rerum Italicarum scriptores: raccolta degli storici italiani dal Cinquecento al Millecinquecento*, ordinata da L. A. Muratori, ed. rivista a cura di E. Pastorello, Bologna, Zanichelli, 1938 (originariamente Città di Castello, Tipografia Leonardo da Vinci), t. XII, n. 1. p. 322c.

49 Sulla figura di Leone VI il Saggio e le profezie attribuitegli si rimanda a Mango, Cyril, « The Legend of Leo the Wise » in Id, *Byzantium and its Image. History and Culture of the Byzantine Empire and its Heritage*, London, Variorum Reprints, 1984, p. 59-101; a Deisser, André, « Les oracles de Léon VI le. Sage, leurs origines et leur postérité », *Kernos*, t. 3, 1990, p. 135-145; e a Panaghiotakis, Nikolaos, «Leone il Saggio nella cesta», *Medioevo romanzo e orientale. Il viaggio nei testi. Atti del III colloquio internazionale, Venezia, 10-13 ottobre 1996*, ed. A. Pioletti & F. Rizzo Nervo, Rubbettino, 1999, p. 291-302. Il passo della *CrM* francese riferisce: « Adonc vint .i. sages homs grex, anciens de la cité, qui

All'ampia sezione sulla crociata seguono, nel tessuto narrativo della cronaca francese, sequenze per le quali non è possibile identificare fonti conosciute. È però possibile ipotizzare che un testo oggi perduto sia stato alla base dei paragrafi 23–33, che trattano della mitica età dell'oro del principato, l'epoca dei tre principi Villehardouin (dall'inizio del regno di Geoffroy I, nel 1210, alla fine di quello del suo secondogenito, Guillaume II, nel 1278). Allo stesso modo è chiaramente intuibile la presenza di una fonte di natura diversa, di tipo documentario, alla base dei paragrafi 20 e 21: per compilare il paragrafo 20, che prende la forma di un elenco, deve essere stato consultato un libro catastale relativo agli anni '80 del Duecento (ma nella cronaca riferito all'epoca della conquista, al 1208). Il paragrafo 21, immediatamente successivo, si distingue poi per la presenza di lessico tecnico feudale e per la ricorrenza di strutture sintattiche che sono la trasposizione di formule presenti nei documenti. Il passo in questione, ad esempio, riprende da vicino una delle *Assises de Romanie*, la numero 70, relativa agli obblighi dell'*hommage lige*:

> *CrM*, 21.3 : Et fu dit et devisé [...] que le service se paiaissent toute l'annee, c'est assavoir .iiii. mois en estance que li sirez les pueust mettre en garnison de frontiere là où il lui feroit mestier, et .iiii. mois a ostoier contre sez anemis ; et les autres .iiii. mois peust aler par le paÿs faisant ses besongnes sans passer mer.
> *Assise* 70[50] : Zaschaduno legio ch'è tegnudo a servixio de uno anno ad algun, per la tera ch'el tien da quello, intendesse ch'el diebia servir quatro mesi,

---

leur dist et conta comment au temps de Lion le Philosophe, quant il fu empereor de Constantinople, par son grant sens si ordonna et fist moult de chosez lezquellez avindrent et aucunes sont a avenir a la cité. Et entre lez autres chosez, si fist faire .i. pillier moult grant qui est encores devant l'ecglise de Saint Sophie, et l'adrecha hert et y escript lettres entailliez, lezquellez devisent et dient ainxi : "de cy sera desroupez li faulx empereor de costantinople" ». Anche la versione greca menziona le profezie di Leone (H, v. 882), mentre il manoscritto aragonese riferisce semplicemente di un *philosopho* senza altre specificazioni. Per la descrizione delle colonne costantinopolitane e le relative profezie in Robert de Clari si veda Robert de Clari, *La Conquête de Constantinople*, éd. Dufournet, *op. cit.*, § 92, p. 182.

50 Le *Assises de Romanie* sono la raccolta di leggi e consuetudini feudali vigenti in Morea e, accanto alla *CrM*, costituiscono la principale testimonianza storica sul Peloponneso francese. Il testo delle *Assises* ci è pervenuto in una versione veneziana di metà sec. XV; la questione dell'elaborazione della raccolta, che fu con tutta probabilità allestita in Morea nel corso del XIV sec. in francese, è discussa in Jacoby, David, *La féodalité en Grèce Médiévale. Les Assises de Romanie : sources, application et diffusion*, Paris-La Haye, Mouton & Co, 1971. L'edizione di Parmeggiani (*Libro delle uxanze e statuti delo imperio de Romania*, ed. Antonella Parmeggiani, Spoleto, Centro italiano di studi sull'alto medioevo, 1998) sostituisce quella di G. Recoura, (*Les Assises de Romanie : édition critique avec une introduction*

> s'el signor vorà, in alguno castello, et quatro in alguna frontiera, et quatro romagnerà in caxa soa, over in quella parte che pluy li parerà esser de bexogno per far li fati suo' in lo principado predito.

Anche in altri casi la cronaca fa riferimento indirettamente ai capitoli della legge moreota conservati nelle *Assises*: così, ad esempio, i passi 28.14, 61.19 e 84.9 riprendono rispettivamente le assise 168, 15, 5 e 33. Globalmente, la *CrM* esibisce uno spiccato interesse e anche una notevole competenza in materia legale, soprattutto per quanto riguarda il diritto ereditario feudale: diversi episodi riferiscono dettagliatamente il giudizio di complicati casi nella corte locale. Tra questi, la vicenda di tal Robert, designato come successore in Morea da Guillaume de Champlitte e i cui diritti finiscono poi per decadere (§ 28); il caso dell'eredità di Marguerite de Passavant (§ 60-61), quello dell'eredità della baronia di Karytaina, reclamata da Geoffroy de Briel (§ 65-66), o ancora il procedimento relativo al possesso dei beni mobili del Conte di Cefalonia (§ 91-92).

Di segno completamente diverso sono i paragrafi centrali della cronaca, le cui vicende seguono da vicino Geoffroy de Briel († 1311), il signore di Karytaina. Tale sezione, è stato ipotizzato, potrebbe derivare da un poema orale sulle gesta della famiglia dei baroni[51]. In effetti il nome di questo personaggio registra 58 occorrenze dal paragrafo 40 al paragrafo 55, cioè quanto quello di nessun altro, neanche del principe Guillaume II de Villehardouin, il quale conta solo 33 occorrenze nonostante sia coinvolto in prima persona nei fatti relativi alla contemporanea battaglia della Pelagonia, nella quale è fatto prigioniero. Il focus sul personaggio in questa specifica sezione è tale che di fatto, anche considerando l'intera cronaca, nessun altro nobile moreota è nominato tanto di frequente quanto il barone di Karytaina. L'ampia sequenza testuale che lo riguarda presenta transizioni forti in apertura e in chiusura e si articola in tre distinti episodi: il primo (§ 40–43) è relativo al dilemma feudale che lo investe quando una guerra si scatena tra il suo legittimo signore, il principe

---

et des notes, éd. Georges Recoura, Paris, H. Champion, 1930). Fondamentali anche la traduzione e il commento di Peter Topping (cfr. Topping, Peter, *Feudal institutions as revealed in the Assizes of Romania: the law code of Frankish Greece*, Philadelphia, University of Pennsylvania press, 1949). Si cita qui il testo dell'ed. Parmeggiani: assise 70, p. 156; assise 168, p. 196; assise 15, p. 124; assise 5, p. 119.

51 Cfr. Shawcross, *The Chronicle of Morea*, *op. cit.* p. 73.

della Morea, e suo cognato il duca di Atene (Geoffroy farà la scelta di andare contro il principe ma verrà infine perdonato); l'episodio centrale lo vede coinvolto in una serie di battaglie contro i greci (§ 46–54); in un terzo episodio, infine (§ 55), è protagonista di una fuga d'amore in Italia con la moglie di un suo cavaliere, la «plus bele dame de tout Romanie» (55.2): quando il re Manfredi viene a conoscenza dei fatti, espelle immediatamente Geoffroy dal suo territorio e, una volta tornato in Morea, il barone è nuovamente giudicato e perdonato dal consiglio del principe.

Leggendo la cronaca risulta via via evidente che episodi come l'ultimo citato, dai toni decisamente romanzeschi, acquisiscono sempre maggiore spazio. Solo raramente, però, le fonti sono chiaramente identificabili: fa eccezione ad esempio il paragrafo 56, che riferisce l'aneddoto de «le tre sorelle». L'episodio offre un singolare movente privato all'ascesa politica di Carlo d'Angiò: questi infatti si sarebbe deciso a conquistare l'Italia meridionale perché sua moglie era stata offesa dalle sorelle minori, regine rispettivamente di Francia e d'Inghilterra, durante un ricevimento di corte. Le due regine redarguiscono la sorella per averle salutate come una loro pari, pur essendo la contessa di rango inferiore in quanto sposa di un conte. Il privatissimo colloquio che segue conduce il lettore nella camera da letto del conte, dove la contessa, in lacrime ma decisa a nascondere l'accaduto, è infine costretta a confessare a Carlo la ragione del suo turbamento. Carlo reagisce con fermezza, promettendo di mettersi immediatamente all'opera per farla regina al pari delle sue sorelle: «et dist a la contesse sa femme: «par la paterne Dieu, qui est mon serement, je ne seray jamais aise ny a repos fin a tant que vous serés roïne couronnee!» (*CrM* francese, 56.19).

L'episodio, inserito tra due transizioni forti, è riferito anche nelle cronache di Giovanni Villani e di Ramon Muntaner: «*Datti pace, ch'io ti farò tosto maggiore reina di loro*», (Giovanni Villani, *Nuova cronica*, VII lxxxix)[52]; «*Ah, comtessa!* [...] *confortat-vos, que jo us jur per lo sagrament de santa Esgleia* [...] *que vos haurets la corona en la testa, que serets reina e porets siure en lo siti de la reina, vostra sor*», (Ramon Muntaner, *Crónica*, XXXII)[53]. Limitatamente all'episodio in questione, il testo di Muntaner

52 Giovanni Villani, *Nuova cronica*, ed. Giuseppe Porta, Parma, Guanda, 3 vol., 1990, vol. 1, p. 397-399.

53 Ramón Muntaner, *Crónica*, ed. Marina Gustà, 2 voll., Barcelona, Edicions 62, 1990[3], vol. II, p. 76-78.

è più dettagliato e più vicino a quello della *CrM* rispetto a Villani, ma i fatti vi compaiono comunque con qualche variazione (la principale è l'età relativa delle sorelle: la *CrM* trasforma la contessa nella maggiore, rendendo l'offesa subita più grave, mentre in Muntaner la contessa è la minore d'età, quale era poi effettivamente). Le cronache di Villani e Muntaner sono pressoché contemporanee: la prima è composta probabilmente negli anni 1322-1348, la seconda negli anni 1325-1332. L'ipotesi più probabile è che una fonte comune, oggi perduta, sia all'origine dei tre testi, i quali l'hanno poi rielaborata autonomamente (Muntaner inserendola, curiosamente, in una narrazione dal tono generalmente antiangioino).

Diversi altri episodi a carattere romanzesco compaiono nel seguito della *CrM* ma per questi non c'è riscontro in altri testi: si tratta di materiale originale o a circolazione molto limitata riguardante vicende locali. In queste sezioni si moltiplicano i personaggi di cui è difficile l'identificazione: talvolta è riconoscibile un nome di famiglia greco, come nel caso di Corcondille, evidentemente membro della famiglia Krokondylos (§ 79); talvolta figura solo un nome di battesimo, come per il Fozio – *Foty* nel testo francese – protagonista dell'episodio riferito nei paragrafi 72-73-74.

L'organizzazione della materia osservabile nella scansione in paragrafi della versione francese permette di rilevare che l'andamento narrativo si evolve secondo una precisa tendenza: dopo le ampie sequenze testuali relative alla quarta crociata e ai regni dei Villehardouin, sezioni in cui le transizioni forti sono rare, la cronaca tende sempre più ad assumere il carattere di una successione di episodi. Gli episodi tradiscono un certo gusto narrativo, caratterizzato da:

- tendenza alla drammatizzazione, con ricorso più frequente al discorso diretto (valga come esempio il barone di Karytaina, che parla addirittura al palo della sua tenda, svelandogli i piani segreti del consiglio di guerra in modo che il resto dell'esercito possa udirli, § 46.26-29);
- presenza di comprimari, personaggi altrimenti sconosciuti, moreoti e in buona parte greci (castellani, scudieri, guardie, cellerari);
- uno spiccato interesse per i casi difficili, i tradimenti, i litigi, le contese e, in generale, le problematiche feudali;

– la frequente indicazione di un movente emotivo (amore, gelosia, vendetta) dietro azioni o decisioni politiche o militari (Carlo d'Angiò, § 65; il barone di Karytaina, § 55; il maresciallo della Morea, vittima della gelosia della moglie Guilerna, § 95);
– dal punto di vista dell'organizzazione testuale, una maggiore compattezza e, progressivamente, coincidenza dell'unità narrativa con l'unità testuale del paragrafo: le sequenze narrative tendono ad occupare uno, due o al massimo tre paragrafi, circoscritti da formule forti.

Richiamiamo brevemente due degli episodi così caratterizzati: del primo è protagonista il già menzionato Fozio (§ 72-74), il quale era stato costretto a pagare ingiustamente una somma di denaro al termine di una contesa. Volendo quindi vendicarsi, è intenzionato a tendere un agguato al suo nemico ma per caso – la scena si svolge presso una fontana –, passa di lì un altro cavaliere incredibilmente somigliante a quello del quale è in cerca, che uccide per sbaglio. Si tratta di una morte sofferta e travagliata, che sopraggiunge dopo l'arrivo dei medici, il drammatico esame delle ferite, il colloquio con il malato morente e il viaggio per mare con la speranza di salvarsi. Più avanti, al paragrafo 75, si racconta invece di come un castello fosse stato preso grazie ad un inganno escogitato da Geoffroy de Briel (omonimo cugino del già citato signore di Karytaina). Lo stratagemma consisteva nel far credere agli abitanti del castello che Geoffroy soffrisse di un problema gastrointestinale (un male chiamato *corance*, con etimologia piuttosto trasparente), per il quale solo le acque che affluivano al castello, per una misteriosa circostanza, offrivano di fatto sollievo al malato. Dopo numerose richieste di approvvigionamento di acqua, Geoffroy chiede di trasferirsi direttamente nel castello per potersi curare più comodamente: solo allora rivela il piano al suo seguito e intraprende, dall'interno, l'occupazione del castello. Come si vede, siamo ormai lontanissimi dal tono che la narrazione assumeva in apertura, trattando della crociata.

AUTORI E COMMITTENTI: CRONACA DINASTICA, CRONACA CORTESE

Si è visto come nella *CrM* coesistano sezioni dal tono sensibilmente diverso. Queste disomogeneità, che emergono anche da una versione evidentemente scorciata come quella conservata in B, potrebbero essere almeno in parte imputabili alle modalità di compilazione del testo, che ha visto il redattore fare ricorso a fonti diverse. Il risultato di tale processo compositivo è una cronaca che ha addirittura messo in crisi una percezione unitaria e un'individuazione univoca del contesto che l'ha originata. La *CrM* ha infatti mostrato una certa disponibilità ad accogliere diverse interpretazioni, come risulta evidente scorrendo la bibliografia critica. Questo perché il particolare interesse per gruppi, famiglie o personaggi segue nel testo un *iter* diseguale e incostante – ora decisamente sbilanciato a favore dei veneziani nella sezione sulla quarta crociata, ora mitizzante nei confronti dei Villehardouin, ora interessato alle gesta del barone di Karytaina, ora accondiscendente nei confronti degli Angioini o degli Hainaut. Questi diversi aspetti hanno prodotto letture come quella di Queller e Katele, i quali ipotizzano che l'autore della cronaca scrivesse con la precisa volontà di gratificare Venezia e con l'obiettivo di mostrare quanto il suo apporto sarebbe stato fondamentale per ristabilire il controllo francese sul Peloponneso, conteso dai bizantini[54]. Si spinge ancora oltre Longnon con la tesi di una cronaca originale in veneziano che, come si è visto, sarebbe stata elaborata nell'ambiente dei grandi feudatari della Morea nella prima metà del sec. XIV, probabilmente per (se non da) Bartolomeo II Ghisi. Ma è parimenti possibile citare l'ipotesi di una cronaca dinastica pro-Villehardouin elaborata nell'*entourage* della principessa Isabelle de Villehardouin (1289-1307): secondo Furon, in

54 Gli autori del contributo parlano di «propaganda purposes» e assimilano la natura della *CrM* a quella delle *Estoires de Venise* di Martin da Canal: « if the original historian were serving as a government employee and, like the authors of the French and Greek versions, sought to reassert Frankish influence in Morea, he probably favoured Venice for a specific reason. The Republic's role in the crusade hints that its aid should be requested in a future confrontation with the Greeks: The Chronicle of Morea could be twisting history for propaganda purposes. Similarities between this account and Les Estoires de Venise indicate that they may be works of the same genre, and neither is a reliable historical source » (Queller, Katele, « Attitudes Towards the Venetians in the Fourth Crusade », *op. cit.*, p. 21).

particolare, la cronaca passerebbe sotto silenzio il trattato di Viterbo, con il quale nel 1267 la Morea passava sotto il controllo degli Angioini, allo scopo di sostenere in funzione antiangioina il principio dinastico dei Villehardouin, di cui Isabella rappresentava la sola erede diretta[55]. Ancora, è stata sostenuta la tesi di una cronaca commissionata in greco dalla famiglia francese dei le Maure, baroni di Arcadia: spinti da un bisogno di legittimazione, i le Maure avrebbero promosso la compilazione di un'opera nella quale si dà notizia della loro parentela con una famiglia di antica nobiltà moreota, quella degli Aunoy[56].

L'ipotesi qui sostenuta è che le diverse curvature ideologiche messe in evidenza dagli studi sulla cronaca possano essere in parte ricondotte alle fonti di cui si servì il compilatore, talvolta individuabili in filigrana dall'organizzazione del testo in paragrafi presente nella versione francese. La questione delle fonti, della loro provenienza e della loro individuabilità nel tessuto testuale non è un aspetto di cui si sia finora tenuto conto nella ricostruzione della storia del testo. Va innanzitutto osservato che le fonti fin qui individuate, documentarie e narrative, sono tutte occidentali e in parte certamente francesi. Più in generale, poi, lo stile che caratterizza la cronaca, soprattutto nelle sezioni cronologicamente avanzate e più probabilmente originali, sembra partecipare di un certo gusto romanzesco che le è valso l'etichetta di «*historiographic-romance narrative*»[57]. L'influenza di modelli narrativi romanzeschi – ancora una volta francesi – attraversa l'intera cronaca ma appare tanto più evidente

---

55 Cfr. Furon, Christophe, « Entre mythes et histoires : les origines de la Principauté d'Achaïe dans la *Chronique de Morée* », *Revues des études byzantines*, t. 62, 2004, p. 133-157, p. 144 : « Le rédacteur légitimait le pouvoir des Villehardouin et, du même coup, celui d'Isabelle, fille et héritière du dernier prince Guillaume II, face à celui des Angevins »; p. 156-157: « Le prototype fut rédigé, peut-être par un chevalier, sous le règne d'Isabelle de Villehardouin, ou peu après [...] et devait développer une conception monarchique du pouvoir princier. [...] Œuvre à dimension politique, elle porte en filigrane, à travers ces hauts faits, la critique du système de gouvernement angevin, auquel elle oppose le modèle des Villehardouin ».

56 All'origine di questa ipotesi un passo della cronaca contenente una breve genealogia della famiglia, in particolare la notizia del matrimonio tra Agnès d'Aunoy e Étienne le Maure, celebrato entro il 1330 (B: 66.17; H: vv. 8462 ss; M: *Libro de los fechos*, ed. Morel-Fatio, *op. cit.*, § 446, p. 97-98. Cfr. Shawcross, *The Chronicle of Morea*, *op. cit.*, p. 47-49: « the early *Chronicle* may well have been in the possession of the le Maure family, and could have been commissioned by them. [...]. While it should not be assumed that the le Maure were actively involved in the elaboration of the text of all four manuscripts, the different recensions could be the result of that family's varied circle of contacts ».

57 Dal titolo della già citata tesi di Rodrigues, *The Old French Chronique de Morée*, *op. cit.*

dopo la sezione relativa alla crociata, e con la progressiva «localizzazione» della materia. I tratti elencati in precedenza – la drammatizzazione, l'interesse per i casi intricati, il focus sui sentimenti, la presenza di comprimari, l'andamento episodico (che tende a coincidere con la *mise en page* in paragrafi) – sono quindi da intendersi come tendenze che si manifestano dopo l'ampia sequenza sulla quarta crociata e si affermano pienamente con il proseguire della narrazione. Il primo a collocare la *CrM* tra *historiography* e *romance* è Karl Uitti, che in un articolo del 1994 espone le idee poi sviluppate da Rodrigues nella già citata tesi di dottorato: *The Old French "Chronique de Morée": Historiographic-Romance Narrative, the Greek Context, and Courtoisie*[58]. L'idea centrale di questi studi è che la cronaca sia da leggere come un tipo di «*expressivity associated with courtoisie*» (Uitti, p. 266): un testo nel quale è centrale il sistema di valori elaborato nella lirica e nel romanzo tra il XII e il XIII secolo, e che nel corso del Trecento sopravvive in esperienze culturali 'periferiche', come appunto quella della Morea francese. La cortesia diverrebbe quindi per l'autore della cronaca uno strumento per leggere e plasmare la storia recente alla stregua di esperienze appartenenti all'universo romanzesco. Uno strumento che si avvale di precise tecniche di finzionalizzazione mutuate dalla narrativa cortese. Sorprendono meno, allora, le numerose imprecisioni storiche rinvenibili nella cronaca, che avevano portato Hopf a classificarla come «source de second ordre» e «poème romantique»[59]. Gli errori grossolani che hanno attirato giudizi poco generosi sulla competenza storica dello scrivente sarebbero, secondo Uitti, il risultato di una *mise en histoire* della materia che segue precisi modelli, rintracciabili nel codice etico e narrativo cortese. Ne è un esempio il matrimonio di Geoffroy II de Villehardouin con Agnès de Courtenay, celebrato nel 1217, che appare nella cronaca fortemente romanzato: tra le peripezie figurano un naufragio e l'opposizione del padre della sposa, mentre l'*happy ending* prevede l'instaurazione di un rapporto vassallatico tra il suocero e il genero (l'imperatore d'Oriente e il principe della Morea), diversamente da quanto sappiamo sia accaduto storicamente. Non dimentichiamo, poi, il *don contraignant* con il quale

58 Uitti, « Historiography and Romance », *op. cit.*; Rodrigues, *The Old French Chronique de Morée*, *op. cit.*

59 Hopf, Carl, *Geschichte Griechenlands vom Beginn des Mittelalters bis auf unsere Zeit*, 2 voll., New York, B. Franklin, 1960, I, p. 202b.

Gui de la Roche ottiene il titolo di duca di Atene dal re di Francia. La lista dei dispositivi narrativi romanzeschi fornita da Uitti e Rodrigues può essere facilmente implementata e arricchita con ulteriori temi e motivi: la cronaca si chiude –accidentalmente, poiché secondo quanto dichiara il copista di B, l'antigrafo era incompleto della fine– su un vero e proprio torneo cavalleresco, la giostra di Corinto. E che dire del riferimento alla corte che il re di Francia tiene in occasione della Pentecoste attorniato dai dodici pari, dettaglio dal sapore arturiano presente solo nella versione francese?

> ‹A› cellui temps que le Champenois se parti de la Moree et vint en la noble Cha*m*paigne, [...] s'en ala tout droit au roy de F*ra*nce a Paris, où il faisoit la Penthecouste ou les .xii. pers de France (23.1).[60]

Completa il quadro un passaggio permeato di lirismo cortese che introduce la vigilia della battaglia della Pelagonia (1259):

> Quant cellui yver fu passés et li noviau temps entra que li roussignol chantent vers l'aube de jour doucement et toutes creatures se renovelent et s'esjoyssent sur terre, li princes Guillermes, qui plus estoit lointains que le despot n'estoit, si amassa toute sa gent ..., (46.1).[61]

La ripresa del *Natureingang* lirico non è infrequente nella *chanson de geste* e nel romanzo cortese in apertura di scene belliche (si ricordi che, storicamente, la stagione delle battaglie si apriva in primavera).[62]

Vale la pena, poi, richiamare alcuni dati testuali controversi che potrebbero essere ascritti a scelte precise più che all'incompetenza del compilatore o all'imprecisione delle fonti. Si pensi alla confusione tra il Geoffroy de Villehardouin protagonista della crociata e autore della *Conquête*, e l'omonimo nipote nonché principe della Morea: una sovrapposizione che difficilmente sarebbe attribuibile alle fonti sulla quarta

---

60 Nel testo francese gli episodi citati si trovano rispettivamente ai paragrafi 30, 43, 97-98.

61 Il passo è riscontrabile parola per parola nella versione greca: H, l. 3618-21.

62 Si vedano Zink, Michel, *Nature et poesie au Moyen Âge*, Paris, Fayard, 2006, p. 135-136, 145-148; Le Person, Marc, « L'insertion de la "reverdie" comme ouverture ou relance narratives dans quelques romans des XIIe et XIIIe siècles », *Les genres insérés dans le roman*, Actes du Colloque International, Lyon, 10-12 décembre 1992, éd. C. Lachet, Lyon, CEDIC, 1994, p. 17-33; oltre al recente Barbieri, Alvaro, «"Era de maggio": *tópos* primaverile e poetica della guerra nella letteratura cavalleresca del Medioevo di Francia», *AMB: dialoghi e scritti per Anna Maria Babbi*, ed. G. Borriero, Verona, Fiorini, 2016, p. 65-74.

crociata e che potrebbe essere un espediente per accreditare prestigio al principe fondatore della Morea. E ancora: come spiegare la data del 1104, alla quale viene assegnata la prima crociata nella cronaca? Non è forse un dispositivo retorico che instaura una ideale (e simbolica) distanza di cento anni dalla quarta? Come si spiega, altrimenti, la sua presenza anche nel prologo delle *Assises de Romanie*, derivato sì dalla *CrM*, ma senza che nessuno dei 12 manoscritti sia intervenuto per correggerla?[63]

Oltre ad interventi come quelli appena menzionati, possono essere ascritti al redattore finezze compositive come la costruzione particolarmente elaborata del paragrafo 88, che presenta una struttura bipartita quasi simmetrica: due donne, la despota d'Epiro e l'imperatrice di Costantinopoli, riescono a far desistere gli eserciti dall'invadere i rispettivi territori inviando ciascuna un'ambasceria e avvalendosi degli strumenti della cortesia e della buona diplomazia. Dal punto di vista dei temi, in generale, è evidente un interesse nel mostrare i doppi giochi nelle relazioni pubbliche e politiche, svelando il delicato equilibrio tra il piano della sostanza e quello dell'apparenza. È messo sempre a nudo il *savoir faire* con il quale i personaggi più esperti si muovono nel complicato gioco del potere, il più delle volte mantenendo salve le apparenze, coprendo gli inganni con gli onori o accettando la sconfitta e ritirandosi con eleganza.

LA CRONACA DELLA MOREA COME TESTIMONIANZA CULTURALE

Alla luce degli elementi discussi sarebbe opportuno considerare il testo non solo come fonte di notizie storiche sul principato, ma come testimonianza culturale *tout court*. In qualche modo è vero, come osserva Longnon, che «si la *Chronique de Morée* ne nous avait pas été conservée, nous ne pourrions pas nous faire une idée bien précise de ce que fut

63 Cfr. Jacoby, « Quelques considerations », *op. cit.*, p. 142, nota 35, e p. 147-148. Anche Longnon ritiene la data erronea ma non interviene sul testo (*Livre de la conqueste de la princée de l'Amorée*, éd. Longnon, *op. cit.*, p. 2). Parmeggiani corregge invece la data in «MCIX» nell'edizione delle *Assise*, cfr. *Il libro delle uxanze*, *op. cit.*, p. 107.

la principauté de Morée au XIIe siècle»,[64] d'altro canto però il valore storico-documentario del testo risiede anche nel gusto narrativo di cui è espressione, come ben sintetizza Jacoby:

> Plus que son degré de précision historique, ce qui compte avant tout est l'esprit de cette chronique. Son auteur partage avec l'auditoire auquel son œuvre est destinée un intérêt prononcé pour les prouesses guerrières, les vertus chevaleresques, dont la largesse, les divers aspects de la vie de cour, enfin, les épisodes romanesques (Jacoby, 1984, p. 644).

Tra le numerose osservazioni con le quali Longnon, nell'introduzione alla sua edizione, riferisce del carattere «peu exact» e «confus» della cronaca, vale allora la pena allora ricordare questo suo particolare rilievo:

> La *Chronique de Morée*, en effet, n'a pas la sécheresse de beaucoup de chroniques médiévales. C'est un récit ordonné et rehaussé de descriptions et de discours sans nombre ; les traits de mœurs, les détails de la vie populaire ou guerrière lui donnent un tour vivant et pittoresque. [...] Guerres brillantes ou désastreuses, procès féodaux et démêlés du prince avec ses vassaux ou avec le clergé, actions d'éclat et actes de générosité, prouesses chevaleresques et coups d'audace, aventures de chevaliers au cœur trop tendre, donnent à la narration ce caractère romanesque et merveilleux qui plaisait tant aux gens du XIVe et du XVe siècle (*Livre de la conqueste de la princée de l'Amorée*, éd. Longnon, *op. cit.*, p. XLVII).

Se dunque la *CrM* si presenta come scrittura storiografica fortemente contaminata dal romanzesco, si potrà provare a collocarla nel quadro delle testimonianze letterarie moreote del Due-Trecento. La Grecia latina risulta piuttosto marginale nel quadro ultramarino della produzione e circolazione di cultura scritta in francese, tuttavia non è del tutto quiescente: proprio alla Corinto francese di metà Duecento, in Morea, è stata ricondotta l'attività del chierico autore della *mise en prose* 1 del *Roman de Troie*, della quale è annunciata una imminente edizione.[65] Ricordiamo poi il codice fr. 844 della Bibliothèque nationale de France, conosciuto come *Chansonnier du Roi*, che attribuisce ad un *prince de la Mouree* le due canzoni in apertura (terzo quarto del sec. XIII).[66] Per l'identificazione del principe sembra ormai esserci consenso su Guillaume II de Villehardouin,

64 *Livre de la conqueste de la princée de l'Amorée*, éd. Longnon, *op. cit.*, p. XLI.

65 *La Vraie estoire de Troye*, ed. Anne Rochebouet, Florence Tanniou, in preparazione.

66 Cfr. la ricostruzione di Battelli, Maria Carla, *Il codice Parigi, Bibl. Nat. F. Fr. 844: un canzoniere disordinato?*, in *La filologia romanza e i codici. Atti del Convegno, Messina,*

la raccolta sarebbe però stata certamente confezionata in Artois e non in ambito angioino (dunque napoletano-moreota): la posizione di rilievo del principe deriverebbe semplicemente dal criterio gerarchico adottato nella successione degli autori, tra i quali è quello di rango più elevato.[67] Oltre ai testi scritti, disponiamo di alcune altre tracce culturali risalenti al periodo francese: toponimi, architetture laiche e religiose, manufatti vari. Tra questo tipo di testimonianze scarseggiano quelle di tipo artistico ma fa eccezione un ciclo di affreschi scoperto nel 1956 a Napulie, nel Peloponneso orientale, presso la camera di ingresso alle mura del castello.[68] Si tratta di una delle pochissime tracce figurative del periodo francese, di certo la sola di tipo pittorico. Gli affreschi furono commissionati dai Brienne, duchi di Atene dal 1291 al 1311, i cui scudi compaiono nelle decorazioni accanto a quelli dei Villehardouin e di Antoine le Flamenc, grande barone moreota (1303-1311). La datazione degli affreschi è assai prossima a quella presunta della *CrM* originale, ciò che qui importa però è un dettaglio del programma iconografico, che accanto a raffigurazioni

Università degli Studi, Facoltà di Lettere e Filosofia, 19-22 Dicembre 1991, ed. Saverio Guida e F. Latella, Messina, Sicania, 1993, 2 voll., I, p. 273-308.

67 Cfr. Resconi, Stefano, «Canoni, gerarchie, luoghi, tradizioni: le strategie compilative del canzoniere francese M (BnF, fr. 844)», *I confini della lirica. Tempi, luoghi, tradizione della lirica romanza*, ed. Alessio Decaria, Claudio Lagomarsini, Firenze, Edizioni del Galluzzo, 2017, p. 167-191. Nella loro edizione del canzoniere, Beck, Beck suggeriscono che il codice possa essere stato commissionato da Carlo d'Angiò e identificano con questi il principe della Morea autore delle canzoni (cfr. Beck, Jean, Beck, Louise, *Les chansonniers des troubadours et des trouvères : le Manuscrit du Roi, fonds français n. 844 de la Bibliothèque Nationale*, Philadelphia, University of Pennsylvania Press, 1938) L'ipotesi è respinta da Longnon, che propone l'identificazione del principe con Guillaume II de Villehardouin (cfr. Longnon, Jean, « Le prince de Morée chansonnier », *Romania*, 65 (1939), p. 95–110). Dello stesso avviso John Haines nel più recente « The Songbook for William of Villehardouin, Prince of the Morea (Paris, Bibliothèque nationale de France, fonds français 844). A Crucial Case in the History of Vernacular Song Collections » (*Viewing the Morea*, *op. cit.*, p. 57-109), che riprende però l'ipotesi di una committenza angioina: il codice sarebbe stato fatto confezionare da Carlo d'Angiò come dono per Guillaume II.

68 Il castello consta di una parte francese ed una che all'epoca della conquista (1210 ca.) rimase in mani greche: le due aree sono separate da una cinta muraria, ed è nella camera di ingresso alle mura costruite dai francesi dopo la conquista che si trovano gli affreschi. Al momento della loro scoperta, nel 1958, gli affreschi sono stati descritti come in ottimo stato (giacevano coperti da ulteriori fortificazioni costruite con l'arrivo dei Turchi nel 1463), cfr. Schaefer, Wulf, « Neue Untersuchungen über die Baugeschichte Napulias im Mittelalter », *Jahrbuch des Deutschen Archäologischen Instituts und Archäologischer Anzeiger*, t. 76, 1961, p. 196-214. Una volta venuti alla luce, però, hanno subito un rapidissimo deterioramento e dagli anni '80 risultano del tutto sbiaditi. L'unica testimonianza del ciclo pittorico sono oggi le fotografie scattate da Schaefer.

di santi include, in una posizione di rilievo, quella di un guerriero intento a combattere un cinocefalo. Monika Hirschbichler propone di identificare questo guerriero con Alessandro Magno e, se l'ipotesi fosse confermata, il ciclo pittorico indicherebbe ancora una volta un interesse per la materia romanzesca da parte dell'aristocrazia latina della Morea e, più in generale, d'oltremare.[69]

La *CrM* sembra inscriversi perfettamente nel gusto dei ceti nobiliari degli stati crociati del Mediterraneo orientale, efficacemente descritto da Jacoby.[70] D'altro canto, come in un gioco di riflessi, si accorda con l'immagine che della Morea circolava in Occidente: la «nova Francia» immaginata da Onorio III, la magnifica corte celebrata da Muntaner dove «parlaven axí bell francés com dins en Paris»[71] o, ancora, la terra

69 Per l'identificazione del guerriero con Alessandro si veda Hirschbichler, Monika, « The Crusader Paintings in the Frankish Gate at Nauplia, Greece: a Historical Construct in the Latin Principality of Morea », *Gesta – The International Center of Medieval Art*, t. 44, 1, 2005, p. 13-30. La sola altra proposta di identificazione avanzata è San Cristoforo cinocefalo: in questo caso le figure del guerriero e del cinocefalo, poste l'una di fonte all'altra all'ingresso della camera, sarebbero irrelate, cfr. Schaefer, « Neue Untersuchungen », *op. cit.*. Si noti che il cinocefalo non è dotato di aureola: ciò depone decisamente a sfavore dell'identificazione con il santo, ma è opportuno anche avvertire che il guerriero-Alessandro non è raffigurato con corona. Sull'uso dell'*élite* locale di affrescare gli ambienti con materiale narrativo è proprio la *CrM* a fornire una testimonianza : la versione greca riferisce di come il castello di Saint-Omer-Lès-Thebes fosse stato fatto istoriare con immagini dalla conquista della Terrasanta (H l. 8084-85, *The Chronicle of Morea*, ed. Schmitt, *op. cit.*, p. 524). Si ha poi notizia del fatto che l'arcivescovo di Patrasso avesse fatto affrescare il palazzo arcivescovile con storie dalla distruzione di Troià (Cfr. Jacoby, David, « Knightly values and class consciousness in the Crusader states of the Eastern Mediterranean », *Mediterranean Historical Review*, t. 1, 1986, p. 98-186, p. 173). Sulle raffigurazioni murali dei romanzi cortesi presso gli ambienti nobiliari europei si veda comunque Meneghetti, Maria Luisa, *Storie al muro. Temi e personaggi della letteratura profana nell'arte medievale*, Torino, Einaudi, 2015, in partic. p. 123s.

70 Cfr. Jacoby: « à l'époque de la quatrième croisade, les chevaliers constituaient un "ordre", dont le rituel, les obligations, le système de valeurs et la mentalité avaient été forges aussi bien par la coutume que par la littérature, ses images et ses symboles. Il existait en effet une corrélation étroite entre la littérature lyrique, épique et courtoise, qui constituait le langage de la noblesse, et l'évolution de celle-ci, son comportement, son mode de vie et son éthique » (Jacoby, David, « La littérature française dans les états latins de la Méditerranée orientale è l'époque des croisades : diffusion et création », *Essor et fortune de la chanson de geste dans l'Europe et l'Orient latin. Actes du IX*[e] *congrès international de la Société Rencesvals pour l'étude des épopées romanes, Padoue-Venise, 29 août-4 septembre 1982*, 2 vol., Modena, Mucchi, 1984, t. II, p. 617-646, p. 618-619).

71 «*Ibique noviter quasi nova Francia est creata*», *Regesta Honorii Papae III*, ed. P. Pressutti, 2 vol., Hildesheim, Olms, 1888-1895, vol. II, n. 5006; Muntaner, *Crónica*, *op. cit.*, vol. II, p. 122.

di esotiche avventure dove la naufraga Alatiel incontra il principe della Morea e il duca di Atene; terra dove gli amori cruenti si consumano in un'atmosfera di «bellissimi luoghi» e «bellissimi giardini», «palagi sopra il mare», «gran feste», «magnifici desinar», «belle e onorevoli compagnie» (*Decameron* II.7).[72]

Concludiamo richiamando gli elementi discussi fin qui: aspetti diversi che, nel loro insieme, possono aiutare a ricomporre un'immagine quanto più nitida possibile della cronaca originale e del suo contesto di elaborazione. Si è visto come la versione francese della *CrM*, seppure evidentemente scorciata, si presenta coerentemente organizzata in unità testuali chiaramente individuate nel manoscritto, laddove la versione greca prende la forma di una successione di versi senza soluzione di continuità.[73] La struttura del testo francese, se messa in rapporto con gli interventi metanarrativi di transizione, rende talvolta intuibile, in filigrana, la presenza di un certo numero di fonti cui si dovette fare ricorso nel lavoro di compilazione. Tali fonti sono sempre di provenienza occidentale. La cronaca partecipa di una certa cultura letteraria francese e appare vicina ad altri prodotti letterari la cui circolazione presso l'aristocrazia latina d'oltremare è ben documentata.[74] A questo quadro si aggiungono dati di altra natura: la presenza nel manoscritto B di

---

72 Boccaccio, Giovanni, *Decameron*, testo critico di Maurizio Fiorilla, introd. e note di Amedeo Quondam, introd. alle giornate di Giancarlo Alfano, Milano, Biblioteca Universale Rizzoli, 2013, p. 397-430 (le citazioni dal testo sono state volte al plurale). Sui rapporti tra Boccaccio e la Morea, mediati in gran parte da Niccolò Acciaiuoli, si vedano i contributi di Budini Gattai, Niccolò, «La percezione del mondo greco del XIV secolo tra incomprensioni culturali e topoi letterari», *Bocaccio geografo. Un viaggio nel Mediterraneo tra le città, i giardini e...il 'mondo' di Giovanni Bocaccio*, ed. R. Morosini, Firenze, Polistampa, 2010, p. 103-131 e Kinoshita, Sharon, Jacobs, Jason, « Ports of Call: Boccaccio's Alatiel in the Medieval Mediterranean »,*Journal of Medieval and Early Modern Studies*, t. 37, 1, 2007, p. 163-195.

73 Quanto alla versione aragonese, anche il codice madrileno sembra presentare una *mise en page* articolata in unità, ma queste sono numericamente inferiori e meno chiaramente individuabili, quantomeno ad un esame sommario del manoscritto. Una verifica del tipo di quella effettuata per la versione francese, incrociando formule metadiscorsive all'interno del testo e *mise en page* del codice, sarebbe opportuna anche per questa versione.

74 Tra le testimonianze indirette, si pensi al passo in cui Filippo di Novara riferisce di quando, negli anni 1218-1219, leggeva romanzi per dilettare Pierre Chappe e Raoul de Tabarie, due nobili che presero parte alla Quinta Crociata: « aprés mengier messire Piere me fist lire devant lui en .i. romans. Messire Rau dist que je lisoie moult bien » (Philip of Novara, *Le livre de forme de plait*, ed. and transl. Peter W. Edbury, Nicosia, Cyprus Research Centre, 2009, p. 122).

un sistema di fascicolazione in lettere greche fa pensare che la versione francese conservata in B, nonché il suo antigrafo (così come, peraltro, dichiara lo scriba) fossero stati esemplati in Morea, contrariamente all'ipotesi di Shawcross di una redazione napoletana. In generale, poi, la «vulgata Shawcross» impostasi in una certa letteratura, secondo la quale la cronaca sarebbe nata in greco per essere poi tradotta in francese, andrà rivista facendo riferimento a due ordini di problemi: 1) L'idea di un testo elaborato in greco e inscrivibile nel genere epico-storiografico nato nei regni della Grecia latina si scontra con il fatto che gli altri prodotti letterari analoghi, la *Cronaca* cipriota di Leonthios Machairàs (ca. 1432) e l'anonima *Cronaca di Tocco* (ca. 1429), datano al XV secolo e non al XIV,[75] come già fanno notare Blanchet e Saint-Guillain[76] (2013, p. 33). Di contro, la storiografia in prosa francese conosce una nuova, profonda spinta produttiva proprio in seno all'esperienza delle crociate, in particolare la quarta. 2) D'altro canto, una traduzione della cronaca dal francese al greco si affiancherebbe alla nutrita serie di poemi greci in versi che, più o meno alla stessa epoca, traspongono fonti occidentali. È il caso di alcuni romanzi greci dei sec. XIV e XV che traducono fonti francesi e italiane: i *Fatti di Troia* (o *Iliade bizantina*, traduzione del *Roman de Troie* di Benoît de Saint-Maure); *Florios e Plazia-Flora* (tradotto dal toscano *Cantare di Florio e Biancifiore*); *Imberios e Margarona* (traduzione dal *Pierre de Provence et la belle Maguelone*, in prosa); *Apollonio di Tyr*; il *Teseida* di Boccaccio; ed infine un frammento di argomento arturiano che traduce la compilazione di Rustichello da Pisa.[77] Per alcuni di questi

75 Leontios Makhairas, *Recital concerning the Sweet Land of Cyprus entitled 'Chronicle'*, ed. Richard M. Dawkins, 2 voll., Oxford, Clarendon Press, 1932; *Cronaca dei Tocco di Cefalonia*, ed. G. Schirò, Roma, Accademia Nazionale dei Lincei, 1975.

76 Blanchet, Saint-Guillain, « À propos d'un ouvrage récent sur la Chronique de Morée », *op. cit.*, p. 13.

77 Cfr. Beaton, Roderick, *The Medieval Greek Romance*, Cambridge, Cambridge University Press, 1989. Sulla questione dell'impatto dell'Occidente sulla letteratura bizantina si veda Köhler, Erich, "Byzanz und die Literatur der Romania,,, *Grundriß der romanischen Literaturen des Mittelalters*, I, Heidelberg, 1971, p. 396-407. Per i testi citati si rimanda a *The War of Troy*, ed. Elizabeth M. Jeffreys, Manolis Papathomopoulos, Byzantini kai Neoelliniki Bibliothiki, Athens, 1996 per i *Fatti di Troia*; a Kriaràs, Emmanuel, Βυζαντινὰ ἱπποτικὰ μυθιστορήματα Αθήναι, Αέτος, 1955 (*Βασική Βιβλιοθήκη*, 2) per *Florios e Plazia-Flora* e a *ibid.*, p. 141-196 e 197-249 per *Imberios e Margarona*; a *Carmina Graeca Medii Aevi*, ed. Wilhelm Wagner, Lipsia, B. G. Teubner, 1874, p. 248-276 per l'*Apollonio di Tyr*; al testo stabilito da Enrica Follieri in *Il Teseida neogreco*, ed. E. Follieri, Roma-Atene, Istituto di studi bizantini e neoellenici, 1959 per *Il Teseida neogreco*; infine, a Breillat, Pierre, « La table

testi, peraltro, diversi studi hanno ipotizzato una redazione moreota o il passaggio dei manoscritti che ne costituirono le fonti proprio nella Morea francese del Trecento.[78]

Più che la testimonianza, in forma propagandistica, di un nascente *proto-nationalism* moreota,[79] la cronaca andrà allora letta da un lato come attestazione di un tipo di scrittura storica ancora possibile accanto alla coeva *eye-witness-historiography*, dall'altro come traccia della cultura di cui partecipa l'aristocrazia latina locale. La rappresentazione nella cronaca degli arconti greci come *gentils hommes* integrati nella feudalità avrà allora il valore di un costrutto letterario più che storico-identitario, come vorrebbe Shawcross. In direzione di un *milieu* franco-moreota sembrano puntare anche alcuni dati codicologici. Infine l'organizzazione narrativa che il testo assume unicamente in B, oggi recuperata, può forse serbare tracce interessanti del processo di elaborazione della cronaca.

Alice COLANTUONI
Università di Firenze

---

ronde en Orient. Le poème grec du Vieux Chevalier », *Mélanges d'Archéologie et d'Histoire de l'École française de Rome*, t. 55, 1938, p. 308-340 per il frammento arturiano neogreco la cui fonte potrebbe essere una compilazione di Rustichello da Pisa (cfr. Cigni, Fabrizio, *Il romanzo arturiano di Rustichello da Pisa*, Pisa, Cassa di risparmio di Pisa; Ospedaletto, Pacini, 1994).

78 Cfr. Spadaro, il quale ipotizza che il cantare toscano di *Florio e Biancofiore* avesse circolato in Morea per il tramite di Niccolò Acciaiuoli (Spadaro, Giuseppe, «Contributo sulle fonti medievali del romanzo greco medievale 'Florio e Plaziaflora'», Αθήναι, s.e., 1966 («*Κέιμενα και Μελέται Νεοελληνικής Φιλολογίας*», 26, p. 14-15); E. Jeffreys, poi, localizza nella Morea francese la composizione dei *Fatti di Troia* (Jeffreys, Elizabeth, « Place of Composition as a Factor in the Edition of Early Demotic Texts », *Origini della Letteratura Neogreca I*, ed. N. Panayotakis, Venice, Istituto Ellenico di Studi Bizantini e Postbizantini, 1993, p. 310-324); Carolina Cupane si esprime a favore di una localizzazione in Morea dell'*Imberios e Margarona* proprio sulla base del tono cortese-cavalleresco del poema, che lo rende vicino alla *CrM* (Cupane, Carolina, «Λογοτεχνική παραγωγή στο φραγκοκρατούμενο Μωρέα», *Βυζαντιναὶ μελέται*, t. 6, 1995, p. 371-385).

79 Cfr. Shawcross, *The Chronicle of Morea*, *op. cit.*, p. 216 *et passim*.

LA CIRCULATION DU LEXIQUE DANS LE LEVANT MÉDIÉVAL

Le cas de Chypre

LA CIRCULATION DU LEXIQUE ET LA CIRCULATION DES TEXTES

Reconstruire la circulation des mots dans des contextes multilingues est toujours une opération complexe : on sait que le lexique, et en premier lieu le lexique non héréditaire, est le niveau le moins stable d'une langue, celui qui est susceptible d'échanges dans les situations de contact entre variétés linguistiques, dialectes et même socio- et idiolectes. L'osmose entre éléments lexicaux d'une variété à l'autre est même d'autant plus facile que la distance entre les deux variétés est moindre (pour des raisons philogénétiques ou à cause de la *Überdachung* d'une même langue de culture) : il est donc d'autant plus compliqué pour le chercheur de tracer avec sûreté le parcours de chaque mot et d'en déterminer la direction.

La tâche se complique davantage, et de beaucoup, lorsqu'on a affaire à des réalités plurilingues du passé, à cause des limites bien connues des recherches linguistiques qui ont pour objet des variétés non contemporaines. La difficulté la plus grande est due au fait que, comme le remarquait Alberto Varvaro :

> *la documentazione del passato ci si presenta come un corpus finito, la cui consistenza e delimitazione è del tutto indipendente dai fini che ci proponiamo; né è possibile verificarlo né soprattutto integrarlo in relazione alle nostre esigenze*[1].

1 Varvaro, Alberto, «Sociolinguistica e linguistica storica», [1982], Id., *La parola nel tempo*, Bologna, il Mulino, 1984, p. 105-116.

Le chercheur, qui n'a pas un accès direct à l'usage des locuteurs, dépend nécessairement des textes écrits. Il doit pourtant être prudent, et faire attention à ne pas commettre deux types d'erreurs d'évaluation de la documentation, dans lesquelles on peut facilement tomber.

D'un côté, il doit se garder d'identifier l'ensemble des mots attestés avec l'entièreté du lexique utilisé par une communauté, dont les documents ne témoignent qu'en partie : il pourra compléter l'étude du lexique attesté par les documents par l'analyse des emprunts dans les langues et les dialectes d'aujourd'hui, ou, encore, par des renseignements contemporains sur la diffusion et les contextes d'usage des emprunts dans les différentes langues. En tenant compte de tout cela, il aura les moyens de réunir les renseignements dans un tableau le plus cohérent possible, et, sur cette base, de vérifier la plausibilité du point de vue historique, et non seulement du point de vue formel, de ses reconstructions.

De l'autre côté, pour chaque mot qu'il rencontre dans le texte le chercheur doit se demander si sa circulation était bien réelle (c'est-à-dire s'il avait une circulation orale aussi bien qu'écrite) ou plutôt seulement « virtuelle » (c'est-à-dire restreinte à un groupe de locuteurs, et même réduite à zéro, ce qui arrive lorsqu'une forme est due à la mauvaise compréhension de la part d'un copiste : dans ce cas le mot ne témoigne même pas de l'usage de celui qui l'a écrit).

Le texte est donc en même temps une ressource et un problème. Il faut le dépasser, parce qu'il ne donne qu'une image partielle de la circulation du vocabulaire d'une ou de plusieurs langues à une époque donnée, et il faut douter de la qualité de son témoignage, parce qu'il pourrait contenir des lexèmes tout à fait épisodiques, dépourvus de diffusion en dehors d'un nombre restreint de documents écrits. Mais il faut bien évidemment l'étudier soigneusement, parce qu'il s'agit de la seule base documentaire sur laquelle il nous est possible de fonder nos reconstructions : si les études fondés seulement sur les attestations écrites risquent d'être partielles et de donner une perspective faussée, ceux qui ne tiennent compte de la documentation écrite que de façon superficielle ou acritique aboutissent, la plupart du temps, à des résultats tout à fait faux.

LA CIRCULATION DES LANGUES DANS LE ROYAUME DE CHYPRE

Les difficultés dont on vient de parler ont caractérisé et caractérisent encore aujourd'hui les recherches sur le lexique dans les variétés linguistiques qui étaient écrites et parlées à Chypre au Moyen Âge : il s'agit d'un contexte profondément multilingue, comme c'est le cas pour tous les états de l'Orient latin. On sait qu'à la fin du XIIe siècle, avec la fondation du royaume des Lusignan, un nombre croissant de colons arriva sur l'île, qui avait été jusque-là monolingue, à la seule réserve de dynamismes diglossiques à l'intérieur de la communauté grécophone (opposition entre *koiné* byzantine et *diálektos* locale, qui n'était pourtant pas tout à fait formée à l'époque). Les nouveaux arrivés parlaient des langues romanes, en premier lieu le français, mais aussi d'autres variétés gallo-romanes et italo-romanes (ces dernières étant surtout parlées par les communautés de marchands)[2]. Le groupe des Francs – pour utiliser l'ethnonyme générique utilisé par les autochtones à Chypre et au Levant – fut, pendant toute la durée du royaume – beaucoup moins nombreux que celui des Grecs : il ne dépassa pas les 25000-30000 hommes (selon les estimations hautes par excès de Rudt de Collenberg), ce qui est moins qu'un quart du total de la population de l'île[3]. En outre, les Francs étaient concentrés surtout

2 Sur le contexte multilingue de Chypre au Moyen Âge, *cf.* Nicolaou-Konnari, Angel, « Η γλώσσα στην Κύπρο κατά τη Φραγκοκρατία (1192-1489) : μέσο έκφρασης φαινομένων αλληλεπίδρασης και καθορισμού εθνικής ταυτότητας », *Κυπριακαὶ Σπουδαί*, t. 56, 1992, p. 29-55 ; Ead., « Literary Languages in the Lusignan Kingdom of Cyprus in the Thirteenth Century », *Μολυβδοκονδυλοπελεκητής*, t. 7, 2000, p. 7-27 ; Grivaud, Gilles, *Entrelacs chiprois. Essai sur les lettres et la vie intellectuelle dans le royaume de Chypre 1191-1570*, Nicosia, Moufflon, 2009, p. 19-33 ; Baglioni, Daniele, « Language and Identity in Late Medieval Cyprus », *Identity/Identities in Late Medieval Cyprus. Papers given at the ICS Byzantine Colloquium (London, 13-14 June 2011)*, eds. Tassos Papacostas, Guillaume Saint-Guillain Nicosia, Cyprus Research Centre, 2014, p. 27-36. Les conditions historique du multilinguisme (c'est-à-dire la conquête « franque » et la fondation du royaume de Chypre qui en découle) sont illustrés par Edbury, Peter W., *The Kingdom of Cyprus and the Crusades 1191-1374*, Cambridge, Cambridge University Press, 1991.

3 Rudt de Collenberg, Wilpertus Hugo, « Le déclin de la société franque de Chypre entre 1350 et 1450 », *Κυπριακαὶ Σπουδαί*, t. 46, 1982, p. 71-83 (p. 75-76); Id., « Δομὴ καὶ προέλευση τῆς τάξεως τῶν εὐγενῶν », *Ἱστορία τῆς Κύπρου. Μεσαιωνικὸν βασίλειον. Ἑνετοκρατία*, ed. Theodoros Papadopoullos, vol. I, Lefkosia, Idryma Archiepiskopou Makariou III, 1995, p. 785-862 (p. 793-794).

dans les villes, comme Nicosie (« la cité où demourent les chevaliers » selon les *Gestes des Chiprois*), tandis que leur présence dans les campagnes a été définie « inexistante » par Gilles Grivaud[4].

Malgré ce fait, les conséquences de la domination franque furent nombreuses et importantes, et influencèrent l'ensemble du répertoire linguistique de l'île. En ce qui concerne le contact entre les langues des dominateurs et celles des dominés, les quatre siècles environ du royaume des Lusignan représentèrent le premier et le plus long exemple de rapport entre les langues romanes et le grec au Proche-Orient. Ni les échanges entre les langues qui eurent lieu dans les États nés au lendemain de la Quatrième Croisade, ni ceux qui eurent lieu à Rhodes pendant la domination des Hospitaliers ne furent aussi intenses et continus. Seuls les territoires des republiques italiennes du Levant, et plus particulièrement les îles Ioniennes et le duché de Candie peuvent être comparés à Chypre, mais ils se situent en dehors de notre cadre géographique (les îles Ioniennes) et chronologique (la Crète, où les témoignages de l'interférence gréco-vénitienne datent à partir du XVIe siècle)[5].

En ce qui concerne les contacts à l'intérieur des deux groupes, la présence à Chypre de Francs d'origine différente favorisa, comme déjà en Terre sainte, la diffusion d'une variété de français déjà fortement koinéisé, le français d'Outremer, faisant fonction de langue supranationale surtout au niveau de l'administration, aux dépens des autres concurrents possibles parmi les langues romanes mais aussi du latin, qui a fini par être utilisé seulement dans les contextes de l'Église et des

4 Grivaud, Gilles, « Villages désertés à Chypre (fin XIIe-fin XIXe siècle) », *Μελέται καὶ Ὑπομνήματα*, t. 3, 1998, p. 1-604 (p. 274). La citation des *Gestes des Chiprois* est tirée de l'édition de Raynaud, Gaston, *Les Gestes des Chiprois. Recueil des chroniques français écrites en Orient aux XIIIe et XIVe siècles (Philippe de Navarre et Gérard de Monréal)*, Genève, Imprimerie Jules-Guillaume Fick, 1887, p. 258.

5 À propos de la diffusion du vénitien dans la Crète et les îles Ioniennes *cf.* Banfi, Emanuele, *Lingue d'Italia fuori d'Italia. Europa, Mediterraneo e Levante dal Medioevo all'età moderna*, Bologna, il Mulino, 2015, aux p. 230-239 et 249-250, avec bibliographie. Sur la circulation du vénitien dans la Crète voir aussi le chapitre de Eufe, Rembert, «La cancelleria del Duca di Candia e il volgare a Creta», *Il veneziano «de là da mar». Contesti, testi, dinamiche del contatto linguistico e culturale*, ed. Daniele Baglioni., Berlin, de Gruyter, 2019, p. 137-176. Nous nous permettons aussi de renvoyer à Baglioni, Daniele, «L'italiano fuori d'Italia dal Medioevo all'Unità», *Manuale di linguistica italiana*, ed. Sergio Lubello, Berlin, de Gruyter, 2016, p. 125-145, p. 133-142, et Baglioni, Daniele, « Italian in the Mediterranean Area », *The Oxford Handbook of the Italian Language*, ed. Adam Ledgeway et Martin Maiden, Oxford, Oxford University Press, à paraitre, pour une vue d'ensemble de la diffusion des variétés italiennes et de l'italien dans la Méditerranée.

relations diplomatiques avec l'Occident non-francophone[6]. Du côté grec, en revanche, l'isolement politique et culturel de l'oikoumène byzantin accéléra le processus d'éloignement du dialecte chypriote de la *koiné*, avec le resultat que la variété locale, déjà définitivement formée au XIVe siècle, fut aussi utilisée dans les écritures pratiques et littéraires[7]. À la domination franque peut aussi être attribuée la présence de l'élément arabe, importé par les chrétiens d'origine syrienne et palestinienne (appelés *suriens* dans les sources de l'époque) lorsque, après la chute d'Acre en 1291, il se refugièrent à Chypre : ils contribuèrent ainsi de façon décisive au peuplement de la ville marchande de Famagouste[8].

Le plurilinguisme de Chypre est remarqué par les voyageurs étrangers qui s'arrêtent sur l'île pendant leur pèlerinage en Terre sainte, parfois avec quelques exagérations. Ainsi, d'après l'allemand Ludolph von Suchen, qui fut à Chypre en 1336, « *omnia totius mundi audiuntur*

6 À propos du français d'Outremer voir les travaux de Laura Minervini cités ci-dessous aux n. 20 et 21, ainsi que la première partie de la monographie de Aslanov, Cyril, *Le français au Levant, jadis et naguère. À la recherche d'une langue perdue*, Paris, Honoré Champion, 2006, p. 13-141.

7 Horrocks, Geoffrey, *Greek. A History of the Language and its Speakers*, 2^d^ edition, Oxford, Wiley-Blackwell, 2010, p. 216-217 e 360-362. L'observation que « si l'on considère les conditions diverses par lesquelles a passé l'île depuis la chute de l'empire byzantin, on peut conclure *a priori*, et sans risque d'erreur grave, que le grec y a été sinon modifié essentiellement, du moins altéré en partie, et que les langues des conquérants ont laissé des traces plus ou moins nombreuses dans le dialecte du peuple soumis » se trouve déjà dans l'étude pionnière de Beaudouin, Mondry, *Étude du dialecte chypriote moderne et médiéval*, Paris, Ernest Thorin éditeur, 1884, p. 16. La langue de la traduction des *Assises des bourgeois* (XIVe siècle), qui est le premier texte en grec chypriote (et, en général, dans une variété de grec vernaculaire) a été étudiée par Tonnet, Henri, « Les Assises de Chypre et l'histoire de la langue grecque moderne », *Contribution de Chypre à la civilisation néo-hellénique. Actes du VIIIe Congrès international des néo-hellénistes des universités francophones (Montpellier, 10-12 mai 1982)*, Montpellier, Imprimerie de l'Université Paul-Valéry, 1984, p. 69-79.

8 Jean Richard a consacré aux « syriens » de Chypre des pages importantes (*cf.* Richard, Jean, « Le peuplement latin et syrien en Chypre au XIIIe siècle », *Byzantinische Forschungen*, t. 7, 1979, p. 157-173 ; Id., « La cour des Syriens de Famagouste d'après un texte de 1448 », *Byzantinische Forschungen*, t. 12, 1987, p. 383-398 ; Id., « Culture franque, culture grecque, culture arabe dans le royaume de Chypre au XIIIe et au début du XIVe siècle », *Annales du Département des Lettres Arabes de la Faculté de Lettres et Sciences Humaines de l'Université Saint-Joseph*, t. 6, 1991-1992, p. 235-245). Nous ne conservons pas de témoignages écrits de l'arabe médiéval de Chypre ; il devait s'agir, de toute façon, d'une variété qui ne s'éloignait pas trop de l'arabe de la communauté maronite de la péninsule de Kormatiki, au nord de l'île, et qui s'est continué jusqu'à nos jours (*cf.* Borg, Alexander, *Cypriot Arabic. A historical and comparative investigation into the phonology and morphology of the Arabic vernacular spoken by the Maronites of Kormakiti village in the Kyrenia district of north-western Cyprus*, Stuttgart, Franz Steiner, 1985 ; Id., *A Comparative Glossary of Cypriot Maronite Arabic (Arabic-English) with and Introductory Essay*, Leiden, Brill, 2004).

et leguntur et loquuntur. Et in specialibus scolis docentur omnia ydeomata cuncta[9] ». Le bilan fait un an plus tôt par le moine augustinien Jacques de Vérone semble être plus vraisemblable : il écrit que « *omnes de Cypro loquuntur grecum, bene tamen sciunt saracenicum et linguam francigenam* », mais il est difficile de croire que tous les habitants de Chypre parlaient l'arabe et le français, surtout en dehors de Nicosie et de Famagouste ; Jacques, en même temps, tient à préciser que « *sed plus utuntur lingua greca* », et il nous informe que le dialecte chypriote gagne du terrain en tant que langue véhiculaire dans tous les groupes d'habitants[10]. Le grec, le français et le « arbesco » (c'est-à-dire *arabesco*) sont les trois langues dans lesquelles, d'après la chronique de Florio Bustron (XVIe siècle), la reine mère et ses filles auraient juré contre Amaury de Tyr, l'usurpateur du trône d'Henri II[11]. Les trois mêmes langues sont mentionnées dans une lettre adressée à l'historien byzantin Nicéphore Grégoras par son correspondant Athanasios Lependrinos, un marchand grec qui visita Chypre au milieu du XIVe siècle, et qui mentionne l'existence de « τριγλώσσων Κυπρίων εἴς τε τὴν Σύρων καὶ Ἰταλῶν καλῶς εἰδότων τὰ Ἑλλήνων διαβιβάζειν », c'est-à-dire de chypriotes trilingues, capables de lire correctement la langue des Syriens, celle des Grecs et celle des Francs[12]. Léontios Machairas ne mentionne en revanche que deux langues dans un passage bien connu de sa chronique, dans lequel il se plaint parce que, depuis que les Lusignan ont pris le pouvoir, les chypriotes ont commencé à apprendre le « franc » et ont barbarisé le grec (« ἀρχέψα νὰ μαθάνουν φράγκικα, καὶ βαρβαρίσαν τὰ ρωμαῖκα »), si bien qu'encore en son temps – les années 1430 – on écrit « franc » et grec et dans le monde l'on ne sait plus quelle langue on utilise (« καὶ γράφομεν φράγκικα καὶ ρωμαῖκα, ὅτι εἰς τὸν κόσμον δὲν ἠξεύρουν ἴντα συντυχάννομεν »)[13]. Il faut

9 *Excerpta Cypria. Materials for a History of Cyprus*, ed. Claude Delaval Cobham, Cambridge, Cambridge University Press, 1908, p. 20.

10 *Il 'Liber peregrinationis' di Jacopo da Verona*, ed. Ugo Monneret de Villard, Roma, Libreria dello Stato, 1950, p. 18.

11 Florio Bustron, *Chronique de l'île de Chypre*, éd. René de Mas Latrie, Paris, Imprimerie nationale, 1891, p. 191.

12 Nicephorus Gregoras, *Byzantina historia Grece et Latine cum annotationibus Hier. Wolfii, Car. Ducangii, Io. Boivini et Cl. Capperonnerii*, ed. Ludwig Schopen, vol. I, Bonn, Weber, 1829, p. XCIV. *Ἰταλοί* n'a clairement pas le sens de 'italiens' mais plutôt celui de 'latins' (et est partant un synonyme de *Φράγκοι*, qui est utilisé plus souvent).

13 Leontios Makhairas, *Recital concerning the Sweet Land of Cyprus, entitled "Chronicle"*, ed. Richard M. Dawkins, 2 vol., Oxford, The Clarendon Press, 1932, vol. I, p. 142.

pourtant tenir compte du fait qu'avec φράγκικα et ρωμαΐκα Léontios n'indique pas deux langues bien définies, mais plutôt deux ensemble de variétés linguistiques plus ou moins homogènes : la désignation de « romaïque » recouvre aussi bien le grec de *koiné* que le dialecte locale, ainsi que dans le glottonyme « franc » sont compris le français, le latin et peut-être aussi le vénitien, qui, peu de temps après, sera utilisé par des chypriotes dans des documents privés et, plus tard, dans des documents publics.

Il est utile de consacrer une discussion plus approfondie au rôle du vénitien et des autres variétés italiennes, parce que celui-ci tend à être surestimé ou mal compris dans les études sur le lexique. Chacune des variétés italiennes (le vénitien et le génois d'abord, mais aussi le pisan et le « lombard », c'est-à-dire l'italien septentrional de type gallo-italien) était sûrement utilisée à l'oral dans sa propre communauté marchande, et devait être connue (comprise, et peut-être parlée) par une partie des francophones autochtones. Pourtant, comme l'a remarqué Laura Minervini, les italiens manquaient d'« *una propria identità linguistica nella sfera pubblica, essendo disponibili ad assumere una lingua seconda come il francese per una varietà di usi pratici e simbolici*[14] ». Des épisodes bien connus montrent le bien fondé des remarques de Minervini : ils concernent aussi bien l'élite culturelle (le *lombart* Philippe de Novare écrit en français sa chronique et ses deux autres traités) que le milieu marchand (à Famagouste, à la fin du XIIIe siècle, le vénitien Obertin de Sant'Antonin fait écrire son testament en français par un *Pandoufle*, probablement un pisan nommé *Pandolfo*)[15]. Cette situation change pendant le dernier siècle de la domination des Lusignan, lorsque l'importance des Italiens dans l'économie et la politique de l'île augmente au fur et à mesure que le pouvoir de l'aristocratie croisée s'affaiblit. Bien que Gênes contrôle le port de Famagouste pendant un siècle à partir de 1373, ce n'est pas

14 [« leur propre identité linguistique dans la sphère publique, en acceptant d'utiliser une deuxième langue comme le français pour divers usages pratiques et symboliques »] Minervini, Laura, «Veneziano e francese nell'Oriente latino», *Il veneziano «de là da mar»*, ed. Daniele Baglioni, *op. cit.*, p. 177-199.

15 Bertolucci Pizzorusso, Valeria, «Testamento in francese di un mercante veneziano (Famagosta, gennaio 1294)» [1988], EAD., *Scritture di viaggio. Relazioni di viaggiatori e altre testimonianze letterarie e documentarie*, Roma, Aracne, 2011, p. 243-268. À propos de Philippe de Novare voir l'entrée du *Dizionario Biografico degli Italiani* par Margherita Spampinato Beretta, en ligne : //www.treccani.it/enciclopedia/filippo-da-novara_(Dizionario-Biografico)/.

le génois, mais le vénitien qui s'installe de façon stable, grâce aux liens toujours plus étroits entre la noblesse de Chypre et le patriciat de la *Serenissima* (et avant tout les Cornaro)[16] : à partir des années 1420 nous avons des documents de chypriotes écrits dans une *scripta* vénitienne avec des nombreuses interférences françaises, qui deviennent plus nombreux à partir de la moitié du XVe siècle[17]. En revanche, il est paradoxal de constater qu'il ne nous reste rien de ce qui a pu être écrit en génois par les fonctionnaires ou les notables de l'île : la raison, comme nous avons tenté de le montrer ailleurs, en est probablement que Famagouste, en pleine décadence au XVe siècle, était isolée par rapport au reste de l'île, et était peuplée presqu'exclusivement par des Ligures ; les conditions n'étaient donc pas réunies pour une interaction culturellement importante entre les dominateurs et les minorités locales (les grecs, mais aussi les arméniens, les juifs et les « syriens »)[18].

LE LEXIQUE DANS LES TEXTES : PROBLÈMES D'INTERPRÉTATION

Sur ce cadre complexe que nous avons essayé d'esquisser nous pouvons fonder l'interprétation des formes attestées, avant même la reconstruction de l'histoire de chaque mot. La connaissance des rapports hiérarchiques entre les différentes variétés linguistiques, et donc du prestige de chacune d'elles, est un instrument utile pour écarter des hypothèses qui ne sont admissibles qu'abstraitement (lorsqu'on analyse une forme de façon isolée) et pour essayer de réduire à moins de facteurs ce qui peut

16 Le processus d'intégration de la famille Cornaro à l'aristocratie chypriote, qui fut la prémisse du règne de Caterina (1473-1489) et de l'annexion de Chypre au *stato da mar* de la Sérénissime, a été reconstruit dans le détail par Arbel, Benjamin, « The reign of Caterina Cornaro (1473-1489) as a family affair », *Studi veneziani*, t. 26, 1993, p. 67-85 (réimprimé dans Id., *Cyprus, the Franks and Venice*, Aldershot, Ashgate, 2000, art. I).

17 Baglioni, Daniele, *La* scripta *italoromanza del regno di Cipro. Edizione e commento di scriventi ciprioti del Quattrocento*, Roma, Aracne, 2006.

18 *Ibid.*, p. 45. Cette réconstruction se fonde sur les calculs démographiques de Balard, Michel, « La place de Famagouste génoise dans le royaume des Lusignan (1374-1464) », *Les Lusignans et l'Outre Mer. Actes du Colloque Poitiers-Lusignan, 20-24 octobre 1993*, Poitiers, s.e., 1993, p. 16-27.

d'abord apparaître comme un ensemble chaotique d'éléments disparates. En effet, dans l'analyse des écritures chypriotes on court toujours le risque, mis en évidence par Lorenzo Renzi pour le franco-vénitien, de caractériser la langue des documents comme « *una pura somma di forme di origine diversa* [...] *o addirittura arbitrarie* », à cause de l'identification hâtive de chaque forme avec la variante la plus proche dans l'une des *scriptae* de la métropole, sans prendre en compte le résultats des processus d'interférence et d'intégration phonologique et morphologique et de superposition possible entre formes appartenant à des langues différentes[19].

LES EMPRUNTS DU FRANÇAIS DE CHYPRE

Ce problème ne se pose pas pour le français pour deux raisons. D'un côté, les éléments dont se compose le français d'Outremer, tout en étant hétérogènes (chaque trait renvoie à une ou à plusieurs variétés gallo-romanes, du normand au picard et au wallon, y compris les variétés de l'occitan), sont déjà combinés de façon relativement stable en Palestine[20] : si le français de Chypre n'est qu'une variante de la langue qui était auparavant utilisée dans les États croisés de Palestine, la question de la provenance des différents apports gallo-romans ne concerne les textes chypriotes que de façon marginale, puisqu'ils reflètent une langue qui est à l'origine composite, mais qui s'est formée ailleurs et qui a été importée sur l'île alors qu'elle avait déjà une physionomie cohérente. D'un autre côté, nous avons aujourd'hui les analyses exemplaires de Laura Minervini, qui a réussi, grâce à une connaissance poussée des textes et des contextes d'Outremer et au dépouillement méticuleux de la documentation, à isoler le vocabulaire régional de cette variété de français et à reconduire chaque élément au grec, à l'italo-roman, à l'occitan ou à des innovations propres au Levant (comme c'est le cas des ethnonymes *grif(f)on* 'grec' et *poulain* 'Franc d'Outremer')[21]. L'interprétation d'ensemble qui résulte

19 Renzi, Lorenzo, «Per la lingua dell'*Entrée d'Espagne*» [1970], Id., *Le piccole strutture. Linguistica, poetica, letteratura*, a cura di Alvise Andreose, Alvaro Barbieri, Dan Octavian Cepraga, con la collaborazione di Marina Doni, Bologna, il Mulino, 2008, p. 265-298, p. 265.

20 Minervini, Laura, « Le français dans l'Orient latin (XIIIe-XIVe siècles). Éléments pour la caractérisation d'une scripta du Levant », *Revue de Linguistique Romane*, t. 74, 2010, p. 119-198.

21 Ead., « Les emprunts arabes et grecs dans le lexique français d'Orient (XIIIe-XIVe siècles) », *Revue de Linguistique Romane*, t. 76, 2012, p. 99-197 ; Ead., « La variation lexicale en

de ces analyses s'accorde aux témoignages externes : on peut dire qu'à Chypre des éléments originaux (surtout grecs et latins) se greffent sur la base du français d'Outremer, sans pour autant en compromettre la *facies* d'oïl. Il faut aussi ajouter que, si on ne peut pas douter que les emprunts au grec ont eu lieu à Chypre, pour beaucoup d'italianismes, et surtout pour les très fréquents mots de la navigation (tels que *bo(u)nace*, *chourme*, *corsal* et *corsa(i)re*, *nave*, *pedot* et *tramontane*) il faut postuler une diffusion et une circulation plus ample : il s'agit de « mots méditerranéens », selon la définition qu'en a récemment donnée Fabio Zinelli[22], qui se retrouvent aussi dans le français de France mais aussi dans beaucoup d'autres langues de la Méditerranée, romanes et non, qui auraient pu être acquises au français de Chypre dans des contextes géographiques et chronologiques différents.

LES ROMANISMES DU GREC CHYPRIOTE

Le cadre offert par les recherches sur les emprunts aux langues romanes dans le lexique chypriote est beaucoup plus problématique, et même chaotique, en particulier pour ce qui concerne les deux chroniques du XVe siècle de Léontios Machairas et Georges Boustron, qui, avec la traduction des *Assises des Bourgeois* qui remonte au siècle précédent, représentent les témoignages les plus importants du dialecte de l'île au Moyen Âge. Les chercheurs ont cru pouvoir identifier dans le lexique emprunté aux langues romanes de ces textes les dérivations les plus disparates, dans le domaine gallo-roman aussi bien que dans le domaine italo-roman, en prenant en compte de façon très limitée le contexte historique et sociolinguistique, lequel indiquerait un rôle de premier plan pour la variété française locale.

Le pionnier de ces recherches, le linguiste allemand Gustav Meyer, était convaincu que les romanismes du grec médiéval de Chypre étaient

---

fonction du contact linguistique : le français dans l'Orient latin » *La régionalité lexicale du français au Moyen Âge*, éd. Martin-Dietrich Glessgen – David Trotter, Strasbourg, Éditions de Linguistique et de Philologie, 2016, p. 195-206. Su *grif(f)on* 'greco' *cf.* anche Nicolaou-Konnari, Angel, « Strategies of Distinction: The Construction of the Ethnic Name *Griffon* and the Western Perception of the Greeks (Twelfth-Fourteenth Centuries) », *Byzantinistica. Rivista di studi bizantini e slavi*, n. s., t. 4, 2002, p. 181-196.

22 Zinelli, Fabio, « Espaces franco-italiens : les italianismes du français-médiéval », *La régionalité lexicale du français au Moyen Âge*, éd. Martin-Dietrich Glessgen, David Trotter, *op. cit.*, p. 207-268.

principalement d'origine italienne et, plus précisément, vénitienne[23]. Meyer (qui était probablement influencé par les emprunts aux langues romanes de l'albanais et du grec de Grèce, parmi lesquels l'élément vénitien est prépondérant) attribue au vénitien les trois quarts des 315 emprunts environ qu'il a repérés, et il penche pour une origine française seulement dans les cas où une origine italo-romane doit être exclue pour des raisons formelles (l'absence de la latérale dans *βότα* 'voûte, coupole', la palatalisation de CA- et la spirantisation de la labiale dans *τζιβητάνος* 'capitaine', l'apocope vocalique dans *μαρκίς* 'marquis', etc.), ou pour l'absence du type lexical en italien (*πουκλέριν* < *bouclier*, *τζαμπεροῦνιν* < *chaperon*, *τουέριν* < *douaire*).

Pour le chypriote Kyriakos Chatzeioannou, qui est l'auteur d'un petit volume consacré aux emprunts du grec de l'île, la plupart des romanismes du chypriote serait d'origine occitane[24], comme le démontreraient, d'un côté, des particularités formelles ponctuelles (par exemple, l'insertion d'une consonne nasale non étymologique partagée par le chypriote σιμιντίριν 'cimetière' et l'occitan *cementiri*), et, de l'autre côté, des phénomènes systématiques (comme la présence de [u] en correspondance d'un ō ou d'un ū latin dans l'étymon dans les mots comme *ἀμουροῦζα* 'amoureuse', *πρετζιοῦσος* 'précieux', *προκουρούρης* 'procureur'). L'hypothèse de Chatzeioannou est difficile à admettre, parce que nous ne conservons aucun témoignage de l'utilisation de l'occitan à Chypre ou dans l'Orient latin, et parce que la circulation et le prestige de cette variété au Levant devaient être très faibles. Comme l'observait déjà le byzantiniste Richard Dawkins, l'erreur de Chatzeioannou est de ne prendre en considération que l'aspect formel des emprunts, sans se soucier de la plausibilité historique de la reconstruction de leur circulation[25]. Par ailleurs, l'explication de Chatzeioannou est aussi insaitisfaisante du point de vue phono-morphologique, parce que le savant chypriote prend pour point de comparaison non pas l'occitan médiéval, mais la variété du XIXe siècle qui est enregistrée dans le dictionnaire de Simon-Jude

23 Meyer, Gustav, « Romanische Wörter im kyprischen Mittelgriechisch », *Jahrbuch für romanische und englische Literatur*, t. 3, 1876, p. 33-56.

24 Chatzeioannou, Kyriakos, *Περὶ τῶν ἐν τῇ μεσαιωνικῇ καὶ νεώτερᾳ κυπριακῇ ξένων γλωσσικῶν στοιχείων*, Athina, s.e., 1936.

25 Dawkins, Richard, « Compte-rendu de Kyriakos Hadjiioannou, *Περὶ τῶν ἐν τῇ μεσαιωνικῇ καὶ νεωτέρᾳ κυπριακῇ ξένων γλωσσικῶν στοιχείων* », *Byzantinisch-neugriechische Jahrbücher*, 13 (1937), p. 108.

Honorat, et il finit par attribuer à la langue-source des phénomènes qui se manifestent assez tard en occitan, par exemple le passage, déjà cité, de [o] à [u][26].

Malgré le fait que la thèse « occitane » de Chatzeioannou manque de bien fondé, elle a eu beaucoup de succès à Chypre et dans le monde grec en général, avec le résultat que des étymologie occitanes sont données pour un grand nombre de mots chypriotes dans un ouvrage par ailleurs fiable et incontournable comme le grand dictionnaire du grec médiéval d'Emmanuel Kriaràs[27]. Même l'étude la plus récente et complète sur les emprunts lexicaux du chypriote, c'est-à-dire le livre de Stavroula Varella, accepte une grande quantité d'étymologies provençales, toutes dérivées du glossaire de Chatzeioannou[28]. Heureusement, déjà en 1997 les linguistes Jim Davy et Anna Panayotou ont définitivement montré que les arguments de Chatzeioannou étaient très faibles, et ils ont mis en évidence que certains traits que ce savant considérait comme probants (comme la terminaison en *-a* d'une grand partie de noms féminins, tels que *δάμα* 'dame [dans les jeux de cartes]', *ταμιζέλλα* 'demoiselle', *ριβ(ι)έρα* 'rivière', *τζάμπρα* 'chambre' ecc., et le faible nombre de féminin en *-ε*, tels que *τάμε* 'dame [titre honorifique]') s'expliquent non pas par les caractéristiques de la langue-source, mais par la volonté d'intégrer les emprunts au système morphologique de la langue d'arrivée (et partant les mots féminins français terminant en *-e* ont été intégrés dans la classe des féminins en *-a*, qui est la plus productive en grec pour ce genre)[29]. Cependant, Davy et Panayotou commettent une erreur semblable à celle de Chatzeioannou en essayant d'attribuer la plupart

26 Honnorat, Simon-Jude, *Dictionnaire provençal-français ou dictionnaire de la langue d'oc, ancienne et moderne, suivi d'un vocabulaire français-provençal*, 2 vol., Digne, Imprimerie Repos, 1846-1847. On a les premiers témoignages de la fermeture de [o] en [u] en occitan à partir du XIVe siècle, mais il faut attendre le siècle suivant pour que le phénomène s'affirme : il était alors trop tard pour qu'il puisse s'éteindre aux variétés d'exportation (*cf.* Anglade, Joseph, *Grammaire de l'ancien provençal ou ancienne langue d'oc*, Paris, Klincksieck, 1921, p. 77-78 ; Ronjat, Jules, *Grammaire istorique des parlers provençaux modernes*, 4 vol., Montpellier, Société des langues romanes, 1930-1941, vol. I, p. 142-143 et 295-296).

27 Kriaràs, Emmanuel, *Λεξικό τῆς μεσαιωνικῆς ἑλληνικῆς δημώδους γραμματείας 1100-1669*, 14 voll., Thessaloniki, s.e.

28 Varella, Stavroula, *Language Contact and the Lexicon in the History of Cypriot Greek*, Oxford, Peter Lang, 2006.

29 Davy, Jim, Panayotou, Anna, « French Loans in Cypriot Greek », *Chypre et la Méditerranée orientale. Formations identitaires : perspectives historiques et enjeux contemporains*, Actes du Colloque tenu à Lyon 1997, Université Lumière-Lyon 2, Université de Chypre, éd. Yannis

des emprunts romans non pas au français d'Outremer mais plutôt au poitevin, considéré une source historiquement plausible sur la base du principe sociolinguistique du « *overt prestige* » [« prestige manifeste »], parce que les Lusignan, la dynastie régnant à Chypre, étaient originaires du Poitou, et « *the major varietal influence on the Cypriot court* [...] *is likely to have been associated with the royal house of the Lusignan*[30] ». De cette prémisse découle que, d'après Davy et Panayotou, un certain nombre des traits aberrants des romanismes du grec chypriote, parmi lesquels [u] de Ō ou Ŭ latins, devraient être attribués au rôle d'acrolecte joué par le poitevin pendant au moins le premier siècle du royaume.

Les deux chercheurs omettent pourtant d'expliquer pourquoi, malgré le prétendu prestige du poitevin, on utilisait dans les chancelleries du royaume une variété de français qui n'était pas foncièrement différente de celle qui était utilisée dans le royaume de Jérusalem. Ils négligent aussi un fait qui est bien connu par les historiens, c'est-à-dire que la plus grande partie des chevaliers de la cour des Lusignan ne venait pas de France, mais du royaume de Jérusalem, et que ces chevaliers, lors de leur arrivée à Chypre, avaient comme langue maternelle le français d'Outremer[31]. Ils semblent surtout ignorer que, exception faite pour quelques traits isolés, les phénomènes qu'ils considèrent comme des traces de l'influence poitevine, c'est-à-dire, à part [u] < Ō et Ŭ, l'absence de diphtongaison de [e] < Ē latin (voir *πένα* 'peine', *ρέ* 'rois', *βουργέσης* 'bourgeois') et la conservation de la vélaire finale dans des mots composés à partir de *lieu* (*λικτινέντος* 'lieutenant') sont en réalité tout à fait courants dans le français de Chypre, dont il sont autant de traits caractéristiques[32].

Il n'y a pas de doute, donc, que l'hypothèse selon laquelle le français parlé à Chypre soit la source de la plupart des romanismes est la plus économique, la seule qui soit cohérente avec le cadre historique aussi bien qu'avec la phono-morphologie des emprunts, sur la base du principe énoncé par Dawkins dans sa note linguistique à la chronique de Machairas : « *where there is any doubt it is to be taken as more probable that*

Ioannou – Françoise Métral – Marguerite Yon Lyon, Maison de l'Orient méditerranéen, p. 113-125.

30 [« la variété qui est susceptible d'avoir exercé l'influence la plus importante sur la cour chypriote [...] est probablement liée à la maison royale des Lusignan »] *Ibid.*, p. 117.

31 *Cf.* Edbury, Peter W., "Franks", *Cyprus. Society and Culture 1191-1374*, eds. Angel Nicolaou-Konnari – Chris Schabel, Leiden, Brill, 2005, p. 77-87, avec la bibliographie de référence.

32 Minervini, *Le français dans l'Orient latin (XIIIe-XIVe siècles), op. cit.*

a word is of French than of Italian origin » (et on pourrait aussi ajouter à *Italian Occitan* et *Poitevin*)[33].

L'hypothèse selon laquelle le français d'Outremer serait à la base de ces emprunts permet de reconnaître plus sûrement les apports de l'italo-roman ou d'autres variétés gallo-romanes, comme le fait par ailleurs Dawkins dans le glossaire en annexe à son édition de Machairas, où sont attribués à l'italien des mots qui dérivent clairement d'étymons non-gallo-romans, tels que *βεντέττα* 'vengeance', *βιστιρίζω* 'prendre d'assaut un navire', *γαλλιάτζα* et *γαλιόττα*, deux types de 'galées', *κουρτέλλα* 'couteau', *ματζακάνα cf.* it. *mazzacane* 'grosse pierre pour bâtir', *νάβα* 'navire', *πάγα* 'solde, salaire' et *τζοῦρμα* 'équipage d'un bâteau')[34]. Malgré tout, on ne peut exclure *a priori* l'intermédiaire du français pour ce mots, puisque les « mots méditerranées » *envestir*, *nave* et *chourme* apparaissent dans la *Chronique du Templier de Tyr*, c'est-à-dire dans la tradition des chroniques en français qui devait être bien connue de Machairas[35].

Dans le cas des types lexicaux communs au français et au vénitien ainsi qu'à d'autres variétés italo-romanes, dont la forme indique pourtant une origine italienne, il faudra prendre en compte la possibilité que des adaptations locales aient été obtenues en combinant plusieurs élément hétéroglottes. C'est le cas, par exemple, du substantif *ἀρμάδα*, qu'il pourrait sembler préférable de reconduire à l'italien septentrional *armada* plutôt qu'au français *armée*, mais qui, en ce qui concerne son sémantisme, s'explique mal par une origine autre que française.

Si on songe au fait que, dans les actes en grec du *Livre de remembrances* de la Secrète, qui remonte aux années 1468-1469, au français *contrée* correspond toujours *κοντράδα*, et que le français *regale* 'trésor royal' est traduit par *ρεγάλ(λ)α* mais aussi par *ρεγάδα*, avec un changement de suffixe[36], il ne semble pas impossible que la terminaison *-άδα* – originairement vénitienne mais depuis longtemps acclimatée dans le monde grec

---

33 [« en cas de doute, il est plus probable qu'un mot soit d'origine française qu'italienne »] Makhairas, *Recital concerning the Sweet Land of Cyprus, entitled "Chronicle"*, *op. cit.*, vol. I, p. 315. Dawkins, se fonde à son tour sur l'étude du philologue grec Menardos, Simos, « Γαλλικαὶ Μεσαιωνικαὶ λέξεις ἐν Κύπρῳ », *Ἀθηνᾶ*, t. 12, 1909, p. 360-384.

34 Makhairas, *Recital concerning the Sweet Land of Cyprus, entitled "Chronicle"*, *op. cit.*, vol. II, s.vv.

35 *Cf. Cronaca del Templare di Tiro (1243-1314). La caduta degli Stati Crociati nel racconto di un testimone oculare*, ed. Laura Minervini, Napoli, Liguori, 2000, s.vv.

36 *Le Livre de remembrances de la Secrète du royaume de Chypre (1468-1469)*, publié par Jean Richard, avec la collaboration de Théodore Papadopoullos, Nicosie, Centre de recherches scientifiques, 1983 (*Glossaire grec*, p. 239-241, s.vv.).

grâce à son homophonie avec le résultat local des noms de la troisième déclinaison en *-άς/-άδος* (type *μονάδα* 'unité' et *τριάδα* 'trinité') – ait été préférée à d'autres solutions moins fréquemment attestées pour adapter des mots français terminant en *-ée*.

LA CONTRIBUTION DES TEXTES ITALIENS

Nous avons jusqu'à présent laissé de côté le lexique documenté dans les textes en italien à cause de la datation tardive et de la marginalité de ceux-ci ; pour certains textes, par ailleurs, l'interférence graphique et phono-morphologique du français est si forte qu'il devient difficile de distinguer les véritables emprunts et les passages écrits carrément en français. Malgré ces faits, le corpus italo-roman du XVe siècle, très réduit, et, à plus forte raison, la vaste tradition des chroniques en vénitien du siècle suivant (qui continue la tradition française des XIIIe et XIVe siècles, et celle en grec chypriote de Machairas et Boustron) peuvent contribuer à élucider les dynamismes et aussi les limites des échanges linguistiques à Chypre au Moyen Âge.

Nous nous bornerons à un seul exemple, celui de la chronique dite de Diomede Strambaldi, qu'on devrait plutôt appeler de Diomede Strambali (d'après la forme du nom attestée dans le manuscrit Vatican latin 3941 ; l'autre manuscrit de la chronique est un *descriptus*, comme l'avait déjà vu l'éditeur du texte au XIXe siècle, René de Mas Latrie)[37]. La chronique est une traduction italienne du texte de Machairas, écrite en Italie après la conquête turque de Chypre ; on peut la dater des dernières années du XVIe siècle.

Il s'agit plus précisément, comme l'a demontré Angel Nicolau-Konnari, de la traduction de la rédaction ravennate de la chronique chypriote, laquelle est aussi transcrite dans le manuscrit Vatican par la même main qui a copié la chronique de Strambali (il s'agit, probablement, d'un manuscrit autographe). Dans le texte de Strambali on trouve, comme on peut s'y attendre, un grand nombre de mots d'origine française relatifs à des charges et à des institutions propres au royaume de Chypre et à la société féodale chypriote[38]. On pourrait être tenté de

37 Strambaldi, Diomede, *Cronicha del regno di Cypro*, éd. René de Mas Latrie, *Chroniques d'Amadi et de Strambadi*, 2 vol., vol. II, *Chronique de Strambaldi*, Paris, Imprimerie nationale, 1891.

38 Nicolaou-Konnari, Angel, « Η διασκευή του χειρογράφου της Ραβέννας της Εξήγησης του Λεοντίου Μαχαιρά και η Narratione του Διομήδη Strambali », *Τ' ἀηδόνιν κεῖνον ποῦ γλυκὰ θλιβᾶται. Εκδοτικά και ερμηνευτικά ζητήματα της δημώδους ελληνικής λογοτεχνίας*

croire que ce lexique était encore vivant pendant tout le XVIe siècle, et qu'il serait passé du français des Lusignan au vénitien des nouveaux dominateurs.

Cependant quelque chose, dans cette reconstruction, ne convainc pas. Certains emprunts au français présentent une forme inusuelle, qui indique clairement la médiation du grec. Par exemple, le titre de *maréchal* apparaît sous les formes *marza* (ainsi dans l'édition, mais il s'agit plus vraisemblablement de *marzà*) e *marizzan*, qui ne s'expliquent pas sans l'intermédiaire de l'adaptation chypriote *μαριτζᾶς*[39], et le titre de *bouteiller* est rendu par *pontulier*, *puntulier*, *pontollier* e *bundullier*[40], qui dérivent tous de la forme chypriote *πο(υ)ντουλ(λ)ιέρης*. On pourrait alors croire que ces mots circulaient encore dans la Chypre vénitienne, mais en tant qu'emprunts indirects du français à travers la variété locale du grec. Il n'y a pourtant pas d'autres attestations de ces formes, d'après ce que nous avons pu voir.

Il y a encore un dernier fait à prendre en considération : une partie de la terminologie féodale et militaire romane passée au chypriote est laissée par le traducteur non seulement dans sa forme originaire, mais aussi dans la graphie grecque. Par exemple, dans un passage qui décrit les événements de l'année 1362 l'auteur écrit que : « *il capitano* [...] *fece commandamento che nissuno non dovesse tirar freza ne βερετουνι in darno*[41] » (dans le manuscrit ravennate de la Chronique de Machairas on lit « *βερετουνιν ι σαγιτταν* », c'est-à-dire 'vireton ou flèche'[42]) ; dans un autre passage, qui narre le couronnement de Pierre II en 1369 on

στο πέρασμα από τον Μεσαίωνα στην Αναγέννηση (1400-1600), Acts of the Fourth International Conference Neograeca Medii Aevi (Nicosia, November 1997, eds. Agapitos Panayiotis – Michalis Pieris Herakleion, p. 287-315 ; EAD., « Leontios Makairas' Greek Chronicle of the 'Sweet Land of Cyprus': History of Manuscripts and Intellectual Links », *The Medieval Chronicle*, 10, ed. Ilya Afanasyev, Juliana Dresvina and Erik Kooper Leiden-Boston, Brill-Rodopi, 2015, p. 163-201.

39 Strambaldi, *Cronicha del regno di Cypro*, *op. cit.*, p. 35 : «Et quelli officii si chiamavano del regno, come: marza, siniscalco, pontulier, zamberlan» ; p. 42 : «ser Zuan de Morfu, conte de Ruchas et marizzan de Cipro».

40 *Ibid.*, p. 35 : «Et quelli officii si chiamavano del regno, come: marza, siniscalco, pontulier, zamberlan» ; p. 39 : «misser Simon Babin, puntulier del regno de Cipro» ; p. 40 : «misser Simon Babi, pontollier de Cipro» ; p. 46 : «ser Amon Babin, bundullier de Cipro».

41 *Ibid.*, p. 52.

42 Les leçons du manuscrit de Ravenne sont citées d'après l'édition diplomatique synoptique des trois témoins de la chronique : *Μαχαιρά Χρονικό της Κύπρου. Παράλληλη διπλωματική έκδοση των χειρογράφων*, eds. Michalis Pieris, Angel Nicolaou-Konnari, Nicosia, Kentro Epistemonikon Erevnon, 2003 (le passage cité est à la p. 133, f. 36v, r. 20).

lit « *Et messero il gran scudo* κονφανον *verso il fiume* », où κονφανον est l'adaptation en grec chypriote de l'ancien français *confenon* ou *gonfanon*[43]. Comme l'a demontré Nicolaou-Konnari, ces mots n'ont pas été traduits parce que l'auteur ne les connaissait désormais plus, et il a donc préféré les copier puisqu'il n'en connaissait pas le sens[44].

À la lumière de ce fait, les formes inusuelles modelées sur le grec que nous avons vues ci-dessus nous semblent autant de tentatives de restituer une graphie romane à un lexique que Strambali ne comprenait que mal, ou pas du tout. On peut en déduire que, même dans les siècles précédents, ces mots n'étaient pas entrés de façon stable dans le grec chypriote, et que, partant, ils sortirent bientôt d'usage avec l'obsolescence des *realia* auxquels ils se référaient ; pour cette raison, ce serait une erreur de considérer les attestations de la chronique de Strambali comme le témoignage d'une circulation plus vaste de ces mots, au moins dans la forme avec laquelle ils apparaissent à l'époque de composition de la chronique.

CONCLUSION

Dans cette discussion d'exemples tirés de langues et documents très différents, qui ne pouvait pas viser l'exhaustivité, nous avons essayé de dégager quelques-uns des caractères et des problèmes propres à la reconstruction des échanges lexicaux et plus généralement, linguistiques dans le royaume franc de Chypre. En essayant de faire le bilan de notre discussion, nous pouvons en tirer au moins trois indications de méthode, qui peuvent aussi bien être valables pour d'autres situations semblables, mais éloignées dans le temps et dans l'espace. La première, comme nous

---

43 Strambaldi, «Cronicha del regno di Cypro», *op. cit.*, p. 114. Dans le manuscrit de Ravenne on lit : « (και) εκρεμμασαν τον μεγαν κουφανον προστον ποταμον » (*Λεοντίου Μαχαιρά Χρονικό της Κύπρου*, eds. Pieris, Nicolaou-Konnari *op. cit.*, p. 222, carta 78v, rr. 2-3). Il faut partant interpréter le « grand bouclier » de la chronique de Strambali comme une tentative de rendre *κουφανον*; tentative dont le traducteur même ne devait pas être satisfait, puisqu'il l'a fait suivre par la forme grecque (avec un échange facile de <υ> avec <ν>, qui est rendu possible par l'existence des deux adaptation concurrentes, *κου(ν) φανόν* e *κονφανόν*).

44 Nicolaou-Konnari, « Η διασκευή του χειρογράφου της Ραβέννας της Εξήγησης του Λεοντίου Μαχαιρά και η Narratione του Διομήδη Strambali », *op. cit.*, *passim*.

l'avons indiqué au § 1, est que le lexique documenté dans les textes doit être étudié dans le cadre des rapports de force entre les différentes langues du répertoire linguistique des habitants de l'île, parce qu'on risque sinon de mal l'interpréter : normalement, l'effet d'une telle démarche est de réduire les éléments qui restent en jeu, et qui tendraient, dans une analyse qui ne tiendrait pas compte du contexte sociolinguistique, à se multiplier sans « faire système ». La deuxième indication est que les phénomènes d'adaptation se révèlent souvent capables d'expliquer des anomalies phono-morphologiques qui ne sont qu'apparentes, et qu'ils doivent donc être connus et compris avant d'attribuer chaque mot à une variété plutôt qu'à une autre. La dernière indication est que, dans un contexte multilingue comme celui de Chypre, la circulation du lexique et les échanges de mots d'une langue à l'autre doivent être étudiés en prenant en compte toutes les variétés du répertoire, car les langues qui ne sont pas l'objet principal de la recherche peuvent aussi nous donner des renseignements utiles et parfois dirimants. Pour reprendre la formulation heureuse d'un essai de Gilles Grivaud, les mots, dans leur transmission d'une langue à l'autre et dans l'intersection entre les langues, sont autant d'*entrelacs chiprois*, au même titre que les échanges dans le domaines de la littérature, des arts figuratifs et des autres aspects de la vie intellectuelle chypriote au Moyen Âge[45].

Daniele BAGLIONI
Università Ca' Foscari Venezia

45 Grivaud, *Entrelacs chiprois*, *op. cit.*

LES PREMIÈRES PHASES DE LA TRANSMISSION DE L'*ERACLES*

GUILLAUME DE TYR, LA *CHRONIQUE* D'ERNOUL ET DE BERNARD LE TRÉSORIER, L'*ERACLES*

Les données externes sur la composition des textes qui forment l'objet de cette étude conduisent d'emblée au cœur du sujet de ce volume : la transmission de matériaux culturels de l'Orient latin à l'Occident.

L'*Eracles* est une compilation historique formée par la jonction de deux textes : la traduction française du *Chronicon* de Guillaume de Tyr, et la *Chronique* d'Ernoul et de Bernard le Trésorier (*EB*). L'œuvre de Guillaume de Tyr a été écrite dans l'Orient latin. Ernoul, l'auteur du mémoire qui a été intégré dans l'ensemble plus vaste de la *Chronique*, était un membre, peut-être autochtone, de la noblesse de l'Orient latin[1] : une partie des manuscrits de la *Chronique* le mentionne, après la description de la bataille de la fontaine du Cresson (1er mai 1187)[2], comme un *vallet* à la suite de Balian d'Ibelin. Il n'est en revanche pas possible de dire s'il était encore en Terre Sainte lorsqu'il a rédigé son texte.

Guillaume, archevêque de Tyr, mourut selon toute probabilité en 1184, juste avant que se déclenchent, avec les morts rapprochées de Baudouin IV le Lépreux et de son neveu, Baudouin V, les problèmes de succession au trône de Jérusalem et la suite d'événements qui menèrent

1 Sur les hypotheses émises à propos de l'identité historique d'Ernoul, voir Morgan, Margaret Ruth, *The Chronicle of Ernoul and the Continuation of William of Tyre*, London, Oxford University Press, 1973, p. 40-46 et *Chronique d'Ernoul et de Bernard le Trésorier*, éd. Louis de Mas Latrie, Paris, Société de l'Histoire de France-Jules Renouard, 1871, p. 501-503, qui propose l'identification avec Harneis/Hernoul de Gibelet, documenté à Chypre dans les années 1230. Cette hypothèse, au demeurant séduisante, ne semble pas être étayée par des preuves suffisantes.

2 *Chronique d'Ernoul et de Bernard*, *op. cit.*, p. 149.

à la perte de la ville en 1187[3]. Ces événements sont racontés dans la partie de la *Chronique* qui peut être attribuée à Ernoul[4]. Guillaume de Tyr revient comme personnage dans la *Chronique*, qui consacre un récit détaillé (et probablement fictif) à son empoisonnement décrété par le patriarche de Jérusalem Héraclius, à l'élection duquel il se serait opposé[5].

La traduction française de Guillaume de Tyr et la *Chronique* attribuée à Ernoul et à Bernard le Trésorier ont en revanche été composées en Occident, et témoignent de l'intérêt porté par le public occidental aux événements de l'Orient Latin. Les lieux de composition des deux textes sont proches, et pourtant bien distincts. Philip Handyside a émis l'hypothèse que la traduction française de Guillaume de Tyr a été composée à la fin du règne de Philippe Auguste (qui, semble-t-il, est mentionné comme étant encore en vie) en réponse au regain d'intérêt pour la Palestine suscité par la Cinquième Croisade (1219-1223)[6].

Cette hypothèse a été remise en discussion par la découverte, par Kasser Helou, que les lettres initiales de livre de la traduction de Guillaume de Tyr forment, avec des variantes, un acrostiche mentionnat un LUDOUUICUS REX FRANCORUM B, complété, dans le manuscrit F70 (le plus récent des témoins d'Outremer de l'*Eracles*, dont le texte a été complété à Venise), en BEATUS DEI : d'après Helou, ceci amènerait à dater la composition de l'*Eracles* dans son ensemble (traduction de Guillaume de Tyr et Continuation « d'Ernoul ») du règne de Louis IX, entre 1245 et 1260[7]. Il faut pourtant tenir compte du fait que le premier

3 Edbury, Peter W., Rowe John Gordon, *William of Tyre: Historian of the Latin East*, Cambridge, Cambridge University Press, 1988, p. 22.

4 Voir Edbury, Peter W., « New Perspectives on the Old French Continuations of William of Tyre », *Crusades*, t. 9, 2010, p. 107-113, ici p. 109, et surtout « Ernoul, *Eracles* and the Collapse of the Kingdom of Jerusalem », *The French of Outremer: Communities, Communications, Confabulations*, ed. Laura K. Morreale and Nicholas L. Paul, New York, Fordham University Press, 2018, p. 44-85 et « Conrad versus Saladin: the Siege of Tyre, November-December 1187 », *Crusading Europe: Essays in Honour of Christopher Tyerman*, ed. by Jessalynn Lea Bird and G. E. M. Lippiatt, Turnhout, Brepols, 2019, p. 237-247.

5 *Chronique*, éd. Mas Latrie, p. 89-96.

6 Handyside, Philip David, *The Old French William of Tyre*, Leiden, Brill, 2015, p. 27-28 et 114-119.

7 Helou, Kasser-Antton, *Étude et édition de l'*Estoire d'Outremer*, d'après le manuscrit Firenze, Biblioteca Medicea Laurenziana, pluteus LXI.10, f. 274-336*, thèse soutenue à l'Université de Paris-Sorbonne le 8 décembre 2017, p. 126-127 souligne que : « sa canonisation ne remonte il est vrai qu'à 1297, l'enquête papale ayant quant à elle débuté en 1271 » (*ibidem*, n. 2 p. 126). La fourchette de datation entre 1245 et 1260 est proposé dans ID., « D'un acrostiche trouvé dans l'*Estoire d'Outremer* », *Romania*, t. 141, 2023, p. 294-346, aux

témoignage de la circulation de la traduction de Guillaume de Tyr dans l'Orient latin, le rapport du *bailo* vénitien Marsilio Zorzi, est daté aux années 1242-1244[8], ce qui nous ramène, au plus tard, à une date entre la fin des années 1230 et les toutes première années 1240.

La *Chronique* a circulé comme un texte indépendant : dans les huit manuscrits que nous avons de ce texte, le récit s'arrête aux années 1227 (F16 F17), 1228 (F20), 1229 (F18 F19), 1232 (F24 F25 F26)[9]. Le texte a été composé dans le Nord de la France. Peter W. Edbury a remarqué que dans la partie finale du texte la carrière de Jean de Brienne, d'abord roi de Jérusalem et ensuite régent de l'Empire latin de Constantinople, est présentée sous un jour particulièrement favorable ; en revanche, Frédéric II reçoit un traitement positif jusqu'au récit de son mariage avec Isabelle de Brienne en 1225, alors qu'il devient un personnage négatif dans la suite du texte[10]. En comparant le récit de la Quatrième Croisade par la *Chronique* et par Robert de Clari, j'ai mis en lumière des similarités entre les deux textes qui semblent confirmer que la composition du texte a eu lieu dans le milieu culturel de l'abbaye de Corbie[11].

Cette localisation de la composition et la première circulation de la *Chronique* correspond bien à la provenance des manuscrits qui transmettent le texte dans sa forme indépendante[12]. Il faut encore mentionner un fait

---

p. 318-321. Cet article très riche, qui a paru lorsque ce volume était déjà prêt à imprimer, demande une discussion plus approfondie que celle qui peut lui être consacrée ici.

8 Berggötz, Otto, *Der Bericht des Marsilio Zorzi : Codex Querini-Stampalia IV.3 (1064)*, Frankfurt a. M.-Bern-New York-Paris, Peter Lang, 1991. Pout la datation voir Jacoby, David, « The Kingdom of Jerusalem and the Collapse of Hohenstaufen Power in the Levant », *Dumbarton Oaks Papers*, t. 40, 1986, p. 83-101, aux p. 85-87.

9 Pour le système de sigles utilisé dans cet article, voir ci-dessous.

10 Edbury, « New Perspectives », *op. cit.*, et Id., « Ernoul, *Eracles* and the Fifth Crusade », *The Fifth Crusade in Context: The Crusading Movement in the Thirteenth Century*, ed. E. J. Mylod, G. Perry, Th. W. Smith and J. Vandeburie, London and New York, Routledge, 2017, p. 163-174. Voir aussi Perry, Guy, *John of Brienne: King of Jerusalem, Emperor of Constantinople, c. 1175-1237*, Cambridge, Cambridge University Press, 2013, p. 13-14.

11 Gaggero, Massimiliano, « Western Eyes on the Latin East: The *Chronique d'Ernoul et de Bernard le Trésorier* and Robert of Clari's *Conquête de Constantinople* », in *The French of Outremer: Communities and Communications in the Crusading Mediterranean*, ed. Laura K. Morreale and L. Nicholas Paul, Fordham Series in Medieval Studies, New York, Fordham University Press, 2018, p. 86-109.

12 Les manuscrits F16 F17 F18 F19 F20 F24 F25 F26 sont tous localisés dans le Nord de la France par Folda, Jaroslav, « Manuscripts of the *History of Outremer* by William of Tyre: A Handlist », *Speculum*, t. 27, 1973, p. 90-95, p. 93. Les traits linguistiques de F17 renvoient à l'Artois et ceux de F20 à la Picardie d'après *The Old French Johannes Translation of the* Pseudo-Turpin *Chronicle*, ed. by Ronald N. Walpole, 2 vol., Berkeley-Los

important en ce qui concerne les transferts culturels de l'Orient latin à l'Occident : la *Chronique* est l'un des premiers textes de la légende de Saladin, qui est élaborée dans la France du Nord – comme le montrent les implications dynastiques de ses premiers avatars – pour être ensuite transmise au reste de l'Europe[13]. Une version remaniée de la *Chronique* – les *Estoires d'Outremer* – composée à son tour dans la France du Nord et transmise par trois manuscrits, transforme le texte en une sorte de biographie de Saladin[14].

Le but de cet article est d'examiner les caractéristiques de la circulation de l'*Eracles* en Occident à partir d'un corpus de manuscrits peu étudiés et relativement anciens et de préciser, sur la base de nouveaux sondages, les rapports entre les témoins de la *Continuation* de la traduction de Guillaume de Tyr tirée de la *Chronique*. J'essaierai aussi de déterminer quelle est la branche de la tradition de laquelle dépendent les versions remaniées de la *Continuation*, dites de *Colbert-Fontainebleau* (F73 F57 : dorénavant *CF*)[15] et de *Lyon* (F72 et, en partie, F70)[16], datées par Edbury de la décennie 1240 (*CF* précédant *Lyon*). J'aurai ainsi la

---

Angeles-London, University of California Press, 1976, II, p. 211-224 et 431-437, tandis que la langue de F16 est celle de l'Île-de-France (*ibid.*, p. 395-406). F24 présente des interpolations concernant l'histoire de Picardie et de Flandre (ces passages seront édités en annexe dans l'édition préparée par Peter W. Edbury avec ma collaboration). La localisation de F25 F26 est en revanche à réviser : il s'agit, d'après mon étude d'ensemble des deux manuscrits, de copies italiennes. Voir Gaggero, Massimiliano, « Identification de deux manuscrits italiens de la *Chronique* d'Ernoul et de Bernard le Trésorier », *Segno e Testo*, t. 16, 2018, p. 291-314. Dans la suite de l'article les manuscrits sont cités selon les sigles établis par Edbury, Peter W., « The French Translation of William of Tyre's *Historia*: The Manuscript Tradition », *Crusades*, t. 6, 2007, p. 69-105, formés par F[olda] suivi par le numéro qui identifie chaque copie dans l'article cité ci-dessus. Je renvoie tacitement à Folda pour les cotes des manuscrits qui ne font pas partie du corpus analysé ici. Le sigle *EB* renvoie au texte de la *Chronique*, *CF* à la rédaction *Colbert-Fontainebleau* (F73 F57) et *Lyon* à la rédaction transmise par F72 et, partiellement, F70. Je cite *EB* et *CF* d'après la nouvelle édition préparé par P. W. Edbury avec ma collaboration, tout en renvoyant aux éditions précédentes de Mas Latrie et *RHC*, et *Lyon* d'après ma collation des deux manuscrits.

13 Pour une vue d'ensemble de la tradition sur Saladin, voir Paris, Gaston, *La légende de Saladin*, Paris, Imprimerie Nationale, 1893 et Jubb, Margaret, *The Legend of Saladin in Western Literature and Historiography*, Lewiston, Edwin Mellen Press, 2000.

14 *A Critical Edition of the Estoires d'Outremer et de la naissance Saladin*, by Margaret A. Jubb, London, Committee for Medieval Studies, Queen Mary and Westfield College, University of London, 1990.

15 *Recueil des historiens des Croisades*, publié par les soins de l'Académie des Inscriptions et Belles Lettres, *Historiens occidentaux*, II, Paris, Imprimerie impériale, 1859 (dorénavant *RHC*).

16 *La Continuation de Guillaume de Tyr (1184-1197)*, publiée par Margaret Ruth Morgan, Paris, Geuthner, 1982.

possibilité de revenir sur certaines hypothèses formulées dans mon étude consacrée à l'ensemble de la tradition manuscrite de la *Chronique* et de la *Continuation*[17].

MISE EN PAGE ET MISE EN TEXTE DES PREMIERS MANUSCRITS DE L'*ERACLES*

Pour étudier les premières phases de la circulation de l'*Eracles*, j'ai sélectionné les dix manuscrits les plus anciens en me fondant sur les datations proposées par Folda. En raison de leur date et/ou de leurs caractéristiques matérielles, trois manuscrits se distinguent par rapport au reste de la production. Il s'agit du manuscrit le plus ancien contenant, à la suite de la traduction de Guillaume de Tyr, une continuation (F38, London, British Library, Yates Thompson 12, daté de la moitié du XIIIe siècle), du manuscrit F41 (Paris, BnF, fr. 67, daté de la seconde moitié du XIIIe siècle), et du manuscrit F40 (Paris, Bibliothèque du Ministère des Affaires Étrangères, Mémoires et Documents, 230bis)[18].

La date de F38 est assez ancienne : ici, il suffit d'observer que, parmi les six manuscrits qui ne contiennent que la traduction française de Guillaume de Tyr, trois sont datées de la première moitié du XIIIe siècle : F03 (Paris, BnF, fr. 2632) et F04 (Paris, BnF, fr. 2826), pour lesquels Folda hésite entre l'Orient latin et la France, et F05 (Paris, BnF, fr. 9081, 1240-1250), localisé en Île-de-France[19]. Le manuscrit F06 (Città del Vaticano, BAV, Pal. Lat. 1963) est daté du troisième quart du XIIIe siècle[20],

17 Gaggero, Massimiliano, « La *Chronique* d'Ernoul : problèmes et méthode d'édition », *Perspectives médiévales*, t. 34, 2012 (http://peme.revues.org/1608, dernière consultation : 3/12/2023).

18 Je n'ai pas pu consulter l'original du manuscrit : lors d'une visite à la bibliothèque du Ministère des Affaires Étrangères, le personnel n'a pas pu localiser le manuscrit à l'intérieur de la collection ; les renseignements que je donnerai par la suite se fondent sur la consultation du microfilm en noir et blanc.

19 Sur F05 voir Folda, Jaroslav, *Crusader Art in the Holy Land, From the Third Crusade to the Fall of Acre*, Cambridge, Cambridge University Press, 2005, p. 235-236, qui propose une datation 1244-1248.

20 D'après Folda, Jaroslav, "A Crusader Manuscript from Antioch", *Atti della Pontificia Accademia romana di archeologia*, t. 42, 1969-1970, p. 283-298, le texte de F06 a été copié

comme les manuscrits qui sont à la base de cette étude, tandis que les autres manuscrits contenant seulement la traduction de Guillaume de Tyr sont tardifs : F01 (Cambridge, Sidney Sussex College, 93) est du XIVe siècle, F02 (Paris, BnF, fr. 2627) est du XVe.

La copie de F38 est aussi la plus proche de la compilation de l'*Eracles*, qu'on peut fixer à partir de 1231-1232 environ, date à laquelle s'arrête le récit de la rédaction de la *Chronique d'Ernoul* utilisée en guise de *Première Continuation* de Guillaume de Tyr.

Le reste de la production prise en examen forme, d'après Folda, un ensemble chronologiquement cohérent, qui remonte au troisième quart du XIIIe siècle :

F41	Paris, BnF, fr. 67 ;
F40	Paris, Ministère des Affaires Étrangères, Mémoires et Documents, 230bis ;
F32	Bern, Burgerbibliothek, 112 ;
F33	Bern, Burgerbibliothek, 163 ;
F39	Paris, Arsenal, 5220 ;
F43	Paris, BnF, fr. 779 ;
F48	Paris, BnF, fr. 2827 ;
F45	Paris, BnF, fr. 2630 ;
F51	Paris, BnF, fr. 24208[21].

Dans la période comprise entre la moitié du XIIIe et le premier quart du XIVe siècles, l'*Eracles* circule en même temps que les autres textes qui lui sont liés (la *Chronique* dans sa forme indépendante et les *Estoires d'Outremer*) tout en étant copié dans un plus grand nombre de manuscrits. On peut représenter la situation d'après les datations de Folda dans le tableau suivant :

en France, tandis que les miniatures sont à localiser à Antioche. Voir aussi Folda, *Crusader Art in the Holy Land*, *op. cit.*, p. 347-350. Les enluminures de ce manuscrit ont été mises en rapport avec un autre manuscrit dont la localisation demeure incertaine : le *Roman de Troie* de la Biblioteca Ambrosiana de Milan : voir Meneghetti, Maria Luisa, «Il ms ambrosiano D 55 sup. tra Francia, Oltremare e "Lombardia": illazioni su un percorso possibile», *Narrazioni e strategie dell'illustrazione: codici e romanzi cavallereschi nell'Italia del Nord (sec. XIV-XVI)*, ed. Annalisa Izzo et Ilaria Molteni, Roma, Viella, 2014, p. 15-24 et Orobello, Giuseppina, «Nuove ipotesi sulla produzione e circolazione del manoscritto ambrosiano del *Roman de Troie* (D 55 Sup.)», *Carte romanze*, t. 3, 2, 2015, p. 189-214 (https://riviste.unimi.it/index.php/carteromanze ; dernière consultation : 3/12/2023).

21 Les reproductions des manuscrits F39, F41, F43, F45, F48, F51 peuvent être consultées sur le site *Gallica* de la BnF (dernière consultation le 22 décembre 2023).

Datation	Mss. occidentaux de l'*Eracles*	Mss. orientaux	*Chronique*	*Estoires*
Moitié du XIIIe s.	F38		F16	
1255-1260		F50		
1250-1260/70		F73		
Seconde moitié du XIIIe s.	F41		F17	F21, F22
1265/1250-'75	F40			
Troisième quart du XIIIe s.	F32, F33, F39, F43, F45, F48, F51			
1280 ca.		F49, F71, F72		
1280-1291		F78, F69, F70		
1291-1295	F54, F55, F31, F35		F24, F20	
	F74, F77			
1300 ca.	F34, F46, F47, F52		F19	
Premier quart du XIVe s.	F57		F26 F25	

Les manuscrits qui intéressent pour l'analyse que je propose ici sont *grosso modo* contemporains de la tradition d'Outremer, mais ils n'en sont pas influencés, comme le seront des manuscrits plus tardifs, tels F74 et F77, copiés en Italie, et F57, copié en France. Dans ces derniers manuscrits (à l'exception de F57), la *Première Continuation* est suivie par la *Continuation d'Acre* ; dans F52[22], F54, F55, F57, elle est suivie par la *Continuation Rothelin*, composée en Occident, après 1261[23]. Le groupe de manuscrits que j'ai délimité présente donc le noyau de base de l'*Eracles* (Guillaume de Tyr en français et *Première Continuation*) ; cette forme de la compilation est par ailleurs encore copiée au XVe siècle, comme l'attestent les manuscrits tels que F36, F37, F42, F44.

Les études sur les manuscrits de l'*Eracles* se sont surtout concentrées sur les copies réalisées dans l'Orient latin, et ont quelque peu négligé les manuscrits occidentaux. Pour les manuscrits qui font l'objet de cette

22 Je reviendrai sur ce manuscrit plus loin dans ce paragraphe.

23 F57 est donc un manuscrit hybride, qui donne la rédaction d'Outremer de la *Première Continuation*, à laquelle fait suite la *Continuation Rothelin*, compilée en Occident.

étude on peut s'appuyer seulement, sauf erreur, sur la thèse inédite de Folda[24], et sur la monographie de Branner consacrée à l'art parisien sous Louis IX[25], publiée après la mort de l'auteur. Il convient de rappeler que ces études, par ailleurs remarquables, se fondent exclusivement sur le style des enluminures, et qu'elles ne nous renseignent pas sur les aspects codicologiques et paléographiques des manuscrits : elles ne prennent pas non plus en compte des éléments du décor qui, comme les lettrines et leurs filigranes, se sont avérés, dans d'autres cas, très importants pour la localisation des manuscrits.

Le manuscrit F38 est le plus ancien manuscrit contenant la *Continuation* tirée de la *Chronique d'Ernoul et de Bernard le Trésorier*. Son importance pour la tradition de l'*Eracles* a souvent été soulignée ces dernières années par le groupe de travail réuni par Peter W. Edbury, et j'y reviendrai dans l'analyse des rapports entre les manuscrits. Pour ce témoin, Folda a proposé à plusieurs reprises une provenance anglaise, mais sans avancer de preuves très solides[26]. Une hypothèse de localisation différente a été émise récemment par Leson, qui, en se fondant sur les armoiries représentées dans les enluminures, a mis F38 en relation avec la maison de Coucy, ce qui amènerait à une localisation dans le Nord de la France (Coucy-le-Château, Aisne)[27].

La localisation de F40 pourrait aussi être révisée ; dans sa thèse, Folda écrivait que le manuscrit a été copié dans le Sud de la France sur la base d'un modèle provenant du Nord[28]. Pourtant, sans avoir vu l'original du manuscrit, d'après le microfilm, la langue et l'écriture n'ont pas l'air d'être méridionales, et ce qui est visible de l'enluminure et de la décoration semble pouvoir être rapproché de manuscrits du Nord de la France.

24 Folda, Jaroslav, *The Illustrations in Manuscripts of the* History of Outremer *by William of Tyre*, 3 vol., Baltimore, The Johns Hopkins University, 1968.

25 Branner, Robert, *Manuscript painting in Paris during the reign of Saint Louis: A Study of Styles*, Berkeley-Los Angeles-London, University of California Press, 1977.

26 Voir en particulier Folda, Jaroslav, « The Panorama of the Crusades, 1096 to 1218, as Seen in Yates Thompson MS. 12 in the British Library », *The Study of Medieval Manuscripts of England*, éd. G. Hardin Brown et L. Ehrsam Voigts, Turnhout, Brepols, 2010, p. 253-280. Cette localisation avait été proposée en 1968 dans la thèse de l'auteur, p. 202-210, et reprise dans la liste de manuscrits de 1973, p. 94.

27 Leson, Richard, « "Partout la figure du lion" : Thomas of Marle and the Enduring Legacy of the Coucy Donjon Tympanum », *Speculum*, t. 93, 1, 2018, p. 27-71, ici p. 48-50, en particulier la n. 58 p. 49-50.

28 Folda, *The Illustrations*, *op. cit.*, p. 163-167.

L'hypothèse de la provenance de F41 du Nord de la France[29] a été en revanche confirmée d'après examen des initiales filigranées par Patricia Stirnemann, qui croit possible de préciser la localisation du décor en Picardie – Pas-de-Calais, et d'étendre la fourchette de datation jusqu'en 1280. Ce manuscrit est la seule copie de l'*Eracles* de très grand format. La compilation est précédée, aux f. 1-81rb, par des annales en français allant de Jules César à l'année 1113 : Léopold Delisle a montré qu'il s'agit d'une « version française des chroniques d'Eusèbe, saint Jérôme et Sigebert de Gembloux », dont il attribue la composition à un moine de Saint-Pierre de Melun[30]. La décoration du manuscrit, très sobre, consiste seulement en des initiales filigranées, qui sont localisables dans la France du Nord. L'exécution du décor est pourtant extrêmement soignée, comme la mise en page – très complexe – du manuscrit. Avec le format et la haute qualité du parchemin, ces caractéristiques font du manuscrit une copie de luxe, malgré l'absence d'enluminure. Par ailleurs, une note en écriture du XIVe siècle au f. 315ra atteste que « Ce liure est le duc de Normendie et| de Guie*n*ne|| Jehan. & », c'est-à-dire Jean de Valois, qui fut ensuite roi avec le titre de Jean II Le Bon.

Du point de vue iconographique, le groupe le plus cohérent de la « première génération » de l'*Eracles* est formé par F32 F33 F39 F43 F45 F48 F51. Folda identifie ce groupe dans sa thèse et lui donne le nom de « *Seven Cycles Group*[31] ». Le groupe est localisé dans son ensemble dans le Nord de la France (c'est-à-dire la France d'oïl), et il montre un programme iconographique foncièrement cohérent, qui est filtré à travers trois modèles principaux. Ces trois filons connaissent des entrecroisements relativement fréquents, qui sont représentés ainsi par Folda à la fin de son chapitre 3 :

29 Folda, *The Illustrations*, *op. cit.*, p. 94, sans discussion.

30 Delisle, Léopold, « Mémoire sur les œuvres de Guillaume de Nangis », *Mémoires de l'Institut national de France*, t. 27, 2, 1873, p. 364-372, qui a montré qu'il ne s'agit pas d'une version française du *Chronicon* de Guillaume de Nangis, comme le croyait Paulin Paris. Le texte, qui demeure inédit, est aussi contenu dans les manuscrits Paris, BnF, fr. 696 et 5703 : voir à ce propos les fiches consacrées à l'œuvre et aux manuscrits dans la base jonas.irht.cnrs.fr. (dernière consultation : 3/12/2023).

31 Dans la suite je reprends de façon nécessairement synthétique les argumentations de Folda, *The illustrations*, *op. cit.*, p. 167-246.

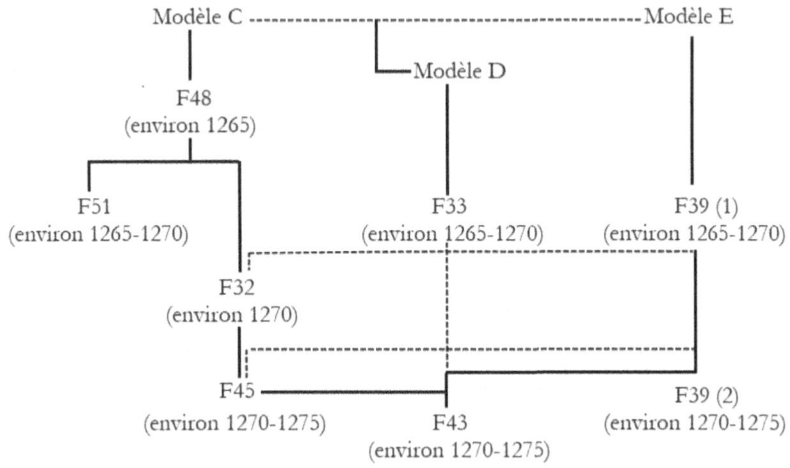

FIG. 1 – Le « Seven Cycles Group » d'après Folda.

Ce schéma ne recoupe pas celui qu'on peut dessiner sur la base de l'étude du texte, ce qui souligne, s'il en était besoin, que la transmission du programme iconographique et la transmission du texte suivent parfois des vois indépendantes. Il donne pourtant une représentation efficace des relations établies par Folda sur la base de rapprochements iconographiques et/ou stylistiques. La présentation de la chronologie des copies – ainsi que leur localisation – est aussi plus articulée que dans l'article de 1973, où tous les manuscrits de ce groupe sont datés environ 1275. Il faut pourtant garder à l'esprit que les datations sont établies à partir du rapprochement stylistique entre F48 (considéré le plus proche du cycle-modèle) et le *Roman de Troie* du ms. Paris, BnF, fr. 1610, daté, dans son colophon, de mai 1264 : Folda estime que les manuscrits sont d'autant plus tardifs qu'ils présentent des innovations iconographiques, qui restent parfois isolées. Sont attribués à des ateliers du Nord les manuscrits F48, F32, F45 et F39, tandis que pour F51 et F43 une localisation en Champagne est considérée possible, et que F33 est rapproché de l'enluminure parisienne.

Quelques années plus tard, Branner a révisé la localisation d'une partie de ces manuscrits dans sa monographie, en les rapprochant plutôt de la production parisienne du règne de Louis IX. F45 et F51 ont été attribués par ce critique à un groupe d'environ dix-huit manuscrits issus de l'atelier « du Prat » (du nom du possesseur de la Bible en quatre volumes Boston, Public Library, 1532)[32], tandis que F43 a été attribué à la production tardive de l'atelier « Johannes Grusch » (du nom du copiste du manuscrit Sarnen, Collegium, 16 de la Bible, daté de 1267)[33] et F48 à un artiste/atelier mineur qui a collaboré à la Bible glosée d'Assise, BC, 4, 5, 11, 12 et à la Vulgate du manuscrit Paris, BnF, lat. 27[34]. Branner connaissait la thèse de Folda, mais envisageait la possibilité d'une provenance septentrionale seulement pour F45 et F51, dans une note où il mentionnait aussi l'appartenance des deux manuscrits au même groupe que F32 et F33[35].

Reprendre la discussion sur les aspects stylistiques et iconographiques ne rentre pas dans mon propos. Patricia Stirnemann, dans une communication privée, a confirmé les hypothèses de Branner : d'après elle, la comparaison avec le *Roman de Troie* Paris, BnF, fr. 1610 établie par Branner vaut aussi bien pour le manuscrit F45 que pour F48, étant donné que l'enluminure de ce dernier manuscrit simplifie celle de l'atelier « du Prat ». La localisation parisienne proposée par Branner a par ailleurs été acceptée par Folda, qui l'a étendue au manuscrit F32[36]. Reste en dehors du groupe seulement F39, qui semble aussi, par sa décoration, la plus « septentrionale » des copies de ce groupe, et celle qui s'éloigne le plus de ce qu'on peut appeler le « format » commun.

Au-delà des questions de datation relative, il importe de souligner un fait qui n'a pas attiré l'attention de Folda et Branner. Les similarités entre les manuscrits de ce groupe ne concernent pas seulement l'iconographie, mais s'étendent à la présentation du texte dans son ensemble :

---

32 Branner, *Manuscript Painting in Paris*, *op. cit.*, p. 80, où le travail sur des manuscrits vernaculaires est considéré une preuve de la versatilité de l'atelier « du Prat » ; à la p. 219 les deux copies de l'*Eracles* figurent du reste dans un groupe de manuscrits qui sont « en relation avec » cet atelier.

33 *Ibid.*, p. 84 et 227.

34 *Ibid.* p. 81.

35 *Ibid.* n. 20 p. 80.

36 Pour F32 voir Folda, *Crusader Manuscript Illumination*, *op. cit.*, n. 38 p. 33, et Folda, Jaroslav, *Crusader art in the Holy Land*, *op. cit.*, p. 406, qui date F32 « c. 1270 in France ».

Sigle	Réglure	ATL	BTL	Lignes	Cahiers
F48	310 x 220	x		44	8
F45	248 x 190		x	42	8
F43	238 x 150 226 x 151	x		40	8
F32	236 × 164	x		45	8
F39	234 × 155	x		40	16
F33	231 × 157	x	x	40/41	8
F51	220 x 150		x	44	8

Exception faite pour F48, les dimensions du cadre de la réglure sont semblables[37], ainsi que le nombre de lignes par colonne ; la mise en page est toujours sur deux colonnes, et parfois elle repose sur un schéma de réglure très simple. La décoration utilise, elle aussi, un système simplifié : miniatures de début de livre au format rectangulaire, encadrées par une bordure rose et bleue, suivies par une simple initiale filigranée sur deux lignes, qui ne se distingue pas, normalement, des lettrines utilisées pour la segmentation du texte à l'intérieur de chaque livre ; le début de l'œuvre ne reçoit pas de traitement différent par rapport aux autres livres. Le seul repère à l'intérieur de la compilation, à part les lettrines, est offert par des titres courants à l'encre rouge et bleue placés dans la marge supérieure en correspondance de l'espace entre les deux colonnes de texte : sur le verso « L(ivre) » et sur le recto le numéro de livre en chiffres romains.

Ce patron est respecté par F32 F48 et F51, tandis que F33, F43, F45 et F39 s'en écartent. F33 et F43 ont une initiale décorée qui fait suite à la première enluminure. F45 est le seul manuscrit du groupe dont le programme prévoyait des rubriques en début de livre et de chapitres ; mais le programme a été réalisé seulement dans les premiers feuillets et à partir du f. 17r les espaces prévus sont restés blancs.

F39 s'écarte davantage que les autres copies de ce groupe, car il présente des initiales dorées sur fond rose et bleu à la place des initiales filigranées, utilise aussi l'or dans les titres courants. Il s'agit clairement d'une copie

37 Dans le tableau je donne seulement les dimensions de la réglure, car les dimensions des feuillets peuvent ne pas correspondre au projet original, à cause du rognage intervenu, parfois à plusieurs reprises, lors de la reliure (ou des reliures) d'un manuscrit.

d'un niveau plus élevé que les autres de ce groupe, qu'on n'aurait pas tort de considérer des copies de niveau moyen. Les commentaires de Branner et Folda sur le style des enluminures vont, me semble-t-il, dans ce sens. Elles ont l'air d'avoir été produites en série, et elles ne portent pas l'empreinte d'une commande spécialement orientée.

Je ne suis en revanche pas en mesure de dire si les écarts enregistrés dans F33, F43, F45, F39, et surtout dans les trois premiers, confirment ou s'expliquent par le fait qu'ils auraient été copiés, d'après le schéma de Folda, à une époque plus récente que les autres.

Une large majorité des scribes écrit sur la première ligne de réglure, usage qui aurait été abandonné, selon Neil Ker, à partir du milieu du XIIIe siècle[38]. Certains copistes associent à cet usage d'autres traits archaïsants, comme la forme de la note tironienne pour *et* sans trait horizontal sur la barre verticale, qui est typique, en France, de la première époque de diffusion de l'écriture gothique : il s'agit de F32, F33 et F39[39].

Les limites fixées pour l'abandon de ces usages sont toutefois trop approximatives pour servir à elles seules de critère de datation : rien n'empêche que des scribes formés à un usage aient continué à le suivre même lorsqu'il était passé de mode[40]. Dans F33, par exemple, les scribes 2 et 3 écrivent sur la première ligne de réglure, tandis que les scribes 1 et 4 écrivent à partir de la deuxième, ce qui semble attester précisément cette cohabitation entre usages différents. Le fait que la distribution des usages d'écrire sur la première ligne et de *et* non coupé ne recoupe pas parfaitement la chronologie relative établie par Folda (aussi incertaine qu'elle soit) invite à être plus prudents. Il est pourtant significatif, je crois, que ces deux caractéristiques apparaissent dans des manuscrits qui représentent, au-delà de leur datation absolue, les plus anciennes phases de la circulation de l'*Eracles* en Occident.

On peut se demander dans quelle mesure ces manuscrits, qui sont relativement anciens mais qui n'en sont pas moins éloignés de

38 Ker, Neil, « From 'above top line' to 'below top line': a change in scribal practice », *Celtica*, t. 5, 1960, p. 13-16.

39 Derolez, Albert, *The Palaeography of Gothic Manuscript Books: From the Twelfth to the Early Sixteenth Century*, Cambridge, Cambridge University Press, 2003, p. 67 et 97-98.

40 Il est intéressant, à titre d'exemple, d'observer la chronologie des manuscrits écrits au-dessus et en-dessous de la première ligne dans Careri, Maria, Fery-Hue, Françoise, Gasparri, Françoise, Hasenohr, Geneviève, Labory, Gillette, Lefèvre, Sylvie, Leurquin, Anne-Françoise, Ruby, Christine, *Album des manuscrits français du XIIIe siècle. Mise en page et mise en texte*, Roma, Viella, 2001.

trente-quarante ans de la composition de l'*Eracles*, reflètent les conditions originaires de la circulation des différentes parties de la compilation. Les traces codicologiques d'un agencement *in fieri* de la traduction de Guillaume de Tyr et de sa *Continuation* peuvent peut-être éclairer l'instabilité de certains regroupements de manuscrits lorsqu'on passe de la traduction de Guillaume de Tyr à la *Première Continuation*.

Le stemma de la traduction de Guillaume de Tyr établi par Handyside et celui de la *Continuation* proposé par moi-même diffèrent sur plusieurs points de détail. Peter W. Edbury a émis l'hypothèse que cette situation serait due au fait qu'une partie de la tradition de l'*Eracles* pourrait dériver d'un ou plusieurs antécédents dans lesquels la *Continuation* aurait été ajoutée après coup à des manuscrits déjà existants, qui ne contenaient que la traduction de Guillaume de Tyr, pour compléter et, en quelque sorte, mettre à jour ce dernier texte. Par ailleurs, il a aussi souligné à plusieurs reprises que seulement F38 semble avoir conservé le projet original de l'*Eracles*, dans lequel trois passages tirés de la partie de la *Chronique d'Ernoul* relative aux années avant 1184 (partie omise dans la *Continuation* car elle est déjà traitée par Guillaume de Tyr) sont interpolés à l'intérieur du récit de Guillaume de Tyr[41]. Ces trois passages manquent dans tous les autres manuscrits, exception faite des manuscrits de la rédaction de *Colbert-Fontainebleau*, qui conservent le troisième passage (sur Gérard de Ridefort), décalé par rapport à F38. J'y reviendrai.

L'ajout de la *Continuation* à des manuscrits qui contenaient originairement la seule traduction de Guillaume de Tyr a laissé peu de traces dans la codicologie des manuscrits conservés : F52 (Baltimore, Walters Art Gallery, 142, début du XIVe siècle) est formé de deux parties distinctes, et la *Continuation* commence au f. 273r, qui ouvre une nouvelle unité codicologique (avec une organisation différente au niveau du paratexte), tandis que la traduction de Guillaume de Tyr se termine au f. 272rb (le verso du f. 272 est resté blanc). Il s'agit du reste d'un témoin tardif, même s'il faudrait sans doute entreprendre une étude pour dater séparément les deux parties.

Il est donc d'autant plus important que des indices matériels semblables se trouvent dans des manuscrits plus anciens, tels F32 et F48. Dans F32 la traduction de Guillaume de Tyr se termine au f. 205v :

41 Edbury, « The French Translation », *op. cit.*, p. 79 et Id., « New Perspectives », *op. cit.*, p. 109; Gaggero, « La *Chronique* d'Ernoul », *op. cit.*, §§ 3 et 5.1.

la partie extérieure de ce feuillet a été découpée avant la copie de la partie finale du texte, de sorte qu'il ne reste que les colonnes 205ra et vb. Le texte se suit sans lacune sur les deux faces, ce qui prouve qu'un calcul plutôt précis du texte qui restait à copier avait été fait, et qu'on ne prévoyait pas, originairement, d'enchaîner par la *Continuation*, qui commence une nouvelle unité codicologique au f. 206ra.

Dans F48 la situation est légèrement différente : la *Continuation* commence au f. 215vb et elle suit sans coupure le dernier paragraphe de Guillaume de Tyr. Le f. 215 était pourtant originairement un feuillet isolé, collé à la fin d'un cahier (numéro 27) qui est le seul dans le manuscrit à avoir subi des réaménagements :

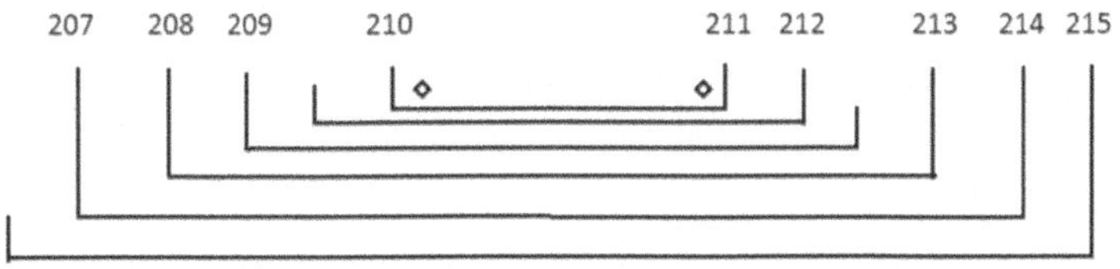

FIG. 2 – Paris, BnF, fr. 2827 : structure du cahier 27.

Le fait que le f. 215 n'appartienne pas, originairement, au cahier, est signalé par la réclame qui se trouve au f. 214v, et aussi par le fait que le texte copié à la fin du f. 215vb était trop long, et par conséquent les deux derniers mots (« caluaire *et* gorgatis ») ont été écrits sous la dernière ligne de la colonne.

Le réaménagement du cahier 27 de F48 peut être dû soit au fait que la dernière partie du manuscrit, contenant la *Continuation*, a été tirée d'un modèle différent et a été rajoutée après coup, soit à une perturbation dans l'agencement de la traduction de Guillaume de Tyr et de la *Continuation* dans le modèle direct de notre manuscrit. Il faut pourtant remarquer que la partie du texte qui débute sur le f. 215ra se trouve au milieu du dernier paragraphe de Guillaume de Tyr et que le texte copié sur les deux feuillets ne se prêtait pas à un saut du même au même. Il est en revanche possible que le copiste ait dû créer une soudure entre le cahier 27 et le cahier 28, qu'il pouvait avoir préalablement copié, et qui débute par l'enluminure du livre 23. Il est néanmoins significatif que ce brouillage se soit produit à cet endroit précis de la compilation et non pas ailleurs. Remarquons aussi tout de suite que F32 et F48 font partie des témoins qui occupent des places différentes, quoiqu'au sein de la même constellation de copies, dans le stemma de la traduction de Guillaume de Tyr et dans celui de la *Première Continuation.* Ils pourraient garder la trace du processus de « mise à jour » de manuscrits de la traduction française de Guillaume de Tyr qui aurait eu lieu au moment où la compilation de l'*Eracles* contenant la *Première Continuation* tirée de la *Chronique* (telle que F38 la témoigne) avait commencé à circuler. Il est intéressant de souligner, à ce propos, que, dans sa thèse, Folda estimait que F48 était le plus ancien des manuscrits du groupe des « *Seven Cycles* ».

LES RELATIONS TEXTUELLES ENTRE LES PLUS ANCIENS MANUSCRITS DE L'*ERACLES*

Le groupement des manuscrits établi sur la base de la chronologie et de la présentation du texte perd de consistance lorsqu'on passe à l'analyse des rapports stemmatiques. Ce manque de cohérence entre les deux niveaux de l'analyse, si elle n'est pas tout à fait surprenante, contredit ce que l'on peut observer à propos d'autres sections de la tradition textuelles de l'*Eracles*, et ce qu'on a pu constater à propos d'autres traditions manuscrites. Par exemple, les manuscrits F31 et F35 sont proches du point de vue de la mise en page et de la décoration aussi bien que de celui du texte[42]. De même, F60, F61, F62 F63, datés du XIVe siècle, ainsi que F65 (XVe siècle) forment un groupe compact du point de vue du stemma, et partagent aussi une segmentation du texte qui ignore la division en livres et se sert de rubriques assez détaillées pour l'identification de sections à l'intérieur de la narration ; la présence d'une « introduction » à l'*Eracles*, constituée à partir d'une série d'une

42 Edbury, « The French Translation », *op. cit.*, p. 80-81, Handyside, *op. cit.*, p. 216 et *passim*, et Gaggero, Massimiliano, « Le paratexte et la restructuration du récit : l'*Eracles* au XIVe siècle », *Studi Francesi*, t. 64, 3, 2020, p. 488-500, p. 498-500. Les deux manuscrits sont aussi les seuls à interpoler dans le récit de Guillaume de Tyr une rédaction en prose de l'*Ordene de chevalerie* : Jubb, Margaret, « The *Ordene de chevalerie* and the Old French Translation of William of Tyre: The Relationship of Text to Context (with and Edition of *OC*) », *Carte romanze*, t. 4, 2, 2016, p. 8-36.

description de la Terre Sainte et de textes hagiographiques, qui ont été identifiés par Paolo Rinoldi, est une autre caractéristique de cette famille[43]. La tradition d'Outremer de l'*Eracles* montre aussi une forte cohérence du point de vue du texte (par la présence de la « Continuation d'Acre ») aussi bien que du point de vue de sa présentation et de la décoration ; elle se partage entre les deux « styles » identifiés par Buchtal et Folda : celui qui présente une reprise marquée d'éléments figuratifs orientaux (F71, F72 et F73) et celui qui est reconduit à l'œuvre du « Maître de Paris-Acre » (F69, F70, F78)[44]. Seuls les manuscrits F49 et F50, qui ne sont pas illustrés et présentent des particularités du point de vue du texte, se situent à part à l'intérieur des manuscrits provenant de ces régions[45].

Pour approfondir la place occupée par les manuscrits qui forment l'objet de cette étude dans la tradition de l'*Eracles*, je me suis appuyé sur trois nouveaux échantillons de texte. Le premier concerne le récit sur la sorcière musulmane qui aurait été appréhendée par les croisés lorsqu'elle était en train de jeter un sort sur l'armée la veille de la bataille de Hattin (1187), auquel fait suite le récit de Balaam et de son ânesse, qui est censé appuyer la vérité de l'épisode relaté : il s'agit d'un récit qui n'apparaît que dans le deuxième groupe de manuscrits de la *Chronique* (F24 F25 F26) et dans la *Continuation* (voir ci-dessous) ; la rédaction brève

---

43 Edbury, « The French Translation », *op. cit.*, p. 91, Handyside, *The Old French William of Tyre*, *op. cit.*, p. 134 et 216, Gaggero, « La *Chronique* d'Ernoul », *op. cit.*, § 5.4 ; Rinoldi, Paolo, «La tradizione dell'*Estoire d'Eracles* in Italia: note su un volgarizzamento fiorentino», *Studi su volgarizzamenti italiani due-trecenteschi*, ed. Paolo Rinoldi e Gabriella Ronchi, Roma, Viella, 2005, p. 65-94. Voir aussi Morgan, Margaret Ruth, « The Rothelin Continuation of the Old French William of Tyre », *Outremer: Studies in the History of the Crusading Kingdom of Jerusalem presented to J. Prawer*, ed. B.Z. Kedar, H.E. Mayer, R.C. Smail, Jerusalem, Yad Izhak ben-Zvi Institute, 1982, p. 244-257, p. 246, et Gaggero, « Le paratexte », *op. cit.*, consacré à ce groupe de manuscrits. Le texte de cette famille semble avoir fourni le modèle utilisé par la traduction italienne de l'*Eracles* éditée par Pantalea Mazzitello : voir l'article consacré à l'étude du lexique dans la suite de ce recueil.

44 Buchtal, Hugo, *Miniature Painting in the Latin Kingdom of Jerusalem*, Oxford, Clarendon Press, 1957, p. 87-93 et 150-153 ; Folda, *Crusader Manuscript Illumination*, *op. cit.*, p. 27-41, 77-91 et 111-116 ; Id., *Crusader art*, *op. cit.* p. ###.

45 Edbury, « The French Translation », *op. cit.*, p. 82-83 et Id., « New Perspectives », *op. cit.*, p. 110. F50 abandonne la redaction *CF* pour passer à un texte de la rédaction indépendante de la *Chronique* à partir de l'épisode de la bataille du Cresson : cfr. Edbury, Peter W., « Gerard of Ridefort and the Battle of Le Cresson (1 May 1187): The Developing Narrative Tradition », *On the Margins of Crusading. The Military Orders, the Papacy and the Christian World*, ed. Helen J. Nicholson, Aldershot, Ashgate, 2011, p. 45-60.

de la *Continuation* est sensiblement différente des rédactions longues de Colbert-Fontainebleau et de Lyon pour ce passage[46].

Le deuxième échantillon couvre une série d'évènements des années 1187-1191 qui précèdent la Troisième Croisade : l'archevêque de Tyr Josse part en Occident et arrive en Sicile, où il rencontre le roi Guillaume II. Celui-ci se considère responsable de la perte de Jérusalem pour avoir détourné les pèlerins qui allaient en Palestine dans son projet échoué de conquête de l'empire byzantin. Avant de mourir, il envoie des armées en Palestine en guise de compensation[47]. Dans ce cas, la rédaction brève et les rédactions longues donnent un même texte.

Le troisième échantillon couvre le dernier segment textuel de F32 (qui a perdu les derniers cahiers)[48]. La première partie raconte les démêlées entre Richard Ier et Baudouin IX de Flandres, d'un côté, et Philippe Auguste, de l'autre, jusqu'à la mort du roi d'Engleterre ; la seconde partie est consacrées aux prises de croix et aux premières phases de l'organisation de la Quatrième Croisade. F41 manque de l'intégralité de ce segment à cause d'une lacune de son modèle.

Une étude des rapports entre les témoins d'un texte aussi long que la *Continuation* qui ne se fonde que sur des échantillons de texte de longueur réduite pose sans doute des problèmes méthodologiques : le découpage préalable des sections est en un certain sens aléatoire et le risque principal est que le passage examiné ne permette pas d'obtenir les éléments (erreurs-guide) qui seuls permettent d'établir de façon sûre les familles du *stemma codicum*. Ensuite, la longueur du texte fait qu'il pourrait y avoir dans certaines copies des cas de changement de modèle voire de contamination ; dans la tradition de l'*Eracles*, des changements

46 *Chronique*, éd. Mas Latrie *op. cit.*, p. 163-166 (= §§ CLXII-CLXIII de l'éd. Edbury-Gaggero citée dans l'*Introduction* à ce volume) ; *RHC*, p. 53-57 (= §§ 33-34 Edbury-Gaggero) ; *La Continuation*, éd. Morgan, *op. cit.*, p. 47-49. Sur les différences entre les rédactions du point de vue structural, voir Gaggero, Massimiliano, « "Succès" et tradition manuscrite : les rédactions longues de l'*Eracles* », in *Atti del XXVIII Congresso internazionale di linguistica e filologia romanza* (Roma, 18-23 luglio 2016), éd. Roberto Antonelli, Martin Glessgen, Paul Videsott, 2 vol., Strasbourg, EliPhi, 2018, I, p. 185-197, aux p. 190-192, avec renvoi à la bibliographie précédente.

47 *Chronique*, éd. Mas Latrie, *op. cit.*, p. 244-247 (= §§ CCVIII-CCX Edbury-Gaggero) ; *RHC*, p. 116-117 (= §§ 60-62 Edbury-Gaggero) ; *La Continuation*, éd. Morgan, *op. cit.*, p. 82-83.

48 *Chronique*, éd. Mas Latrie, *op. cit.*, p. 332-340 (= §§ CCLXIV-CC Edbury-Gaggero) ; *RHC*, p. 238-246 (= §§ 157-164 Edbury-Gaggero) ; l'échantillon ne figure pas dans l'éd. Morgan, des manuscrits F72 F70 car la tradition ne présente pas de phénomènes majeurs de variation rédactionnelle à cet endroit.

de modèle sont en effet bien documentés et concernent les manuscrits F50, F70 et F74. Pour ma première étude sur la tradition manuscrite de la *Chronique d'Ernoul* et de la *Continuation* de Guillaume de Tyr, j'avais utilisé deux échantillons très éloignés dans le texte : certains glissements dans la position des témoins que j'avais soulignés pourraient dériver d'un changement de modèle, mais je ne peux pas arriver à des conclusions définitives sur la base des éléments à ma disposition[49].

En revanche, il me paraît que, lorsqu'on observe des groupements constants parmi une partie des témoins d'un texte transmis par un grand nombre de manuscrits, il est légitime d'émettre l'hypothèse que le groupe ainsi identifié dépend d'un modèle commun, tout en soulignant la nécessité de donner une preuve concluante de cette hypothèse dans une étape ultérieure du travail. Le stemma tracé est dans ce cas une représentation des rapports probables entre les témoins qui donne une indication préalable et qui doit être utilisé avec attention dans l'édition du texte : je renvois pour cela aux remarques que j'ai déjà présentées sur la méthode d'édition choisie par Peter W. Edbury et par moi dans le cas de la *Chronique*[50].

Par ailleurs, dans mon étude précédente, j'ai pu montrer que les témoins de la *Continuation* dérivent d'un seul modèle sur la base d'une erreur commune (voir à ce propos le paragraphe précédent). Ce fait assure l'unité de fond de la tradition que nous allons étudier.

Les précisions apportées par l'analyse des deux échantillons que je présente ici concernent trois points principaux : la position du manuscrit le plus ancien, F38, l'articulation de la deuxième branche de la tradition de la *Continuation*, et l'identification de la famille à laquelle appartiennent les modèles suivis par les rédactions longues de *Colbert-Fontainebleau* et de *Lyon*[51].

---

49 Je reviendrai plus loin dans cet article sur ce problème, à la lumière de nouveaux éléments tirés des échantillons sur lesquels j'ai travaillé.

50 Gaggero, « La *Chronique* d'Ernoul », *op. cit.*, § 17.

51 Dans la suite de cette étude, le texte de la *Continuation* est toujours cité en premier lieu d'après ma propre transcription de F38, en raison de sa position importante dans la tradition de l'*Eracles* et de la *Première Continuation*. La péricope du texte est citée en transcription interprétative, les variantes en transcription diplomatique. Il est toujours possible de vérifier les rares cas où la leçon de ce manuscrit s'écarte du texte de la *Chronique* ou de l'ensemble de la tradition (*Chronique* et *Eracles*).

LA *CONTINUATION* DANS LA TRADITION DE LA *CHRONIQUE*

La dérivation de tous les manuscrits de la *Continuation* d'un seul modèle est prouvée par la présence, dans tous les manuscrits (y compris ceux qui transmettent les rédactions longues de *CF* et de *Lyon*), d'une erreur affectant la chronologie. L'erreur s'est produite dans l'agencement d'un segment appartenant à la section pre-1184 de la *Chronique*, qui a été enchâssé en tant que récit rétrospectif dans la narration des événements de 1187 lors de l'assemblage de ce texte avec la traduction française de Guillaume de Tyr[52].

Dans les échantillons utilisés pour cette étude, les variantes qui opposent l'ensemble de la *Continuation* à la *Chronique* sont peu nombreux, et portent souvent sur des détails de moindre importance :

1. Éd. Mas Latrie, p. 246 : [...] car il n'amoient pas l'empereur *Cont.*
namoient pas] haoient mout *EB*.

2. Éd. Mas Latrie, p. 333 : Ainsi se parti li rois de ses barons par leur conseill *Cont.*
Ainsi se F38 F20] Ensi faitement s'en F16 F17 F18 F19, E. faitement se F24, E. con vos avez oï s'en F25 F26.

3. Éd. Mas Latrie, p. 337 : et molt grant avoir (auroir F38) assembla, qu'en li dona pour despendre en la terre d'oltre mer.
et molt grant avoir [...] pour despendre] et mout grant avoir donna on por despendre F17 F18 li donna (donna on F20) por porter F16 F20, li donna on pour despendre F19, amassa (assembla F38) c'on li dona por despendre F24 F25 F26 F38.
assembla] auna F33 F43 F45 F51.

La relative rareté des exemples s'explique par un fait simple. La tradition de la *Chronique* est elle-même divisée en deux branches (*I* [F16 F17 F20 ; F18 F19] et *II*) et la *Continuation* se rattache clairement à la deuxième de celles-ci, représentée par seulement trois témoins : F24 (le plus proche de F38 et de la *Continuation*) et F25 F26. Ce fait, déjà observé par Peter W. Edbury[53], est confirmé par plusieurs exemples dans nos trois échantillons. Je me limite à en citer quelques-uns :

4. Éd. Mas Latrie, p. 165 : Quant ce vint l'endemain, si vint li sieges devant la cité et fu la citez assise et assaillirent durement la cité.

---

52 Gaggero, « La *Chronique d'Ernoul* », *op. cit.*, § 3.

53 Edbury, « New Perspectives », *op. cit.*, p. 107-113.

et fu la citez [...] durement la cité] *mq.* F32 F33 F35 F39 F40 F41 F43 F48 F51 ; assise *F38*] assegie *EB* ; assaillirent *EB II* + F38] l'asalirent *EB I* ; durem*en*t la (a la F24) cite F38 F24] durement *EB I* F25 F26.

L'omission, due à un saut du même au même, du segment final dans la totalité du corpus de référence de cette étude (voir ci-dessus) fait que F38 est le seul manuscrit à témoigner de l'accord du texte de la *Continuation* avec la famille *II* de *EB* et confirme la position privilégiée que la critique lui a accordée pour des raisons non liées au texte qu'il transmet.

5. Éd. Mas Latrie, p. 165 : Il leur dist et conseilla [...].
Il F24 F38] Lors *EB I et* il F40 F45 + F25 F26 ; dist et conseilla] dist Balaans et consella *EB I con*seilla F32 F33 F31 F35 F39 F40 F48 *com*manda F41 F43 F45 F51.

6. Éd. Mas Latrie, p. 244 : Li rois estoit prés de la ou li arcevesques arriva ([fet] arriua F38).
Li rois F38 *EB II*] Li rois Guillaumes *EB I* F72.

7. Éd. Mas Latrie, p. 247 : et ocistrent et pristrent, fors cels qui en eschaperent, qui s'en alerent a l'estoire.
cels qui en eschaperent qui s'en alerent a l'estoire F38 *EB II*] ciaus qui s'en escaperent et alerent a l'estoire ariere F18 F19.i. pou qui en (.i. peu qu'il F17, aucunes qui en F20) eschapierent et alierent arriere a l'estoire F16 F17 F20.

La dernière variante affecte la syntaxe (une proposition relative avec deux verbes coordonnés vs. deux propositions relatives coordonnées) ; l'adverbe *ariere*, propre à la première famille de la *Chronique*, est aussi absent dans la seconde famille et dans la *Continuation*.

8. Éd. Mas Latrie, p. 332 : si s'acorderent entre li [Richard Ier] et le conte Baudoin de Flandres, en tel maniere qu'il ne leroient la guerre, ne que li uns ne feroit pes sanz l'autre jusqu'il ravroient toutes leurs choses arriere.
qu'il ne leroient [...] jusquil (desci quil F24) rauroient toutes F24 F38] que li uns ne faurroit lautre dessi quil raroient *EB I* quil ne lairoient la guerre ne que li uns ne faudroit a lautre desi quil ravroient toutes F25 F26 ; choses *Cont.* (pertes F70 F72)] tiere *EB*.

9. Éd. Mas Latrie, p. 334 : Je vos avoie oblié a dire que, puis que li rois d'Engleterre fu venuz de la terre d'oltre mer et il fu hors de prison et il fu alez en Normendie [...].
fu venuz de la terre d'oltre mer et il F25 F26 F38] *mq.* F16 F17 F18 F19 F20 F24.
fu alez F25 F26 F38] fu F16 F17 F18 F20 F24 fu entrés F19.

10. Éd. Mas Latrie, p. 335 : Endementres quil les menaçoit [...].
q*ui*l les menacoit F24 F25 F26 F38] que li rois d'Engletiere maneçoit ceuls dou castel *EB I*.

11. Éd. Mas Latrie, p. 340 : et distrent qu'il feroient d'un d'els seigneur, a qui il seroient obeïssant et qui jostice tendroit seur eus. La esgarderent le conte Tibaut de Champaigne, si en firent seigneur.
obeïssant et qui jostice (justice F24 F50) tendroit (feist F50) sor aus F24 F25 F26 F38 F50] obeissant del tout F16 F17 F18 F19 tot obeissant F20 ; La esgarderent *EB II* F38] La esgarderent li conte et li baron *EB I*.

La leçon de *EB II* et de la *Continuation* se caractérise, dans les quatre derniers exemples, par une série de détails supplémentaires par rapport à *EB I*. Il est difficile, dans une tradition bipartie, de se prononcer sur l'authenticité de ces détails, qui ne semblent par ailleurs pas apporter de véritables informations supplémentaires. La leçon des deux groupes est toutefois assez caractérisée pour permettre d'assigner la *Continuation* à la famille *EB II*.

Je donne encore quelques exemples de variantes qui concernent surtout le lexique :

12. Éd. Mas Latrie, p. 164 : qu'el n'eust home en lost qui se peust aidier de membre qu'il eust, tant les contrainsist il par son liement et par ses paroles.
constrainsist F38 *EB II*] estrainsist *EB I*.

13. Éd. Mas Latrie, p. 246 : Aprés si leur distrent qu'il avoient trop lonc tour a fere.
Apres si F38 F24] il F32 F39 F70 *et* puis si *EB* F33 F40 F41 F43 F45 F48 F51 *CF* F72.

14. Éd. Mas Latrie, p. 332 : et manda routiers en la terre de Provence.
routiers F24 F38 por routiers F50] route *EB I* F25 F26.

15. Éd. Mas Latrie, p. 333 : Li routier tornerent seur eus, si les pristrent toz.
routier *EB II* F38 F50] fourrier le roi d'Engletiere *EB I* (*var.* F32 F72 F70 *cf. n.* 90).

À propos des deux derniers exemples cités, il importe de remarquer l'utilisation systématique du mot *routier* par *EB II* et par la *Continuation* ; ce mot est absent, dans les deux cas, du texte de *EB I*, qui utilise *fourrier* dans le dernier exemple.

16. Éd. Mas Latrie, p. 337 : si osterent leurs heaumes, si corurent aus croiz.
heaumes F38 F25 F26] armes *EB I* F24.

Ici, comme plus haut dans l'exemple 9, F38 et la *Continuation* partagent la leçon de F25 F26 alors que F24 suit les autres manuscrits d'*EB*. Ce cas de figure contredit ce qu'on peut normalement observer, c'est-à-dire la plus grande proximité de F24 et du texte de la *Chronique*. Je n'avais pas rencontré ce cas de figure lorsque je préparais ma première étude de la tradition de la *Chronique*, et je ne puis en proposer une explication satisfaisante sur une base si restreinte. Il vaut toutefois la peine de rappeler que F24 intervient assez souvent sur le texte du modèle, ce qui se traduit en un grand nombre de variantes isolées. Il n'est pas exclu que des cas de contacts avec l'autre branche de la tradition de la *Chronique* s'expliquent de cette façon.

Aux exemples de lien entre la *Continuation* et *EB II* on peut encore ajouter le n° 30 que j'analyserai ci-dessous.

LE MANUSCRIT F38 FORME À LUI SEUL UNE BRANCHE DU STEMMA (α)

Dans ma première étude de la tradition de la *Continuation*, j'ai émis l'hypothèse d'une bipartition de la tradition de ce texte en *a* (F38 ; F41 F43 F45 F51 F34 F36) vs *b* (les autres 34 manuscrits, hormis les quatre témoins des rédactions longues). Je remarquais pourtant que seulement *b* présentait des innovations permettant de prouver son existence, alors qu'en cas d'opposition *a* donnait toujours la bonne leçon ; F38 était souvent isolé par sa plus grande proximité à *EB*[54].

L'examen des nouveaux échantillons semble indiquer l'appartenance de F41 F43 F45 F51 à la même branche que les témoins que j'avais réunis sous *b* ; cette branche (β) s'oppose à F38, qui représente à lui seul une branche du stemma (α). L'unité de β face à F38 est d'abord démontrée par des cas d'omissions ou de variantes caractéristiques :

> 17. Éd. Mas Latrie, p. 163 : et que Salehadins en avoit doné grant avoir a son seigneur pour ce liement fere.
> a son seigneur F38 + F16 F17 F18 F19 F20 F24] *mq.* F32 F33 F39 F40 F41 F43 F45 F48 F51 + F25 F26.

L'absence du syntagme *a son seigneur* rend plus flou le sens du passage : il n'est pas clair qui a reçu l'argent de Saladin et a servi d'intermédiaire entre celui-ci et la vieille sorcière ; la leçon est en revanche aussi absente

54 Gaggero, « *La* Chronique d'Ernoul », *op. cit.*, § 5.1.

de F25 F26 (*Chronique*), ce qui montre que l'omission a pu se produire indépendamment, et invite à considérer cet exemple avec prudence.

18. Éd. Mas Latrie, p. 244 : Li rois estoit pres de la ou li arcevesques arriva. En ce point qu'il vint a port, li arcevesques sot qu'il estoit pres d'ilec.
ence point quil uint aport F38 *EB*] *mq.* F32 F33 F39 F40 F41 F43 F45 F48 F51 *CF*.

19. Éd. Mas Latrie, p. 246 : Quant li Grifon de la terre virent qu'il avoient tant conquis et tant conqueroient, si furent molt dolent.
et tant *con*queroient F38 *EB*] *manca* F32 F33 F39 F40 F41 F43 F45 F48 F51 *CF*.

20. Éd. Mas Latrie, p. 246 : Tant prierent et losengerent li Grifon cels de l'estoire qu'il alerent avec eus et leisserent l'estoire.
Tant prierent *et* lo\se*n*/gerent cels de lestoire F38 *EB*] tant prierent li grifon cels de lestoire (de la t*er*re F41) F32 F33 F39 F40 F41 F43 F45 F48 F51 *CF*.

Dans les exemples ci-dessus, tirés du deuxième échantillon, l'accord de F38 avec l'ensemble des manuscrits de la *Chronique* semble indiquer que les segments textuels absents des manuscrits de β étaient présents dans l'archétype de la *Continuation*. Leur élimination se justifie peut-être par la volonté de rendre le texte moins redondant.

Ailleurs, les manuscrits de β opposent à F38 et *EB* de véritables variantes caractéristiques :

21. Éd. Mas Latrie, p. 164 : et il la bouterent arrieres en feu et ele s'en reissi hors, que onques ne pot ardoir.
que onq*ue*s ne pot ardoir F38 + *EB*] ausint (aussi F32 F31 F39 F40 F48) *com*me deuant F32 F33 F31 F35 F39 F40 F41 F48 *com*me deuant F43 F45 F51.

Tous les manuscrits du groupe β ont remplacé la proposition présente dans la *Chronique* et F38 par une formule anaphorique pour éviter la répétition presque à l'identique des mêmes mots par rapport à la phrase précédente (« si la mistrent enz et ele eissi hors que onques ne pot ardoir »).

L'opposition entre *Chronique* et F38 contre le reste des manuscrits examinés se manifeste aussi dans le domaine des choix lexicaux. Encore une fois, c'est la cohérence de l'opposition qui est signifiante, plus que que les leçons en elles-mêmes (il s'agit toujours d'opposition entre leçons admissibles) :

22. Éd. Mas Latrie, p. 165 : et si li distrent pour Dieu qu'il feist ou deist aucune chose.

distrent] prierent F32 F39 F33 F41 F43 F45 F48 F51 (F32 F39 *ont un texte réécrit à cet endroit*).

23. Éd. Mas Latrie, p. 165 : toutes les juennes fames de la cité feissent bien vestir et acesmer.
acesmer F38 F32 F39] atorner F33 F41 F43 F45 F48 F51.

24. Éd. Mas Latrie, p. 244 : quant la galie vendroit pres de terre.
uendroit F38 F43 *EB* (venroient F18) *CF*] seroit F32 F33 F39 F40 F41 F45 F48 F51.

25. Éd. Mas Latrie, p. 244 : si ala a li et si li fist savoir le grant domage qui estoit avenu en la t*er*re de Jherusalem.
et si li fist sauoir F38 *EB*] *et* li conta F32 F33 F39 F40 F41 F43 F45 F48 F51 *CF.*

26. Éd. Mas Latrie, p. 246 : [li rois Guillaumes] demora pour enuoier gent et viande aprés l'estoire, se mestier en eussent.
en eussent F38 *EB*] fust F33 F40 F41 F43 F45 F48 F51 *CF.*

Il arrive moins souvent de rencontrer des leçons isolées de F38 qui s'opposent à une leçon de β confirmée par les manuscrits de la *Chronique* :

27. Éd. Mas Latrie, p. 246 : vinrent as cievetaines de l'ost et disent que bien fussent il venu.
que bien fussent il F32 F33 F39 F40 F41 F43 F45 F48 F51 *EB CF*] quil fussent bie*n* F38.

28. Éd. Mas Latrie, p. 333 : si priierent le roi qu'il s'en tournast grant aleure vers Gissors.
si priierent le roi *EB* il prierent le roi F32 sip*ri*erent auroi F33 F45 F48 F51 F73 F57 si prierent leroi F43] sili p*ri*erent F38.

29. Éd. Mas Latrie, p. 337 : Et mout se croisa de chevaliers et d'autre gent.
de chevaliers et d'autre gent *EB* F32 F33 F39 F40 F43 F45 F51 F73 F57 de ch*eualie*rs et dautres genz F48] de ch*eualie*rs F38.

Comme on le voit par les exemples cités, les cas où F38 semble s'écarter du texte du modèle de la *Continuation* ou de l'original de *EB* ne concernent que des variantes de détail : les deux premières sont des variantes syntaxiques, et la troisième consiste en l'omission d'un syntagme (*et d'autre gent*) qui est ajouté parfois (voir les p. 232 *de Pisans et de Genevois et de Venissiens et d'autre gent* et 389 *et a moines et a autre gent*) à un autre qui a un sens plus restreint pour suggérer l'idée d'un ensemble plus vaste de personnes. L'unanimité des autres témoins contre F38 fait penser que ces variantes sont le fait du copiste de F38 et non pas de son modèle, ce qui empêche de confirmer de manière définitive que ce manuscrit forme à lui seul une branche du stemma, comme je le propose.

Dans l'échantillon 31 ci-dessous, une série de variantes syntaxiques affecte la construction « Dont vint/vindrent (*sujet*), si (*verbe*) ». L'accord de F38, parfois avec une partie des témoins de β, avec le deuxième groupe des manuscrits de la *Chronique* montre que la construction a été introduite par l'archétype de la *Continuation* :

30. Éd. Mas Latrie, p. 164 : Lors fisent li sergant .i. grant feu de lor loges pour li ardoir.
Lors fisent li sergant *EB I* li seriant firent F32 F39 Donc (adonc F48) firent li seriant F33 F40 F48 li sergent sifirent F45] Donc uindrent li seriant si firent F38 + *EB II* F41 F43 F45 F51.

Dans le passage cité, ce sont F32 F33 F39 F40 F48, avec F45, à avoir éliminé l'expression ; ce faisant, ils se sont rapprochés, par évolution convergente, du texte de *EB I*. On retrouve la même tendance à la suppression à un niveau inférieur, chez F32 F39, dans l'exemple suivant :

31. Éd. Mas Latrie, p. 165 : Dont (Donc *F38*) vint li asnes si parla et se (si *F38*) li F38 F24 F33 F40 F41 F43 F45 F48 F51] Lors parla li asnes se li F16 F17 F18 F20 Lors parla li asnes a Balaam et se li F19 Donc vint ke li asnes si parla et F25 F26 Dont parla liasnes *et* dist F32 F39.

Ailleurs, en revanche, F38 est le seul manuscrit à présenter l'expression, ce qui semble indiquer qu'il l'a introduite dans un texte qui ne la présentait pas :

32. Éd. Mas Latrie, p. 163 : Lors li demanderent s'elle les poroit deffaire.
Lors (*et* lors F48) li demanderent *EB I* F33 F40 F41 F43 F45 F48 F51, Dont li demanda on F24 F50, Dont li demanderent F25 F26 Len li demanda F32 F39] Lors uint len sili demanda len F38.

33. Éd. Mas Latrie, p. 165 : Lors sot bien Balaans que Diex ne voloit mie qu'il alast en avant.
Lors (Dont F24 F25 F26) sot bien Balaans *EB* dont sot balaham F32 F39 adont sot balaam F33 F40 Adont sot bien balaam (baliam F45) F41 F43 F45 F48 F51] Donc uint balaans si sot bien F38.

On constate donc, dans la tradition de la *Chronique* et de la *Continuation*, deux tendances qui mènent dans certains manuscrits ou groupes à la suppression, et dans d'autres à l'introduction de l'expression « Dont vint/vindrent (*sujet*), si (*verbe*) ». L'omission, qui est le phénomène le mieux attesté, se produit à différents niveaux de la tradition de la *Continuation* (famille β, famille *b* [*cf.* ci-dessous], F32 F39). Il s'agit peut-être, dans les copies qui ont un comportement plus systématique (F32 F39, F38 [α ?]), d'une volonté d'uniformisation de la syntaxe du texte.

J'ai remarqué plus haut que les rares cas où seulement une partie de β rejoint *EB I* et s'oppose à la leçon des autres manuscrits supportée par *EB II* et les autres témoins de la *Continuation*, sont probablement dus à une évolution convergente plutôt qu'à la contamination. Sans pouvoir exclure complètement cette possibilité sur la base des données aujourd'hui disponibles, il me semble que cette explication est appuyée par la typologie des variantes (qui concernent toutes des oppositions syntaxiques assez banales : expression/non-expression du sujet, *et/si* etc.)[55] ainsi que par leur rareté. Cette hypothèse ne me semble pas contredite par l'exemple suivant :

> 34. Éd. Mas Latrie, p. 164 : Ce fu cil qui prophetisa que une estoile isteroit de Jacob.
> isteroit *EB I* F32 F33 F39 F40 F41 F43 F45 F48 F51] nestroit *EB II* F38.

Les deux leçons sont équivalentes aussi bien par rapport au texte français que par rapport à sa source latine (Nm 24, 7 : « Orietur stella ex Jacob, et consurget virga de Israel : et percutiet duces Moab, vastabitque omnes filios Seth »), même si *issir* est peut-être plus proche du sens de celle-ci. Les deux leçons sont toutefois très proches du point de vue paléographique, et celle de *EB I* et de β a aussi pu être restituée par conjecture par un scribe connaissant le texte biblique, assez souvent cité en tant que prophétie concernant la naissance de la Vierge.

SOUS-GROUPES DE LA FAMILLE β :
γ (F41 F43 F45 F51) VS. δ (F32 F33 F39 F40 F48)

Dans l'hypothèse que F38 représente à lui seul la branche α du stemma, le sous-groupe formé par F41 F43 F45 F51 (auxquels s'ajoutent F34 F36, qui n'entrent pas en ligne de compte ici, parce qu'ils datent du XVe siècle et présentent un texte en partie remanié) se déplacerait à

---

55 Voir par exemple éd. Mas Latrie, p. 332 : « Quant li rois d'Engletiere fu hors de prison, si fu mout dolans de se tiere » ; si fu *EB* + F32 F39 F40 F43 F48 F51] il fu F38 F50.

l'intérieur de β, dont il formerait l'un des sous-groupes, γ. L'hypothèse erronée d'un regroupement avec F38 était suggérée par la plus grande proximité de γ au texte de F38 et de la *Chronique*.

Les manuscrits de γ partagent une variante caractéristique qui confine à l'erreur :

35. Éd. Mas Latrie, p. 163 : Li serjant de l'eschiele de l'arriere garde de l'ost troverent une vieille sarrazine desus une agnesse.
de larriere garde] deseure larriere Garde F43 deseure delarriere (arrieres F51) garde F45 F51 derrieres larriere garde F41.

La préposition *deseure* pourrait avoir le sens de 'vers, en direction de'[56] pour indiquer des soldats de l'arrière-garde, ou étant à l'endroit où était logée celle-ci lorsque les événements relatés ont lieu. La contradiction apparente dans la leçon de γ a poussé F41 à l'erreur.

Dans le troisième échantillon, les manuscrits de γ partagent un certain nombre d'omissions :

36. Éd. Mas Latrie, p. 338 : Li avoirs qui fu comandez a Cistiaus fu portez en la terre d'oltre mer par .ii. foiz et par les freres de la meson. Et si vos di bien pour voir que onques avoir qui alast en la terre d'oltre mer ne vint a si boen point, ne si grant bien ne fist come cil que mestres Foques avoit a Cistiaus.
par .ii. foiz… d'oltre mer] *mq.* F39 F40 ; par .ii. foiz [...] pour voir q*ue* onq*ues*] ne onq*ues* F32 F33 F48 nonques F43 F45 F51 *CF*.
qui alast [...] avoit a Cistiaus] si g*ra*nt bien ne fist en laterre doutremer *com*me cil fist F32 F72 ne fist si g*ra*nt bien en la terre come cil fist F70 ; qui alast en la terre d'oltre mer] *mq.* F33 F43 F45 F48 F51 *CF*.
ne si grant bien ne fist] *mq. EB I* F43 F45 F51 *CF*.

Les omissions qui affectent ce passage, qui parle de l'utilisation de l'argent accumulé par Foulques de Neuilly dans les mois qui ont précédé les départs pour la Quatrième Croisade, ne semblent pas dues tout simplement au processus de copie, mais ont plutôt l'air de viser à une réduction progressive du texte. La première lacune (qui supprime des informations utiles) pourrait remonter à l'archétype même de β à cause de la solution identique *ne onques* adoptée aussi bien par F32 F33 F48 que par F43 F45 F51. Les lacunes suivantes portent sur un syntagme et une proposition qui ne sont pas strictement nécessaires pour

56 DFM, s.v. *desor*, GdF 2, 618 s.v. *desore*, TL, s.v. *desor*, FEW 12, 432b. Voir aussi DMF en ligne, s.v. *dessur* et *dessure*.

la compréhension du passage. La proposition « ne si grant bien ne fist » est un ajout de *EB II* passé à la *Continuation* : son élimination ramène le texte de F43 F45 F51 *CF* à celui de *EB I*, mais, comme je l'ai remarqué ci-dessus, cette convergence semble être polygénétique. Ceci semble être aussi le cas de l'omission du syntagme *les tors* dans le passage qui fait immédiatement suite à celui que je viens de citer :

37. Éd. Mas Latrie, p. 338 : car li crolles avoit esté en la terre, si estoient fondu li mur et les tors de Sur et d'Acre et de Baruth.
li mur *et* les tors F38 *EB II*] li mur *EB I* + F32 F43 F45 F51 *CF* les tors *et* les m*ur*s F48.

Les manuscrits de γ (F41 F43 F45 F51) omettent en outre une proposition entière ; il s'agit cette fois-ci d'un saut du même au même, car la proposition suivante commence aussi par *Quant li Venisien* :

38. Éd. Mas Latrie, p. 339 : Quant li Venisien l'oïrent, si furent m*o*lt lié, si envoierent de leurs plus sages homes en France por fere marchié aus barons. Quant li Venisien furent en France, si assemblerent li baron tuit a Corbie.
Quant li Venisien l'oïrent... aus barons] *mq.* F33 F43 F45 F51 *CF.*

Je signale aussi quelques variantes lexicales de γ, tout en remarquant, comme je l'ai fait pour les variantes de même type dans β, que la variation ne concerne que des synonymes ou de mots de sens équivalent :

39. Éd. Mas Latrie, p. 244 : Quant li rois Guillaumes l'oï, si en fu molt doulenz.
l'oï] le sot F41 F43 F45 F51 *CF.*

40. Éd. Mas Latrie, p. 245 : et si retint les pelerins qui de toutes terres aloient par sa terre pour passer.
de toutes] dautres F41 F45 F51 *CF* dautre F43.

41. Éd. Mas Latrie, p. 337 : Dont aucunes genz dient quil se croiserent pour doutance du roi de France.
doutance] dote F33 F43 F45 F51.

42. Éd. Mas Latrie, p. 337 : et molt grant *avoir* (auroir F38) assembla.
assembla] auna F33 F43 F45 F51.

Dans cette série d'exemples, comme dans la dernière omission citée, on remarque que F33 est associé parfois aux témoins de γ. Ceci s'explique par la nature polygénétique du saut du même au même et des variantes lexicales citées, mais il faut aussi songer au fait que la position de F33 à l'intérieur du groupe qui est ici indiqué par δ (F32 F33 F39 F40 F48) s'était déjà révélée difficile à cerner dans mon étude précédente de la tradition de la *Chronique* et de la *Continuation*[57].

Le groupe δ est mieux caractérisé par rapport à γ en raison d'un plus grand nombre de variantes communes. Je cite d'abord deux erreurs dans le premier échantillon :

> 43. Éd. Mas Latrie, p. 165 : Quant ce vint l'endemain, si vint li sieges devant la cité et fu la citez assise et assaillirent durement la cité.
> li sieges] li sires F31 F32 F33 F35 F39 F48.

La leçon de δ provient d'une mauvaise interprétation de *sieges* : aucun chef militaire n'est mentionné dans le récit du siège qui pousse les habitants de Jérusalem à faire appel à Balaam dans le récit de la *Chronique* et de la rédaction brève de la *Continuation*.

> 44. Éd. Mas Latrie, p. 166 : Car la maladerie des homes tenoit aus murs de Jerusalem et la maladerie de fames estoit ensus grant piece.
> des homes] deffames F32 F33 F39 F40 F48.
> de fames] des homes F32 F33 F39 F40 F48.
> car la maladerie des homes estoit ensus grant piece de Jerusalem et la maladerie des femmes si tenoit as murs de Jerusalem F40.

La position respective des deux *maladerie* (hospices pour les lépreux) dans δ est intervertie par rapport à ce qu'on lit dans le reste des manuscrits. Je ne sais pas préciser si cette intervention est due à une volonté de corriger le texte sur la base de renseignements dont pouvait disposer le rédacteur de δ. Les autres sources médiévales qui évoquent la *maladerie des hommes* (l'hôpital de Saint-Jacques) confirment plutôt la leçon des manuscrits qui s'opposent à δ, même si l'emplacement précis des deux bâtiments ne peut pas être identifié avec une précision absolue[58]. L'erreur aurait pu être décelée seulement par un copiste qui disposait d'une deuxième copie du texte (la cohérence syntaxique et logique du texte étant respectée) ou pouvait accéder à des renseignements externes sur la topologie de Jérusalem.

Toujours dans le premier échantillon on peut identifier une série de variantes caractéristiques de δ :

---

57 Gaggero, « *La* Chronique d'Ernoul », *op. cit.*, § 5.2.

58 Pringle, Denys, *The Churches of the Crusader Kingdom of Jerusalem*, 3, *The City of Jerusalem*, Cambridge, Cambridge University Press, 2007, p. 215-217 (numéro 328).

45. Éd. Mas Latrie, p. 164 : Cele estoile fu madame sainte Marie qui eissi de la ligniee de Jacob, qui est apelee estoile de mer. Car tout aussi cum li marinier sunt avoié par l'estoile de la mer, sunt li pecheeur ravoié par madame sainte Marie, qui est apelee estoile de mer.
madame] la benoaite uirge F32 F39 ; qui eissi… iacob] *mq.* F32 F33 F31 F35 F39 F48 qui issi de Jacob de sa ligniee F45 ;
madame] la beneoite F32 F39 ; qui est apelee estoile de mer] qui oissi de la lignie iacob F32 F33 F31 F35 F39 F48.

Il s'agit d'une variante rédactionnelle : la première phrase présente deux propositions relatives qui se suivent (*qui eissi… qui est apelee*) ; la deuxième relative est aussi répétée à l'identique dans la phrase suivante. Le rédacteur de δ a remplacé la proposition répétée dans la deuxième phrase en déplaçant ici la relative « qui eissi de la ligniee Jacob ». Il a ainsi simplifié la structure de la première phrase, et éliminé la redondance de la deuxième.

46. Éd. Mas Latrie, p. 165 : Or li demanderent il que pour Dieu les conseillast.
Or li F24 F38 Or F25 F26] Et il li *EB I* Puis li F41 F43 F45 F51.
Or li demanderent il] Cil li distrent q*ue* F32 F39 Puis (Pues F31) li distrent cil F33 F40 Puis li redist*re*nt cil F48.

47. Éd. Mas Latrie, p. 165 : Tout si come Balaans leur conseilla firent il et envoierent les fames en l'ost.
Tout si come Balaans leur conseilla firent il et] Cil lefirent einsi (tot einsi F48 F40) com (*com*me F48) balahans lor *con*seilla. Il (Il en F48) F32 F33 F39 F40 F48 ; Tout si come] Ainsint com (*com*me F43) F41 F43 F45 F51.

Les deux variantes montrent une tendance de la famille δ (F32 F33 F39 F40 F48) à la réécriture en début de phrase : dans le deuxième cas tous les manuscrits de δ adoptent l'ordre SV, alors que les autres manuscrits présentent une structure XVS avec thème en tête[59]. Dans le premier cas, l'ordre SV est en revanche le fait des seuls F32 F39, qui semblent se situer dans le prolongement d'un mouvement amorcé par le modèle de la famille. On remarque chez tous les témoins de δ la substitution, au niveau du lexique, de *demander* par *dire*.

59 Marchello-Nizia, Christiane, *L'évolution du français : ordre des mots, démonstratifs, accent tonique*, Paris, Armand Colin, 1995 et Marchello-Nizia, Christiane, Prévost, Sophie, *Expression et position des constituants majeurs dans les divers types de propositions*, in *Grande grammaire historique du français*, éd. Christiane Marchello-Nizia, Bernard Combettes, Sophie Prévost, Tobias Scheer, 2 vol., Berlin-Boston, De Gruyter-Mouton, 2020, II, p. 1055-1219.

48. Éd. Mas Latrie, p. 246 : et feroient venir viande a grant foison de la terre. foison F38 F33 F41 F45 *EB CF*] plante F32 F39 F48.

À l'intérieur de δ, un lien plus étroit unit les manuscrits F32 F39 (ζ) : il s'agit des deux représentants les plus anciens d'un groupe plus vaste (23 manuscrits), qui comprend la plus grande partie des témoins des XIIIe, XIVe et XVe siècles, qui n'entrent pas en ligne de compte ici, y compris les manuscrits copiés à Acre vers la fin du XIIIe siècle et qui ne transmettent pas les rédactions longues de la *Première Continuation* (F49 F71 ; F69 F67 F68 ; F78 F74 F70)[60].

F32 F39 partagent une série d'omissions, qui concernent parfois des paragraphes entiers :

49. Éd. Mas Latrie, p. 245 : Quant il avint que Alex ot fet son frere, qui empereres estoit, les euz crevez et estoit devenuz empereres, si prist conseill a ses homes, et dist qu'il envoieroit grant gent en la terre de Costantinoble pour la terre conquerre a son hués, et il li loerent bien qu'il le feist.
ot fet son frere qui empereres estoit les euz crevez (creuer les yaus F72, crever F33 F40 F41 F43 F45 F48 F51) *F38 EB CF* F72] qui empereres estoit ot fet ason frere les eulz creuer F32 F39 q*ui* estoit empereres de costantinople q*ua*nt il ot fet les ziaus creuer a son frere F70 fist les ieuz creuer ason frere qui emp*er*eres estoit F41.
et estoit devenuz empereres] *mq.* F32 F39 ; et il li loerent bien qu'il le feist] *mq.* F32 F39.

Le passage ne change pas de sens, et il reste compréhensible dans son ensemble ; les deux propositions, qui se lisent dans le reste de la tradition de la *Chronique* et de la *Continuation*, complètent tout de même les renseignements donnés par le texte.

50. Éd. Mas Latrie, p. 164 : qu'il ot jadis .i. home en Jherusalem, qui si liast .i. ost pour qu'il peust aler entor qu'el n'eust home en l'ost qui se peust aidier de membre qu'il eust, tant les contrainsist il par son liement et par ses paroles. membre qu'il eust [...] et par ses paroles] ses menbres F32 F39.

60 Gaggero, « La *Chronique d'Ernoul* », *op. cit.*, § 5.4-5.5 : dans mon stemma précédent, il s'agit des groupes *h*, *i*, *l* (Acre), qui dépendent d'un sous-archétype *f*. Pour les manuscrits d'Acre voir Di Fabrizio, Anna Maria, *Saggio per una definizione del francese di Oltremare : edizione critita della* Continuazione d'Acri *dell'*Historia *di Guglielmo di Tiro, con uno studio linguistico e storico*, thèse doctorale, Università degli Studi di Padova-École Pratique des Hautes Études, 2013, p. 101-162 et Edbury, Peter W., « Continuing the *Continuation*: *Eracles*, 1248-1277 », *The Templars, the Hospitallers and the Crusades: Essays in Homage to Alan J. Forey*, ed. Helen J. Nicholson and Jochen Burgtorf, Oxon-New York, Routledge 2020, p. 82-93.

Dans le passage cité, la proposition omise pouvait sembler redondante au copiste, étant donné le contexte où s'insère le passage sur Balaam, rigoureusement symétrique au récit sur la sorcière sarrasine, dans lequel on trouve déjà une proposition semblable (« et s'ele peust avoir cele nuit toute avironee l'ost, et qu'ele i eust fet tot son tour, il fussent si lié que ja pié n'en eschapast de la bataille ou il aloient »). La proposition omise contient pourtant une précision sur la façon dont le sortilège était (ou allait être) jeté : *par son liement et par ses paroles.*

Dans deux cas, au sein du deuxième échantillon, F32 F39 éliminent une formule de transition attestée par tous les autres manuscrits :

51. Éd. Mas Latrie, p. 246 : Or vos diré que cele estoire devint, aprés si vos diré du secors qu'il envoia en la terre d'oltre mer. Li rois Guillaumes n'ala mie en cele estoire, ainz demora pour envoier gent et viande aprés l'estoire, se mestier en eussent, si envoia des plus hauz homes de sa terre pour estre guierres et garde de cele gent. Quant les nes et les galies furent appareilliees [...]. Si envoia [...] cele gent] Quant lirois Guill' ot cele estoire assemblee. il imist desplus hauz homes desaterre por cez (sa F70) genz guier F32 F39 F70.

52. Éd. Mas Latrie, p. 247 : Or vos diré du roi Guillaume, quel secors il envoia en la terre d'oltre mer. Il i envoia au marz .ij^c^. galies et .ij^c^. cheualiers. Or vos diré [...] oltre mer] *mq.* F32 F39 F70 ; Il i envoia au marz] Apres ce li rois Guill*aumes* enuoia en la terre doutremer F32 F39 F70 ; au marz *F38 EB*] *mq.* F40 F43 F45 F48 F51 F72 *CF* (*les manuscrits donnent des chiffres différents ;* F32 F33 F39 F40 F43 F48 F51 F72 *s'accordent à* F38, F41, F45 et *CF en diffèrent*).

Ces omissions sembleraient s'inscrire dans une tendance, propre au modèle des deux manuscrits, à éliminer les formules de transition. Dans le premier exemple, l'omission comporte la perte d'un renseignement important (Guillaume de Sicile ne participe pas à l'expédition qu'il a organisée). Dans les deux exemples, à l'omission de la formule fait suite le remaniement du début de la phrase qui suit : la succession des événements prend le dessus sur l'explicitation de la structure logique du récit de la part du narrateur, qui produit, dans le reste de la tradition, l'impression d'une série d'unités narratives juxtaposées.

La tendance à éliminer les formules de transition explique aussi la réécriture de la phrase par laquelle s'ouvre le deuxième échantillon :

53. Éd. Mas Latrie, p. 245 : Or vos lerons de Salehadin a parler, si dirons de l'arcevesque de Sur, qui vint a l'apostoile de Rome en message.

Or vos lerons de Salehadin [...] en message] Li arceuesques desur. qant il uit que li roiaumes de *ierusalem* fu perduz Il uint alapostoile F32 F39.

À côté de cette variante caractéristique, et des exemples 30-31 cités ci-dessus, on peut encore mentionner les exemples suivants, qui semblent aller dans la direction d'une réduction ou d'une simplification du texte :

54. Éd. Mas Latrie, p. 165 : Et seussent il bien de voir que, se ce avenoit chose qu'il renvoiassent les meschines arriere [...].
Et seussent il bien de voir que, se ce avenoit chose qu'il] *et* se cil de lost les F32 F39.

55. Éd. Mas Latrie, p. 246-247 : Quant li Grifon menoient cels de l'estoire par terre, si firent asavoir a cels de par toute la terre.
Quant li Grifon [...] terre si] Li grifon F32 F39 F70.

Dans le passage numéro 45 cité ci-dessus, F32 F39 changent à deux reprises le syntagme *madame sainte Marie* en *la beneoite sainte Marie* : la substitution semble avoir pour but celui de souligner le ton religieux du passage.

Par rapport au reste de δ, il n'est pas possible de distinguer, parmi les leçons de ζ citées d'après F32 F39, celles qui appartiennent au modèle du groupe de 23 manuscrits (*f* dans mon étude précédente) de celles qui appartiennent au sous-groupe *h* (*m* : F32 F39 F52 F54 ; *n* : F60 F61 F63 F65) ou à la branche *m*, de laquelle dérivent les manuscrits étudiés ici.

L'existence d'un regroupement ζ, qui semble probable, ne permet en revanche pas de confirmer que les manuscrits F33 F40 F48 dépendent d'un sous-archétype de δ distinct : ce problème, déjà identifié dans mon étude précédente, persiste[61].

LA TRADITION D'OUTREMER

Dans ma précédente proposition de stemma, les manuscrits F73 F57 – F72 F70 formaient une famille (*d*). Ces deux groupes de manuscrits transmettent en effet respectivement les rédactions longues dites de *Colbert-Fontainebleau* et de *Lyon* (limitée aux années 1184-1197 dans F72, et aux années 1191-1197 dans F70). Je me fondais alors sur deux échantillons dans lesquels le texte de ces rédactions se démarquait de la rédaction brève transmise par tous les autres témoins de la *Continuation*, *Lyon* dérivant,

61 Gaggero, « La *Chronique d'Ernoul* », *op. cit.*, § 5.3.

comme l'a montré Edbury[62], de *Colbert-Fontainebleau*. Une telle situation se retrouve aussi dans le premier échantillon (récit de la sorcière sarrasine et histoire de Balaam)[63]. Dans mon stemma, je signalais tout de même une incertitude quant au rattachement de F72 F70 (*d2*) et je faisais remarquer que F70 appartenait aussi, en dehors de la section tirée de *Lyon*, au groupe formé par les autres manuscrits provenant de l'Orient latin.

L'analyse du deuxième et du troisième échantillon remet nouvellement en question l'existence d'un groupe réunissant les quatre manuscrits en dehors des parties où leur texte s'éloigne de la rédaction brève. Les manuscrits F73 F57 et F72 F70 ne partagent jamais de leçons qui les opposent, en tant que groupe, au reste de la tradition. Lorsque les quatre témoins partagent une leçon (il s'agit souvent de variantes de détail et non de fautes ou de leçons caractérisées), elle apparaît aussi bien dans d'autres témoins, voire dans la quasi-totalité de la tradition de la *Continuation*.

F73 et F57 partagent en revanche un certain nombre de leçons qui semblent confirmer leur dérivation d'un ancêtre commun (ε) :

> 56. Éd. Mas Latrie, p. 337 : Dont il avint que, devant ce que li baron se croisassent, qu'il ot .i. prestre en France qui ot non Fouques, qui, devant ce et aprés que li baron se croisassent, preescha de la croiz.
> devant ce que] devant ce et aprés que F73 F57 ; deuant ce et aprés que li baron se croisassent] *mq.* F73 F57.

La variante est due à la volonté d'éviter une répétition dans deux phrases quasiment identiques qui se font suite : un syntagme est éliminé de la seconde phrase et déplacé dans la première. Le sens n'en est pas immédiatement affecté.

> 57. Éd. Mas Latrie, p. 337 : Il firent .i. tornoi crier entre Brai et Encre.
> entre Brai *et* Encre] entre Bar sur Aube et Ancre F73 F57.

> 58. Éd. Mas Latrie, p. 337 : La jurerent li conte et li haut home qui a Corbie furent a ce parlement.
> Corbie] Corbueil F73 F57.

62 Edbury, Peter W., « The Lyon *Eracles* and the Old French Continuation of William of Tyre », *Montjoie: Studies in Crusade History in Honour of Hans Eberhard Mayer*, ed. by Benjamin Z. Kedar, Jonathan Riley-Smith and Rudolf Hiestand, Aldershot, Variorum, 1997, p. 139-153 et Id., « The Lyon *Eracles* revisited », *Crusading and Trading between West and East: Studies in Honour of David Jacoby*, ed. by Sophia Menache, Benjamin Z. Kedar and Michel Balard, London and New York, Routledge, 2019, p. 40-53.

63 Gaggero, « "Succès" et tradition manuscrite », *op. cit.*, p. 190-192.

Il faut remarquer que les deux toponymes qui apparaissent dans *EB* et dans les autres manuscrits de la *Continuation* (identifiés par Mas Latrie dans son édition avec Bray-sur-Somme et Albert, sur la rivière d'Encre : les deux villes sont dans la Somme) ne cadrent pas avec l'indication provenant d'autres sources, comme Villehardouin, qui indiquent comme lieu du tournoi Écry-sur-Aisne (aujourd'hui Asfeld, dans les Ardennes)[64]. L'auteur de la *Chronique*, qui écrivait probablement dans les environs de Corbie, avait des renseignements différents par rapport au rédacteur de F73 F57 ; ces derniers ont donc pu intervenir sur le texte pour le corriger. Notons en particulier que l'indication *Corbueil* dans le deuxième exemple semble cohérente avec la première variante, puisque les trois villes partageant le nom de Corbeil se trouvent plus à l'Est par rapport à Corbie (Oise, Marne, Île-de-France). Quant au *parlement* de Corbie, il n'est cité, parmi les sources de la Quatrième Croisade, que par ce texte et par la *Conquête de Constantinople* de Robert de Clari[65].

F73 F57 partagent aussi des omissions qui éliminent, parfois, des renseignements utiles donnés par le texte, sans pour autant affecter le sens global du passage :

> 59. Éd. Mas Latrie, p. 333 : Li rois de France fu a Gisorz, molt doulenz et molt corociez de ses chevaliers qu'il ot perduz et de la honte qui li estoit avenue. Il manda par toute sa terre [...].
> molt doulenz et molt corociez de ses chevaliers qu'il ot perduz] *mq.* F73 F57 ; de la honte] por la honte F73 F57.

L'omission affecte la syntaxe : le syntagme *et por la honte* enchaîne directement sur la phrase suivante, qui est indépendante dans le texte de la *Chronique* et dans les autres manuscrits de la *Continuation.*

> 60. Éd. Mas Latrie, p. 335 : Donc [Richard Ier] dist a Oton son neveu qu'il s'atirast et qu'il sen alast en Alemaigne, qu'il feroit tant vers l'apostoile et vers les hauz home d'Alemaigne, qu'il seroit empereres.
> quil feroit tant...d'Alemaigne] *mq.* F73 F57.

---

64 Villehardouin, *La conquête de Constantinople*, éd. et trad. Edmon Faral, 2 vol., Paris, Les Belles Lettres, 1972^{3}, I, p. 4 ; Queller, Donald E., Madden, Thomas F., *The Fourth Crusade: The Conquest of Constantinople*, Second Edition, Philadelphia, University of Pennsylvania Press, 1997, p. 3 suivent cette dernière tradition.

65 Gaggero, « Western Eyes on the Latin East », *op. cit.*, p. 94.

61. Éd. Mas Latrie, p. 338 : qu'il feroit une grant estoire, et qu'il iroit conquerre la terre d'Egypte. Aprés si iroit conquerre la terre de Jherusalem, et d'ilec si iroit conquerre la terre en Costentinoble[66] si seroit empereres
et quil iroit conquerre la terre d'Egypte. Aprés] *mq.* F73 F57.

Les deux dernières omissions citées peuvent être dues à un saut du même au même : similarité *feroit/seroit* et répétition d'*Alemaigne* dans le premier cas, répétition de *iroit* dans le second. Dans les deux cas, l'information omise complétait le sens du passage et la perte de l'information est nuisible.

Je cite en dernier lieu des variantes qui affectent le texte sur le plan de la formulation ou des renseignements donnés :

62. Éd. Mas Latrie, p. 246 : Quant les nes et les galies furent appareilliees, si murent et arriuerent a Duras en Grece, si la pristrent et garnirent.
si murent et arriuerent] alerent arriver F73 F57.

63. *Ibid.* : Quant li Grifon de la terre virent qu'il avoient tant conquis et tant conqueroient [...].
li Grifon de la terre] li Griu F73 F57.

64. *Ibid.* : et tant les menerent, qu'il vindrent a .vi. jornees de Costantinoble, pres d'une cité qui a non Felippe. La se herbergerent en une valee
Qu'il vindrent [...] en une valee] que il vindrent en une valee pres de Coustantinople a .vi. jornees, pres dune cite qui a nom Phelipe, et ilec se herbergerent F73 F57.

65. Éd. Mas Latrie, p. 337 : et [Richard Ier] manda routiers en la terre de Provence.
et manda routiers en la terre] si entra en la terre F73 F57.

L'hypothèse selon laquelle tous les manuscrits de la *Continuation* hormis F38 dériveraient d'un modèle β permet d'envisager autrement le problème des rapports entre les manuscrits de la rédaction *Colbert-Fontainebleau* et le reste de la tradition. Si les manuscrits de γ (F41 F43 F45 F51) dépendent du modèle de β (et non pas de α) dont dérive seulement

66 La position du syntagme *la terre* dans F38 a fait l'objet de retouches : le mot *conquerre* se trouve en fin de ligne suivi d'un trou dans le parchemin ; dans la marge, la main d'un correcteur a ajouté *la terre* ; à la ligne suivante, on lit « en cost' [la t(er)re] » : le syntagme a été exponctué. La position finale du syntagme trouve un correspondant dans les manuscrits de la seconde famille de *EB*, dont dérive la *Continuation* (F24 F25 F26). La leçon introduite par le correcteur est aussi dans F45 ; F33 F51 F73 F57 lisent « la terre de Constentinoble ».

F38, le problème de la présence chez F73 F57 (ε) de leçons de γ et de δ est résorbé, pour ainsi dire, à l'intérieur de la même branche du stemma. Dans les échantillons utilisés ici, ε montre une grande proximité avec γ, comme le montrent les exemples 36-40. À plusieurs reprises la leçon de ε est aussi partagée par F43 (moins souvent par F51), mais il s'agit toujours de variantes qui ne sont pas décisives :

66. Éd. Mas Latrie, p. 245 : et dist qu'il envoieroit grant gent en la terre de Costantinoble.
grant gent] genz F32 F39 F40 F70 grant plente de gent F43 F73 F57 F72.

67. Éd. Mas Latrie, p. 334 : fors tant .i. jor a .i. assaut i ocist l'en .i. des meilleurs chevaliers de France qui avoit non Jehans de Hangest
fors tant .i. jor a .i. assaut] fors tant que a .i. asaut F32 F72 F70 fors tant q*ue* .i. ior a .i. ~~ior~~ asaut qui il fu F43 fors tant cun ior a un assaut F45 fors ta*n*t cu*n* ior a .i. asaut qui i fu F51 F73 F57.

68. Éd. Mas Latrie, p. 335 : Et li rois gita main au carrel, si le sacha hors.
Et lirois gita main] lirois mist lamein F32 li rois ieta F33 F43 F73 F57 gita lamei*n* F51.

Les cas d'accord de F73 F57 avec δ sont, eux aussi, très rares et limités à des variantes minimes :

70. Éd. Mas Latrie, p. 338-339 : Or vos diré des] Li F32 Quant les F39 F73 F57.
71. Éd. Mas Latrie, p. 333 : se furent] furent F32 F73 F57.
72. Éd. Mas Latrie, p. 335 : fust] fu F33 F43 F48 F73 F57.
73. Éd. Mas Latrie, p. 337 : aucunes genz dient] aucuns distre*n*t F32 aucunes gens distrent F73 F57.

Les trois dernières variantes affectent la morphologie (personne, temps, diathèse du verbe) et sont susceptibles d'être polygénétiques. La première variante a un peu plus de poids, même si elle a pu se produire indépendamment dans des manuscrits ayant tendance à éliminer les formules de transition ; il est vrai que cette tendance est plus caractéristique de δ que de ε.

La situation des manuscrits F72 F70 est tout à fait différente dans le deuxième et dans le troisième échantillon. Dans le deuxième échantillon (remords de Guillaume de Sicile et projets d'aides à la Terre Sainte) les indices permettant de regrouper les deux manuscrits sont peu nombreux, et ils peuvent être pris en considération seulement parce que F72 F70 sont isolés face au reste de la tradition :

74. Éd. Mas Latrie, p. 244 : Cele galie arriva en la terre au roi Guillaume, qui rois estoit de Sezile et de Puille et de Calabre.
rois estoit F38 *EB*] estoit rois F41 F45 F48 F73 F57 sires estoit F72 F70.

75. Éd. Mas Latrie, p. 245 : [...] et il leur dorroit solz selonc ce que chascuns estoit.
dorroit] doneit F72 F70 ;

76. Éd. Mas Latrie, p. 245 : Quant Salehadins vint aus citez et aus chastiaus, ne troua il qui encontre li fust, ainz li rendoit l'en, fors seulement Sur.
rendoit [...] Sur] rendi len tout le reaume fors seulement Sur F32 F39.
rendoit l'en F38 F24] rendi on tout *EB* rendoient tout F18 rendi len F33 F40 F41 F43 F45 F51 li rendi len tout F48 F73 F57 rendirent tot F72 F70.

On ne trouve par ailleurs que de faibles indices d'une convergence de F72 avec F73 F57, insuffisants à établir un lien de parenté :

77. Éd. Mas Latrie, p. 246 : Aprés si [les Grecs] leur distrent qu'il avoient trop lonc tour a fere, a aler par mer en Costantinople. Mes par terre alassent [...].
par mer] *mq.* F73 F57 F72.

L'omission nuit à la cohérence du texte, puisque la phrase (qui exprime la proposition trompeuse des Grecs) est fondée sur l'opposition *par terre* / *par mer*.

78. Éd. Mas Latrie, p. 244-245 : et se pensa qu'il estoit auques coupables de la perdicion de la terre, et si vos diré coment.
de la perdicion] de cele perdicion F32 F39 F70 de ceste chose de la perdicion F73 F57 de ceste chose com de la perdicio*n* F72.

79. Éd. Mas Latrie, p. 245 : et si retint les pelerins qui de toutes terres aloient par sa terre pour passer, et tint ainsi .ij. anz le passage, que nuls ne passa en la terre d'oltre mer, que du passage qu'il detint et des genz qui vindrent de la terre d'oltre mer a li fu la terre si affebloiee, quant li rois fu desconfiz, qu'il avoit molt pou de gent, car il avoit mené en la bataille quanqu'il pot de gent.
quant li rois [...] de gent] quant (que quant F73 F57 F72) li rois (rei gui F72) fu des*con*fiz il auoit mout pou degent. quar il mena en la bataille quenquil (tout ce quil F72) pot de gent F45 F73 F57 F72.
car il avoit... de gent] *mq.* F32 F39 (*la proposition manque aussi dans* F70 *mais le passage est réécrit*).

La leçon de ce passage, à la syntaxe très complexe, présente des oscillations dans la tradition, et a été simplifiée de façon cavalière par ζ au moyen de l'omission de la partie finale. La leçon de F45 F73 F57 F72 est partagée, avec quelques variantes de détail, par l'ensemble de γ.

80. Éd. Mas Latrie, p. 244 : Or vos lerons de Salehadin a parler., si dirons de l'arcevesque de Sur qui vint a l'apostoile de Rome en message, et aporta noveles de la grant douleur qui estoit avenue en la sainte terre de Promission.
CF : Quant li arcevesques de Sur vint a l'apostoile de Rome en message et aporta noveles de la grant mesaventure, qui estoit avenue en la Terre de Promission F73 F57.
OR uos lairons de salahad*in* ap*ar*ler si uos dirons de Josce l'arceuesque de Sur qui ala a l'apostoille de Rome en message et porta noveles de la grant mesaventure qui esteit avenue en la Terre de Promission F72.
Or uos lerons de saleh' … en messa|ge] Li arceuesques desur. qant il uit que li roiaumes de irl'm fu perduz Il uint alapostoile F32 F39 F70.

CF et F72 ont deux leçons différentes pour le début du premier échantillon, qui partagent pourtant des choix lexicaux (*mesaventure*, *(a) porta*) qui les opposent au reste de la tradition.

On remarque en même temps que, dans ce passage même, F70 se montre proche de F32 F39, comme on le voit par l'exemple suivant (voir aussi les ex. 49, 51, 52 et 55 ci-dessus) :

81. Éd. Mas Latrie, p. 247 : si s'armerent tuit l'endemain au point du jor et corurent sus a cels de l'estoire et ocistrent et pristrent, fors cels qui en eschaperent, qui s'en alerent a l'estoire.
qui s'en alerent a l'estoire F38 F24 F25 F26] qui senfoirent F32 F39 F70 *et* sen alerent a lor navie F72.

La variante de F32 F39 F70 introduit une banalisation du texte de départ : celui-ci donne en effet une indication plus précise sur les modalités de fuite des troupes de Guillaume de Sicile qui échappent à la traîtrise des Grecs.

Dans le deuxième échantillon, les rapports entre les manuscrits se présentent de façon différente : F72 et F70 ont en commun un certain nombre de variantes :

82. Éd. Mas Latrie, p. 334 : La fu l'acorde fete du conte de Flandres et du roi d'Engleterre de guerroier le roi de France, si cum vos avez oï qu'il le guerroierent.
de guerroirer […] ille guerroierent] *mq.* F72 F70.

Sans être essentielle pour la compréhension du récit, la phrase omise donne tout de même une précision importante, qui manque dans le texte de F72 F70.

83. Éd. Mas Latrie, p. 337 : Li cuens du Perge, Li cuens de Saint Pou, li cuens Simon de Montfort et Guiz ses freres, Jehan de neele [...].
Li cuens de Saint Pou] *mq.* F72 F70.
et Guiz ses freres] *mq.* F72 F70.

L'omission est peut-être moins significative, parce que le passage contient une liste de barons qui prirent la croix lors du tournoi d'Écry-sur-Encre (Asfeld) : les omissions ont facilement pu se produire indépendamment :

84. Éd. Mas Latrie, p. 332 : qu'il ne leroient la guerre, ne que li uns ne feroit pes sanz l'autre, jusqu'il ravroient toutes leurs choses arriere.
toutes leurs choses arriere] tote lor chose arriere F40 toute la| [..]rre arriere *et* toutes lor choses F48 toutes lor choses atirees F73 F57 toutes lor p^{r}tes [?] arieres restorees F72 totes leur pertes restorees F70.

La réécriture de la dernière partie du passage sépare F72 F70 du reste de la tradition manuscrite ; les différences sont assez importantes pour donner à cette leçon la valeur de variante caractéristique.

85. Éd. Mas Latrie, p. 334-335 : Quant li rois d'Engleterre ot trives au roi de France, en li fist asavoir [...].
ot trives] ot p*ri*ses t*ri*ues F33 F51 ot triues prises F43 F45 F73 F57 ot faites t*ri*ues F72 F70.

86. Éd. Mas Latrie, p. 333 : Quant li rois d'Engleterre et li cuens Baudoins se furent atiré ensemble [...].
atiré] turchie (?) F32 aseure F43 ali[*illisible*] *F48* jure F72 iures F70.

La leçon de *faites trives* de F72 F70 pourrait être une variante lexicale de la leçon de F33 F43 F45 F51 F73 F57 : les deux s'opposent au reste de la tradition où *ot* ne sert pas de verbe support, mais régit directement le COD *trives*. On pourrait penser à un lien de ces deux manuscrits avec γ, mais les indices de ce type manquent dans les deux échantillons sondés.

Le nombre limité de variantes qui opposent ces deux manuscrits au reste de la tradition s'explique par le fait que F72 F70 sont, la plupart du temps, proches de F32. Dans l'exemple 70 le lien de ce dernier avec F39 n'apparaît pas aussi clairement que dans les deux premiers échantillons, si bien que, sans prendre en considération F72 F70, ces leçons passeraient pour des *lectiones singulares*. Puisque le couple F32 F70 demeure constant depuis le premier échantillon, on pourrait penser que ce sont F72, d'un côté, et F39, de l'autre, qui se sont déplacés. Je donne quelques exemples qui démontrent un lien entre F32 F72 F70 :

> 87. Éd. Mas Latrie, p. 332 : Or vos lerons a parler de la terre de Calabre et de Sezile jusqu'a une autre foiz, que point et eure en sera, si vos dirons du roi de France et du roi d'Engleterre, qui guerre avoient ensemble li uns a l'autre.
> *Mq.* F32 F72 F70.

> 88. Éd. Mas Latrie, p. 338 : Or vos diré d'une parole que je vos avoie oblié a dire du roi Richart, qu'il avoit porpensé devant ce qu'il fust morz, que, s'il pooit tant fere a son vivant qu'il peust ravoir la terre que li rois de France li avoit tolue, qu'il feroit une grant estoire et qu'il iroit conquerre la terre d'Egypte. Aprés si iroit conquerre la terre de Jherusalem, et d'ilec si iroit conquerre en Costentinoble la terre, si seroit empereres.
> *Mq.* F32 F72 F70.

Les trois manuscrits omettent les deux passages : le premier, qui ouvre l'exemple 87, est entièrement constitué par l'annonce d'un changement de sujet de la part du narrateur, et son omission s'explique bien par l'une des tendances qu'on a vues à l'œuvre à plusieurs reprises dans cette étude, tout particulièrement dans le groupe ζ. Le deuxième paragraphe représente en revanche un supplément d'information donné par l'auteur qui revient, après avoir raconté la mort de Richard Ier et avoir commencé le récit de la Quatrième Croisade, sur des prétendus projets de croisade du roi d'Angleterre qu'il n'avait pas mentionnés auparavant. Il s'agit d'un procédé qui est souvent employé dans la *Chronique*. L'omission du paragraphe – qui fait disparaître l'information en entier – est pourtant due à une erreur mécanique (saut du même au même avec le paragraphe suivant), et non pas à une opération éditoriale du rédacteur. D'autres omissions communes à F32 F72 F70 affectent des segments textuels plus courts :

> 89. Éd. Mas Latrie, p. 334 : Je vos avoie oblié a dire que puis que li rois d'Engleterre fu venuz de la terre d'oltre mer et il fu hors de prison et il fu alez en Normendie asseja li rois de France Aubemalle.
> et il fu alez en Normendie] *mq.* F32 F72 F70 *et* il fu en normendie F48.

> 90. Éd. Mas Latrie, p. 335 : Il oï dire a son vivant que li empereres Henris qui en prison l'ot estoit morz. Donc dist a Oton son neveu qu'il satirast et qu'il s'en alast en Alemaigne, qu'il feroit tant vers l'apostoile et vers les hauz home d'Alemaigne qu'il seroit empereres.

qui enprison lot] *mq.* F32 F72 F70 qui lot en en p*ri*son F33 F45 quil ot eu emprison F43 F73 F57 qui lot eu e*n* priso*n* F51.
et vers les hauz home dalemaigne] *mq.* F32 F72 F70.

91. Éd. Mas Latrie, p. 337 : Li cuens Baudoins de Flandres se croisa premiers et Henris d'Anjou ses freres.
se croisa premiers et] *mq.* F32 F72 F70 se croisa premierement F39 F40 F48 sisecroisa premiers F45.

92. Éd. Mas Latrie, p. 339 : Quant li Venisien furent en France, si assemblerent li baron tuit a Corbie et li Venisien aussi et la fu li marchiez fez des nes et des galies, d'uissiers a chevaus mener a estre en servise des croisiez .ii. anz.
et li Venisien aussi et] *mq.* F32 F72 F70.
uissiers a chevaus mener] *mq.* F32 F72 F70 dunsers achevax mener F33 duisiers a cheuax metre F39 duisiers (d *illisible* F51) a cheuax mener F40 F43 F45 F48 F51 et de oissiers por les chevaus porter F73 F57.

Les omissions ne semblent pas être dues à des facteurs matériels, et elles affectent des détails qui complètent le récit sans être strictement nécessaires. Il est possible que l'omission de ces détails soit cohérente avec la tendance à la réduction constatée auparavant chez ζ : ceci reste une hypothèse à vérifier sur le reste des témoins de cette famille.

93. Éd. Mas Latrie, p. 335 : Quant li rois fu devant le chastel, si leur dist qu'il rendissent le chastel, et, s'il ne li rendoient, seussent il bien qu'il les pendroit touz par les gueules. Endementres qu'il les menaçoit, si vint uns arbalestiers [...].
qu'il feist au mielz qu'il porroit qu'il navroit] quil nauoit F32 F48 F72 F70.
si leur dist qu'il rendissent le chastel] il dist au ch*eualie*r quil (qui F70) li re*n*dist F32 F72 F70 si lor dist q*ui*l le rendissent F33 F45 F51 sileur dist qui leur rendissent F43 si lor dist que il li rendissent F73 F57.
et s'il ne li rendoient] *et* se il nelirendoit F32 F72 F70 *et* sil ne le rendoient F33 F39 ;
seussent] seust F32 F72 F70.
les pendroit touz] le p[r]endroit F32 le pendroit F72 F70 les p[r]endroient (*l'exponction du* r *n'est pas clairement visible*) F33.
par les gueules] par la geule F32 F72 F70.
les] le F32 F72.

Richard Ier meurt transpercé par une flèche pendant le siège du château d'un de ses vassaux. Celui-ci refuse de lui livrer un trésor qu'il a trouvé dans ses terres et qui revient donc à Richard, en tant que suzerain[67].

67 Sur les narrations de la mort de Richard Ier voir Gillingham, John, *Richard I*, New Haven and London, Yale University Press, 1999, p. 223-234.

Dans les autres manuscrits de la *Chronique* et de la *Continuation* les menaces prononcées par Richard Ier devant le château sont adressées à l'ensemble de ses habitants, mais dans F32 F72 F70 le roi s'adresse plutôt directement à son vassal. Les variantes portent principalement sur la morphologie du verbe, mais le fait que la réécriture soit systématique et le fait que F32 F72 F70 présentent un même texte distinct par rapport aux autres témoins rend cette série de variantes significative.

> 94. Éd. Mas Latrie, p. 333 : Il avint chose .i. jor que li routier corurent devant Beavez et li evesques eissi hors et si chevalier et ses genz et chacerent tant que li routier tornerent seur eus, si les pristrent toz. Autre jor avint [...]
> tant que li routier tornerent seur eus si les pristrent toz] une piece partie (une partie F72) des autres qui en aguet estoient leur saillirent *et* les pristrent F32 F72 une piece. vne partie des autre qui en agait estoient saillirent *et* les pristrent F70.

Les variantes pour le passage ci-dessus montrent un cas de diffraction de la leçon de F32 F72 F70 qui semble renvoyer à un ancêtre commun. Les trois manuscrits remplacent la partie finale d'une phrase décrivant l'une des actions de la guerre de Richard Ier et de Baudouin IX de Flandres contre Philippe Auguste. Dans les autres manuscrits de la *Chronique* et de la *Continuation*, les *routiers* se laissent poursuivre par les hommes de Beauvais et se retournent ensuite contre eux, mais dans F32 F72 F70 les *routiers* les attirent dans un guet-apens. La jonction entre la partie du texte qui n'a pas été retouchée, se terminant par le verbe *chacerent*, et la variante de ces trois manuscrits est problématique. F70 semble avoir conservé la leçon du modèle : *une piece* a une valeur temporelle et est régi par *chacerent*, alors qu'*une partie des autre* est le sujet de la phrase suivante. F72 a mal interprété la séquence *une piece une partie* en la prenant pour la juxtaposition de deux leçons alternatives, et a seulement gardé *une partie*, qui sert de sujet à *saillirent* et *pristrent*. La perception des différentes fonctions des deux mots est peut-être déjà brouillée dans la leçon de F32.

> 95. Éd. Mas Latrie, p. 335 : Donc dist a Oton son neveu qu'il s'atirast et qu'il s'en alast en Alemaigne.
> qu'il s'atirast et qu'il s'en alast en] quil setresist uers F32 F72 F70 q*ui*l satirast *et* alast en F33 F43 F45 F48 F51 F73 F57 quil sen alast F39 quil sacrast (*sic*) *et* sen alast en F40.

96. Éd. Mas Latrie, p. 337 : Il ot .i. prestre en France, qui ot non Fouques, qui devant ce et aprés que li baron se croisassent preescha de la croiz.
Fouques] fouque de Nuilli F32 F72 F70.

F32 F72 F70 sont les seuls, parmi les manuscrits pris en considération dans cette étude, à donner le nom complet de Foulques de Neuilly, prédicateur de la Quatrième Croisade ; la leçon trouve un correspondant, parmi les manuscrits de la *Chronique*, dans F50, manuscrit d'Outremer de l'*Eracles* qui change de modèle après l'épisode de la bataille de Hattin, pour suivre un texte de la *Chronique*[68]. Comme il s'agit d'un renseignement qu'un copiste aurait pu tirer d'une source externe, on hésite à lui attribuer un statut de variante caractéristique.

97. Éd. Mas Latrie, p. 338 : Or vos diré des barons de France, qui croisié estoient. Il parlerent [...]
Or vos diré des] Li F32 F72 F70 Quant les F39 F73 F57.
Il parlerent] parlerent F32 F73 F57 F72 F70.

En conséquence de la proximité étroite des trois manuscrits, les cas d'accord de F32 F70 ou F32 F72 sont rares dans le troisième échantillon. Je ne peux citer qu'un seul exemple pour chaque cas de figure :

98. Éd. Mas Latrie, p. 337 : [...] et hauz homes assez et grant chevalerie, dont je ne vos diré ore plus.
hauz homes] autres barons F32 F70 hauz homes h[o] F33 autres asses F72.

99. Éd. Mas Latrie, p. 335 : Il avint chose, devant ce que li rois Richarz fust morz, qu'il avoit avec li .i suen neveu, filz de sa sereur et fill au duc de Sessone.
Il avint chose [...] fust morz qu'il] Mes ainz q*ui*l morut F70 ; Il avint chose devant] Devant F32 F72 ; Richarz] dengleterre F32 F72 *mq.* F33.

Dans les deux cas, la variante porte sur un point de détail. En ce qui concerne le premier passage, la variante de F72 semble dériver de celle de F32 F70, si bien que cet exemple confirme le lien entre les trois manuscrits, au lieu de le contredire. Dans le deuxième exemple, F70 a modifié le début du paragraphe : il n'est pas possible de dire si sa leçon est en rapport avec celle des deux autres manuscrits.

Il semble possible, surtout en ce qui concerne le troisième échantillon, de rattacher F72 et F70 à un modèle différent par rapport à F73 F57, et

68 Voir ci-dessus, n. 4 p. 165.

qui se situe à l'intérieur de la famille δ. Il n'est pas sûr que la position différente de F72 dans le premier échantillon indique que ce manuscrit s'est déplacé. La proximité de F72 F70 et δ est significative car, comme je l'ai dit ci-dessus, il s'agit de la famille à laquelle appartiennent les sept autres manuscrits d'Outremer qui transmettent la rédaction brève de la *Continuation*. Le changement de position de F72 F70 par rapport à ma première proposition de stemma s'explique par le fait que les échantillons que j'avais utilisés appartenaient à la section qui transmet la rédaction longue de *Lyon*, dérivée de *CF* (et, donc, de γ). Il est alors possible que le modèle de base des deux manuscrits soit un manuscrit de δ, et qu'un changement de modèle ait concerné la section de *Lyon* (qui représente, il faut le rappeler, une tranche de texte de longueur différente dans les deux manuscrits). Il s'agit d'une hypothèse qui mériterait d'être approfondie sur l'ensemble du texte des deux témoins.

CONCLUSIONS

Sur la base de la discussion stemmatique qui précède, les rapports entre les manuscrits analysés peuvent être représentés ainsi :

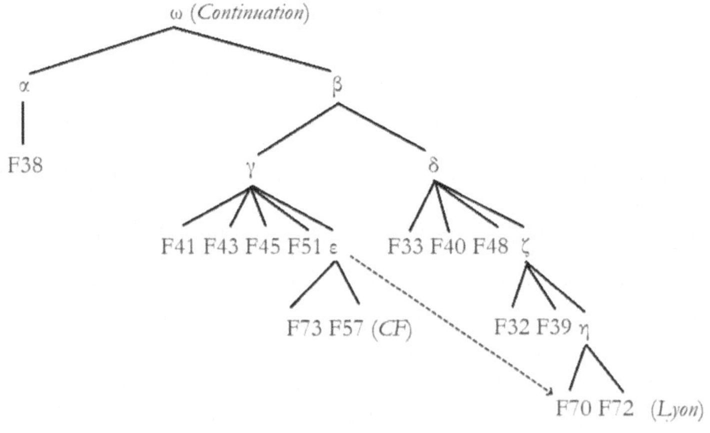

Fig. 3 – Rapports généalogiques entre les plus anciens manuscrits de l'*Eracles*.

Le lecteur devra toutefois tenir compte des incertitudes et des limites d'une analyse fondée sur des échantillons réduits de texte. Si cette hypothèse stemmatique ne peut, pas plus que la précédente, être utilisée sans contrôle pour l'édition du texte, elle possède, je crois, une valeur euristique en tant qu'instrument pour l'interprétation de l'histoire de la tradition.

Il faudra aussi tenir compte des changements de modèle que nous avons mentionnés, et en premier lieu du fait que, dans la section où F72 (et ensuite F70) présente le texte de *Lyon*, celui-ci est un remaniement du texte de *CF*, et qu'il dépend donc de ε.

Les témoins les plus anciens de la forme de l'*Eracles* résultant de la jonction entre la traduction française de Guillaume de Tyr et la *Chronique d'Ernoul et de Bernard le Trésorier* constituent un échantillon significatif de l'ensemble des familles dans lesquelles se répartit la tradition. L'étude des échantillons pris en considération confirme, d'un point de vue général, la nécessité de ne pas superposer les résultats d'une étude codicologique et de ceux de la filiation du texte. Le modèle de présentation commun à F32 F33 F39 F43 F45 F48 F51, par ailleurs très simple, peut avoir été transmis de façon indépendante par rapport au texte, ainsi que les éléments d'iconographie qui sont communs à tous ces manuscrits. Comme ces témoins appartiennent tous à différentes branches de la famille β, on pourrait aussi penser que leur modèle de présentation du texte a pu dériver d'un ancêtre commun, et qu'il a été maintenu dans ces caractéristiques fondamentales même lorsque, du point de vue textuel, des modifications ont été introduites par les sous-archétypes auxquels remontent les copies qui nous sont parvenues. Pour l'instant, il nous manque le moyen de trancher entre ces deux hypothèses.

Le fait que toutes les articulations principales du stemma soient représentées bien avant le tournant du XIVe siècle montre une circulation très intense de la compilation dès sa création, et en tout cas dans les quelque quarante ans qui séparent sa composition de la copie des manuscrits les plus récents retenus pour cet article. Il vaut la peine de rappeler que, si la traduction de Guillaume de Tyr peut être mise en relation avec la Cinquième croisade d'après Handyside, les années 1230 s'ouvrent, puis se ferment par la Sixième (1229) et Septième Croisade (1239), et que la période sur laquelle s'étale la copie de nos manuscrits se termine aux alentours de la Huitième Croisade (1266-1270). La composition, dans l'Orient latin, des deux rédactions longues au fil des années 1240 supporte aussi l'idée d'une circulation rapide de l'*Eracles* des deux côtés de la Méditerranée dès sa création.

L'acquis fondamental de cette étude du point de vue de l'articulation de la tradition – la bipartition en deux branches, dont l'une formée par F38 et l'autre par tous les autres manuscrits – permet d'un côté de confirmer l'hypothèse de P. W. Edbury sur la présence des épisodes de la *Chronique* interpolés dans F38 et sur les différences entre le stemma de la *Chronique* et de la *Première Continuation* et celui de la traduction de Guillaume de Tyr. Notre enquête permet aussi de mieux comprendre la relation entre la rédaction brève et les rédactions longues de la *Continuation*, en insérant celles-ci à l'intérieur de la famille β.

On a vu que, d'après Edbury, tous les manuscrits sauf F38 dériveraient de modèles où le texte de la *Continuation* aurait été ajouté à un/des manuscrit(s) qui ne contenaient originairement que la traduction de Guillaume de Tyr ; ce processus aurait causé la perte des épisodes de la *Chronique* interpolés dans le texte de Guillaume, que F38 est le seul à conserver. Certaines copies gardent en effet des traces de cet agencement, qui n'implique par ailleurs pas toujours leur déplacement à l'intérieur du stemma. La présence, dans β, des manuscrits de *CF* et *Lyon*, qui transmettent le passage relatif à Gérard de Ridefort (tout en le déplaçant, par rapport à F38, à l'intérieur de la *Continuation*)[69] oblige maintenant à poser la question de savoir si le processus de jonction matérielle entre la traduction de Guillaume de Tyr et la *Continuation* a eu lieu au niveau du sous-archétype β ou γ, ou si β pouvait encore contenir les trois passages originairement interpolés dans la traduction, et correspondait donc, dans l'agencement de la compilation, à F38.

Le déplacement de l'épisode n'est pas une preuve contre cette dernière hypothèse, eu égard aux interventions des rédactions longues sur la narration de cette partie de la *Continuation*, que j'ai essayé d'analyser ailleurs[70].

L'entité du remaniement est différente selon les passages considérés, si bien que, dans les manuscrits, on a aussi bien des passages complètement réécrits que des passages où le texte correspond à la rédaction brève. Il se

69 Voir *RHC*, p. 50-52 et *Lyon*, p. 45-46.

70 Gaggero, Massimiliano, « La *Chronique d'Ernoul et de Bernard le Trésorier*, l'*Eracles* et la narration des croisades », *Conter des croisades du Moyen Âge à nos jours*, éd. Catherine Croizy-Naquet (*Cahiers de recherches médiévales et humanistes*, 37/1 [2019]), p. 53-75, p. 66.

peut que ces témoins ne contiennent pas l'intégralité des rédactions de *CF* et de *Lyon*, comme le prouve, pour *Lyon*, le changement probable de modèle de F72 F70, et, pour *CF*, la présence de renvois analeptiques sans correspondance dans le texte conservé[71]. Comme je ne suis pas en mesure de suivre au-delà d'un certain point la stratification des modèles dans les manuscrits de *CF* et *Lyon*, l'absence des deux autres épisodes présents dans F38 n'est pas non plus un argument contre la possibilité que les rédacteurs de *CF* et *Lyon* aient pu connaître un modèle de β (ou de γ) qui contenait, dans la partie de Guillaume de Tyr, les épisodes que transmet F38. Ce manuscrit ne serait donc plus le seul continuateur du projet original de l'*Eracles*, même s'il est impossible de remonter avec certitude à β.

Dans ce cas, il faudrait penser que la jonction de traduction de Guillaume de Tyr et *Première Continuation* s'est produite à plusieurs reprises de façon indépendante au moins au niveau de γ et δ. Je ne peux pas trancher définitivement en faveur de cette hypothèse. Je me limite à observer que cette hypothèse, qui peut paraître plus lourde que celle qui voudrait que ce phénomène se soit produit au niveau de β, ne l'est peut-être pas tellement, puisqu'elle explique mieux l'inconstance des rapports stemmatiques entre la traduction de Guillaume de Tyr et la *Première Continuation*, et elle rend aussi compte du fait qu'on trouve encore des traces de ce processus de jonction dans des manuscrits éloignés de β, tels F32, F48, F52.

Encore une fois, ce dernier point n'est pas seulement une précision supplémentaire apportée à l'interprétation stemmatique des rapports entre les manuscrits : il s'agit d'un indice important sur la circulation du texte et sur l'intérêt des lecteurs pour une narration des croisades que l'on voulait aussi complète que possible, et d'un indice de plus, s'il en fallait, de l'importance du legs culturel des croisades, et de l'*Eracles* en particulier, dans la construction de la conscience historique des derniers siècles du Moyen Âge.

Massimiliano GAGGERO
Università degli Studi di Milano

71 Voir *ibid.*, p. 72.

DA ORIENTE A OCCIDENTE

Alcuni indizi sulla circolazione nel Mediterraneo di due manoscritti della *Continuazione di Acri*

L'*Estoire de Eracles* è la traduzione francese dell'*Historia rerum in partibus transmarinis gestarum* di Guglielmo di Tiro seguita dalle sue continuazioni francesi anonime[1], e costituisce una delle fonti principali per la conoscenza della storia di Terrasanta dall'anno 1095 fino al 1277.

Queste continuazioni furono concepite in lingua francese come delle entità separate una dall'altra e furono aggiunte alla cronaca di Guglielmo di Tiro cumulativamente ad intervalli di tempo per tutto il XIII secolo[2].

L'*Eracles* ha conosciuto una circolazione precoce tra Occidente e Oriente e viceversa. Il testo dell'*Historia* in traduzione francese e la continuazione tratta dalla *Cronaca di Ernoul-Bernard* e la continuazione *Rothelin* sono state approntate in Europa[3]. Solamente la sezione finale dell'*Eracles*, conosciuta con il nome di *Continuazione di Acri*[4], è stata

---

1 L'*Historia rerum in partibus transmarinis gestarum* fu composta da Guglielmo vescovo di Tiro tra il 1170 e il 1184 e consiste nella storia del Regno latino di Gerusalemme dal 1095 al 1184. L'edizione critica del testo latino è stata curata da *Willelmi Tyrensis Archiepiscopi Chronicon*, 2 voll., ed. Robert Burchard Constantin Huygens, Turnhout, Brepols («Corpus Christianorum Continuatio Mediaevalis» 63), 1986.

2 Sull'origine e il progressivo accorpamento delle cronache si veda *Chronique d'Ernoul et de Bernard le Trésorier*, éd. Louis de Mas Latrie, Paris, Société de l'Histoire de France-Jules Renouard, 1871, p. 476-477; Morgan, Margaret Ruth, *The Chronicle of Ernoul and the Continuation of William of Tyre*, Oxford, Oxford University Press, 1973; Ead, « The *Rothelin Continuation* of William of Tyre », *Outremer. Studies in the History of the Crusading Kingdom of Jerusalem*, presented to Joshua Prawer, ed. Benjamin Z. Kedar, Hans E. Mayer, Raymond C. Smail, Jerusalem, Yad Izhak Ben-Zvi Institute, 1982, p. 244-257; Edbury, Peter W., "The French Translation of William of Tyre's *Historia*: the Manuscript Tradition", *Crusades*, t. 6, 2007, p. 69-75; Id., "New Perspectives on the Old French Continuations of William of Tyre", *Crusades*, t. 9, 2010, p. 107-110.

3 Gaggero, Massimiliano, « La *Chronique d'Ernoul* : problèmes et méthode d'édition », *Perspectives médiévales*, t. 34, 2012, p. 2.

4 Morgan, « The *Rothelin Continuation* », *op. cit.*, p. 250, ha proposto di chiamare «Acre continuation» l'ultimo blocco narrativo delle continuazioni dell'*Historia* di Guglielmo di Tiro in virtù dell'origine acritana del manoscritto più antico dei sei manoscritti

concepita a partire dal XIII secolo in Terrasanta[5] e tramanda quasi un cinquantennio di storia oltremarina ed europea, dal 1229 al 1277.

Nel presente contributo[6] ci concentreremo sul passaggio da Oriente a Occidente della *Continuazione di Acri* attraverso lo studio dei manoscritti Firenze, Biblioteca Medicea Laurenziana, Pluteo LXI.10 e Boulogne-Sur-Mer, Bibliothèque Municipale, ms. 142[7]. Alcuni elementi, infatti, sembrano provare che questi due codici sono i testimoni diretti della circolazione tra Oriente latino ed Europa del testo dell'*Eracles*. In particolare alcune loro caratteristiche materiali, decorative e linguistiche fanno pensare che questi siano stati concepiti e confezionati sicuramente in Terrasanta e che poi siano stati ampliati o completati in Europa dopo il 1291, anno della caduta in mano musulmana della città di San Giovanni d'Acri[8].

La tradizione manoscritta della *Continuazione di Acri* è costituita da undici testimoni, di cui quattro – oltre ai due in questione – sono acritani e cinque sono di sicura origine europea, confezionati in Italia e in Francia tra la fine del XIII secolo e il XV secolo.

---

oltremarini: Paris, BnF, fr. 2628, F73 della classificazione di Folda, Jaroslav, « Manuscripts of the *History of Outremer* by William of Tyre: a Handlist », *Scriptorium*, t. 27, 1973, p. 90-95.

5 L'elaborazione del primo blocco narrativo, che termina con la cronaca del 1247, dovrebbe risalire ai primi anni Cinquanta del Duecento (vd. già Folda, Jaroslav, *Crusader art: the Art of the Crusaders in the Holy Land, 1099-1291*, Aldershot, Lund Humphries, 2008, p. 132), in virtù del fatto che il manoscritto più antico della tradizione manoscritta della *Continuazione di Acri*, Paris, BnF, fr. 2628, F73, è stato confezionato tra il 1250 e il 1260.

6 Questo articolo è il frutto di una rielaborazione a partire da alcune informazioni elaborate nel quadro del Dottorato di ricerca in cotutela di tesi tra L'Università degli Studi di Padova (XXIV ciclo – 2009-2012) e l'École Pratique des Hautes Études di Parigi: *Saggio per una definizione del francese di Oltremare: edizione critica della* Continuazione di Acri *dell'*Historia *di Guglielmo di Tiro, con uno studio linguistico e storico / Un essai de définition du français d'Outremer : édition critique de la* Continuation d'Acre *de l'*Histoira *de Guillaume de Tyr, suivie d'une étude linguistique et historique* – che ho discusso a Padova il 23 aprile 2013.

7 Nella edizione critica della *Continuazione di Acri* ho chiamato i due mss. rispettivamente Fi (F70) e Bo (F69). Nell'articolo corrente le sigle dei mss. e i rimandi ai capitoli sono quelli che ho scelto per la mia edizione critica; da qui le sigle dei mss. sono seguite sempre dalle relative corrispondenze alla nomenclatura di Folda.

8 Per lo studio dei materiali e delle miniature si veda Folda, Jaroslav, *Crusaders Manuscript Illumination at Saint-Jean d'Acre, 1275-1291*, Princeton, Princeton University Press, 1976, p. 77-116; Id., *Crusader Art in the Holy Land: from the Third Crusade to the Fall of Acre, 1187-1291*, Cambridge, Cambridge University Press, 2005, p. 411-412; Id., *Crusader Art: the Art of the Crusaders*, *op. cit.*, Aldershot, Lund Humphries, 2008, p. 143.

Manoscritti di Acri:

B1	(F73)	Paris, BnF, français, 2628
B5	(F78)	Paris, BnF, français, 9084
Bo	(F69)	Boulogne-Sur-Mer, Bibliothèque Municipale, 142
Fi	(F70)	Firenze, Biblioteca Medicea Laurenziana, Pluteo LXI, 10
L	(F72)	Lyon, Bibliothèque Municipale, 828
S	(F71)	Sankt-Peterburg, Rossijskaâ Nacional'naâ Biblioteka, fr. f° v. IV. 5

Manoscritti europei:

A	(F67)	Amiens, Bibliothèque Municipale, 483 F
Be	(F68)	Bern, Bürgerbibliothek, 25
B2	(F57)	Paris, BnF, français, 2634
B3	(F77)	Paris, BnF, français, 9082
B4	(F74)	Paris, BnF, français, 2631
	(F59)	Paris, BnF, français, 9060 (copia settecentesca di B3 – F77)
	(F75)	Paris, BnF, français, 9061 (copia settecentesca di B3 – F77)

La cronaca 1229-1277 è suddivisa in tre sezioni testuali: 1229-1247, 1248-1265[9], 1265-1275[10]. Alla progressione testuale e cronologica corrisponde una riduzione progressiva del materiale manoscritto. Gli undici testimoni orientali ed europei presentano una trascrizione più o meno uniforme del testo, ma, come possiamo vedere, solo Fi (F70) contiene la narrazione dei fatti fino all'anno 1277:

Cronaca degli anni 1229-1247: è presente nei mss. B1 B5 Bo Fi L S A Be B2 B3 B4;
Cronaca degli anni 1248-1265: è presente nei mss. B1 B5 Bo Fi S A Be B3;
Cronaca degli anni 1265-1275: è presente nei mss. Bo Fi A Be B3;
Cronaca degli anni 1276-1277: è presente nel ms. Fi.

La cronaca degli anni 1229-1247 è contenuta nell'insieme dei manoscritti. Osserviamo, invece, che proprio in corrispondenza dell'*incipit*

9 La seconda sezione testuale si chiude nell'anno 1264 per quanto concerne la cronaca degli avvenimenti d'Oltremare (cap. LV.14 dell'edizione critica, per riprendere poi al cap. LVII.1 a partire poi dall'anno 1265); per la cronaca degli avvenimenti europei, nel 1265 con l'elezione di Clemente IV (cap. LVI.2) e con la battaglia di Benevento del 1266 (cap. LVI.3). Ho deciso di indicare il termine cronologico della seconda sezione testuale con la data 1265 (elezione di Clemente IV).

10 Già Beugnot Auguste Arthur, « L'Estoire d'Eracles empereur et la conquête de la Terre d'Outremer », *Recueil des Historiens des Croisades, Historiens occidentaux*, Académie des Inscriptions et Belles-Lettres, vol. II, Paris, Imprimérie Royale, 1859, p. III-IV, VIII-IX; Mas Latrie, *Chronique d'Ernoul et de Bernard le Trésorier, op. cit.*, p. 550-553, 536.

della cronaca 1248-1265, B1 (F73) e Fi (F70) registrano il cambio di mano sia del copista sia del miniatore, e a partire da questo stesso punto i due testimoni B2 (F57) e L (F72) vedono terminare il testo della *Continuazione di Acri.* Risulta così evidente il passaggio da un blocco narrativo all'altro[11].

Infine, la cronaca degli anni 1265-1275 è contenuta in soli manoscritti di sicura fattura europea, B3 (F77) A (F67) Be (F68), e in Fi (F70) e Bo (F69), copiati in Oriente, ma che riteniamo siano stati terminati in Europa dopo il 1291 per quest'ultima parte.

A questo proposito, è interessante notare che nel manoscritto Bo (F69), come è avvenuto in Fi (F70) nella sezione precedente, è visibile un cambio di mano del copista a partire dal testo della cronaca post-1265. In corrispondenza dell'*explicit* della sezione 1248-1265, a f. 356v è leggibile chiaramente la formula di chiusura del testo: *Hic liber est scriptus / Qui scripsit sit benedictus*; dal foglio successivo il testo è trascritto in una grafia chiaramente diversa.

11 Una ulteriore prova in proposito è data dal fatto che tra la prima e la seconda sezione testuale le fonti a disposizione del redattore o dei redattori sembrano cambiare. Questo risulta evidente dal fatto che la cronaca 1229-1247 da resoconto di un testimone oculare – probabilmente un membro dell'aristocrazia militare d'*Outremer* che partecipa alla vita politica e alle diverse battaglie contro le forze filoimperiali di Riccardo Filangieri – diventa, nella sezione successiva, post-1248, una cronaca fondamentalmente annalistica. Infatti gli avvenimenti della storia oltremarina, incentrata ancora una volta sulla lotta contro gli Hohenstaufen e sulla difficile situazione politica dei Regni Crociati, sono inseriti all'interno di una griglia cronologica basata sulla data di elezione e di morte dei papi. Se la cronaca 1229-1247 è debitrice di una fonte testimoniale, al pari di quella di Filippo da Novara (la cui cronaca della guerra tra Federico II e gli Ibelin costituisce la seconda parte di un'opera composita conosciuta come *Gestes des Chyprois* – in proposito si veda l'edizione di Filippo da Novara, *Guerra di Federico II in Oriente (1223-1242)*, ed. Silvio Melani, Napoli, Liguori, 1994), quella post-1248 è opera di redattori che, probabilmente qualche decennio più tardi, mutuano la loro strategia di concatenazione delle fonti direttamente dai loro modelli, che sono senza dubbio testi di annali d'Oltremare.

INDIZI MATERIALI DEL PASSAGGIO DA ORIENTE A OCCIDENTE

Perché il manoscritto Fi (F70), di cui abbiamo parlato a proposito del cambio di mano del copista e del miniatore dalla sezione testuale post-1248, e il manoscritto Bo (F69), che testimonia un cambio di mano dalla cronaca post-1265, possono essere considerati i testimoni del passaggio a Occidente della tradizione della *Continuazione di Acri*? Quali sono gli indizi materiali, decorativi e linguistici a cui si è accennato poc'anzi?

Per quanto concerne il manoscritto Fi (F70), di fondamentale importanza è il passaggio alla nuova mano in corrispondenza di una grande iniziale istoriata (*L*) a f. 336v, che segna l'inizio della cronaca post-1248[12]. Questa corrispondenza è sostanziale perché secondo Jaroslav Folda tale illustrazione non è collocabile in ambiente oltremarino come le precedenti 24 miniature che sono opera del Maestro Ospitaliere, il quale lavorerebbe ad Acri prima della caduta della città[13]. Lo studioso ipotizza infatti che la lettera istoriata di f. 336v, l'ultima del codice, sia stata eseguita da un artista veneziano dei primi decenni del Trecento[14] e ritiene pertanto che il codice sia stato completato a Venezia[15].

12 « Li rois de France arriva a .xxviij. jors de setembre en Chypre » (capolettera del XXVI libro, fasc. XXXV).

13 Folda, *Crusaders Manuscripts Illumination*, *op. cit.*, p. 77-116, 139; Id., *Crusader Art in the Holy Land*, *op. cit.*, p. 495-497.

14 Id, *Crusader Art: the Art of the Crusaders*, *op. cit.*, p. 161-162. Si veda anche Id., *Crusader Art in the Holy Land*, *op. cit.*, p. 496-497, 497, nn. 112, 113, 114, 115, 116. Lo studioso individua il 1330 come data della sua esecuzione, vd. in partic. Id., *Crusaders Manuscripts Illumination*, *op. cit.*, p. 116, 139-141.

15 Dello stesso avviso sono alcuni studiosi di storia dell'arte. Giulio Cattin, nel vol. I, *Descrizione delle fonti*, p. 179, dell'opera *Musica e liturgia a San Marco. Testi e melodie per la liturgia delle ore dal XII al XVII secolo, dal graduale tropato del Duecento ai graduali cinquecenteschi*, ed. Giulio Cattin, Giordana Mariani Canova, Susy Marcon, Venezia, Edizioni Fondazione Levi (Collezione speciale per la musica veneta IV), 1990, ritiene che lo stile della lettera istoriata di f. 336v sia rintracciabile nei «codici della raffinata letteratura di crociata fiorita a Venezia nel secondo-terzo decennio sul filo dei sogni cristianissimi di Martin Sanudo»: *Conditiones Terrae Sanctae* del Sanudo (Venezia, Bibl. Marciana, lat. Z.547 = 1924, 1309ca.); *Descriptio Terrae Sanctae*, del domenicano Burcardo di Monte Sion (Padova, Bibl. del Seminario, 74); *Cartae Nauticae* di Pietro Vesconte del 1318 (Venezia, Museo Correr, Portolani 28 e Wien, Österreichische Nationalbibliothek, 594); *Beviario di Spalato* del 1318 (Città del Vaticano, BAV, Vat. lat. 6069); *Liber secretorum fidelium crucis*

Ma chi è il Maestro Ospitaliere? Secondo Folda si tratta di un artista di Parigi il quale, giunto ad Acri dopo il 1280, vi reca lo stile gotico francese che influenza l'arte crociata degli anni Ottanta fino al 1291[16]. Oltre che sul laurenziano egli lavorerebbe su almeno altri nove manoscritti[17], di cui due, B5 (F78) e Bo (F69), appartengono alla tradizione dell'*Eracles*[18]. Vediamo nel dettaglio:

- Nel 1280, Bibbia di Acri (Paris, BNF, nouv. acq. fr. 1404)[19];
- Nel 1282, *Rhetorica ad Herennium* e *De Inventione* (Chantilly, Musée Condé, 590)[20];
- Nel 1286, B5 (F78): 17 miniature finali;

---

del Sanudo, prima redazione del 1321 (Città del Vaticano, BAV, Vat. lat. 2972 e Oxford, Bodleian Library, Tanner 190), e ultima redazione del 1330ca.: Bruxelles, Bibl. Royale, ms. 9404-9405); *Conqueste de Costantinople*: Oxford, Bodleian Library, Laud. Misc. 587. Il nostro manoscritto è citato a nota 172. Più recentemente anche Marta Minazzato nel suo contributo, s.v. «Maestro del Sanudo», *Dizionario biografico dei miniatori italiani, secoli IX-XVI*, a cura di M. Bollati, Milano, Sylvestre Bonnard, 2004, p. 662-663, crede che lo stesso stile si trovi nelle opere del «Maestro del Sanudo» che lavora su *Conditiones Terrae Sanctae* e *Descriptio Terrae Sanctae*. Questo «stile sanudiano» sarebbe caratterizzato da «il tono cavalleresco dell'illustrazione [che] può far sospettare la conoscenza della miniatura crociata di Terra Santa oltre che dell'illustrazione dei canzonieri provenzali veneti di fine Duecento» e avrebbe influenzato l'opera di altri artisti che lavorano su committenza veneziana: *Liber secretorum fidelium crucis* (Venezia, Bibl. Marciana, lat. Z.410 = 1654, Città del Vaticano, BAV, Vat. lat. 2971, Bruxelles, Bibliothèque Royale, 9347-48 e 9404-05); *Les Faits des Romains* (Paris, BnF, fr. 293); *Conqueste de Costantinople*: Oxford, Bodleian Library, Laud. Misc. 587 e Paris, BnF, fr. 4972; *Chronologia magna* (Venezia, Bibl. Marciana, lat. Z.399 = 1610); due fogli superstiti della *Mariegola* della Scuola di San Teodoro (Venezia, Museo Correr, Cl. IV,21); i già citati *Breviario* della chiesa di Spalato e le *Cartae Nauticae*. Il nostro *Histoire d'Outremer* Pluteo LXI.10 è citato tra questi ultimi codici.

16 Si tratta dell'artista a cui il cavaliere ospitaliere Guglielmo di Santo Stefano commissionò nei primi anni Ottanta del Duecento la *Rhetorica ad Herennium* e *De Inventione* del manoscritto Chantilly, Musée Condé, 590: *La* Rectorique de Cyceron *tradotta da Jean d'Antioche*, edizione e glossario, ed. Elisa Guadagnini, Pisa, Edizioni della Normale, 2010.

17 Edbury, Peter W., Folda, Jaroslav, "Two Thirtheent-century Manuscripts of Crusader Legal Texts from Saint-Jean d'Acre", *Journal of the Warburg and Courtauld Institutes*, t. 57, 1994, p. 243-257, a p. 248, hanno rilevato alcune caratteristiche comuni all'interno dei mss. Venezia, Bibl. Marciana, fr. App. 20 (= 265), che tramanda il *Livre des Assises* ms. V (John of Ibelin, *Le Livre des Assises*, ed. Peter W. Edbury, Leiden-Boston, Brill, 2003, p. 629-689, 805-810), B5 (F78), Bo (F69) e Fi (F70), a proposito della scelta dei materiali, la tecnica, il colore e le proporzioni delle immagini. Per quanto riguarda l'iconografia fanno notare ugualmente una certa similitudine nella rappresentazione delle pose, dei visi, della forma degli occhi e in generale nello sfondo architettonico delle scene.

18 Per la lista dei mss. che segue si veda Folda, *Crusader Manuscript Illumination*, *op. cit.*, p. 53-54 e *La Bible d'Acre. Genèse et Exode*, éd. Pierre Nobel, Besançon, Presses Universitaires de Franche-Comté, 2006, p. XIII, nn. 22, 23.

19 *La Bible d'Acre*, *op. cit.*

20 Jean d'Antioche, *La Rectorique de Cyceron*, *op. cit.*

- Bo (F69): intero ciclo di miniature;
- *Histoire Universelle* (London British Library, Add. ms. 15268);
- *Livre des Assises di Jean d'Ibelin* prima e unica miniatura (f. 1r, Venezia, Bibl. Marciana, fr. App. 20 = 265[21]);
- *Faits des Romains* (Bruxelles, Bibl. Royale, 10212);
- *Credo* di Joinville (BNF ms. lat. 11907);
- Regola del Tempio (Roma, Accademia dei Lincei, Cod. 44. A. 14).

Secondo i dati che abbiamo a disposizione, possiamo dire quindi che Fi (F70) è prodotto ad Acri verso la fine degli anni Ottanta del Duecento, probabilmente appena prima della caduta della città: il testo della cronaca fino all'anno 1247 è infatti illustrato dal Maestro Ospitaliere, ma l'ultima miniatura è decorata in stile veneziano del Trecento, il che fa pensare che il manoscritto sia stato completato successivamente nella città lagunare.

Possiamo concludere quindi che all'interno del codice laurenziano sono visibili due fasi di copia del testo. La prima è avvenuta senza dubbio in Oltremare, alla fine del Duecento e comprende la quasi totalità del materiale manoscritto: gli *Annales de Terre Sainte*, trascritti sui primi otto fogli del codice[22], e l'*Eracles* – cioè la traduzione francese dell'*Historia* di Guglielmo di Tiro e le continuazioni relative agli anni 1184-1247; la seconda fase di produzione, posteriore di qualche decennio, costituisce la parte finale della *Continuazione di Acri* e consiste nell'aggiunta della cronaca degli anni 1248-1277, che occupa poco più di una decina di fogli (ff. 336v-349r), i quali sono trascritti da un nuovo copista e sono illustrati da un nuovo artista.

Questa ipotesi, che io ritengo molto verosimile, poggia quasi esclusivamente sugli indizi derivanti dall'*expertise* di Folda[23]. A questo punto mi sono chiesta se lo studio della lingua del laurenziano possa

21 John of Ibelin, *Le Livre des Assises*, *op. cit.*, p. 629-689, 805-810.

22 Questi sono editi da Edbury, Peter W., « A New Text of the *Annales de Terre Sainte* », *In Laudem Hierosolymitani. Studies in Crusades and Medieval Culture in Honour of Benjamin Z. Kedar*, ed. Iris Shagrir, Ronnie Ellenblum, Jonathan Riley-Smith, Aldershot, Ashgate, 2007, p. 145-161.

23 Folda, *Crusader Art: the Art of the Crusaders*, *op. cit.*, p. 161-162: « The Paris-Acre Master did not complete the manuscript. Left unfinished, the book was saved from destruction in Acre and was taken safely away, probably to Venice itself, where a different scribe and a different artist completed the work later ». Si vedano anche Folda, *Crusader Manuscript Illumination*, *op. cit.*, p. 111-116; Id., *Crusader Art in the Holy Land*, *op. cit.*, p. 495-496; Edbury – Folda, *Thirtheent-century Manuscripts of Crusader Legal Texts*, *op. cit.*, p. 244, 249.

apportare nuovi elementi utili a confermarla o meno. Farò lo stesso tentativo per il manoscritto Bo (F69), tenendo conto che la prima parte (cronaca 1229-1265) è di sicura origine oltremarina perché è decorata anch'essa dal Maestro Ospitaliere, mentre l'ultima sezione è priva di illustrazioni.

LA LINGUA DEI MANOSCRITTI FI (F70) E BO (F69)

Sia per quanto riguarda la parte pre-1248 che quella post-1248, il manoscritto di Firenze presenta tutti i tratti caratteristici del francese d'Oltremare. Lo stesso accade per la sezione decorata dal maestro Ospitaliere di Bo (F69) (cronaca 1229-1265).

La coesistenza di tratti linguistici propri delle regioni dell'ovest e dell'est del dominio d'oïl documenta una vera e propria polimorfia, che consiste nella «co-presenza» di elementi fono-morfologici di regioni scriptologiche diverse.

Qui di seguito mi limiterò ad evidenziare solo alcuni elementi lessicali significativi che assicurano da una parte la provenienza oltremarina di Fi (F70) pre-1248 e di Bo (F69) pre-1265, e dall'altra una probabile derivazione oltremarina della parte post-1248 di Fi (F70)[24]. Mi riferisco alle particolari forme derivanti da:

LŎCUM >
Fi (1229-1247): *leu* VI.5, XL.2, *luec* XII.14, XXVI.2, XXIX.18, *leuc* XV.12, XVII.22, XVIII.10, XXII.14, *leus* XLI.31, XLIII.6, XLV.19;
Fi (1248-1277): *leu* LIV.15, LXVI.4, LXVIII.1, LXVIII.3, LXXI.1, LXXVIII.11, LXXX.4, LXXXIII.1, LXXXV.3, LXXXV.11, LXXXV.15;
Bo (1229-1265): *leu* VI.5, XII.14, XVI.17, XXII.14, LIV.15, *leuc* XVII.22, XVIII.10, XXVI.2, XXIX.18, *leus* XLIII.6, XLV.19;
Bo (1265-1275): *leu* LXVI.4, ma anche *lieu* LXVIII.1 (x2).

ŎCŬLUM >
Fi (1229-1248): *ziaus* XLIII.19, XLVI.5, XLVI.15;
Bo (1229-1265): *zeaus* XLIII.19, *ziaus* XLVI.5 e XLVI.15.

24 Le seguenti occorrenze delle forme fanno riferimento ai capitoli del testo dell'edizione critica della *Continuazione di Acri* pubblicata all'interno della tesi di dottorato, di cui si è fatta menzione poc'anzi.

FŎCUM >
Fi (1229-1247): *feuc* XXX.24;
Bo (1229-1265): *feuc* XXII.3;

AQUAM >
Fi (1229-1247): *eive* XLIII.6
Bo (1229-1265): *aigue* XLIII.6

Le forme *leuc*/*luec*, *feuc* sono attestate in occitano[25] e costituiscono gli unici esempi all'interno della *Continuazione di Acri* di conservazione di -*c* finale, probabilmente per influenza dell'occitano oppure del latino o dell'italiano[26].

Zeaus/*ziaus*, 'yeux' (per il francese «continentale» *ieuz*/*iauz*) è attestato nei manoscritti d'Oltremare della *Continuazione di Acri* (L [F72], Fi [F70], S [F71], B5 [F78], Bo [F69]) ed è la forma caratteristica del francese di Terrasanta. Essa è originata probabilmente da una errata segmentazione del determinante, *les*, *ses* e del sostantivo[27]. Questo esempio può essere interpretato come un trasferimento di una sequenza fonemica da una lingua all'altra, in cui i composti sono trasferiti senza essere analizzati[28].

Aigue è attestato in antico francese[29], ma è diffuso soprattutto nei testi occidentali del dominio d'oïl[30], soprattutto del sudovest, forse per influsso dell'occitano *aiga*, *agua*[31]; è la forma esclusiva dei testi letterari di Charentes e Vosges ed è presente anche in Franche-Comté e in Vallonia[32].

---

25 Si considerino *loc*, *lauc*, *luc* in Levy, Emil, *Petit dictionnaire provençal-français*, Heidelberg, Carl Winters Universitätsbuchhandlung, 1909, p. 228.

26 Nobel, Pierre, « Écrire dans le Royaume franc : la scripta de deux manuscrits copiés à Acre au XIIIe siècle », *Variations linguistiques, koinè, dialectes, français régioneaux*, éd. Pierre Nobel, Paris, Presses Universitaires de France, 2003, p. 33-53, a p. 47; Minervini, Laura, « Le français dans l'Orient latin (XIIIe-XIVe siècles). Éléments pour la caractérisation d'une *scripta* du Levant », *Revue de Linguistique Romane*, t. 74, 2010, p. 119-198, § 3.2.2.18; *leuc*, *feuc* anche nelle *Estoires de Venise*, vd. Martin da Canal, *Les Estoires de Venise. Cronaca veneziana in lingua francese dalle origini al 1275*, ed. Alberto Limentani, Firenze, Olschki, 1972, § 78.

27 Minervini, « Le français dans l'Orient latin (XIIIe-XIVe siècles) », *op. cit.*, § 3.2.2.20.

28 Weinreich, Uriel, *Lingue in contatto* [1953]. Traduzione italiana a cura di Giorgio R. Cardona, Torino, Editore Boringhieri, 1974, p. 68.

29 Godefroy, I, 186; FEW, I, 236; ed è classificato da Pope, Mildred K., *From latin to Modern French with Especial Consideration of Anglo-Norman. Phonology and Morphology* [1934], Manchester, Manchester University Press, 1952, § 1320, xiii, come un arcaismo del francese settentrionale.

30 Gossen, Carl Theodor, *Französische Skriptastudien: Untersuchungen zu den nordfranzösichen Urkundensprachen des Mittelalters*, Wien, Bohlhaus, 1967, p. 299.

31 REW, 570; FEW, XXV, 63b; Levy, *Petit dictionnaire provençal-français*, *op. cit.*, p. 12; vd. anche Nobel, « Écrire dans le Royaume franc », *op. cit.*, p. 47; *La Bible d'Acre*, *op. cit.*, p. XCI.

32 Dees, Antonij, *Atlas des formes linguistiques des textes littéraires de l'ancien français*, Tübingen, Niemeyer, 1987, carta 180.

Se ci concentriamo invece sui soli tratti marcati di Fi (F=70) a partire dalla sezione della cronaca post-1248, ovvero quella che segue la lettera istoriata di f. 336v, rileviamo alcuni fenomeni che meritano di essere commentati.

1) Spirantizzazione di *s* in posizione interna e preconsonantica (*s* + *l*, *s* + *n*):

dehleauté LIX.4;
ihle LXV.5, LXVI.3;
mahinee LXXXVIII.3[33].

h per *s* è documentato nei testi copiati ad Acri nel XIII secolo e a Cipro nel XIV secolo[34]. È caratteristico anche dei dialetti settentrionali del dominio d'oïl (anglo-normanno, piccardo, vallone) che presentano fin dall'XI secolo un progressivo indebolimento della pronuncia di *s* + occlusiva sorda: *s* spirantizza ed è resa graficamente con *h*,[35] *s* + *l* / *n* doveva essere pronunciata come una fricativa laterale ([s] > [z] > [δ]).

2) *h* grafico in posizione iniziale di sillaba, davanti a *u* in iato:

---

33 La forma *mahinee* è molto diffusa nei testi d'Oltremare. Si vedano in proposito: John of Ibelin, *Le Livre des Assises*, *op. cit.*, p. 733-803 (*mehnees* 795); *Le Livre au roi*, éd. Myriam Greilsammer, Paris, Académie des Inscriptions et Belles Lettres, 1995 (*mehnee*, 169, 173); *Cronaca del Templare di Tiro (1243-1314). La caduta degli Stati Crociati nel racconto di un testimone oculare*, ed. Laura Minervini, Napoli, Liguori, 2000 (*maihnee* 95.3, 257.2, 262.10, *passim*); Brayer, Édith, « Un manuel de confession en ancien français conservé dans un manuscrit de Catane (Bibl. Ventimiliana, 42) », *Mélanges d'archéologie et d'histoire publiés par l'École française de Rome*, t. 59, 1947, p. 155-199 (*mahnee* 128, 207); Filippo da Novara, *Guerra di Federico II*, *op. cit.* (*maihnee*, *mahnee* 17 1, 30 1, 111 3, 128 2); *Cartulaire général de l'Ordre des Hospitaliers de Saint-Jean de Jérusalem (1100-1310)*, éd. Joseph Delaville Le Roulx, vol. II (1201-1260), Paris, Leroux, 1897 (*maihnée* 51, 188); Jean d'Antioche, *La Rectorique de Cyceron*, *op. cit.* (*mahinees* CXXI,69, *maihnee* XXXVIII,111, *mesnee* XII,29, *passim*).

34 Minervini, « Le français dans l'Orient latin », *op. cit.*, § 3.2.1.1, 3.2.2.13. Lo stesso fenomeno è registrato anche nella grafia fonetica del glossario arabo-francese in caratteri copti: Aslanov, Cyril, "Languages in Contact in the Latin East: Acre and Cyprus", *Crusades*, t. 1, 2002, p. 155-181, p. 159-160; Id., *Le français au Levant, jadis et naguère. À la recherche d'une langue perdue*, Paris, Champion, 2006, p. 45-47.

35 Bourciez, Édouard, *Phonétique française. Étude historique*, Paris, Éditions Kincksieck, 1967, § 157; Minervini, « Le français dans l'Orient latin (XIIIe-XIVe siècles) », *op. cit.*, § 3.2.1.1, 3.2.2.13; vd. anche, *Cronaca del Templare di Tiro (1243-1314)*, *op. cit.*, § 2.2.3; Pope, *From latin to Modern French*, *op. cit.*, 449, § 1178 ii.

eslehuz LXV.5, LXX.2, LXXVII.2, LXXIX.3, LXXXIII.2, LXXXVII.1, LXXXVII.17;
eslehu LXXVIII.11 / *esleu* LXX.1, LXXVII.2, LXXVII.5, LXXXVI.3;
vehue LXXVII.3 (part. pass.), *vehue* LXXXIII.4 (sost.);
conehu LXXXII.2, LXXXV.11;
vehu LXXXIII.4.

Questa grafia è documentata nel francese d'Oltremare, soprattutto nei testi documentari copiati a Cipro[36]. *H* in iato è attestato anche in antico francese e soprattutto in anglo-normanno[37].

3) *A* tonica in sillaba libera > *e* > *ei*:

contei LVIII.1 (x2), LXV.4, LXXIV.1, LXXIV.2, LXXVIII.2 per *conté* LXVII.1 (< COMITATUS).

La grafia *ei* è diffusa nei testi documentari di Normandia e Bretagna orientale, ed è caratteristica dei dialetti orientali, in modo particolare della *scripta* lorenese e vallona[38]. È attestata nei testi d'Oltremare ed era pronunciata probabilmente [e] oppure [ej]; forse è da considerare una grafia inversa di *ei* > *e*[39]. In proposito *coutei* 216.1 è attestato anche nella *Cronaca del Templare di Tiro*[40].

4) *Ui* tonico e atono > *u*:

lu per *lui* LVIII.6, *nute* LX.4 e *nut* per *nuit* LXXXVII.5

La riduzione *ui* > *u* è documentata nei testi e nelle iscrizioni d'Oltremare ed è diffuso nel francese di Cipro. Questo fenomeno

36 Minervini, « Le français dans l'Orient latin (xiiie-xive siècles) », *op. cit.*, p. 148, n. 49.

37 Pope, *From latin to Modern French*, *op. cit.*, p. 288, § 730 e p. 460, § 1237. Il fenomeno è stato rilevato nel manoscritto della Bibbia di *Macé de la Charité* del XIV sec. localizzabile nel Berry (vd. Simoni-Aurembou, Marie-Rose, « Les *scriptae* françaises V. Haute-Bretagne, Maine, Anjou, Touraine, Orléanais, Berry », *Lexicon der Romanistischen Linguistik*, hrsg. von Günter Holtus, Michael Metzeltin, Christian Schmitt, II/2, *Die einzelnen romanischen Sprachen und Sprachgebiete vom Mittelalter bis zur Renaissance*, Tübingen, Niemeyer, 1995, vol., II.2, § 4.2.6).

38 Gossen, *Französische Skriptastudien*, *op. cit.*, p. 156.

39 Minervini, « Le français dans l'Orient latin (xiiie-xive siècles) », *op. cit.*, § 3.2.2.11. Lo stesso fenomeno è attestato nel glossario arabo-francese scritto in alfabeto copto: Aslanov, *Le français au Levant*, *op. cit.*, p. 58.

40 Si consideri anche la forma non attestata *ducheime* LXVII.1 di Fi (F=70) per *duché*, 'ducato' forse sviluppo analogico a quello di *contei* < *conté* (FEW, 3, 196a registra la forma dell'antico francese *ducheaume* costruito su *royaume*).

è attestato nel francese delle regioni orientali e nordorientali, in borgognone, in piccardo e in anglo-normanno[41].

5) Le preposizioni *a*, *au* per *avec*:

> « vint en Acre messire Heimes [...] a poi de compaignie » LXV.4 ; « vint li rois de Chastele a Beaucaire a pou de compaignie » LXX.2 ; « il porcassa envers le sodan de brisier la trive qu'il avoit a ceaus d'Acre » LXXX.11 ; « vint por secors en Acre au bele ystoire de galees et de vaisseaus » LVII.2 ; « Luques de Grimaut au .xxviij. galees de geneveis prist le port d'Acre » LXI.3 ; « vint li rois de France a Aigue-Morte au ses .iij. enfans et son frere » LXIV.2; « mut au son ost » LXIV.3, « et fist trive au conte de Triple » LXV.2 ; « por avoir parlement au pape » LXXVIII.1 ; « ot eu parlement a Beaucaire au roy de Chastelle » LXXIX.1 ; « por .i. contens qu'il ot au Temple » LXXX.1.

La prep. *a* per *avec* è attestata in Bibbia di Acri (N), come fa notare già Pierre Nobel[42]: «Adonques demanderent a la pucelle c'ele voloit aller a l'ome et elle dist: oïl» 27.27; «Alés tost a mon pere et amenés le mey et viegne a tot quant que il a» 49.17. Si consideri anche la Regola dell'ordine degli Ospitalieri[43]: «Se li frere dort en la vile une nuit ou plus, ou se il se dort au fame, perde l'abit».

A/au di Fi (F=70) per *avec* è forse influenzata dalla prep. *ab* dell'occitano[44].

Questi tratti provano che nel laurenziano è presente quella polimorfia della *scripta* comune a tutti i testi composti nel Levante latino, costitutiva della lingua francese d'Oltremare[45]. Nel testo che segue la lettera

---

41 Minervini, « Le français dans l'Orient latin (XIIIe-XIVe siècles) », *op. cit.*, § 3.2.2.8.

42 *La Bible d'Acre*, *op. cit.*, p. 197.

43 Delaville Le Roulx, *Cartulaire général de l'Ordre des Hospitaliers*, *op. cit.*, p. 544.

44 In occitano è attestato anche *au* (vd. Raynouard, François Just Marie, *Lexique Roman ou Dictionnaire de la langue des troubadours* [1836], Genève, Slatkine Reprints, 1977, vol. II, p. 10); si consideri anche *La Passion de Sainte Catherine d'Alexandie*, par Aumeric, éd. Olivier Naudeau Tübingen, Niemeyer, 1982, p. 177, dal glossario: « *a*, *ab* prép. avec », che citiamo a partire da Zinelli, Fabio, «Il *Roman de Cardenois*, Guillaume de Machaut e Oton de Grandson tra Francia del sud e Catalogna», *Romania*, t. 130, 2012, p. 294-354, p. 336, n. 149.

45 Si veda infatti Minervini, « Le français dans l'Orient latin (XIIIe-XIVe siècles) », *op. cit.*, p. 141: « Nous avons sélectionné au sein de ce *corpus* les traits phonétiques et morphosyntaxiques qui, d'une part, sont fréquents dans plusieurs textes, et ne sont donc pas liés aux habitudes d'un seul copiste, d'autre part, sont significatifs en termes diatopiques

istoriata di f. 336v risulta quindi presente una sicura componente linguistica oltremarina.

A questo punto però è necessario introdurre una distinzione tra gli elementi costitutivi della *scripta* d'Oltremare, intesa come pratica scrittoria legata ad un "lieu d'écriture" – quello acritano della seconda metà del XIII secolo[46] – e la *scripta* attribuibile al copista di Fi (F70). Infatti esclusivamente nel testo post-1248 di Fi (F70) sono stati rilevati numerosi tratti fonologici che richiamano il dominio italo-romanzo che fanno pensare ad un'origine italiana del copista.

1) Per quanto riguarda il lessico si vedano gli italianismi:

saperent LXXXVII.11, *saper* LXXXVII.15;
cherc LXV.5 per *clerc* LXXXVII.6 (x2), LXXXVII.8 (probabilmente per interferenza di *cherco* dell'italiano antico)[47].

2) Alcune forme peculiari:

fue LXXXV.14, 3ª pers. sing. del pf. per *fu*, presenta la vocale epitetica dell'italiano antico[48]; si consideri anche *fisti* LXXVIII.10 per *fist*, 3ª pers. sing. di *faire* (*Cestui pape fisti une antifone*);
feut LXVI.4 alla maniera dei part. pass. deboli in -ŪTUS dell'italiano antico[49], per il part. pass. forte *fait* LVI.4, LVIII.3, LVIII.7, LIX.2, LXII.3, LXIV.3, LXV.2, LXV.7, LXVI.1, LXVIII.1, LXVIII.2, LXVIII.3, LXX.3, LXX.3 (x3), LXX.4 (x2), LXXII.3, LXXIII.3 (x2), LXXIV.3, LXXVI.1, LXXVII.3, LXXVII.4, LXXVIII.5, LXXIX.1, LXXIV.3, LXXXV.6, LXXXV.9, LXXXVI.3 (x2), LXXXVII.9.

3) Le forme:

in per *en*: *in* (*Alemaine*) LV.1, *in* (*une autre*) LXXXVII.8;
per LXVII.2 (*Et alerent* [...] *per concorder le roy et ses barons*);
tanto LVII.2 (*porcaça tanto envers les barons d'Engleterre qu'il prist le roi et son frere*).

(régionalismes) ou diachroniques (archaïsmes, développements précoces). Nous avons essayé, de cette façon, de faire ressortir les traits distinctifs d'une *scripta* française d'Outremer ».

46 Sul concetto di "lieu d'écriture" vd. Glessgen, Martin Dietrich, « L'écrit documentaire dans l'histoire linguistique de la France », *La langue des actes. Actes du XIᵉ congrès de la Commission internationale de diplomatique*, éd. Olivier Guyotjeannin, Paris, 2006; http://elec.enc.sorbonne.fr/CID2003/. p. 11, § III.1.

47 Vd. Colussi, Giorgio, *Glossario degli antichi volgari italiani*, Helsinki, Helsinki University Press, 1983-..., vol. 3/II, p. 195 ; *Tesoro della Lingua Italiana delle Origini*, a cura dell'Opera del Vocabolario Italiano (http://vocabolario.org).

48 Rohlfs, Gerhard, *Grammatica storica della lingua italiana e dei suoi dialetti*, 3 voll., Torino, Einaudi, 1966-1969, § 335.

49 *Ibid.*, § 622.

4) Trattamento delle vocali finali:

Monpelliere LXV.5, LXXII.2;
nute LXX.4;
papa LXXVIII.2;
Alternanza *come* / *com*.

5) Prostesi di *i*-:

iscomunement LXXVIII.7 con *i* prostetica, per la forma comune dell'antico francese *escomeniement* (< EXCOMMUNICARE), è probabilmente influenzata dall'italiano antico[50].

6) Chiusura di *e* pretonica in *i*:

discorde LVI.6, LXVI.3, LXXXVIII.1 forse per interferenza della forma etimologica (< DISCORDIA) oppure dell'italiano *discordia*[51]; si considerino anche le alternanze *discovers* LXXXVII.15 / *descovrirent* LXXXVII.11, *descovrir* LXXXVII.15. Il prefisso *dis*- è comunque attestato in francese a partire dal XIV sec.
arcivesque LX.5 forse per influsso dell'occitano[52], oppure dell'italiano *arcivescovo*[53].
Si veda all'opposto *relegion* LVII.1 *hapax* per *religion*[54].
Climens, *Grigoire*, *Vinice*, attestati anche in piccardo[55].

La chiusura di *e* pretonica in *i* è probabilmente influenzata dalle relative forme in *i* dell'italiano antico[56], inoltre è ampiamente documentata nei testi francesi copiati in Italia[57].

7) Pronuncia velare di C + A:

escapé LX.4, *escapez* LXXII.2[58]. Il notevole *escampa* suggerisce l'influenza diretta dell'italiano[59].
Si vedano anche *Carles* LI.22, *cantoit* LXV.1, *cancelier* LXXI.1.
Caene LXXX.10 con il mantenimento di *a* davanti a *e*[60].

---

50 Battaglia, Salvatore, *et alii*, *Grande Dizionario della Lingua Italiana*, 12 vol., Torino, UTET, 1961-2002 (GDLI), vol. XVIII, p. 153: *iscomunicazione*, *iscomunicare*, *iscomunicato*.
51 *Ibid.*, vol. IV, 625.
52 *Arcivesque* in FEW, 25, 95b.
53 GDLI, I, p. 628-629.
54 John of Ibelin, *Le Livre des Assises*, *op. cit.* (*relegions*, p. 309, 311, 606, 729), Delaville Le Roulx, *Cartulaire général de l'Ordre des Hospitaliers*, *op. cit.*, p. 39.
55 Gossen, Carl Theodor, *Grammaire de l'ancien picard*, Paris, Klincksieck, 1970, § 35.
56 Rohlfs, *Grammatica storica*, *op. cit.*, § 130.
57 Cigni, Fabrizio, *Il romanzo arturiano di Rustichello da Pisa*, Pisa, Cassa di Risparmio di Pisa, 1994, p. 373.
58 *Escapar*, *scapar* in FEW, 3, 268a; Levy, *Petit dictionnaire provençal-français*, *op. cit.*, p. 160.
59 *Scampare* in GDLI, XVII, p. 790-791.
60 Jean d'Antioche, *La Rectorique de Cyceron*, *ed. cit.* (*chaenes* CLXXXVIII,8).

La grafia *ca* va interpretata probabilmente come un italianismo fonologico, anche se non dobbiamo dimenticare che la conservazione della pronuncia velare è un tratto distintivo di piccardo, normanno e anglo-normanno[61].

8) Defonematizzazione delle palatali dell'antico francese:

ç per *ch*: *çambre* LXXXVII.8, LXXXVII.10 (/*chambre* LXVI.1, LXXXVII.7 (x2), LXXXVII.8, LXXXVII.9, LXXXVII.14); *çeval* LXXXVII.14 (/*cheval* LVI.8, LVII.2, LX.3, LX.4, LXIII.4, LXIV.4, LXVI.4, LXVIII.1, LXXII.1, LXXII.2, ecc.);
ç per *j*: *çurerent* LXXVII.4/*jurerent* LXX.1, *jurer* LXXVI.1, LXXXV.15; *Gen* LXIX.1 ('Zeno').

Nelle prime due attestazioni (*çambre* e *çeval*) il grafema *ç* rappresenta molto probabilmente l'affricata alveolare sorda, [ts], per l'affricata postalveolare sorda, [tʃ] dell'antico francese, caratteristica della tradizione grafica dei testi franco-italiani del Duecento[62].
Mentre la palatale sonora dell'antico francese è resa graficamente con *ç* (*çurerent*) ed è pronunciata come un'affricata dentale sonora /dz/[63].
In direzione opposta registriamo *Gen* LXIX.1 per 'Zeno'. La stessa forma *Gen* è documentata anche nelle *Estoires de Venise*[64].
Questi casi di defonematizzazione del fonema palatale dell'antico francese sono molto probabilmente un esempio di interferenza con i dialetti italiani settentrionali. Il fonema palatale del francese [tʃ] infatti è sconosciuto ai dialetti nordorientali d'Italia. Quindi la presenza di *çambre*, *çeval*, *çurerent* rivelerebbero forse l'origine del copista di Fi (F=70), e rappresenterebbero pertanto il risultato

61 Pope, *From latin to Modern French*, *op. cit.*, p. 428, § 1091 e p. 487 § 1; Gossen, *Grammaire de l'ancien picard*, *op. cit.*, § 41; Short, Ian, *Manual of Anglo-norman*, London, Anglo-norman Text Society, 2007, § 26.1.

62 Renzi, Lorenzo, «Per la lingua dell'*Entrée d'Espagne*», *Cultura Neolatina*, 30 (1970), p. 59-87, ora in Id., *Le piccole strutture. Linguistica, poetica, letteratura*, a cura di Alvise Andreose, Alvaro Barbieri, Dan Octavian Cepraga, con la collaborazione di Marina Doni, Bologna, il Mulino, 2008, p. 265-298, alle p. 268, 270, 279-283, 291-293; Id., «Il francese come lingua letteraria e il franco-lombardo. L'epica carolingia nel Veneto», *Storia della cultura veneta*, I, *Dalle Origini al Trecento*, Vicenza, Neri Pozza, 1976, p. 563-589, a p. 572; Holtus, Günther, "Franko-italienisch / Franco-italien,,, *Lexicon der Romanistischen Linguistik*, *op. cit.*, VII, 1998, § 5.3.2.

63 Renzi, «Per la lingua dell'*Entrée d'Espagne*», *op. cit.*, p. 283-285, 291-292.

64 Martin da Canal, *Les Estoires de Venise*, *op. cit.*, § 83.2.

dell'interferenza linguistica esercitata dalla lingua materna del copista, l'italiano settentrionale, sulla lingua del testo, il francese.

Alla luce di questi ultimi dati possiamo dire che i numerosi italianismi di Fi (F=70) sarebbero da attribuire quindi all'idioletto del copista.

INTERFERENZA DI TRATTI LINGUISTICI CIPRIOTI IN FI (F70)?

Prima di arrivare a una conclusione, tuttavia, vorrei proporre un ulteriore elemento di riflessione, che potrebbe aprire una diversa prospettiva sulla questione del passaggio del laurenziano da Oriente ad Occidente. Mi sono chiesta, infatti, se i tratti linguistici di cui abbiamo parlato finora possano portarci a Cipro prima che a Venezia. Sono composti o copiati a Cipro, infatti, numerosi testi che costituiscono il *corpus* di testi francesi d'Oltremare[65].

65 Inventario del vescovo di Limassol Gui d'Ibelin (Richard, Jean, « Un évêque d'Orient au XIVe siècle. Guy D'Ibelin, O. P., évêque de Limassol et l'inventaire de ses biens [1367] », *Bulletin de Correspondance Hellénique*, 74 [1950], p. 98-133); conti della chiesa di Limassol (Id., *Chypre sous les Lusignans. Documents chypriotes des Archives du Vatican (XIVe et XVe siècles*, Paris, Geuthner, 1962); commento della *Consolatio Philosophiae* di Pierre de Paris (Thomas, Antoine, « Notice sur le manuscrit latin 4788 du Vatican contenant une traduction française avec commentaire par maître Pierre de Paris, de la *Consolatio Philosophiae* de Boèce », *Notice et extraits des manuscrits de la Bibliothèque Nationale*, t. 41, 1923, p. 19-90); manuale di confessione edito da Brayer, « *Un manuel de confession en ancien français* », *op. cit.*; testamento del mercante veneziano Obertin de Saint Antonin (Bertolucci Pizzorusso, Valeria, «Testamento in francese di un mercante veneziano (Famagosta, gennaio 1294)», *Annali della Scuola Normale Superiore di Pisa*, t. 18, 1988, p. 1011-1033, ora in Ead., *Scritture di viaggio. Relazioni di viaggiatori e altre testimonianze letterarie e documentarie*, Roma, Aracne, 2011, p. 243-268); *Cronaca del Templare di Tiro (1243-1314)*, *op. cit.*; memorie di Filippo da Novara (Filippo da Novara, *Guerra di Federico II*, *op. cit.*); i due manoscritti del *Livre des Assises des Bourgeois de Jérusalem*: München, Staatsbibliothek, gall. 51, del XV secolo; Venezia, Bibl. Marciana, fr. App. 6, veneziano di origine cipriota del 1436; *Le Livre des Assises* ms. V (costituisce la parte finale del codice Bibl. Marciana, fr. App. 20 (= 265): John of Ibelin, *Le Livre des Assises*, *op. cit.*, p. 733-803), mentre la prima parte del ms. A è stata prodotta ad Acri, la prima e unica miniatura del codice a f. 1r è opera del Maestro Ospitaliere (*Ibid.*, p. 629-689, 805-810, e Edbury, Peter W., Folda, Jaroslav, « Two Thirtheenth-century manuscripts of crusader legal texts », *op. cit.*, p. 244, Minervini, Laura, «La

L'isola ha rappresentato negli anni appena successivi al 1291 l'approdo di profughi di diverse origini e classi sociali in fuga dalla Terrasanta, i quali hanno dato vita ad una società cosmopolita e alla produzione di codici e ad una certa circolazione libraria. Dopo il 1291 anche gli ordini religioso-militari spostano il loro quartier generale a Cipro[66]. È documentato che anche il cavaliere ospitaliere Guglielmo di Santo Stefano, committente del manoscritto Chantilly, Musée Condé, 590, contenente la *Rhetorica ad Herennium* e *De Inventione*, decorato dal Maestro Ospitaliere ad Acri intorno al 1282, sia scappato sull'isola[67].

Dal punto di vista linguistico, inoltre, siamo certi che il francese di Cipro può essere considerato l'erede del francese di Terrasanta[68]. Infatti esso costituisce, insieme al francese scritto e parlato negli stati crociati di Siria e Palestina, parte dell'ampia realtà linguistica che chiamiamo *français d'Outremer*.

---

lingua franca mediterranea. Plurilinguismo, mistilinguismo, pidginizzazione sulle coste del Mediterraneo tra tardo medioevo e la prima età moderna», *Medioevo Romanzo*, t. 20, 1996, p. 231-301, a p. 247, n. 60 e Zinelli, Fabio, « Sur les traces de l'atelier des chansonniers occitans IK: le manuscrit de Vérone, Biblioteca Capitolare, 508 et la tradition méditerranéenne du *Livre dou Tresor* », *Medioevo Romanzo*, t. 31, 2007, p. 7-69, a p. 50-51, n. 179-180). Il testo della regola latina e francese del Tempio, ms. Roma, Accademia dei Lincei, 44, miniato dal Maestro Ospitaliere, è portato in salvo a Cipro dai templari (Cerrini, Simonetta, « A New Edition of the Latin and French Rule of the Temple », *The Military orders*, II, *Welfare and Warfare*, ed. Helen Nicholson, Great Britain, Ashgate, 1998, p. 211). Zinelli, « Sur les traces de l'atelier des chansonniers occitans IK », *op. cit.*, p. 64, ha dimostrato che il *Tresor* di Brunetto Latini circolava a Cipro (la prova è data dall'interpolazione dei capitoli 3.75, 3.74 del *Tresor* all'interno de *Le Livre des Assises* ms. V, di sicura origine cipriota, e nel ms. B (John of Ibelin, *Le Livre des Assises*, ed. Peter W. Edbury, *op. cit.*, p. 696-729), per il quale però la provenienza cipriota è da accertare.

66 Per una bibliografia specifica «sul cospicuo riflusso della popolazione latina e siriana a Cipro» a partire dal 1291 e sulle comunità italiane, in part. veneziana, ad Acri e Famagosta si veda Bertolucci Pizzorusso, *Testamento in francese di un mercante veneziano*, *op. cit.*, p. 1020, n. 17. Ricordiamo che l'ordine dei cavalieri del Tempio fu soppresso tra il 1307 e il 1312; sulla questione si vedano i seguenti studi: Edbury, Peter W., *The Kingdom of Cyprus and the Crusades, 1191-1374*, Cambridge, Cambridge University Press, 1991, p. 101-103; Id., « The Templars in Cyprus », *The military orders. Fighting for the Faith and Caring for the Sick*, ed. Malcolm Barber, Great Britain, Variorum, Ashgate, 1994, p. 193-195.

67 Jean d'Antioche, *La Rectorique de Cyceron*, *op. cit.*, p. 4; Minervini, « Le français dans l'Orient latin (xiiie-xive siècles) », *op. cit.*, p. 135.

68 Richard, *Chypre sous les Lusignans*, *op. cit.*, p. 15; Aslanov, « Languages in Contact in the Latin East », *op. cit.*, p. 175-180; Id., *Le français au Levant*, *op. cit.*, p. 136, 140-141; Baglioni, Daniele, *La* scripta *italoromanza del regno di Cipro. Edizione e commento di testi di scriventi ciprioti del Quattrocento*, Roma, Aracne 2006, p. 23-24, 27, 33.

Ricordiamo inoltre che diversi studiosi hanno documentato che la componente italo-romanza rappresenta una delle peculiarità della *scripta* del francese di Cipro, già a partire dagli ultimi anni del Duecento[69].

Si presenta quindi la tentazione di considerare il testo di Fi (F70) un testimone della continuità linguistica oltremarina rappresentata dal francese di Cipro – citando Folena[70] – attraverso un «movimento orizzontale», che attinge al meccanismo dell'interferenza linguistica proprio dell'«ambiente mistilingue levantino», piuttosto che attraverso una «relazione verticale» tra lingua dell'antigrafo e lingua del copista.

Allora ancora una volta ho cercato di interpretare i risultati dello studio della lingua per capire se Fi (F70) può essere considerato nella

69 Sulla presenza di tratti italo-romanzi e franco-italiani nei testi francesi del XIII e del XIV sec. copiati a Cipro, Folena, Gianfranco, «Introduzione al veneziano "de là da mar"», Id., *Culture e lingue del Veneto orientale* [1973], Padova, editoriale Programma, 1990, p. 257, ritiene che i manoscritti prodotti sull'isola – nello specifico quelli contenenti rispettivamente i conti della chiesa di Limassol (Richard, *Chypre sous les Lusignans*, *op. cit.*) e nel manuale di confessione edito da Brayer, « Un manuel de confession en ancien français », *op. cit.*) – sono caratterizzati da una particolare mistione linguistica, una «*Sprachmischung* coloniale franco-veneta o veneto-francese». Minervini, «La lingua franca mediterranea», *op. cit.*, p. 248, a proposito del testamento del mercante veneziano Obertin de Saint Antonin, l'inventario del vescovo di Limassol Guy d'Ibelin e i conti della chiesa di Limassol, osserva che: «L'interferenza linguistica franco-italiana (in particolare franco-veneta) si può rilevare, con diversa intensità, nei testi di provenienza cipriota» (in proposito si veda anche Aslanov, Cyril, « Quand les langues romanes se confondent... La Romania vue d'ailleurs », *Langage & société*, t. 99, 2002, p. 9-52, a p. 31. Gli editori di alcuni testi in lingua francese copiati a Cipro (Thomas, « Notice sur le manuscrit latin 4788 du Vatican », *op. cit.*, p. 10; Brayer, « Un manuel de confession en ancien français », *op. cit.*, p. 162; Richard, « Chypre sous les Lusignans », *op. cit*, p. 15) rilevano la presenza massiccia di italianismi. A proposito del commento della *Consolatio Philosophiae* di Pierre de Paris, Thomas (p. 10) dichiara che « le dialecte de la Vénétie a laissé une forte empreinte ». Folena, Gianfranco «La Romania d'oltremare: francese e veneziano del Levante», Id., *Culture e lingue del Veneto orientale*, *op. cit.* p. 283, n. 30) ritiene tuttavia «la traduzione di Boezio non fu scritta a Cipro». Inoltre Minervini, Laura «Il francese negli Stati Crociati: testi e contesti», *Critica del testo*, t. 9, 3, 2006, p. 853-870, a p. 860, identifica la mano delle prime righe di un documento francese di origine cipriota dei primi anni del Trecento – il discorso dei baroni di Cipro al re Enrico II di Lusignano – conservato presso l'Archivio Segreto Vaticano (*Intrumenta miscellanea* 403), con «uno scrivente provenzale o veneziano». Infine secondo Baglioni, *La* scripta *italoromanza del regno di Cipro*, *op. cit.*, p. 41, una formula battesimale in volgare italiano, conservata nel *Synodicum nicosiense* del 1298, dimostra «che l'elemento italo-romanzo aveva già iniziato a interferire col francese di Cipro prima dell'insediamento sull'isola di colonie di mercanti genovesi e veneziani».

70 Folena, «La Romania d'oltremare: francese e veneziano del Levante», *op. cit.*, p. 283-284, n. 30 a proposito del commento della *Consolatio Philosophiae* di Pierre de Paris.

sua interezza un prodotto dell'Oriente latino, piuttosto che testimone della circolazione del materiale librario lungo la direttrice Acri-Venezia. Infatti i fenomeni che abbiamo visto in precedenza (spirantizzazione di *s* in posizione interna e preconsonantica; *h* grafico in posizione iniziale di sillaba, davanti a *u* in iato; A tonica in sillaba libera > *e* > *ei*; *ui* tonico e atono > *u*) sono tutti attestati anche nei testi francesi prodotti a Cipro.

Anche il passaggio regolare di *c-* in posizione iniziale di parola a [ts] è ben attestato nei testi ciprioti studiati da Daniele Baglioni[71], anche se quattrocenteschi (*zentura*, *zercar*, *çercò*, ecc.), così come quello dell'approssimante palatale *j-* a [dz] (*zà*, *zudica*, ecc.).

Anche Cyril Aslanov[72] crede che le grafie translitterate dal copto *lich*, *liche*, *leche* rilevate nei testi d'Oltremare derivino dall'inf. italo-romanzo *leggere* e rendono la pronuncia affricata caratteristica dei dialetti dell'Italia settentrionale.

Di contro bisogna dire però che la presenza di tali grafie fonetiche in documenti ciprioti è attestata in epoca pienamente veneziana. Inoltre, l'occorrenza delle forme franco-italiane con impiego di *ç* per la fricativa palatale è ravvicinata, perché avviene nel giro di poche righe all'interno dello stesso capitolo (cap. LXXXVII) e lascia presagire pertanto un caso specifico di stratificazione linguistica da parte del copista. Inoltre Fabio Zinelli ci fa notare che alcuni tratti linguistici oltremarini sono reperibili anche nell'opera tutta veneziana di Martin da Canal *Estoires de Venise*[73]. Primo fra tutti gli arcinoti *zeus*, *ziaus*, *siaus*, *luec*, *leuc*, *leu*; e proprio l'afflusso di manoscritti oltremarini nella città lagunare avrebbe dato origine secondo Folena al «francese localmente colorito» delle *Estoires de Venise*, uno dei primi esempi di «franco-veneto» (che va considerato, quindi, secondo lo studioso, «esperienza comunicativa», «prima che fenomeno culturale e convenzione di genere letterario»)[74].

Infine la miniatura di f. 336v, di cui abbiamo parlato sopra, è in perfetto stile veneziano, e costituisce forse la prova certa del passaggio del codice ad un ambiente di produzione lagunare.

71 Baglioni, *La* scripta *italoromanza del regno di Cipro*, *op. cit.*, p. 110, § 2.3.7.

72 Aslanov, « Languages in Contact in the Latin East », *op. cit.*, p. 171 – glossario arabo-francese ; Id., « Interpreting the Language-mixing in Terms of Codeswitching: The Case of Franco-Italian Interface in the Middle Ages », *Journal of Pragmatics*, 32 (2000), p. 1273-1277.

73 Zinelli, « Sur les traces de l'atelier des chansonniers occitans IK », *op. cit.*

74 Folena, «Introduzione al veneziano "de là da mar"», *op. cit.*, p. 255.

Lo stile dell'ultima miniatura del codice resta quindi l'unica prova decisiva a determinare il viaggio del laurenziano.[75] I tratti linguistici propri del francese d'Oltremare reperiti negli ultimi fogli del laurenziano – molto probabilmente copiati a Venezia da un copista del nordest – sono quelli caratteristici, allora, del suo esemplare di copia.

In conclusione possiamo dire che il manoscritto laurenziano, scampato alla distruzione della città di Acri, sarebbe stato portato a Venezia e qui sarebbe stato completato probabilmente a partire da un esemplare acritano qualche decennio più tardi[76]. Quel che è certo è che il codice è frutto di un progetto editoriale concepito sicuramente in Terrasanta. Esso infatti contiene gli *Annales de Terre Sainte* nel suo primo fascicolo, il quale presenta le stesse misure dei fascicoli successivi. È interessante notare poi che gli Annali di Terrasanta (fasc. I) e l'*Eracles* (fasc. II – XXXV) sono trascritti dalla stessa mano, come già aveva osservato Folda[77]. Pertanto gli Annali trascritti nel primo fascicolo non sarebbero un'aggiunta successiva, ma parte integrante del progetto editoriale del manoscritto di Firenze. Il fatto che questo manoscritto sia l'unico della tradizione dell'*Eracles* a terminare con l'anno 1277 può trovare una spiegazione proprio nella presenza degli Annali che aprono il codice e che terminano proprio con l'anno 1277[78]. I due testi, inoltre, sono accomunati da due varianti erronee intorno alla data di morte rispettivamente del siniscalco del Regno di Gerusalemme, Oliviero di Termes, e del sultano d'Egitto

---

75 Un recente studio segnalatomi da Fabio Zinelli potrebbe però rimettere in discussione la questione, si tratta di Wollesen, Jens T., *Acre or Cyprus? A New Approach to Crusader Painting Around 1300*, Berlin, Akademie Verlag, 2013.

76 Un approfondimento ecdotico sviluppato in seno alla tesi di dottorato (cap. III, § 2.1, 2.1.1, 2.1.2), di cui si è detto in precedenza, supporterebbe questa ipotesi.

77 Folda, *Crusaders manuscripts illumination*, *op. cit.*, p. 111.

78 Morgan (*La continuation de Guillaume de Tyr [1184-1197]*, éd. Margaret Ruth Morgan, Paris, Geuthner, 1982, p. 14), e Folda, *Crusader Art in the Holy Land*, *op. cit.*, p. 496, rilevano un *décalage* cronologico relativo agli eventi del 1277 tramandati rispettivamente dagli Annali di Terrasanta (Edbury, « A New Text of the Annales de Terre Sainte », *op. cit.*) e dal testo dell'*Eracles* che segue. Secondo M. R. Morgan il testo degli Annali, che termina con la morte di Baliano d'Arsur il 29 settembre del 1277, è più completo rispetto a quello della *Continuazione di Acri*, che conclude la cronaca di Terrasanta con la morte di Baybars, avvenuta nel luglio del 1277 al cap. LXXXVI.3 (la descrizione delle lotte tra Boemondo VII e i templari ad Antiochia che apre il cap. LXXXVIII è priva di date). Folda crede invece che il testo della *Continuazione di Acri* contenga delle informazioni aggiuntive rispetto a quello degli Annali perché considera come avvenimento di riferimento l'elezione di papa Nicolò III del novembre del 1277 (cap. LXXXVII.17).

Baybars. Ma se nel primo caso tale errore è tramandato anche dalle due redazioni degli *Annales de Terre Sainte* editi da Röhricht e Raynaud, nel secondo sono solo i due testi del Laurenziano a riportare la data inesatta[79]. Queste varianti comuni, relative alla storia d'Oltremare, rilevate all'interno della cronaca 1265-1275 permettono di stabilire forse una relazione significativa tra la cronaca post-1248 e le tre redazioni note degli Annali di Terrasanta e in particolar modo con quella che apre lo stesso codice laurenziano[80].

IL MANOSCRITTO BO (F69)

Il manoscritto Bo (F69) prende invece un'altra direttrice. Infatti, in corrispondenza del cambio di mano del copista (f. 357r), che segna il passaggio dalla cronaca dagli anni 1229-1265 a quella degli anni 1265-1275, presenta alcuni tratti fonetici che richiamano la *scripta* dell'est e del nordest del dominio d'oïl. Ecco i tratti marcati di Bo:

79 Röhricht, Reinhold, Raynaud, Gaston, « Annales de Terre Sainte (1095-1291) », *Archive de l'Orient latin*, 2/2 (1884), p. 427-461.

80 A proposito di Oliviero di Termes leggiamo al cap. LXIII.4 (che tratta gli avvenimenti del 1269): « Et fu la ocis Robert de Creseques et li frere Olivier de Termes ». L'informazione non è esatta. Oliviero di Termes diventa siniscalco di Gerusalemme proprio nel 1269, ma morirà nel 1274 (vd. infatti il cap. LXX.4 che tratta gli eventi dell'anno 1274: « Et morut Olivier deTermes a .xij. jor d'aoust »). Le due date di morte, 1269 e 1274, sono riportate anche dagli *Annales de Terre Sainte (1095-1291)*, *op. cit.*, p. 454, 456, redazione B; per la redazione A Oliviero morirebbe nel 1269, e in quelli del codice Laurenziano (John of Ibelin, *Le Livre des Assises*, *op. cit.*, p. 160, 161). Per quanto riguarda Baybars, al cap. LXXII.1 leggiamo: « A m.cc.lxxv., a .xxv. jors de may, morut Bendocdar, sodan de Babilloine, qui s'apeloyt Melec Medavar. Il corut li plain d'Ermenie et mist a l'espee quanqu'il trova ». L'informazione non è esatta, Baybars infatti muore nel 1277, come è riportato al cap. LXXXVI.3 (che tratta gli eventi di quell'anno): « Il meismes y fu navrez, et sur les nafres le prist maladie de corance dou ventre et morut a Domas ». Gli *Annales de Terre Sainte* laurenziani (John of Ibelin, *Le Livre des Assises*, *ed. cit.*, p. 161) presentano lo stesso errore: « A m. et .cc. lxxv. anz morut Buemont le prince d'Antioche et conte de Triple. Et a .xxv. jors de mars Bendocdar corut la terre d'Ermenie et mist l'espee quanque il trova ». Mentre il testo tramandato dalla redazione A degli Annali di Terrasanta editi dagli *Annales de Terre Sainte*, *ed. cit.*, p. 456 omette l'informazione relativa alla morte di Boemondo: « En l'an M. CC. et LXXV, corut li soudans par toute la terre d'Ermenie, et mist à l'espee toutes les gens qu'i peut trouver ».

- part. pass. *prins* LVI.5, LVII.1, LXXII.1, ecc. per *pris* di *prendre*, attestato a partire dal XIII secolo e diffuso in medio francese[81];
- il sistematico *fiuz* per *filz*, con vocalizzazione di *l*, diffuso soprattutto in piccardo[82];
- l'esito del "francese continentale" *lieu* LXVIII.1 (x2), ma *leu* LXVI.4;
- *chierté* presente in tutta la tradizione, ma non in Fi (F=70) che ha *caristie* LXIII.1 e *carestie* LXIV.1;
- dileguo di *s* in posizione interna: *meimes* LVI.5, LVIII.9, LXVI.3, ecc., *epousa* LVIII.1, ma *puesple* LXXIII.2, *moust* LXXIII.3 (x2), LXXIV.1, LXXV.1, LXXVIII.5 / *mout*, *tost* LXV.5, LXV.6, LXXIII.3, LXXI.3 (x2) per *tout*, si vedano anche *fu*/*fust* LVIII.4, LX.1, LXII.3, ecc., *must* LXIV.3 per *mut*;
- gli ipercorrettismi in posizione finale di parola: *Anjot* LVIII.1, *ardoirt* LXII.1, *bient* LXIII.4, *Aragont* LXIII.5, *soudant* sistematico; si vedano anche le espunzioni di *-s* in *Coradin* LVIII.9, di *-t* in *fut* LVIII.7 (3ª pers. sing. del pf. di *estre*).

Forse non è azzardato ipotizzare per il manoscritto di Boulogne-sur-Mer una sorte analoga a quella del laurenziano: la sua fattura, la decorazione ad opera del Maestro Ospitaliere e le peculiarità linguistiche rilevate nella prima parte del manoscritto, fino all'anno 1265, provano con certezza che il codice è stato confezionato in Terrasanta. Dopo qualche tempo però sarebbe giunto in Europa e qui sarebbe stato completato della cronaca degli anni 1265-1275, probabilmente da un copista del Nord della Francia, il quale, a differenza del suo collega veneziano, ha normalizzato le grafie che dovevano apparigli troppo stravaganti.

Anna Maria DI FABRIZIO
Università degli Studi di Padova –
École Pratique des Hautes Études

81 Zink, Gaston, *Morphologie du français médiéval*, Paris, Presses Universitaires de France, 1997, p. 204; Buridant, Claude, *Grammaire nouvelle de l'ancien français*, Sedes, 2000, § 227.

82 Dees, Antonij, *Atlas des formes linguistiques*, *op. cit.*, carta 152; Buridant, *Grammaire nouvelle de l'ancien français*, *op. cit.*, § 45.

«*E DE OTRAS COSAS QUE ACAESCIERON ESTONCES*»

Dalla *Continuazione di Acri* alla *Gran Conquista de Ultramar*

«UNA VERSIÓN BASTANTE FIEL Y AJUSTADA»

Introducendo la sua edizione della *Gran Conquista de Ultramar* (d'ora in poi *GCU*), Pascual de Gayangos, subito dopo aver indicato correttamente la fonte primaria di quest'ultima in una versione francese della *Historia hierosolymitana* di Guglielmo di Tiro, rimarcava come la corrispondenza con tale modello non fosse sempre perfetta: «aun cuando alguna vez que otra la castellana omite pasajes enteros, y otras veces añade hechos y noticias que no se hallan en la francesa, se puede asegurar que en todo lo demás es una versión bastante fiel y ajustada; sobre todo si se atiende a que las traducciones en aquella época remota se hacían al sentido más bien que a la letra»[1]; nelle annotazioni al testo, tuttavia, la menzione degli scarti rispetto alla cronaca oitanica risultava in genere limitata a dettagli minimi, quale la forma degli antroponimi e dei toponimi[2]. Si dovettero quindi aspettare gli studi di George Northup per avere un primo raffronto sistematico tra la *GCU* e le sue fonti, storiografiche e non: dalla bozza di regesto posto in coda al suo capitale articolo del 1934, infatti, emerge non solo la diversa partizione dei contenuti nell'opera

1 *La Gran Conquista de Ultramar, que mandó escribir el rey don Alfonso el Sabio*, ed. Pascual de Gayangos, Madrid, Rivadeneyra, 1858, p. VII.

2 Si tenga conto che per Gayangos il divario tra le due opere andava tutto a vantaggio di quella iberica, innanzitutto sul piano dello stile; subito dopo il passo appena riportato chiarisce infatti la « enorme diferencia que existe entre el dialecto rudo y semibárbaro que a la sazón se escribía en Francia, y el culto, atildado y sonoro lenguaje de Castilla » (*ibid.*).

castigliana rispetto ai suoi modelli, ma anche la presenza di alcuni segmenti di origine incerta, inframmezzati ai moltissimi che invece trovano un riscontro preciso nelle cronache francesi, ovvero nelle numerose canzoni di gesta e di crociata che su di esse erano state innestate[3]. La tavola delle corrispondenze è stata poi perfezionata da Louis Cooper all'interno della sua edizione del 1979, con lo svantaggio di un cambio nella numerazione dei capitoli rispetto a Northup, essendo questa volta il testo di riferimento la stampa del 1503[4]. Per Cooper, d'altronde, il raffronto con le fonti doveva contribuire precisamente all'interpretazione del testo castigliano, mentre Northup ne aveva già tratto spunti di ricerca ulteriori, segnalando l'utilità di un ricorso alla *GCU* sia per la ricostruzione del testo dell'*Eracles* e delle sue continuazioni, sia per lo studio di eventi storici omessi da queste ultime, a proposito dei quali l'opera iberica rappresenta dunque una fonte privilegiata[5].

Nelle pagine che seguono vorrei tentare di muovere proprio in tale direzione, concentrando l'attenzione sulle carte finali della *GCU*, che derivano in gran parte dalla cosiddetta *Continuazione di Acri*[6]. Come ho avuto modo di accennare altrove, il riuso di quest'opera nella compilazione castigliana dipende con ogni probabilità dal ricorso a un singolo codice francese che la poneva in coda all'*Eracles* e alla *Continuation d'Ernoul*[7];

3 Northup, George T., « *La Gran Conquista de Ultramar* and Its Problems », *Hispanic Review*, t. 2, 1934, p. 287-302, alle p. 297-302; il regesto si fondava sull'edizione di Gayangos, che combinava liberamente il contenuto dei testimoni manoscritti e a stampa. Come è noto lo studio dei materiali epici, dopo il breve accenno di Pigeonneau, Henri, *Le Cycle de la Croisade et de la famille de Bouillon*, St. Cloud, Belin, 1877, p. 249, era stato già approfondito da Paris, Gaston, « La *Chanson d'Antioche* provençale et la *Gran conquista de Ultramar* », *Romania*, t. 17, 1888, p. 513-541; t. 19, 1890, p. 562-591; t. 22, 1893, p. 345-363, e proseguito da Rey, Agapito, «Las leyendas del ciclo carolingio en la *Gran Conquista de Ultramar*», *Romance philology*, t. 3, 1, 1944, p. 172-181.

4 *La Gran Conquista de Ultramar*, ed. Louis Cooper, Bogotá, Instituto Caro y Cuervo, 1979, 4 vol.

5 Northup, «*La Gran Conquista de Ultramar*», *op. cit.*, p. 296.

6 La denominazione risale a Morgan, Margaret R., « The Rothelin continuation of William of Tyre », *Outremer. Studies in the history of the Crusading Kingdom of Jerusalem*, presented to Joshua Prawer, ed. Benjamin Z. Kedar, Hans E. Mayer, Raymond C. Smail, Jerusalem, Yad Izhak Ben-Zvi Institute, 1982, p. 244-257, a p. 250.

7 Sacchi, Luca, «Stratigrafie della *Gran Conquista de Ultramar*», *Atti del XXVIII Congresso internazionale di linguistica e filologia romanza* (Roma, 18-23 luglio 2016), ed. Roberto Antonelli, Martin Glessgen, Paul Videsott, 2 voll., Strasbourg, EliPhi, 2018, II, p. 1332-1341; Id., «La finestra fatale. Morte di Enrico II di Champagne nella *Gran Conquista de Ultramar*», *Carte Romanze*, t. 9, 1, 2021, p. 149-175; *cf.* anche Domínguez, César, «La *Grant estoria de Ultramar* (conocida como *Gran Conquista de Ultramar*) de Sancho IV y la

un manoscritto che discendeva da un modello acritano, da riunire alla famiglia λ dei codici dell'*Eracles*, secondo la recente proposta di sistemazione offerta da Philip Handyside[8]. Il successo iberico di tale silloge costituisce di per sé un fatto di notevole interesse, in particolare perché la *Continuazione di Acri*, di estensione minore rispetto alle due opere che la precedono e poco diffusa in Europa (le copie redatte per intero sul continente sono solo sette, cinque delle quali antiche), venne elaborata in Oltremare nella seconda metà del XIII secolo per un pubblico a cui interessavano certo gli eventi grandi e piccoli dei regni crociati del Mediterraneo orientale, ma anche le vicende più importanti che negli stessi anni avevano luogo in varie parti d'Europa: due linee narrative che qui (e dunque anche nella *GCU*) si susseguono fianco a fianco. Inoltre, nel quadro complessivo degli importanti progressi fatti negli ultimi anni dagli studi relativi alla tradizione dell'*Eracles* e alle sue continuazioni, che offrono basi più solide di quelle su cui si erano fondati Northup e Cooper[9], per la *Continuazione di Acri* abbiamo da poco a disposizione l'edizione curata da Anna Maria Di Fabrizio, risultato di un esame completo della tradizione manoscritta, grazie a cui possiamo ottenere un riscontro preciso per il testo castigliano[10]; a essa va aggiunto l'apporto critico dei contributi più e meno recenti di Peter W. Edbury, che da molti anni sonda con grande acume il campo delle continuazioni francesi, delle quali prepara a sua volta un'edizione assieme a Massimiliano Gaggero[11].

Estoire de Eracles empereur et la conqueste de la terre d'Outremer», *Incipit*, t. 25-26, 2005-2006, p. 189-212 e Carrasco Tenorio, Milagros, «El texto detrás del texto: *L'estoire d'Eracles empereur et la conqueste de la terre d'Outremer* en la *Gran Conquista de Ultramar* (ms. BNE 1187)», *Estudios de literatura medieval. 25 años de la AHLM*, ed. Antonia Martínez Pérez, Ana Luisa Baquero Escudero, Murcia, EditUM, 2012, p. 273-283.

8 Handyside, Philip, *The Old French William of Tyre*, Boston-Leiden, Brill, 2015.

9 Tanto il primo quanto il secondo avevano a disposizione il *Recueil des historiens des croisades. Historiens occidentaux*, 2 voll., Paris, Imprimerie Royale, 1844-1859, e la *Chronique d'Ernoul et de Bernard le Trésorier*, éd. Louis de Mas Latrie, Paris, Renouard, 1871; solo qualche anno dopo l'edizione di Cooper sarebbe uscito invece il volume *La Continuation de Guillaume de Tyr (1184-1197)*, éd. par Margaret R. Morgan, Paris, Geuthner, 1982.

10 Di Fabrizio, Anna Maria, *Saggio per una definizione del francese di Oltremare: edizione critica della* Continuazione di Acri *dell'*Historia *di Guglielmo di Tiro, con uno studio linguistico e storico*, tesi di dottorato, Università di Padova – École Pratique des Hautes Études, 2013; colgo l'occasione per ricambiare l'autrice dei ragguagli supplementari che mi ha fornito sulle sue ricerche.

11 *Cf.* Edbury, Peter W., « The Lyon *Eracles* and the Old French Continuations of William of Tyre », *Montjoie. Studies in Crusade History in honour of H. E. Mayer*, ed. Benjamin Z. Kedar *et al.*, Aldershot, Variorum, 1997, p. 139-153; Id., « The French Translation of

Per tale raffronto possiamo contare però solo su una parte dei manoscritti castigliani superstiti, dato che, come si sa, nessuno di loro conserva il testo della *GCU* per intero, a differenza della stampa salmantina (siglata Sp); e soltanto due, ovvero J (il più antico e pregiato) e P, ci trasmettono la parte conclusiva dell'opera, che qui ci interessa, proseguendo la narrazione un poco oltre anche rispetto a Sp (sei capitoli in tutto, tratti da sette capitoli della *CA*, con varie lacune)[12]. Per il raffronto farò quindi ricorso al testo di J, nel quale i capitoli da 504 a 562 derivano quasi esclusivamente dalla *CA*, e più precisamente dai suoi capitoli 1-65, relativi agli anni 1229-1271[13]; i fenomeni che descriverò si ritrovano comunque anche in P e in Sp, benché la stampa presenti alcuni tratti propri. L'intento è quello di comprendere meglio i meccanismi che sono alla base della *GCU* attraverso un esame delle corrispondenze e delle divergenze rispetto alla tradizione francese, con particolare attenzione per i segmenti dell'opera iberica che non trovano riscontro nella *CA*.

William of Tyre's *Historia*: The Manuscript Tradition », *Crusades*, t. 6, 2007, p. 69-105; Id., « New Perspectives on the Old French Continuations of William of Tyre », *Crusades*, t. 9, 2010, p. 107-1213; Gaggero, Massimiliano, « La *Chronique d'Ernoul* : problèmes et méthode d'édition », *Perspectives médiévales*, t. 34, 2012 (http://peme.revues.org/1608, ultimo accesso 3/12/2023); Id., « L'edition d'un texte historique en évolution : la *Chronique* d'Ernoul et de Bernard le Trésorier », *Actes du XXVIIIe Congrès international de linguistique et de philologie romanes (Nancy, 15-20 juillet 2013). Section 13: Philologie textuelle et éditoriale*, éd. par Richard Trachsler, Frédéric Duval, Lino Leonardi, Nancy, ATILF, 2017, p. 133-145 (https://web-data.atilf.fr/ressources/cilpr2013/actes/section-13.html, ultimo accesso 3/12/2023).

12 Le sigle dei testimoni sono quelle definite da Cooper nell'edizione citata sopra: B = Madrid, Biblioteca Nacional de España, 1920; J = Madrid, Biblioteca Nacional de España, 1187; M = Madrid, Biblioteca Nacional de España, 2454; P = Salamanca, Biblioteca de la Universidad, 1698; e l'edizione a stampa Sp = Salamanca, Hans Giesser, 1503.

13 Per il testo mi servirò dunque di *La Gran Conquista de Ultramar. Biblioteca Nacional MS 1187*, ed. Louis Cooper, Madison, The Hispanic Seminary of Medieval Studies, 1989; su questo ms. *cf.* anche Fernández, Laura, Rodríguez, Francisco J., «Historia de 'J' (*La Gran Conquista de Ultramar*, ms. 1187 de la Biblioteca de Madrid)», *Actas del VIII Congreso de la Asociación Hispánica de Literatura Medieval* (Santander, 22-26 de septiembre de 1999), ed. Margarita Freixas, Silvia Iriso, Santander, Consejería de Cultura del Gobierno de Cantabria – AHLM, 2000, p. 701-716.

CONFINI E SEZIONI DELLA *CONTINUAZIONE DI ACRI*

Prima di procedere al raffronto è indispensabile considerare che, a differenza dell'*Eracles* – e in maniera simile alla *Continuation d'Ernoul* – la *CA* è difficile da delimitare nei suoi confini, oltre a presentare al proprio interno alcuni cambi evidenti nella strategia espositiva e nelle fonti, che paiono dovuti all'avvicendarsi di vari autori lungo diverse tappe, al punto che sarebbe più corretto parlare di una sequenza di testi, sommatisi l'uno all'altro per aggregazione progressiva, come peraltro è tipico del genere; e questa giustapposizione di metodi e materiali viene rispecchiata fedelmente dalla *GCU*, le cui increspature sono state notate da quanti hanno dedicato qualche attenzione alla sezione finale dell'opera[14].

Secondo Di Fabrizio la *Continuazione di Acri* può essere anzitutto suddivisa in due parti sulla base della struttura espositiva: la prima, relativa agli anni 1229-1248 (capitoli 1-50), si presenta come racconto continuo di un cronista appartenente alla nobiltà d'Oltremare, ostile ai tentativi di egemonia del legato imperiale Riccardo Filangieri, ben informato sulle complesse vicende che opponevano le varie casate dei regni cristiani, e particolarmente attento agli eventi politico-militari, di cui poteva essere stato almeno in parte testimone oculare. Viceversa la narrazione degli anni 1248-1277, che si aprono con la Settima Crociata (capp. 51-78), è scandita da un andamento annalistico e attribuisce un ruolo chiave alle figure dei pontefici (da Innocenzo IV a Niccolò III); per questo e per altri tratti è forte la probabilità che la stesura vada ricondotta a un contesto ecclesiastico. A sua volta, però, questa seconda sezione può essere bipartita, dal momento che gli eventi degli anni 1248-1265 sono esposti entro pochi capitoli di grande respiro (51-56.2), comprendenti ciascuno diversi anni, aperti e chiusi da formule relative all'insediamento o alla morte di un papa o di un sovrano, analoghe a quelle che troviamo negli Annali di Terrasanta; mentre gli anni 1265-1275

14 Si vedano in particolare Gómez Redondo, Fernando, *Historia de la prosa medieval castellana, 1. La creación del discurso prosístico: el entramado cortesano*, Madrid, Cátedra, 1998, p. 1053-1055, e Bizzarri, Hugo Óscar, «Sancho IV y el relato de las cruzadas», *Europa y sus mitos*, ed. Fernando Carmona Fernández – José Miguel García Cano, Murcia, Universidad de Murcia, 2004, p. 9-29, a p. 28.

occupano uno spazio maggiore (23 capitoli: 56.3-78.8) e appaiono più ricchi di dettagli, con una separazione delle vicende europee in capitoli distinti da quelli dei fatti d'Oltremare; ne derivano quindi tre blocchi, per ciascuno dei quali Di Fabrizio ha tracciato uno stemma, sulla base di un numero di codici decrescente. Le notizie relative agli anni 1275-1277 (capp. 78.9-88), attestate da un solo testimone (Firenze, Biblioteca Medicea Laurenziana Plut. LXI.10, siglato Fi [F70]), paiono infine coerenti con la terza sezione appena descritta[15]. Posto che a queste partizioni mi sarà utile fare riferimento per annotare convergenze e divergenze testuali rispetto alla *GCU*, è indispensabile aggiungere qualche precisazione ulteriore sui processi di aggregazione dei tre blocchi, sui contesti di questi processi e sui loro possibili agenti, approfittando di alcune considerazioni recenti di Edbury[16].

Un primo dato fondamentale che nel quadro appena descritto resta in ombra, benché sia segnalato esplicitamente da Di Fabrizio, è che il primo blocco della *CA* (capp. 1-50) non si differenzia nettamente rispetto ai capitoli che lo *precedono* nei manoscritti: l'andamento espositivo, gli interessi e gli orientamenti già individuati in questa partizione possono essere rintracciati, risalendo all'indietro, almeno fino al punto in cui si legge la cronaca dell'anno 1205[17]; e la ricorrenza di interventi prolettici e analettici del cronista che strutturano l'esposizione sembrano confermarlo[18]. In sostanza dunque la prima parte della *CA* non pare altro che il proseguimento della *Continuation d'Ernoul* nella forma che va sotto il nome di redazione *Colbert-Fontainebleau*, opera di un autore – forse attivo nel regno latino di Siria – che oltre a rimaneggiare e integrare in molti punti il testo di partenza redatto in Europa, vi aggiunse, a partire appunto dal 1205, la narrazione delle vicende più recenti; di conseguenza la vera e propria continuazione acritana sarebbe quella composta dal secondo e dal terzo blocco, a partire dall'anno 1248 (capp. 51-78, in *Fi* 51-88). Non a caso Edbury, nel suo studio più recente, ragiona esclusivamente

15 Di Fabrizio, *Saggio per una definizione*, *op. cit.*, p. 10, 13-26.

16 Edbury, Peter W., « Continuing the Continuation: *Eracles* 1248-1277 », *The Templars, the Hospitallers and the Crusades: Essays in Homage to Alan J. Forey*, ed. Helen J. Nicholson, Jochen Burtorf, Abingdon – New York, Routledge, 2020, p. 82-93: ringrazio l'autore per avermi dato l'opportunità di leggerlo in anteprima.

17 Secondo il *Recueil des historiens des croisades*, *op. cit.*, II p. 304, ci troviamo all'inizio capitolo XI del trentesimo libro, corrispondente al cap. 427 della *GCU* secondo J (Cooper, *La Gran Conquista de Ultramar*, *op. cit.*, p. 204), 265 del IV libro in *SP*.

18 Di Fabrizio, *Saggio per una definizione*, *op. cit.*, p. 15-17.

su questa sezione, senza servirsi di alcuna etichetta specifica, dando per assodata l'appartenenza di quanto precede a un diverso insieme in sé coerente[19]. Quest'ultimo meriterebbe dunque un'analisi autonoma, e per quanto ci riguarda un riscontro completo con la *GCU*, a partire dai capitoli 427-541 (secondo il ms. J; IV 265-364 in Sp) contenenti la narrazione che prende le mosse nel 1205, inquadrati entro il discorso più ampio del rapporto con la redazione *Colbert-Fontainebleau* della *Continuation d'Ernoul*[20]; su tale argomento sarà dunque necessario tornare in futuro.

Per quanto riguarda invece le due sezioni seguenti, che paiono riconducibili come si è detto ad Acri in ambiente religioso, probabilmente domenicano[21] (comunque lo stesso a cui sono ascrivibili le *Annales de Terre Sainte* che sono giunte fino a noi, una copia delle quali è conservata proprio dal ms. Fi), molto rimane ancora da chiarire, a partire dalla distinzione delle diverse mani che vi hanno lavorato: Di Fabrizio, infatti, è propensa a vedere in azione due autori distinti, che lavorano su fonti annalistiche diverse a breve distanza di tempo uno dall'altro, se non addirittura nello stesso momento[22]; Edbury invece propone con cautela l'ipotesi di un cambio di mano supplementare, relativo agli eventi degli anni 1275-1277 attestati nel solo ms. Fi, ma non si sente di escludere che un autore sia stato responsabile di più di una sezione, lavorando in momenti diversi[23]. Possiamo infine trarre dallo stesso Edbury un ulteriore spunto di importanza decisiva, vale a dire che, come il responsabile della redazione *Colbert-Fontainebleau*, anche i compilatori delle parti successive al 1248 sembrano aver associato la prosecuzione del racconto dal punto a cui era giunto il rispettivo predecessore (con la sutura conseguente) a una serie di interpolazioni sporadiche all'interno delle carte anteriori, allo scopo di aumentare la coerenza (se non la coesione) dell'insieme in via di sviluppo: il punto di arrivo non è dunque la semplice giustapposizione in sequenza di testi autonomi, ciascuno con un orientamento proprio, ma il frutto di molteplici revisioni che hanno complicato il quadro con

19 Edbury, « Continuing the continuation », *op. cit.*, p. 82.

20 *Cf.* Gaggero, Massimiliano, « Succès et tradition manuscrite: les rédactions longues de l'*Eracles* », *Atti del XXVIII Congresso internazionale di linguistica e filologia romanza* (Roma, 18-23 luglio 2016), éd. Roberto Antonelli, Martin Glessgen, Paul Videsott, vol. I, Strasbourg, EliPhi, 2018, p. 185-197.

21 *Cf.* Mas-Latrie, *Chronique d'Ernoul*, *op. cit.*, p. 551; Di Fabrizio, *Saggio per una definizione*, *op. cit.*, p. 26, e Edbury, *Continuing the continuation*, *op. cit.*, p. 92.

22 Di Fabrizio, *Saggio per una definizione*, *op. cit.*, p. 22.

23 Edbury, "Continuing the continuation", *op. cit.*, p. 89.

richiami interni e nuovi echi, quando non addirittura con esposizioni multiple degli stessi eventi secondo prospettive diverse, come avremo modo di vedere. Del medesimo tessuto la *GCU* ci offre un calco fedele, nel quale però spiccano numerosi elementi peculiari.

RIPARTIZIONI DIFFERENTI E DISLOCAZIONI

Come si è già detto, e come emerge dalla tavola riportata in Appendice, l'esame parallelo della *GCU* e della *CA* è complicato da vari fattori, primo fra tutti la differente ripartizione dei capitoli, che da 64 nell'opera francese (per omissione del cap. 25, su cui si veda il paragrafo seguente) divengono 58 nei mss. J e P; di questi soltanto 17 corrispondono esattamente a un capitolo della fonte (due dei quali – 561 e 562 – con grosse lacune), mentre il resto presenta sfasature di vario tipo: in cinque casi assistiamo all'accorpamento di più segmenti che nella *CA* erano distinti (*GCU* 505, 507, 508, 516, 540), motivato in genere dalla condivisione della medesima linea diegetica; altrettante volte ricorre il fenomeno opposto, che fraziona in 14 parti i capitoli 51-55 della *CA*, cioè tutti quelli del secondo blocco, che come si è detto presentavano una estensione superiore alla norma; per il resto l'estensione rimane simile a quella originale, ma i confini slittano all'interno delle partizioni originarie (così il capitolo 511 della *GCU* combina la fine di *CA* 15 e l'inizio di *CA* 16, il 515 aggrega parte di *CA* 19 e parte di *CA* 20, ecc.). Si tratta di fenomeni che ricorrono anche nei manoscritti francesi, ma in minor misura (fa eccezione ancora una volta il ms. Fi, più attivo degli altri) e senza che si possano trovare coincidenze precise con quanto accade nell'opera iberica[24]. Altrettanto evidente è lo scarto relativo alle rubriche, che peraltro mancano nella maggior parte dei testimoni oitanici; non a caso capita diverse volte che la *GCU* trasformi in rubrica delle parole che nel modello dovevano apparire nel corpo del testo, a fine o a inizio di capitolo.

Soltanto quattro segmenti della *CA*, infine, occupano nella *GCU* un posto differente da quello originario, e sempre per effetto di

24 Di Fabrizio, *Saggio per una definizione*, *op. cit.*, p. 166-172.

un'anticipazione: il cap. *CA* 46 è divenuto il *GCU* 534, posto ora tra due segmenti corrispondenti a *CA* 42 e 43 (*GCU* 533 e 535); parte del cap. *CA* 52 si trova riportata per così dire all'interno di *CA* 51 (*GCU* 544); allo stesso modo il cap. *CA* 58 viene a incunearsi nel cap. *GCU* 556, derivato da *CA* 56; infine il cap. *CA* 59 si colloca entro il cap. *GCU* 551, che traduce *CA* 54. Sul senso e sugli effetti di tali spostamenti avrò modo tornare in conclusione, dopo aver trattato degli altri fenomeni che ad essi si combinano.

INSERTI

Con il termine posto a titolo mi riferisco alle porzioni di testo che leggiamo nella *GCU* ma non hanno riscontri nella tradizione della *CA*; esse talvolta sostituiscono quanto leggiamo nei manoscritti francesi, e talvolta invece vi si aggiungono; vediamoli in sequenza.

Di un primo caso ho già avuto modo di dare conto altrove, ma lo riprenderò per ragioni di completezza[25]: nel capitolo 505 della *GCU* secondo il ms. J (Sp IV, 332) troviamo accorpati i capitoli 2 e 3 della *CA*, che descrivono gli eventi degli anni 1229-1230, dopo la partenza di Federico II dall'Oltremare; in particolare vi si racconta dei problemi legati alla successione al trono di imperatore d'Oriente in seguito alla morte di Robert de Courtenay: il titolo passa al nipote Baudouin, ancora undicenne, coadiuvato da Anselme de Cahieu, ma i nobili cercano un successore capace di tenere con forza le redini dell'impero, che versa in condizioni molto gravi, e offrono la corona a Jean de Brienne, allora re di Gerusalemme. Questi accetta a condizione che Baudouin, erede legittimo del titolo, si fidanzi con sua figlia:

> En ce que la terre de Costantinople estoit en si feible point, li baron orent conseil et par acort manderent par bons messages au roi Johan que il venist recevoir l'empire de Costantinople, par les covenances que il li faisoient. Li rois Johan si assenti et vint par la maniere qui avoit esté devisee, et amena beles gens avec lui et aporta grant avoir. Es covenanz fu que li enfes, qui estoit dreit heir, devoit esposer une soe fille, que il avoit eu de la suer dou

25 Sacchi, «Stratigrafie della *Gran Conquista*», *op. cit.*, p. 1335-1336.

roi de Castele, et que tout ice que il conquerroit otre le Braz de Saint-Jorge, en la terre de Betine, seroit a lui et a ses heirs mais, et que il le te[n]roient a empereor, et que il tenroit l'empire tant come il vivroit. Quant il fu venuz en Costantinople, il fu coronés a empereor et reçut les homages et les feautés. En ce que l'en cuida que il deust chevaucher et comencer la guerre, il se mist a plaidier as Veniciens et a quereler[26].

Le trattative preliminari all'accordo vengono descritte qui in estrema sintesi, mentre nella *GCU* abbiamo una versione della storia molto più dettagliata, che ha per protagonista papa Gregorio IX, il quale ottiene l'assenso del re di Gerusalemme, piuttosto recalcitrante, con una serie di promesse:

Et en quanto la tierra de Costantinopla estaua en flaco estado,* los cristianos latinos que eran en ella auien la tierra perdida, si non una çipdad e una partida de la tierra, e dixieron que desampararien la çipdad e la tierra; e en aquello acordaron la mayor parte dellos. Los otros dixieron que non lo farien, ca muy grant desondra e grant faceremiento aurien por ende en todos los logares o fuesen, si la desamparasen en tal manera, mas que enuiasen all Apostoligo por acorro, e quel fiziesen saber el estado de la tierra. [...] Et el respondiol que conseiado era ende, e que non yrie y, ca un fijo pequenno fincara dell emperador don Pedro, que era heredero de la tierra, e que non se querie meter en auentura por defender tierra agena. Ell Apostoligo dixol quel darie grant yente e grant auer, e que fuese alla. [...] e fuese pora Costantinopla.* Et recibieronle por [sennor], segund las posturas, e fizieronle omenaie, e caso su fija con el Jnffante. Et pues que el rey Juhan fue en Costantinopla, [cuedaron] los omnes buenos que farie caualgadas e guerrearie; et el entro en pleyto con los de tierra de Uenecia[27].

Le parole indicate paiono provenire dalla *Chronique d'Ernoul*, che arriva al 1231, e perciò narra anche gli eventi appena visti, mentre la *Continuation* ne era priva:

Li Crestien [Latin F50] qui dedenz estoient avoient tote perdue la terre, fors soulement la cité et .I. poi [un petit F50] de terre dehor. Il pristrent consel ensemble, et distrent li plusor qu'il lairoient la cité, et s'en iroient. Li autre distrent que ce ne feroient il ja ; que grant honte et grant reprovier en aroient en toz les leus où il iroient, si laissoient si riche cité por noiant. Ainz manderoient secors à l'apostoile, et li feroient savoir l'estat de la terre. [...]

26 Di Fabrizio, *Saggio per una definizione*, *op. cit.*, p. 288-289.

27 *La Gran Conquista de Ultramar*, ed. Cooper, *op. cit.*, p. 233-234; un asterisco segnala i confini dell'inserto.

> Li rois dist [...] que il avoit oir en [car un enfant estoit remés de l'emperéor Pierre, qui estoit hoirs de F50] la terre, ne il ne le voloit deseriter mie ; ne ne se voloit mie metre en aventure por autrui terre garantir. Molt l'en proia li apostoiles qu'il i alast, et grans secors li promist d'avoir et de gent. [...][28].

L'interpolazione potrebbe essere ricondotta allo stesso *atelier* acritano da cui provengono alcuni testimoni della *CA* in quanto, come si nota, le righe appena lette mostrano diverse coincidenze testuali con un altro manoscritto della famiglia lambda dell'*Eracles*, cioè il ms. Paris, BnF, fr. 9086 (siglato F50 da Jaroslav Folda)[29] redatto ad Acri, che associa una parte della redazione *Colbert-Fontainebleau* alla sezione finale della *Chronique d'Ernoul*, senza proseguire oltre. Sulle ragioni dell'interpolazione non faccio ipotesi per il momento, limitandomi ad annotare che in queste righe troviamo a confronto un papa e un imperatore.

Proseguendo nella lettura troviamo, a una certa distanza fra loro ma in successione, due inserti di altro genere, che nella *GCU* costituiscono ciascuno un capitolo a sé, vale a dire il 523 e il 532 (*Sp* IV 348 e 356). Il primo si incunea fra i capitoli 31 e 32 della *CA* (che corrispondono entrambi a un singolo capitolo nell'opera castigliana, 522 e 524), relativi agli anni 1239-1240, e cioè fra la narrazione delle manovre di Federico II per impedire il concilio che Innocenzo IV vorrebbe tenere a Roma, e il resoconto della spedizione in Terrasanta di Thibaud di Navarra e di altri nobili francesi, che andranno incontro più tardi a una grave disfatta a Gaza. Il capitolo 523 racconta alcuni eventi del 1237 (quindi di poco anteriori rispetto a quanto li circonda), aperti dalla tregua tra Boemondo di Antiochia e Dayfa Khatun, regina di Aleppo e sua reggente durante la minore età del nipote (il figlio nel nostro testo)[30]:

> Quando andaua el anno de la encarnacion de nuestro Sennor Ihesu Cristo en mill e cc e xxxvij, Buemont, princep de Antiocha, de que oyestes de suso, despues de la muerte del soldan de Halapa, ouo treguas con la sennora de

28 *Chronique d'Ernoul*, éd. Mas Latrie, *op. cit.*, p. 469-471.

29 Folda, Jaroslav, « Manuscripts of the *History of Outremer* by William of Tyre: A Handlist », *Scriptorium*, t. 27, 1973, p. 90-95, a p. 94.

30 Su questa interessante figura *cf.* Tabbaa, Yasser, « Dayfa Khatun, Regent Queen and Architectural Patron », *Women, Patronage, and Self-Representation in Islamic Societies*, ed. D. Fairchild Ruggles, Albany, State University of New York Press, 2000, p. 17-34; la sovrana verrà menzionata nuovamente poco oltre (*GCU* 526: *La Gran Conquista de Ultramar*, ed. Cooper, *op. cit.*, p. 244) ma questa volta abbiamo un riscontro in *CA* 34.13, *cf.* Di Fabrizio, *Saggio per una definizione*, *op. cit.*, p. 369.

> Halapa, que fincara por sennora de la tierra pues que murio so marido, ca el jnffante que era heredero de la tierra era muy pequenno pora gouernar tierra[31].

La tregua viene infranta dai templari, che muovono degli attacchi facendo base nella fortezza di *Gaston*, cioè Baghras, al confine tra Siria e Cilicia, provocando una reazione della sovrana di Aleppo:

> Mas los freyres del Temple non quisieron otorgar aquellas treguas, e començaron a fazer guerra de un so castiello que dizien Gaston, que era a cinco leguas de Antiocha, de partes de Armenia. E estonces la sennora de Halapa, por consseio del Princep, segund que dixieron, enuio grant yente por cercar el castiello de Gaston. E el alcayde del castiello, quando sopo la uenida daquella yente, fizo lo saber al maestre del Temple e a todos los freyres que eran enel regno. E luego que el Maestre sopo aquellas nueuas, fizo lo saber a algunos de los ricos omnes de Chipre, que eran amigos e confradres de la orden, e que les rogaua que acorriessen a la casa del Temple. E enbio alla otrossi por caualleros e por omnes darmas a soldada; e ellos uinieron de grado, e fue grant yente, los unos por amor, los otros por sus soldadas. E el maestre ayunto todo so conuento e otra yente de pie e de cauallo que ouo del regno, e fue pora acorrer el castiello. E arribo a Port Bonel, que es a vj leguas del castiello.

Ci si sposta poi a Trapessac, ovvero Darbsak, altra fortificazione a nord di Baghras:

> E los moros que estauan enla çerca, quando sopieron commo yua el Maestre, partienron se de la çerca e fueron posar allend de Trapesac dos leguas, e estidieron y. E los de la hueste fincaron sus tiendas en un logar que dizien Gorgo; e folgaron y ocho dias. E despues dixieron que muy fea cosa serie si se tornassen menos que non fiziessen algun buen fecho. E acordaron que fuessen buscar sos enemigos, e partieron se dalli una partida dellos por yr en aquella caualgada, e fue el alferez del Temple so capdiello, e leuo consigo cient e treynta freyres, e otros caualleros e omnes de cauallo.

La spedizione si conclude con un fallimento e gravi perdite, da cui i cavalieri del Tempio si risolleveranno solo diverso tempo dopo:

> E quando fueron en tierra de sus enemigos, los moros sopieron lo e touieron les el puerto commo aquellos que sabien bien la tierra, e firieron en los cristianos, ca eran mucha gente. E duro la batalla grant parte del dia, mas a la cima uencieron los moros; e de los freyres non escaparon ende sy non veinte, e de los cauall[er]os non se perdio y mas de uno. E despues que los

---

31 *La Gran Conquista de Ultramar*, ed. Cooper, *op. cit.*, p. 242-243.

moros ouieron uencido, cogieron el campo e tomaron sos catiuos, e fueron recebidos en Halapa con muy grandes allegrias. E los freyres que en aquella batalla fueron presos yoguieron en catiuo tres annos, fasta que frey Vgo de Monlo fue comendador de la tierra; e este daua muy grant guerra a los de Halapa en muchas caualgadas que fazie, e leuaua de tierra de sos enemigos muy grandes presas. E los moros, quando uieron aquello, ouieron consseio que ouiessen treguas con el. E fueron firmadas de la una partre e de la otra. E por aquellas treguas salieron los freyres de catiuo, e muchos otros con ellos.

Si tratta di notizie confermate da altre fonti, anche di parte avversa, come nella *Zubda* di Ibn al-'Adīm[32]; ne fanno rapido cenno sia le *Annales de Terre sainte*, sia la loro traduzione castigliana:

A mil et .ccxxxvii. furent desconfit les Templiers a Trapesac[33].

Anno Domini M.CCXXXVII fueron uencidos los Tenpleros a Trapesac[34].

Il testo della *GCU* ci offre tuttavia molti più dettagli, sia geografici che numerici, e una riscossa templare segnata dalle vittorie di Hugue de Monlos, (altrove anche Hugue de Montaigu) maresciallo dell'ordine, che morirà in battaglia nel 1244 a la Forbie. Lo stile e l'articolazione diegetica corrispondono a quanto si trova nei capitoli circostanti, ma la formula di apertura con l'indicazione dell'anno, come detto, è più tipica del secondo blocco della *CA*.

Anche il capitolo 532 della *GCU* (*Sp* IV 356) produce un piccolo salto temporale all'indietro, e aggiunge esplicitamente qualcosa che era stato tralasciato:

Una cosa non avedes oydo que fizo don Johert, quando tenie el sennorio de Domas, quel touo despues grant pro. El dio al Temple buenas alcarias en la tierra del Saffec e en otros logares çerca de Acre. Onde acaescio, despues que

32 *Cf.* Jackson, Peter, « The Crusades of 1239-1241 and Their Aftermath », *Bulletin of the School of Oriental and African Studies, University of London*, t. 50, 1, 1987, p. 32-60, a p. 59.

33 *Annales de Terre Sainte. 1095-1291*, éd. Reinhold Röhricht et Gaston Raynaud, Paris, Leroux, 1884, p. 439; la stessa informazione (con la grafia *Trepessac* per il toponimo) si trova anche nella redazione delle *Annales* tràdita assieme all'*Eracles* e alle sue continuazioni nel già menzionato ms. Fi, edita da da Edbury, Peter W., « A New Text of the *Annales de Terre Sainte* », *In laudem Hyerosolimitani. Studies in Crusades and Medieval Culture in honour of Benjamin Z. Kedar*, ed. Iris Shagrir, Ronnie Ellenblum, Jonathan Riley-Smith, London, Aldershot, 2007, p. 145-161.

34 Sánchez Candeira, Alfonso, «Las Cruzadas en la historiografia española de la época. Traducción castellana de una redacción desconocida de los *Anales de tierra santa*», *Hispania*, t. 20, 1960, p. 325-367, a p. 356.

> ouo dado el sennorio de Domas a Salac, assi como oyestes, aquel Salac, que era malicioso e que se temie que los ricos omnes non fiziessen hermandat con Johert, por que el podrie perder la tierra, ordeno quel tomassen; mas el fecho non se pudo fazer tan en poridat que non fuesse sabido. E quando aquello sopo, partiosse de la tierra e fuesse en poridat pora la tienda del maestre del Temple con poca companna [...] E despues daquello, los freyres del Temple e don Jofre e Iohert fueron por quebrantar Naples... [...] e fueron a Naples, e dieron sobrellos tan a sobreuienta, que nunca sopieron mandado de su uenida, onde fueron tan quebrantados, que nunqua otra tierra mas quebrantada fue que aquella, ca toda fue quemada, e destroyda. E mataron e tomaron los freyres quanto quisieron, e fincaron y tres dias; e quando se partieron ende, leuaron tan grant ganancia, que todas las bestias de caualgar, e las otras fueron cargadas de grandes riquezas, e tornaren se en salvo pora sus tiendas[35].

Questa volta sono vicende del 1242 a interrompere una sequenza lineare (e unitaria) nella *CA* (il cap. 41) dedicata agli anni 1243-1245: anche qui i Templari sono protagonisti, ma di una serie di campagne vittoriose, in particolare a Nablus, che viene distrutta, ad Ascalona e a Giaffa; vi compaiono figure ben note e già menzionate dalla *CA* nelle carte precedenti, come Geoffroy di Sergines e Al-Jawad Yunus (qui *don Johert*), nipote di Al-Adil I, che era stato governatore di Damasco nel 1238 ma in seguito, caduto in disgrazia per le sue concessioni ai cristiani, si era rifugiato presso di loro. Gli stessi fatti vengono ricordati in breve nelle *Annales* (in particolare nella red. francese *B* e nella versione castigliana) :

> A mil et .cc.xlii. anz alerent les Templiers et sire Jofrei de Sargines et le Melec Johet a Escalone ensi que le nasser et l'ost de Babiloine assaillirent la herberge dou Temple et y ressurent les Sarrasinz grant domage, et les Crestiens guerpirent de nuit leur herberges et alerent a Japhe[36].
>
> Anno Domini MCCXLII fueron los Templeros e Joffre de Sargines e Malech Joet a Escalon, e Le Naser e la hueste de babillonna asalioron la casa del Temple, mas los moros recibieron hy grant danno, mas ellos robaron la tierra[37].

Nella *GCU* il racconto è molto più articolato e ricco, nonché orientato a favore dei Templari contro gli Ospitalieri, sospettati di favorire il nemico contro i propri avversari interni:

---

35 *La Gran Conquista de Ultramar*, ed. Cooper, *op. cit.*, p. 246.
36 Röhricht – Reynaud, *Annales de Terre Sainte*, *op. cit.*, p. 440-441.
37 Candeira, «Las Cruzadas en la historiografia», *op. cit.*, p. 358.

E al alua del dia, llegaron los turcos delant las tiendas, e touieron los en grant coycta tod el dia, tirando les siempre de saetas e de dardos; mas nunqua, por poder que ouiessen, los pudieron quebrantar, nin partir nin fazer danno. E dixieron algunos que del castiello, dond ellos cuedauan estar seguros, tirauan les muchas saetas a las tiendas de los freyres del Temple. E por ende, se daua a entender, assi commo oyestes, que los turcos entraron en la tierra por consseio de los freyres del Ospital[38].

Come si vede, la somiglianza rispetto al passo precedente è molto forte, perché anch'esso combina una conoscenza approfondita degli eventi a una valutazione degli stessi di marca orientale. A questo dato se ne aggiunge poi un secondo, che mi pare altrettanto interessante, relativo alla posizione, in quanto entrambi gli inserti si trovano a ridosso di un capitolo di materia federiciana della *CA* che secondo Edbury dovrebbe essere a sua volta prodotto di un'interpolazione, condotta dall'autore del secondo blocco sui capitoli preesistenti, nel tentativo di anticipare la centralità di alcuni argomenti che gli stavano a cuore[39]: così nel cap. *GCU* 521-522 (da *CA* 30-31) da alcuni eventi del 1237 si passa a una digressione sulle campagne militari di Federico II nel Nord-Italia fino alla sconfitta del 1248, poi si risale al conflitto col papato del 1241, e quindi si torna al 1239. Allo stesso tema è dedicata anche la seconda interpolazione francese, individuata da Edbury entro *CA* 41, rispecchiato da *GCU* 533, che insinua entro la narrazione dei fatti del 1242 una nuova anticipazione del conflitto tra Innocenzo IV e gli Hohenstaufen. In altre parole, dunque, alcuni dei materiali esclusivi della *GCU* si trovano collocati proprio in corrispondenza delle linee di faglia del modello francese.

Che una relazione tra i due fatti debba esserci sembrano dimostrarlo anche gli inserti successivi, che incontriamo nelle carte della *GCU* derivate dalla seconda parte della *Continuazione di Acri* (capitoli 51-56.3), poiché gli eventi descritti hanno luogo in Europa e pongono nuovamente al centro la relazione tra imperatore e pontefice.

Il terzo inserto, nel capitolo 543 della *GCU*, crea a tale proposito una nuova sfasatura nella diegesi, perché dopo qualche rigo tratto dal capitolo 51 della *CA*, dedicato all'arrivo di Luigi IX a Cipro, nel 1248 (circostanza a cui si riferisce la rubrica del ms. *J*)[40], si risale improvvisamente

38 *La Gran Conquista de Ultramar*, ed. Cooper, *op. cit.*, p. 247.

39 Edbury, « Continuing the Continuation », *op. cit.*, p. 87.

40 *La Gran Conquista de Ultramar*, ed. Cooper, *op. cit.*, p. 251: «Commo arribo don Loys, rey de Francia, en Chipre, e de los fechos que acaescieron despues en el regno de Iherusalem».

al 1245 e al concilio di Lyon menzionato qualche foglio prima (*GCU* 533, corrispondente a *CA* 41) dove Innocenzo IV depone solennemente Federico II di Hohenstaufen:

> Quando andaua el anno de la encarnacion de nuestro Sennor Ihesu Cristo en mill e dozientos e quarenta e ocho, veynte siete dias de setienbre, don Loys, rey de Francia, arribo en Chipre. Estonce era papa Jnnocencio en Leon de sobrel Rodano, o fiziera ayuntar so concilio por desponer el emperador don Fredric [...][41].

Da questi eventi passiamo rapidamente a un ritratto a tinte fosche dell'imperatore, crudele e pieno di vizi, in particolare la lussuria, per la quale viene paragonato a Nerone:

> Este emperador don Fredric, en su mancebia, antes que fuesse emperador, mostraua sse por muy bueno. E despues que fue emperador, fue muy fiera mientre contra sancta Eglesia pora abaxar la, e punno en destroyr los altos omnes, e enxalçar los sieruos e los uiles. El era omne cruel, assi que non auie ninguna piedat en el, e era omne sin uerdat e suzio, e non se fiaua nin se asseguraua omne en el por iura nin por prometimiento que fiziesse. E commo quier que era malo contra la fe catolica, era muy ardit, e non cataua a omne, por dignidat que ouiesse, nin a eglesia, e tormento por diuerssas maneras mancebos e uieios de tal guisa de que nunqua oyo fablar; e bibdas e ninnos e uieios e flacos, e arçobispos e obispos, e omnes de religion despoio de sus uidas e de sos bienes. Enel fecho de luxuria passo a mas que non deuie, de guisa que sobrepujo a Nero en luxuria, e sin cuenta fizo adulterios e fornicationes. E metio en prision a so fijo, que era rey de Alemanna, que murio en la prision. E descomulgol el papa Gregorio muchas uezes, e siempre estido descomulgado fasta la muerte[42].

Ora questo profilo si ritrova in un altro testo ultramarino, e cioè nella *Guerra di Federico II in Oriente*, vale a dire la rielaborazione dell'opera di Filippo da Novara attuata dal compilatore delle cosiddette *Gestes des Chyprois* (par. 6):

> Cestuy Federic, en sa juventute, avant qu'il fust empereor, se mostroit mout bon, et puis qu'il fu empereor comensa á entendre angoissousement et á l'abaissement de Sante Yglize et á la destrucion de nobles homes. Il essaussoit les sers, et les vilains essassoit ; et il defendoit les larecins et les homecides as autres, les quels choses il soul faisoit plus que ly autre á quy il les defendoit

41 *Ibid.*
42 *Ibid.*

> ne peüssent faire. Il estoit cruel outre mesure, si que il n'avoit en luy nulle pitié. Il fu desleaus et ort, et ne se pooit l'on fier en luy ne por sairement ne por promesse qu'il feïst, et ja soit ce que'il estoit paourous, nequedent á costreindre la reverence de la foi catholique il estoit tres herdy. Il, sans espareigner á dignité d'ome d'yglize et á sexe et as viels et as juenes, tormenta diversement, en maniere qu'onques mais ne fu oye, et veves et enfans et veillars et foibles, arcevesques et evesques, gens de religion ; les despoilla de lor vies et de tous lor biens. Au fait de luxure il trespassa la boune nature, si que en luxure il surmonta Noiron ; sans nombre fist d'avoltires et de fornications, et ovec ce estoit sodomite. Il enprisona son fis Henry, roys d'Alemaigne, dont il morut en prisson, si com vous le troveres sa ariere. A la fin l'escomenia le devant dit pape Honoire, et le guerroya mout, si com vous oirés dire ci aprés[43].

Come si vede la corrispondenza è molto ravvicinata, anche se non mancano nella *GCU* divergenze interessanti, come il fatto che l'aurore trascuri di menzionare, fra le accuse mosse a Federico, il peccato di sodomia, e che attribuisca correttamente la scomunica a Gregorio IX, invece che a Onorio III, come accade nel testo francese (errore che ha una certa diffusione in diverse opere storiografiche precedenti e coeve)[44]. Se, come ritiene Melani, il passo che ci interessa risale all'opera di Filippo da Novara, del quale abbiamo notizia fino agli anni sessanta del Duecento, il suo riuso nella *GCU* è coerente con la datazione di questa alla fine del XIII secolo (mentre un ricorso alle *Gestes* ci porterebbe al secondo decennio del secolo successivo). Tuttavia, il fatto che nella *Guerra di Federico II in Oriente* siano rintracciabili numerosi estratti delle *Continuazioni* dell'*Eracles* apre la strada all'ipotesi di un movimento inverso del ritratto negativo di Federico II, insinuatosi nella tradizione della *Continuazione di Acri* e da qui venuto meno dopo essere stato recepito da altri testi. Comunque sia anche il quarto inserto, che pure è dedicato a un sovrano europeo, ci riconduce, per vie diverse, verso Oriente; è altrettanto chiaro che ora si trova del tutto fuori posto, benché il capitolo *CA* 51 in cui si infila, dedicato alla crociata di Luigi IX, termini con la notizia della morte di Federico stesso. Bisogna ricordare poi che all'inserto si combina una dislocazione, perché subito dopo (*GCU* 544) leggiamo un ritratto di impianto simile ma del figlio Corrado, a sua volta impegnato nello scontro con il papato; ritratto che nella *CA* costituiva il capitolo 52.

---

43 Filippo da Novara, *Guerra di Federico II in Oriente (1223-1242)*, ed. Silvio Melani, Napoli, Liguori, 1994, p. 68.

44 *Ibid.*, p. 255-256.

Con il quinto inserto ritroviamo un procedimento simile a quello appena visto, con la differenza che qui si colloca, per così dire, al punto giusto. Nel capitolo 550 della *GCU* ritroviamo l'inizio del capitolo 54 *CA*, che si apriva con queste parole:

> Alixandres li quars fu fait papes. Cist fu evesques d'Oiste et dona Saint Lazre de Bethaine et ses apartenances a l'Ospital de Saint Johan [et] Monte Tabor. A mil et .cc. lv. fu faite trive o le seignor de Domas, et fu la devise dou flum d'Arsur jusques a la devise de Baruth[45].

L'opera castigliana conferma la donazione all'ordine dell'Ospedale di San Giovanni, ma passa subito dopo a descrivere la figura del pontefice, narrando gli scontri fra i suoi uomini e quelli di Manfredi:

> [...] e fizieron papa a Alexandre, obispo de Ostia. E este papa dio al ospital de Sant Johan Sant Lazaro de Betania con todas sus pertenencias, e mont Tabor, e era natural de Aregena, de una cipdat que es çerca de Roma, e era omne de alto linnage, e dio al Templo la eglesia de sant Gil de Acre. El auie un gato que amaua mucho, e teniendol en suss pannos en la camara murio aquel gato, de que ouo el grant pesar. E en su tiempo fue la hueste de la Eglesia contral rey Manfre, e era cabdiello daquella hueste un cardenal que dizien don Guillem, sobrino del Jnnocent; e entraron enla tierra de Pulla [...][46].

Dopodiché leggiamo un lungo ritratto negativo di quest'ultimo, che nella *CA* si trovava più avanti, al capitolo 59:

> Manffre fue fijo del emperador don Fredric, de ganancia, e ouol en una alta duenna de Lombardia, e fue princep de Tarent, e caso con una donzella fija de un gran princep de Grescia que dizien Micalice. E Manffre fue muy fermoso omne de cara, e sabio, e trabaiauasse mucho de astromonia e guiauasse por ella en todos sus fechos. E segund que dixieron, fizo dar yeruas al rey Corrant e al rey don Henrric, que eran sos hermanos legitimos, e derechos herederos. E despues de la muerte dellos fizo leuantar nueuas que Corraldin, el fijo de Corrant, era muerto [...].

Il racconto prosegue fino alla morte del protagonista a Benevento, e solo a questo punto torniamo alle vicende ultramarine, che come visto nella *CA* seguivano immediatamente le elargizioni del nuovo papa agli Ospitalieri. Va detto che in particolare per questo quinto inserto ciò che

45 Di Fabrizio, *Saggio per una definizione*, *op. cit.*, p. 423.
46 *La Gran Conquista de Ultramar*, ed. Cooper, *op. cit.*, p. 253.

leggiamo oggi nella *GCU* potrebbe rispecchiare lo stato originario della *CA*, poiché offre un ritratto del papa Alessandro IV e del suo rapporto con l'impero che è più simile per estensione e articolazione a quello che viene offerto nelle carte seguenti per Urbano IV e per Gregorio.

Il sesto inserto segue una modalità molto simile ai due appena visti: dopo la notizia della vittoria di Carlo d'Angiò su Corradino e sulla morte di Clemente IV (nel 1268), che la *CA* pone nel capitolo 56, la *GCU* (556, Sp IV 377) ci offre immediatamente il ritratto di Carlo d'Angiò e delle sue imprese italiane, che nella fonte francese si trovava due capitoli dopo (*CA* 58); a seguire ecco l'integrazione, relativa ai fatti del 1271, e all'Ottava Crociata che portò lo stesso Carlo, il fratello Luigi e gli altri nobili di Francia sulla costa di Tunisi, dove molti, tra cui il re santo, trovarono la morte; vicende che troviamo narrate anche nella *Cronaca del templare di Tiro* (cap. 136-137)[47], ma con accenti diversi. Qui il sovrano mostra il suo profilo peggiore, arricchendosi grazie alla tregua stipulata con il califfo, al punto da far sospettare che avesse preparato tutto fin dall'inizio:

> E contar uos emos agora estas cosas por que algunas yentes culparon daquel destoruo del passaie del rey Carlos, e que por so consseio fueron a Tunez, e parecio bien que assi fue. Ca despues de la muerte del rey de Francia, so hermano, e de los otros ricos omnes, trabaioss e de meter paz entre los franceses e el rey de Tunez. E por esta paz ouo el tan grant auer que fue marauilla[48].

Questo giudizio si sarebbe probabilmente accordato con le idee dell'autore del secondo blocco della *CA*, ma di certo non con quelle dell'estensore della sezione successiva, che si dimostra molto più favorevole a Carlo, come si vede nella descrizione della sua vittoria su Manfredi in *CA* 59. L'anticipazione avvenuta nella *GCU* produce l'effetto singolare che il re viene prima celebrato e poi criticato nel giro di poche righe; ma ricostruendo l'assetto originale capiamo che l'incoerenza è dovuta alla stratificazione di punti di vista differenti.

47 *Cronaca del templare di Tiro (1243-1314). la caduta degli stati crociati nel racconto di un testimone oculare*, ed. Laura Minervini, Napoli, Liguori, 2000, p. 128 e 130.

48 *La Gran Conquista de Ultramar*, ed. Cooper, *op. cit.*, p. 256.

OMISSIONI

Rispetto a questa consistente riorganizzazione dei materiali le omissioni risultano esigue, quantomeno all'interno del testo conservato. Soltanto un capitolo infatti è caduto del tutto: si tratta di *CA* 25, di cui manca ogni traccia tanto in J e P quanto in Sp; sulle ragioni di questa caduta, che non pare dovuta a guasto meccanico, è impossibile al momento fare ipotesi, tanto più che non vi si tratta di materia particolarmente controversa: esso narra infatti della morte di Alice di Monferrato, moglie di Enrico I di Cipro, durante l'assedio delle forze filoimperiali asserragliate nella fortezza di Kirinia da parte della nobiltà del regno guidata da Giovanni di Ibelin, della tregua conseguente e delle esequie della regina nella chiesa di Santa Sofia a Nicosia[49].

Altre quattro lacune interne, di entità molto limitata, paiono dovute invece in una qualche misura all'attività di riordino dei materiali visto fin qui, in quanto riguardano tutte capitoli toccati da dislocazioni o interpolazioni. Ciò vale anzitutto per le ultime quattro righe di *CA* 3, nelle quali veniva tratteggiata la parabola discendente di Jean de Brienne[50]: la loro assenza in *GCU* 505 potrebbe essere dovuta all'intento di non infierire sulla figura a favore della quale si era speso con impegno Gregorio IX, come messo in rilievo subito prima dal ricorso alla *Chronique d'Ernoul*. La scomparsa delle ultime due righe di *CA* 45, che precedevano il dislocato *CA* 46, da *GCU* 537 sacrifica soltanto la data della disfatta di La Forbie (18 ottobre 1244, giorno di San Luca), mentre della prima parte di *CA* 51 vengono meno in *GCU* 543 due righe su eventi minori avvenuti nel 1248, proprio nel punto in cui si colloca il quarto degli inserti descritti sopra, relativo a Innocenzo III e Federico II. Qualcosa di simile, ma con perdite maggiori, riguarda *CA* 56, che in *GCU* 556 perde otto righe di testo nel punto in cui accoglie i contenuti di *CA* 58, seguiti dal sesto inserto dedicato a Carlo d'Angiò; si tratta in questo caso di una perdita meno coerente con le strategie intraviste sopra, in quanto viene meno proprio il ritratto di Gregorio X, che sarebbe stato in continuità con quelli dei predecessori.

49 Di Fabrizio, *Saggio per una definizione*, *op. cit.*, p. 340-341.
50 *Ibid.*, p. 290.

Per gli ultimi tre capitoli della *CA* (63-65) di cui ci rimane la traduzione (in J e P) il discorso cambia, in quanto assistiamo a una rarefazione progressiva dei contenuti che si spiega più con un guasto meccanico delle ultime carte del modello che con una selezione meditata. Allo stesso modo si potrebbe spiegare la conclusione improvvisa del racconto, all'altezza dell'anno 1271; ma non è mancato chi abbia provato a interpretare in chiave strategica la scelta di terminare il racconto con il quadro sconfortante delle sconfitte subite dai crociati[51]. A questo proposito non va trascurato un fatto già notato da Gayangos quasi un secolo e mezzo fa[52]; cioè che nei capitoli mancanti della *Continuazione di Acri* si trovava del materiale scottante per Sancho IV, a partire dal resoconto di alcuni eventi chiave di cui lui stesso era stato protagonista, vale a dire i contrasti interni alla corte per la successione ad Alfonso X, in seguito alla morte del primogenito Fernando de la Cerda. Qui infatti sia Sancho sia il padre venivano accusati di ledere colpevolmente il diritto legittimo alla successione del figlio di Fernando, morto da poco, e di Blanche, principessa di Francia (*CA* 75-76):

> Dame Blanche ot .ij. fiz de son baron, si fu mult esgaree aprés sa mort, come cele qui estoit en terre estrange. Et li roys de Castelle ne li estoit mie de si bone compaignie, com il deust. Et por ce porchaccia tant envers son frere, li roys Phelippe de France, qu'il li manda querre et la fist venir en France. Mais li roys de Castelle ne soufri pas que ele enmenast les enfans. [...] Aprés la mort dan Ferrando, le baron de dame Blanche, dan Sanche, li autre fiz dou roy de Castelle, par consentement dou pere se saisi d'une grant partie de la terre et fist jurer une grant partie des barons por avoir lo reaume aprés la mort dou pere, contre le sairement que li rois et ses barons li avoient fait. Et porce sourdi guerre entre le roy de France et celui de Castelle, quar li roys de France voloit garder la raison de ses freres et de ses neveus et voloit que il eussent le reaume de Castelle aprés la mort de lor aÿol, come lor droit heritage, par les covenances desus dites.

È molto probabile che il traduttore non abbia avuto modo di leggere queste righe, avendo a disposizione un esemplare lacunoso negli ultimi

51 Per esempio Gómez Redondo (*Historia de la prosa medieval*, *op. cit.*, p. 1055), considerando che nelle ultime righe del manoscritto si narra delle sconfitte dei crociati e della morte di molti condottieri francesi, tra cui lo stesso re Luigi IX, ha scritto: «El final encaja en ese contexto de exaltación religiosa que tiene como centro a una corte de Castilla, reforzada para tomar el testigo de la guerra santa, empresa en la que ya han fracasado el resto de los reinos occidentales. Es el turno de Sancho.»

52 Gayangos, *La Gran Conquista*, *op. cit.*, p. X-XI.

fogli e parzialmente mutilo; ma se avesse deciso di ometterle – o gli fosse stato chiesto di farlo – la scelta di concludere il lavoro proprio nel punto indicato potrebbe essere ricondotta a una ragione semplice: poche righe dopo, infatti, avrebbe avuto inizio il racconto dell'ascesa al trono francese di Filippo il Bello, che nel conflitto dinastico castigliano fu per molti anni il principale sostenitore dei diritti dei figli di Fernando.

APPUNTI CONCLUSIVI

Proviamo a questo punto a tirare le fila. Nelle sue ultime carte la *GCU* non ci offre divagazioni e spunti epici o leggendari, come quelli che ne arricchiscono l'inizio; siamo invece di fronte a una traduzione per lo più fedele della *CA*, condotta talvolta talmente alla lettera da produrre degli errori, come ad esempio nella traduzione di *Outremer* con *Ultramar* anche quando il termine si riferisce in realtà all'Europa, secondo la prospettiva dell'autore orientale; l'unico ambito nel quale il traduttore sembra prendersi una certa libertà sembra quello della ripartizione dei contenuti, che d'altronde presenta delle oscillazioni anche nella stampa rispetto ai manoscritti. Questo assetto di fondo pare confermato anche dall'esame dei segmenti testuali estranei alla *CA* esaminati fino a qui, che molto difficilmente possono essere ascritti a interpolazioni con materiali castigliani: che essi riguardino infatti eventi ultramarini o europei, paiono comunque da ascrivere a opere di matrice orientale, tanto per la qualità delle notizie – che in genere trovano conferma altrove – quanto per il punto di vista sui fatti: così, ad esempio, il ritratto oscuro di Federico II e dei suoi successori si accorda perfettamente con l'antipatia spiccata nei confronti degli imperiali e dei loro emissari che è evidente nelle diverse parti della *Continuazione di Acri*, benché elaborate, come si è detto, in ambienti diversi; mentre il profilo di Alessandro IV si inserisce assai bene nella galleria dei pontefici delineata nel secondo e nel terzo blocco del testo francese, che tradisce il possesso di informazioni particolarmente precise sulla curia romana, anche nei dettagli più privati. Se questi materiali aggiuntivi non erano già presenti nel manoscritto dell'*Eracles* che arrivò in Castiglia, è quasi certo che provengano dallo stesso centro di irradiazione, e che abbiano fatto lo stesso viaggio; il che conferma che la *GCU* possa offrire materiale supplementare allo studio della storia delle continuazioni francesi, e alla ricostruzione del loro testo, in particolare nei punti che ho definito di faglia, dove permangono nonostante le suture dei forti indizi di instabilità.

Un discorso differente va fatto, mi sembra, per le dislocazioni testuali, che hanno complicato ulteriormente il quadro dei capitoli 51-59, su cui pure rimangono le tracce di diverse revisioni del testo francese. In questo caso siamo certamente di fronte a una scelta consapevole, ma il riordino ha forzato, anche malamente, la linea narrativa conservata in tutti i testimoni superstiti della *CA*, mettendo fine all'alternanza strutturale tra vicende europee e orientali, per agglutinare le prime attorno alle figure di Federico II e dei suoi discendenti e a Carlo d'Angiò, e lasciare così in secondo piano le seconde, che in teoria avrebbero dovuto essere le più interessanti e nuove per un lettore europeo; sulle ragioni di questa riorganizzazione, che pare ragionevole ascrivere alla stesura del testo iberico, bisognerà ancora riflettere.

Tutto quanto si è detto conferma, ad ogni modo, come nella *GCU*, recettore privilegiato della storia crociata ed emblema del suo successo plurisecolare, coesistano e si sovrappongano non solo materiali difformi, ma anche prospettive e strutture compositive fra loro assai lontane; un diasistema storiografico, per così dire, il cui studio richiede estrema cautela.

Luca SACCHI
Università degli Studi di Milano

APPENDICE
Tavola di raffronto tra la *Gran Conquista de Ultramar* e la *Continuazione di Acri*[53]

<table>
<tr><th>GCU ms. J</th><th>GCU Sp</th><th>CA</th></tr>
<tr><td>504</td><td>(IV) 331</td><td>1</td></tr>
<tr><td rowspan="2">505</td><td rowspan="2">332</td><td>2</td></tr>
<tr><td>3</td></tr>
<tr><td>506</td><td>333</td><td>4</td></tr>
<tr><td rowspan="5">507</td><td rowspan="5">334</td><td>5</td></tr>
<tr><td>6</td></tr>
<tr><td>7</td></tr>
<tr><td>8</td></tr>
<tr><td>9</td></tr>
<tr><td rowspan="3">508</td><td rowspan="3">335</td><td>10</td></tr>
<tr><td>11</td></tr>
<tr><td>12</td></tr>
<tr><td rowspan="2">509</td><td rowspan="2">336</td><td>13</td></tr>
<tr><td>14</td></tr>
<tr><td>510</td><td rowspan="2">337</td><td rowspan="2">15</td></tr>
<tr><td>511</td></tr>
<tr><td rowspan="2">512</td><td rowspan="2">338</td><td>16</td></tr>
<tr><td>17</td></tr>
<tr><td>513</td><td rowspan="2">339</td><td>18</td></tr>
<tr><td>514</td><td>19</td></tr>
<tr><td>515</td><td>340</td><td>20</td></tr>
</table>

53 La rappresentazione della tavola è ovviamente schematica; segnalo in particolare che le dimensioni delle celle servono a indicare la diversa ripartizione dei contenuti nella *GCU* (in *J* e in *Sp*, i quali talvolta divergono fra loro) rispetto alla *CA*, e non corrispondono esattamente all'estensione delle rispettive unità testuali. Evidenzio in corsivo i capitoli della *CA* che nella *GCU* vengono collocati in una posizione diversa da quella originaria; indico con una X i segmenti assenti.

<table>
<tr><td rowspan="4">516</td><td rowspan="4">341</td><td>21</td></tr>
<tr><td>22</td></tr>
<tr><td>23</td></tr>
<tr><td>24</td></tr>
<tr><td>X</td><td>X</td><td>25</td></tr>
<tr><td>517</td><td>342</td><td>26</td></tr>
<tr><td>518</td><td>343</td><td>27</td></tr>
<tr><td>519</td><td>344</td><td>28</td></tr>
<tr><td>520</td><td>345</td><td>29</td></tr>
<tr><td>521</td><td>346</td><td>30</td></tr>
<tr><td>522</td><td>347</td><td>31</td></tr>
<tr><td>523</td><td>348</td><td>X</td></tr>
<tr><td>524</td><td rowspan="3">349</td><td>32</td></tr>
<tr><td rowspan="2">525</td><td>33</td></tr>
<tr><td rowspan="3">34</td></tr>
<tr><td>526</td><td>350</td></tr>
<tr><td rowspan="4">527</td><td rowspan="4">351</td></tr>
<tr><td>35</td></tr>
<tr><td>36</td></tr>
<tr><td rowspan="2">37</td></tr>
<tr><td>528</td><td>352</td></tr>
<tr><td>529</td><td>353</td><td>38</td></tr>
<tr><td>530</td><td>354</td><td>39</td></tr>
<tr><td rowspan="2">531</td><td rowspan="2">355</td><td>40</td></tr>
<tr><td>41</td></tr>
<tr><td>532</td><td>356</td><td>X</td></tr>
<tr><td rowspan="2">533</td><td rowspan="2">357</td><td>41</td></tr>
<tr><td rowspan="2">42</td></tr>
<tr><td rowspan="2">534</td><td>358</td></tr>
<tr><td></td><td>46</td></tr>
<tr><td>535</td><td>359</td><td>43</td></tr>
</table>

<table>
<tr><td rowspan="2">536</td><td rowspan="3">360</td><td>44</td></tr>
<tr><td rowspan="2">45</td></tr>
<tr><td>537</td></tr>
<tr><td>538</td><td>361</td><td rowspan="2">47</td></tr>
<tr><td>539</td><td>362</td></tr>
<tr><td rowspan="2">540</td><td>363</td><td>48</td></tr>
<tr><td></td><td>49</td></tr>
<tr><td>541</td><td>364</td><td>50
(manca fine)</td></tr>
<tr><td>542</td><td>365</td><td>51</td></tr>
<tr><td>543</td><td>366</td><td>X</td></tr>
<tr><td>544</td><td>367</td><td>52</td></tr>
<tr><td>545</td><td>368</td><td rowspan="3">51
+ fine 52</td></tr>
<tr><td>546</td><td>369</td></tr>
<tr><td>547</td><td>370</td></tr>
<tr><td>548</td><td>371</td><td rowspan="3">53</td></tr>
<tr><td>549</td><td rowspan="3">372</td></tr>
<tr><td rowspan="2">550</td></tr>
<tr><td>X</td></tr>
<tr><td>551</td><td>373</td><td>59</td></tr>
<tr><td>552</td><td rowspan="2">374</td><td rowspan="3">54</td></tr>
<tr><td>553</td></tr>
<tr><td rowspan="2">554</td><td rowspan="2">375</td></tr>
<tr><td rowspan="3">55</td></tr>
<tr><td>555</td><td>376</td></tr>
<tr><td rowspan="4">556</td><td rowspan="4">377</td></tr>
<tr><td>56
manca parte</td></tr>
<tr><td>58</td></tr>
<tr><td>fine 56</td></tr>
<tr><td>557</td><td>X</td><td>57</td></tr>
<tr><td>558</td><td>X</td><td>60</td></tr>
</table>

559	X	61
560	X	62
		63 *prime righe*
561	X	64 *manca inizio*
562	X	65 *manca fine*

I GALLICISMI NEL VOLGARIZZAMENTO TOSCANO DELL'*ESTOIRE D'ERACLES*

IL VOLGARIZZAMENTO (FIRENZE, BIBLIOTECA LAURENZIANA, MS. PLUT. LXI.45)

Dai primi decenni del XIII secolo l'*Historia rerum in partibus transmarinis gestarum* – composta da Guglielmo arcivescovo di Tiro fra il 1169 e il 1183[1] – fu tradotta in francese e conobbe larga fortuna sia come tradizione indipendente del testo, sia grazie alle continuazioni della cronaca d'Oltremare con le quali si è venuta successivamente a intrecciare. In 46 manoscritti il testo di Guglielmo si presenta, infatti, corredato da continuazioni svincolate dall'*Historia* originale e che proseguono le vicende del racconto fino agli eventi del 1261 (più raramente si arriva al 1277 o 1291); dal suo *incipit* l'opera venne intitolata degli editori moderni *Estoire* o *Roman d'Eracles*[2]. Come noto, le continuazioni francesi sono in stretto legame con il testo della *Chronique d'Ernoul et de Bernard le Trésorier*[3], una storia dei fatti d'Oltremare scritta da un partigiano della famiglia Ibelin. È probabile che il testo primitivo di Ernoul, che non possediamo più, sia stato rimaneggiato da Bernard e

1 Willelmi Tyrensis Archiepiscopi *Chronicon*, 2 vol., ed. Robert Burchard Constantin Huygens, Turnhout, Brepols («Corpus Christianorum Continuatio Mediaevalis» 63), 1986.

2 Edbury, Peter W., « The French Translation of William of Tyre's *Historia*: the Manuscript Tradition », *Crusades*, t. 6, 2007, p. 69-75. Folda, Jaroslav, « Manuscripts of the History of Outremer by William of Tyre: a Handlist », *Scriptorum*, t. 27, 1973, p. 92-95. Riant, Paul, « Inventaire sommaire des mss. de l'*Eracles* », *Archives de l'Orient latin*, t. 1, 1881, p. 247-252.

3 *Chronique d'Ernoul et de Bernard le Trésorier*, éd. Louis de Mas Latrie, Paris, 1871. Morgan, Margaret, *The Chronicle of Ernoul and the Continuations of William of Tyr*, Oxford, Oxford University Press, 1973.

aggiunto da qualche compilatore alla traduzione francese di Guglielmo. Oggi non è facile stabilire la qualità e l'estensione del loro intervento, anche se le ultime ricerche e l'edizione proposta da Edbury-Gaggero della *Chronique d'Ernoul* hanno apportato di recente grandi sviluppi per lo studio della tradizione[4].

Benché siano solo tre i mss. dell'*Eracles* prodotti in Italia, l'opera circolò sicuramente anche nella penisola[5]. L'unico volgarizzamento toscano per ora noto è tràdito dal manoscritto conservato alla Biblioteca Laurenziana Plut. LXI.45 (conosciamo anche un volgarizzamento pavese del primo Quattrocento, costituito solamente da un compendio dei primi due libri di Guglielmo)[6]. Il codice (che chiameremo qui Laur) è redatto da mano toscana in mercantesca a metà del Trecento (il *colophon* riporta 1347); per quanto riguarda invece la datazione del testo non abbiamo dati certi ma considerato lo stadio della lingua (fiorentina con pochi influssi pisani) pensiamo sia databile intorno alla prima metà del Trecento[7].

Il codice contiene una serie di testi connessi alla materia d'Oltremare e tutti tradotti dal francese: *I luoghi santi di Gerusalemme* (c. 1), *Episodi della vita di Gesù* (c. 1v-5r), una traduzione del vangelo di Nicodemo

---

4 Gaggero, Massimiliano, « La *Chronique d'Ernoul* : problèmes et méthode d'édition », *Perspectives médiévales*, t. 34, 2012 (http://peme.revues.org/1608); Id., « L'édition d'un texte historique en évolution : la *Chronique* d'Ernoul et de Bernard le Trésorier », *Actes du XXVIII*e *Congrès international de linguistique et de philologie romanes (Nancy, 15-20 juillet 2013). Section 13: Philologie textuelle et éditoriale*, éd. par Richard Trachsler, Frédéric Duval, Lino Leonardi, Nancy, ATILF, 2017, p. 133-145 (https://web-data.atilf.fr/ressources/cilpr2013/actes/section-13.html, consultato il 3/12/2023).

5 Paris, BnF, fr. 9082, scritto a Roma nel 1295 (stando al *colophon*), contiene l'*Eracles* con le continuazioni fino al 1275 (per un approfondimento su questo codice si rimanda a Giannini, Gabriele, *Un guide français de Terre sainte, entre Orient latin et Toscane occidentale*, Paris, Classiques Garnier, 2016); Paris, BnF, fr. 2631, redatto nel Nord Italia tra XIII e XIV sec., contiene anch'esso l'*Eracles* con le continuazioni fino al 1275 ma è mutilo; Firenze, Laurenziana, Plut. LXI.10, miniato ad Acri alla fine XIII sec. e completato in Italia (forse Venezia) all'inizio del XIV sec., presenta le continuazioni fino al 1277 e una Cronologia degli avvenimenti in Terrasanta. *Cf.* Rinoldi, Paolo, «La tradizione dell'*Estoire d'Eracles* in Italia: note su un volgarizzamento fiorentino», *Studi su volgarizzamenti italiani due-trecenteschi*, ed. Paolo Rinoldi e Gabriella Ronchi, Roma, Viella, 2005. *Cf.* gli articoli di Gaggero, Di Fabririo, Sacchi in questo volume.

6 Albonico, Simone, «Un testo pavese in prosa del primo Quattrocento», *Valorosa vipera gentile. Poesia e letteratura in volgare attorno ai Visconti fra Trecento e primo Quattrocento*, ed. S. Albonico, M. Limongelli, B. Pagliari, Roma, Viella, 2014, p. 147-168.

7 Una riproduzione digitale del manoscritto è disponibile sul sito della Biblioteca Medicea Laurenziana – Digital Library, al quale si rinvia: https://tecabml.contentdm.oclc.org/digital/collection/plutei/id/1266495/rec/1 (ultima consultazione il 22/12/2023.

(c. 5r-11r), una traduzione non fedele dell'*Olympiade* di Pierre de Beauvais (c. 255r)[8], la novella del Saladino e di Ugo di Tabaria (c. 255v-256v). La traduzione dell'*Eracles* (c. 12r-255r) comprende l'opera di Guglielmo di Tiro con le continuazioni fino al 1231; il testo toscano si compone di 22 libri di lunghezza variabile a loro volta suddivisi in capitoli, segnalati da un'iniziale in rosso. Il contenuto segue in parte quello del volgarizzamento francese edito nel *RHC*[9] fino al libro XXI e nell'edizione Paris[10] fino al libro XXII. Si apre dunque con l'imperatore bizantino Eraclio in lotta contro Cosroe II intorno al 600 d.C. e presenta poi la situazione dei cristiani che abitavano in Gerusalemme in quel tempo, fino alle predicazioni in Occidente di Pietro l'Eremita e ai primi signori che presero la croce. Il *RHC* termina con il libro XXIII composto da un unico capitolo con la sola parte in latino, mentre l'edizione Paris finisce al trentesimo capitolo del libro XXII; la fine delle edizioni francesi corrisponde al capitolo XXVIII del XXI libro del nostro volgarizzamento. Questo scarto nella numerazione dei libri si origina all'altezza del libro X, al capitolo XXVI per Laur (cap. XXX per *RHC* e cap. XXIX per Paris): qui le edizioni francese terminano il libro X e iniziano l'XI, mentre il testo toscano prosegue senza interruzioni. Le due edizioni e il nostro testo termineranno poi i rispettivi libri X e XI nel medesimo punto e da qui in avanti la suddivisione dei libri coinciderà, mantenendo lo scarto di un'unità. È quindi il libro XXII di Laur – che si compone di ben 109 capitoli – a essere costituito dalle continuazioni rispetto alla cronaca di Guglielmo. Esso riporta le vittorie del Saladino sotto il regno del re Guido di Lusignano fino alla presa di Gerusalemme e alla conquista degli Stati Latini, fatta eccezione per Tiro. Qui è narrata la partenza dei crociati (il re di Francia Filippo Augusto, Enrico II Plantageneto, Filippo di Fiandra e Federico Barbarossa), inizia la crociata di Riccardo Cuor di Leone e la sua guerra contro Filippo Augusto; parte la Quarta Crociata dei nobili francesi e dei veneziani.

8 Mazzitello, Pantalea, «Un volgarizzamento fiorentino dell'*Olympiade* di Pierre de Beauvais», *Forme letterarie del Medioevo romanzo: testo, interpretazione e storia*, XI Congresso Società Italiana di Filologia Romanza (Catania, 22-26 settembre 2015), Soveria Mannelli, Rubbettino, 2016, p. 335-349.

9 *Recueil des Historiens des Croisades. Historiens occidentaux*, publ. par les soins de l'Académie royale des inscriptions et des belles-lettres, I, Paris, Imprimerie royale, 1844.

10 *Guillaume de Tyr et ses continuateurs*, texte français du XIIIe siècle, éd. Paulin Paris, Paris, Librairie de Firmin-Didot et Cie, 1879-1880.

Dopo gli scontri con Ottone di Brunswick, Federico II parte per la Terrasanta e diventa re di Gerusalemme sposando Isabella II (figlia di Giovanni di Brienne) a cui il regno era andato in eredità e con questo termina la nostra cronaca[11].

LA TRADIZIONE MANOSCRITTA DELL'*ERACLES*

Mancando un'edizione critica completa dell'*Eracles* – alcuni capitoli scelti sono stati recentemente proposti da Handyside[12] – si è solo potuto fare riferimento al *RHC* e a Paris per la traduzione di Guglielmo fino alla morte di Baldovino IV il Lebbroso (vale a dire fino al libro XXI di Laur) e per quanto riguarda, invece, il libro XXII (contenente le continuazioni) il riferimento è alla *Cronique d'Ernoul et de Bernard le Trésorier*,[13] quando possibile. Sono ancora in corso gli studi per cercare di individuare il testo francese o un modello a esso vicino dal quale sia stata tratta la traduzione fiorentina. Come abbiamo anticipato, il testo contenuto in Laur termina nel 1231 – riportando quindi solo la prima continuazione di Guglielmo – ma da una prima analisi il testo risulta essere abbastanza ballerino rispetto ai rami della tradizione francese, rendendo difficile stabilire la sua posizione. Per questo motivo saranno necessari ulteriori approfondimenti per procedere con la comparazione: non potrà quindi essere questa la sede per discutere della collocazione del testo accanto a un codice o a un gruppo di codici dello stemma francese; così come rimandiamo a un prossimo lavoro anche la comparazione puntuale dei capitoli editi da Handyside. Per ora possiamo solo notare che in alcuni dei punti da lui individuati Laur segue per alcune lezioni l'edizione del *RHC* (basata su F73 e F57, ma per la quale sono stati utilizzati anche F02, F58, F48, F77 e secondo Handyside anche F45),[14] non sembra seguire

11 Runciman, Steven, *A History of the Crusades*, 3 vol., Cambridge, Cambridge University Press, (1951) 1995.

12 Handyside, Philip, *The Old French translation on William of Tyr*, Leiden-Boston, Brill, 2015.

13 Si consideri ancora l'edizione Mas Latrie (per l'ed. Edbury-Gaggero, cfr. *Introduction* a questo volume).

14 La sigla è quella utilizzata da Folda, « Manuscripts of the history of Outremer », *op. cit.*

mai quella di Paris (basata, sempre secondo Handyside, sul *RHC*, F31 e F52, con riferimenti a F38), altre volte si discosta da entrambe[15]. A titolo esemplificativo del lavoro in corso riportiamo qui tre situazioni.

Il testo toscano presenta un'aggiunta caratteristica dei manoscritti del gruppo β (individuato da Edbury e di cui fanno parte F06, F30, F32, F33, F34, F36, F37, F39, F40, F42, F43, F44, F45, F46, F47, F48, F51, F53, F54, F55, F58, F60, F61, F62, F63, F64 e F65.), vale a dire la citazione dei nomi dei medici che tentarono di guarire l'imperatore Giovanni II Comneno ferito nel corso di una battuta di caccia nel principato di Antiochia:

> Quant l'emperere si senti si bleciez, del bois s'en retorna isnelement, et vint en ses teintes. Lors evoia querre les mires dont il i avoit assez danz Hues de Pierrefons, danz Gautiers et tant des autres que ge ne vos sai nomer, quar chascun i venoit volentiers por si haut home come l'empereres est [...] (*RHC* XV, 22).
>
> Quant l'empereres ot senti qu'il estoit einsi bleciez, du bois se parti isnelement et vint en ses tentes. Lors envoia querre les mires [dont il i avoit assez: dans Hues de Pierefont, dans Gautiers et tant des autres que je ne vos sai nomer[16];] (Paris XV, 22).
>
> Quando lo 'nperadore si sentì così 'naverato sì si ritornò tostamente a suo padiglione e mandò per li medici ond'elli v'avea assai. Fra li altri vi venne Daniello di Piero e Fons di Gualtieri co molti altri ch'io non vi so nomare, però che volontieri si trametteano per lo 'nperadore servire; [...] (Laur XIV,18).

Un altro indizio è rappresentato dalla lezione nel libro undicesimo in cui Laur legge che Serse aveva reami in Egitto, una lezione presente nel *RHC* ma non nell'edizione Paris che parla invece di reami di Grecia. La lezione di Laur (Egitto) è comune a F57 del gruppo λ1 e ai manoscritti del gruppo β, a esclusione di F30, F34, F37, F44, F46, F58.

> Xerxés fu uns puissanz rois de la terre qui a non Aise, et avoit mout grant contenz à la terre d'Egypte [...] (*RHC* XII,1).
>
> Xerxés fu uns poissanz rois de la terre qui a non Aise, et avoit mout grant contenz au roiaume de Grece [...] (Paris XII,1).
>
> Serses fue un possente Re della terra d'Asia e avea molto gran gente nel reame d'Egitto (Laur XI,1).

---

15 Si faccia riferimento allo stemma codicum in Handyside, *The Old French*, *op. cit.*, p. 216.

16 Qui l'editore Paris segnala in nota: « Ce qui est entre crochets ne se trouve pas dans la plupart des manuscrits, et est ajouté au texte de Guillaume de Tyr », *Guillaume de Tyr et.*, *op. cit.*, p. 80.

Nella lezione al capitolo 11 del libro 20, invece, Laur non concorda con *RHC* né tantomeno con Paris, in quanto non presenta l'aggiunta che entrambe le edizioni riportano riguardo la chiesa di san Vittore dove fu seppellito il vescovo Giovanni di *Belina*. Il nostro testo concorda in questo con F50, F57, F73, F74, F77 (vale a dire il gruppo λ1):

> [...] et fut enterrez en l'eglise Saint Victor, à senestre, si com l'en entre vers le cuer. Deus anz apres l'arcevesques [...] (RHC XX,12 ; Paris XX,11).

> [...] e fu soppellito nella chiesa di san Vittore. Due anni appresso si tornò l'arcivescovo [...] (Laur XIX, 9).

Possiamo quindi per ora dire che la traduzione fiorentina segua in più punti (anche se non tutti) il testo proposto nel RHC e da Paris[17], rispetto ai quali sono presenti lievi variazioni nella divisione del testo: le edizioni francesi suddividono maggiormente la narrazione, presentando in linea di massima lo scarto di uno o due capitoli in più all'interno di ogni libro. Per quanto riguarda la traduzione, invece, nel testo fiorentino si nota una tendenza ad abbreviare e sintetizzare la versione francese, a volte a discapito della sua intellegibilità.

I GALLICISMI DEL TESTO

Numerosi sono i gallicismi presenti nel testo, oggetto di questo intervento. Escludendo quei lemmi entrati già anticamente nella lingua italiana e facenti parte del lessico comune all'altezza cronologica ipotizzata del testo (ex. *asbergo* < *hauberc*; *gaggio* < *gag e*; *guari* < *guaires*; *mercedare* < *mercier*; *mestiere* < *mestier*; *piato* < *plaid*; *stormire* < *estormir*), tratteremo qui solo i gallicismi più particolari e rilevanti. Per i primi, quelli già noti, si è adottata la suddivisione proposta da Viel nei suoi studi sui gallicisimi nella *Divina Commedia*, che ci è sembrata particolarmente adatta e adattabile al nostro testo[18].

17 Si discosta in modo più incisivo dalla *Chronique d'Ernoul* edita da Mas Latrie, presa come riferimento solo per orientarsi nei casi poco trasparenti.

18 Viel, Riccardo, *I gallicismi nella* Divina Commedia, Ariccia, Aracne, 2014.

GALLICISMI COMUNI

Passiamo velocemente in rassegna quelli che rappresentano prestiti ormai assimilati:

ABBANDONATO (fr. *abandonré* < *abandonner*); ACCATTARE (<afr. *acheter*); ACHETARSI (<fr. *aquiter*); ACCIVIRE (<fr. *achivir*); ARGOGLIO (<fr. *orgueil*); AVENANTEMENTE (<fr. *avenant*); AVOLTERIO (<fr. *avoutre*).
BACIALIERE (<afr. *bacheler*); BAGLIARE (<fr. *bailler*); BIADO (<apr. *blada*); BOLCIONE, BOLCIONARE (<afr. *boujon*).
CAIERA (<fr. *chaiere*); CIVANZA (<fr. *chevance*); CONESTABILE, CONESTABOLE (<fr. *conestable*); CONVENENZA (<apr. *convenensa*; afr. *convent*); CONVENTIGIA (<fr. *co(n)veitise, convoitise*); COSTUMA (<afr. *costume*); CROLLARE (<afr. *croler*); CRUCCIARE (<afr. *corocier*).
DAMAGGIO (<afr. *damage*); DIBUONAIRE/DIBONAIRE (<fr. *debonnaire*); DIFALLIRE (<fr. *defaillir*); DILIVERARE (<fr. *delivrer*); DIMORANZA (<afr. *demor*); DIRITTURA (<afr. *droiture*); DISDOTTO (<fr. *desduit*); DIVISARE (<afr. *deviser*); DOTTARE (<fr. *doter, douter*); DRUDERIA (<fr. *druerie*).
FAZIONATO (fr. *façonné* < fr. *façonner*); FAZIONE (<fr. *façon*); FRANTO (<fr. *freintes*).
GABBO (<afr. *gab*); GUARENTO (<fr. *guarant*); GUIDERDONE (<pr. *guierdon*; fr.*WIDARLON).
LADIO (<fr. *laide*).
MALAGEVOLE (<afr. *malaisif*); MALAGRUOSO (<pr. *malauros*; afr. *malaventurous*); MILUOGO (<fr. *milieu*); MISLEA (<fr. *meslee*); MUSARDO (<fr. *musard*).
NOSA (<afr. *noise*).
OBLIARE, OBRIARE (<fr. *oublier, oblier*); ONIRE (<afr. *honir*).
PALAGIO (<afr. *palais*); PALTONIERE (<fr. *pautonier*); PROSSIMANO (<afr. *proismain*).
QUITARE (<fr. *quiter*).
RANCURA (<afr. *rancure*); RETAGGIO (<afr. *heritage*); RINPROCCIATO (<fr. *reprocher*); RIOTTA (<fr. *riotte*).
SBIGOTTIRE (<afr. *esbahir*); SOFFRATTOSO (<fr. *sufraitus*); SOMIER (<fr. *somier*).
TARGE (<fr. *targe*); TECCA (<afr. *teche*); TRALCIERI (<afr. *tricchieres*); TRECCHERIA (<fr. *trecherie*); TRINCANTE (<fr. *trencher*).
VIVANDA (<afr. *vïande*).

GALLICISMI LETTERARI

Gallicismi caratteristici di generi letterari o di un ambiente culturale specifico; nella maggioranza dei casi in questione si tratta sia di prosa sia di poesia[19]:

AONTARE (<afr. *ahonter*), fine XIII secolo;

19 Le prime attestazioni, dove presenti, sono tratte dal *corpus online* OVI-TLIO.

ATORNARE (<afr. *atorner*), 1277 tosc. poesia, 1393 fior. prosa;
COMANDAMENTO (<afr. *comandement*), 1207-08;
COMINCIAMENTO (<afr. *comencement*), 1230-50;
CONQUISO (<apr. *conquis*), fine XIII secolo;
DIFALTA (<afr. *defaute*), 1288;
[DIFOLLARE] v. 'sfinire' (<afr. *defouler*): in Ovi solo attestazioni venete del XIV sec. sotto la forma *defolar**;
DISAGIARE (<afr. *desaisier*), seconda metà XIII secolo;
FIDANZA (<afr. *fiance*), 1234-35;
FREDDURA (<afr. *froidure*), prima metà XIII secolo;
GIOSTRA (<afr. *jouste < joster*), 1294;
INGEGNO (<afr. *engin*), prima attestazione in Bono Giamboni;
INSEGNA (<afr. *enseigne*), 1230-50;
INTENDIMENTO (<afr. *entendement*), 1230-50;
MESCHINO (<afr. *meschin*), 1274;
PENSAMENTO (<afr. *pensement*), fine XII secolo;
POSSANZA (<afr. *puissance*), 1246;
RALLEGRARE (<afr. *rehalegrier*), prima metà XIII secolo;
SEMBIARE (<afr. *sembler*), fine XII secolo;
SGUARDARE (<afr. *esgarder*), 1230-50;
SICURTÀ (<afr. *securite*), metà XIII secolo;
SIGNOREGGIARE (<afr. *segnoriier*), 1230-50;
SOFFRIRE (<afr. *sofrir*), prima att. nel *Fiore*, diffuso tra i Siciliani anche come 'tollerare', 'sopportare';
TAPINAGGIO (<da afr. *tapinage*), prima metà XIII secolo;
TEMENZA (<afr. *temence*), 1230-50;
VALENTE (<afr. *vaillant*), fine XII secolo;
VANTAGGIO (<afr. *avantage*), metà XIII secolo;
VISAGGIO (<afr. *visage*), 1243.

GALLICISMI FORTI

Calchi e prestiti probabilmente ancora avvertiti come tali:

ALLEGGIARE (<fr. *alleger*), 1230-50;
ALLUMARE (<fr. *al(l)umer*), 1230-50;
ARGENTO (<afr. *argent*), nel senso di 'denari', inizio XIII secolo;
AVVANTAGGIO (<afr. *avantage*), 1259;
CORSIERE (<afr. *corsier*), fine XIII secolo;
DISPITTO (<afr. *despit*), fine XIII secolo;
FORSENNATO (<afr. *forsené*), 1294;
LIEVERE (<afr. *lievre*), 1292;
RIPENTIRE (<afr. *repentir*), inizio XIII secolo;
SOSPECCIARE (<afr. *sospecier*), fine XIII secolo;

SOSPECCIONE (<afr. *sospeçon*), prima metà XIII secolo;
TORNEAMENTO (<fr. *tourneiement*), 1275;
VALLEA (<afr. *valee*), fine XIII secolo.

GALLICISMI RARI

Sono di uso raro:

BERZAGLIO (<fr. *bersail*), seconda metà XIII secolo;
SNELLO (<afr. *isnel*), seconda metà XIII secolo; raro prima della *Commedia*;
TRABOCCARE (<afr. *trebuchier*), metà XIII secolo; poco diffuso prima della *Commedia*.

IPERGALLICISMI

Parole italiane con aggiunti suffissi o prefissi gallicizzanti:

BALDANZA (<afr. *BALD), prima metà XIII secolo. La derivazione è da *baldo*, ottenuto con la suffissazione *-anza* di gusto francesizzante. La voce è particolarmente presente nella lirica siciliana e successiva, fino allo Stil novo, si diffonde nei volgarizzamenti o nei testi di matrice oitanica (*Novellino*, *Tesoretto*, ecc.).

ALCUNE FORME NON RISCONTRATE NEI REPERTORI

Arriviamo adesso ad alcuni lemmi e forme – principalmente gallicismi – che ci sembra di non riscontrare nei dizionari e repertori di riferimento, o in cui essi presentano attestazioni più tarde del nostro testo o localizzazioni geografiche differenti[20]. Vista l'impossibilità di confrontare il nostro testo con l'intera tradizione manoscritta dell'*Eracles* (e in mancanza di una edizione moderna completa), non possiamo escludere che in alcuni

20 Abbiamo fatto ricordo in particolare ai seguenti dizionari: Tommaseo-Bellini, GDLI, OVI-TLIO (online, cit. *supra*); GAVI; *Vocabolario degli Accademici della Crusca*, riproduzione anastatica della Prima Edizione (Venezia 1612), promossa dall'Accademia della Crusca in collaborazione con ERA Edizioni, Firenze-Varese, Accademia della Crusca-ERA, 2008; DMF; DEAF. Si veda inoltre *Dizionario di abbreviature latine ed italiane usate nelle carte e codici specialmente del Medio-Evo, riprodotte con oltre 14000 segni incisi*, a c. di Adriano Cappelli, Milano, Hoepli, 1967[6].

manoscritti francesi siano presenti varianti o semplici forme grafiche che possano giustificare la creazione o l'inserzione di queste forme all'interno del nostro testo. Per ogni lemma o forma è in ogni caso riportato a titolo esemplificativo il termine corrispondente nell'edizione del RHC e – solo per quanto riguarda il libro XXII – nella *Cronique d'Ernoul* di Mas Latrie (fanno eccezione i casi in cui le edizioni francesi di uno e dell'altro differiscono a tal punto da non poter individuare il termine di riferimento)[21].

Si possono notare alcuni fenomeni nella formazione dei gallicismi presenti, in particolare l'aggiunta dei prefissi:

A-: che risente del modello galloromanzo in cui è presente tale ampliamento. Alcuni esempi sono rappresentanti da *accompire/accompiere*, *agradire*, *agrazioso*, *amisurare*, *apareggiare*, *atalentare*, *attanto*, *atardare*, ecc.

INTRA-: prefisso latino per 'dentro, fra, in mezzo'.

MIS-: particella dal valore peggiorativo e negativo che il Battaglia riconduce all'afr. *mes-* > it. *mis-*. Nel Tommaseo-Bellini la particella inverte il significato della parola da positiva a negativa (per Diez dal lat. *minus*).

TRA-: prefisso francesizzante con valore di superlativo.

Seguono il primo esempio le voci:

ACHIAMARE: v. 'chiamare' (RHC *apele*; afr. *apeler*); pres. ind. 3ªp. *achiamano* XI,12.
«[...] da l'altra parte una pistolenzia si levò sopra la terra, ché una maniera di sorici ch'essi achiamano mulos nacquono nella terra da lavorare e mangiavano tra le due terre il grano e le biade in erba ch'erano seminate [...]».

ASSOAGGIARE: v. 'rincuorare, rinfrancare' (RHC *assoagier*; afr. *assouagier*, *assoagier*); part.pass. *assoaggiato* XIV,4.
«Quand'elli ebbe così detto il suo messaggio lo 'nperadore fu molto assoaggiato per quelle parole e la rancura ch'elli avea contro al principe si partì da lui tutta e fecelo venire davanti a lui co 'l conte di Rodi e altri baroni e dibuonariamente li ricevette».

Il gruppo a partire da *troisser*, 'caricare, legare':

ATORCIARE: v. 'caricare' (*RHC trousassent*; afr. *trousser*, *torser*, *tourser*: 'legare, impacchettare'); cong.imp. 3ªp. *atorciassono* X,5; part.pass. *atorciato* XVI,5;

21 Le voci sono seguite dalla la categoria grammaticale, traduzione (? se incerta), parola corrispondente nel RHC o Mas Latrie, lemmi francesi di riferimento, forma esatta presente in Laur e luogo, eventuale commento, citazione dal testo.

da *torcere*. Ovi riporta una attestazione da Restoro d'Arezzo (1282), ma con significato di 'attorcigliare'.
«Allo 'ndomane al mattino il conte comandò che tutti atorciassono i loro arnesi e tutti i più fieboli e somieri e vitturali e altre genti da non conbattere mise insieme ed elli rimase alla di dietro guardia»; «Molti avea nella città de' saracini c'aveano atorciato quello ch'ellino ne doveano portare quand'ellino si fuggissono».

ATORSARE: v. 'caricare' (RHC *trousserent*; afr. *trousser, torser, tourser*: 'legare, impacchettare'); pass.rem. 3ªp. *atorsarono* VII,13. In OVI att. tarda, 1369-73 (nap.), sempre nel significato di 'attorcigliare'.
«Allora s'aviddono che tutti se n'erano andati, la città trovarono sì piena di tutti i beni che tutti furono ricchi e li atorsarono e ne portarono quello che poterono all'oste; loro aventura contarono ond'ellino feciono molto gran gioia».

ATORSELAMENTO: s.m. 'carico' (RHC *trousses*); pm. *atorselamenti* VI,21; da *atorsare* con prefisso produttivo in italiano.
«Quando la nostra gente ebbono ciò racolto, ricchi furono tutti e carichi molti, ricchi atorselamenti se ne recarono nella città d'Antioccia».

Per quanto riguarda invece il prefisso latino INTRA- abbiamo solo due forme che esprimono entrambe l'idea della reciprocità:

INTRASERMONARE: v. 'esortarsi vicendevolmente' (*RHC entresemonde*; afr. *entresemondre*); infinito *intrasermonare* V,4 – VII,13.
«Le parole che 'l duca ebbe dette furo bene ascoltate e intese da tutti e a maraviglia loro piacquono. Elli si cominciarono a intrasermonare di bene fare, insì com'elli si conosceano»; «I nostri che non ne sapeano nulla si levarono al mattino e molto si cominciarono a intrasermonare e a intra astiare di ben fare l'asalto».

INTRASFORZARE: v. 'incitarsi vicendevolmente' (*RHC entreforcier*; afr. *esforcier*); infinito *intrasforzare* I,29.
«Allora si cominciarono a sermonare e intrasforzare di bene fare, ponti e scale feciono in molto gran quantità».

Presentano il prefisso peggiorativo MIS-, particella dal valore negativo che inverte il significato della parola, da positivo a negativo le due voci:

MISCAPO: s.m. 'guaio, sventura' (RHC *meschief*; afr. *meschief, mechef*: 'andare male, venire a danno'); s.m. *miscapo* I,22 – III,15 – V,22.
«Al quarto giorno furono tutti raccolti intorno a Piero e furono .MXXX., molto erano a grande miscapo, come quelli che perduto aveano i loro amici e molto di loro gente e ciascuno quasi tutti i suoi arnesi»; «Il duca Gottifredi e li altri baroni ebbono udita la novella che Buiamonte e li altri erano a tale

miscapo, sì si furono molto studiati, elli vi giunse con suoi due fratelli»; «però che l'affare non era sì acordato intra Buiamonte e suo amico che se quelli fosse venuto con sua gente diritto ad Antioccia le nostre genti erano a troppo grande miscapo, tra di quelli ch'elli menavava e quelli della città».

MISCONSIGLIARE: v. 'dare un cattivo consiglio' (non è presente un corrispettivo nel Mas Latrie); cond.pres. 3ªp. *misconsiglierebbono* XXII,13.
«Quando i messaggi furono nel palagio con esso il conte, sì gl'incontarono loro messaggio; il conte rispose ch'elli era molto dolente e ontoso della misaventura ch'era avenuta e che ciò ch'ellino volessono elli farebbe volontieri, però ch'elli sapea bene ch'ellino nol misconsiglierebbono mica».

Infine, il prefisso accrescitivo TRA-, con valore superlativo, è riconoscibile nelle voci:

TRACONTARE: v. 'raccontarsi l'un l'altro (i(n)tracontarsi)' (*RHC s'entrecontrerent*; afr. *entrecontrer*); pass.rem. 3ªp. *tracontarono* I,22.
«Elli trovarono là Gualtieri, sanza saperlo, e sue genti che li attendevano, elli si misono tutti insieme e s'alogarono nel luogo ch'era loro assegnato, là si tracontarono assai di loro misaventure».

TRADURAMENTE: avv. 'molto duramente' (un calco di *trés durement*, in *RHC*); avv. *traduramente* I,21.
«Il popolo minuto c'avea cominciato la mislea si disconfissono in prima e si cominciarono a fuggire sì traduramente che nulla no li potea arestare».

TRATROVARE: v. 'trovarsi insieme' (Mas Latrie *trouverent*; *afr. trouver, trover*); pass.rem. 3ªp. *tratrovarono* XXII,37.
«Quando il Re seppe che 'l Re vi venia sì ne fu molto lieto e andolli incontro e feciono gran festa di ciò ch'ellino si tratrovarono là sani e salvi».

Usciamo ora dalle prefissazioni usuali e passiamo agli altri lemmi, suddivisi per categoria grammaticale.

SOSTANTIVI

BORBOTTA: sf. 'imbaracazione da trasporto, scialuppa' (Mas Latrie *Barbotes*; afr. *barbote, barbotes*); pf. *borbotte* XXII,24.
«Questi vaselli feciono molto male a' saracini ch'erano nelle galee ne li altri vaselli e non si poteano appressimare di loro; questi vaselli si chiamavano borbotte».

CONPIBIA: sf. 'complotto' (RHC *complot*); sf. *conpibia* IX,1. In OVI att. di *combibbia* in A. Pucci (1388 fior.) e *Cronaca fiorentina* (1378), con significato di 'combutta, intrigo'.

«Al di fuori udendo queste parole parea ch'elle si movessono da alcuno bene, ma elle venivano di malvagio propensamento e non era altro che trabalderia e inganno. Di questo baratto e conpibia era capo e capitano un vescovo di Calavura, della città di Laturana» (c. 78vb).

CORTILAGGIO: sm. 'giardino' (RHC *cortillage*; afr: *cortillage*: giardino e prodotti del giardino); sm. *cortilaggio* X,12.

«In questo luogo ha grande quantità d'acque correnti e però v'ae buono cortilaggio ma non v'ae porto di mare e si truova ch'Eroda vi fece grande spesa a ciò che 'l navilio vi si potesse riposare, ma elli non ne potè venire a capo».

DISIUTA: sf. 'dissenteria' (RHC *disintere*; afr. *disenterié, dissinterie*); sf. *disiuta* XVII,28. Possibile errore paleografico di scambio (u)/(n) che da *disint(er)e* ha letto *disiut(er)e* e ha tradotto *disiuta*, con mancata abbreviazione per (er).

«Il Re, così tosto com'elli ebbe prese quelle pillole, incontanente li prese una febre e una sulizione che medici chiamano disiuta, apresso divenne etico dond'elli non poté unque guarire, anzi li durò il male infino alla morte».

MATRAPASSO: sm. 'mali passi' (un calco di *maux trespas*, in RHC); pm. *matrapassi* XVI,19.

«La via che discende da Ierusalem in Gerico e vae infino al fiume Giordano si é molto malagevole sì che chi vi va sanza niuno carico e sanza arme sì gli è gran fatica per le pietre e balsi di matrapassi, però ch'ella è tutta piena di valli e di poggi» (c. 161ra).

MUSARDIA: sf. 'stoltezza' (RHC *musardie*; afr. *musardie*); sf. *musardia* V,17. È invece attestato *musardo*: 'stolto, sciocco', prima attestazione come sostantivo alla fine del XII in veneziano e nel 1263 nel *Doc. Sen.*; prima attestazione come aggettivo alla fine del XIII secolo in fiorentino nel *Fiore* (afr. *musard* o *musart*, attestato in francese dal 1150, derivato dal verbo *muser*: 'perdere tempo a bocca aperta, oziare, attendere invano', che in italiano ha dato *musare*: 'essere inoperoso, rimanere inerte'); prima attestazione del verbo *musare* nella metà del XIII secolo nei *Proverbi* di ser Garzo. Ci sembra che *musardia* derivi direttamente dal francese *musardie* (presente nel luogo corrispondente del testo) e che non sia una forma costruita sull'italiano *musardo.*

«Il fratello li rispose: "Ciò è molto folle pietà che tu hai e a gran musardia ti veggio pensare."»

PUGNERO: sm. 'colpo' ma anche 'attacco a cavallo' (RHC *poindres*; afr. *poindres*); pm. *pugneri* III,14.

«Quando la nostra gente s'erano ranodati e ridotti insieme, li arceri ricorrevano tantosto sopra loro e troppo facevano loro grande damaggio e così avenia a nostri di tutti i loro pugneri».

TREFO: sm. 'padiglione', 'tenda' (un calco di *tref*, in RHC); sm. *trefo* IV,22 – VI,3 – XVIII,13 – ecc.

«La cosa si sparse per l'oste, quello che si facea al trefo di Buiamonte e tutti correvano a vedere quella novità».

«Elli avea sì gran quantità di trefo e sì gran novero di tende e di padiglioni che la pianura ch'è 'ntorno ad Antioccia no li potè tutti ricevere».
«Poi vennono in una gran corte tutta lastricata di marmo di diversi colori, co ricche dipinture d'oro e d'azzurro, i gheroni e 'l trefo era tutto coperto d'oro».

TREVAGGIO: sm. 'pedaggio', 'tributo' (afr. *truage, treüage*); sm. *trevaggio* XXII,107.
«La città di Ierusalem renderono per tale convenente ch'elli arebbe tre saracini a guardare il Tenpio là ove Iddio fue offerto, sì che la cristianità non arebbe nulla signoria ma che salvamente, sanza pagare niuno trevaggio, venissono i cristiani pellegrini al Tenpio e al maniere di Salomone, [...]»

VERBI

COSTOIARE: v. 'accostare' (RHC *costoia*; afr. *côtoyer, costoier*: 'avanzare accanto a qualcuno, costeggiare'); pass.rem. 3ªs, *costoiò* XI,20.
«L'altre che veniano appresso si fedirono sì duramente tra quelle de' turchi che ciascuna costoiò la sua e molte ne fracassarono» (c. 115va).

ERECARSI: v. 'rizzarsi' (afr. *hericier, hérisser*: 'rizzare i capelli, la pelle'); pass. rem. 3ªs. *erecò* XXII,14.
«Adunque venne il maestro del Tenpio e disse che ancora v'avea del pelo del lupo, il conte non s'erecò mica per sé, anzi fece vista di non udire, e bene l'udì; [...]» (c. 222rb).

NOLARE: v. 'noleggiare' (RHC *looient*); ind.imp. 3ªp. *nolavano* XXII,95. Il Battaglia attesta *nolo* nell'italiano antico, inteso come 'costo da pagare'.
«Appresso fece giurare a quelli che nolavano le navi che niuno pellegrino non vi riceverebbono dentro né 'l passerebbono s'elli non avesse il suo sugello e sopratutto ciò li facea scomunicare; [...]»

RAPOTERARE: v. 'rapportare', 'riferire' (RHC *distrent;* afr. *dire*); pass.rem. 3ªp. *rapoterano* XVIII,17. Il GDLI attesta la forma ant. *raportare.*
«Ora ritorniamo a quello che noi avavamo cominciato nella storia. I messaggi ch'ebbono presa la sicurtà dal calif furono ritornati al Re ne l'oste e rapoterano che le convenenze erano bene affermate, [...]».

RIFLATIRE: v. 'respingere' 'schiacciare' (afr. *flatir*: 'abbattere'); infinito *riflatire* XXII,21; infinito *flatirla* XVI,26.
«e che due fiate o tre il dì faceano i cristiani riflatire i saracini indietro infino alle loro tende; [...]»
«Ma Nostro Signore guarentì la nostra gente, che fece levare un vento diverso Oriente e fece la fiamma islungare dal castello e flatirla verso le mura, sicché tutta notte cosse il fuoco le pietre delle mura in quella parte ove il fuoco fu messo».

RIGRATTARE: 'rimpiangere' (RHC *regretez*; afr. *regretter*); part. pass. *rigrattato* VII,1. Nel GDLI: *regrattare*, 'rimpiangere' > *regretto*: 'rimpianto', ma le attestazioni sono moderne (L. Pascoli, A. Verri, Solderini, Maffei).

«Allora ebbe troppo gran duolo per tutta la città, nella chiesa di san Piero fu soppellito, là ove la lancia fu trovata; molto fu rigrattato il padre de l'oste».

RUGARE: v. 'fare precipitare, cadere' (RHC *ruoient*; afr. *ruer*); imp. 3ª p. *rugavano* I,11. È probabile che per evitare lo iato nella forma *ruare* sia stata aggiunta una *g* (sul modello di *ragunare*) ma è anche possibile una formazione a partire dall'italiano *ruga*, strada.
«E per più crucciare tutti i cristiani, elli prendevano sovente il patriarca per la barba e per li capelli e 'l rugavano a terra e 'l difollavano co' loro piedi, [...]».

SCOVEGGIARE: v. 'sputare' (RHC *chufloient*; afr. *siffler, chifler*: soffiare); imp. 3ªp. *scoveggiavano* VIII,13; probabilmente da afr. *escopir, escoper, escouper.*
«I turchi s'erano aveduti che nostri s'allassavano; sì n'aveano preso molto grande argoglio; elli li scoveggiavano e dicevano loro di laide parole e molto daneggiarono i nostri ingegni [...]».

VALIEARE: v. 'sostentarsi' ? (RHC *soutenir*; afr. *soutenir, sostenir*); infinito *valieare* X,11.
«Quellino ebbono consiglio intra loro e risposono che loro intenzione era d'essere in quel paese un pezzo per daneggiare i turchi e asaltare i cristiani, se 'l Re volesse loro dare tal soldo ch'ellino se ne potessono valieare e del guadagno dar loro parte».

AGGETTIVI

DANAGGIOSO: agg. 'dannoso' (RHC *domacheuse*; afr. *dommageux, damagous*); sf. *danaggiosa* XX,14. C'è però *dannaggio* da afr. *damage*: possibile costruzione a partire dalla forma italiana *dannaggio* con suffisso produttivo.
«Ellino ebbono consiglio col Re e viddono che gravosa cosa e danaggiosa era di rifiutare il grand'aiuto dello 'nperadore [...]».

DECIMOSO: agg. 'non invitato' (RHC *dessemons* con nota in apparato critico: *sans semondre*; afr. *semondre*: 'convocare'); pm. *decimosi* VI,7. Forse il copista di Laur leggeva da un ms che riportava *deçemons* con successiva caduta della cediglia.
«Li alti uomini che soleano essere molto onorati non aveano vergogna di venire tutti decimosi là ove l'uomo mangiava, anzi vi s'inbatteano molto isnellamente, molte fiate rubavano fortemente quand'altri li acomiatava».

ERETO: agg. sf. *ereta* XIX,8. Il punto richiama alcuni problemi interpretativi: se sia da intendere come avarizia ereditata (nel senso di congenita), o se si faccia riferimento alle forme *eretaggio, retaggio* attestate già dalla fine del XIII sec., quindi all'insieme degli averi (in questo caso si potrebbe leggere «avarizia e retà»).
«Questo dicea Milles più per la volontà del Re ch'elli conoscea a ciò e per odio de' cavalieri, ch'elli non volea ch'ellino avanzassono niente per la sua avarizia ereta».

FETIZIO: agg. 'piacevole' (RHC *felices*; afr. *faitiz, faitis*: 'gradevole'); fp. *fetizie* II,12.
«Tuttavia il ringraziò e per le lettere e per bocca di ciò ch'elli il degnava così dolcemente scriverli e mandare a così piccolo uomo com'elli era, e altre fetizie parole contra le sue».

INCHEDENTE: agg. 'che pone domande', 'che ricerca' (RHC *enqueranz*; afr. *enquerir, enquerre*); ms. *inchedente* I,12. In OVI è attestata la forma *chiedente, chiedenti* nella Bibbia tosc. XIV-XV sec., ed è attestato dall'inizio del XII sec. *inchiedere, inchedere*: manca però la forma aggettivale; mentre nei *Fatti di Cesare* (XIII ex, sen.) è presente *inchieditori.*
«Sì com'elli era saggio e inchedente, elli domanda molto a su'oste l'essere della cittade e come i miscredenti si contenevano sopra loro cristiani e qual maniera i loro signori li menavano».

INTECCATO: agg. 'provvisto di buone o di cattive qualità', (RHC *entechiez*; afr. *entechier*); sm. *inteccato* XIV,5 – XIX,8 – XX,22. *Cf. tecca*: sf. 'difetto', 'vizio', 'colpa' (afr. *teche*). Nel testo sono presenti casi sia in senso positivo sia in senso negativo.
«In quel tenpo era nella città di Ierusalem un molto valentre uomo, gentile cavalieri pro' e savio e bene inteccato, Ruberto Borgognone avea nome, [...]»
«In quella zuffa ebbe il Re troppo gran dannaggio di sue genti però che quivi fu morto un giovane uomo e ricco e bello del corpo e bene inteccato, Abraam di Nazereth avea nome [...]».
«Nell'oste del Re avea un cavalieri alto uomo di lignaggio ma troppo era male inteccato in molte cose, elli non dottava Nostro Signore, vantatore era e burbanziere, mentitore e invidioso e azzuffatore, elli non pregiava altrui che sé, Milles di Planci avea nome».

TRALCIERE: agg. 'imbroglione', 'truffatore' (RHC *trichierres*; afr. *tricheur, tricheor*); sm. *tralcieri* IV,4. In italiano è attestato *treccare/tricciare*: 'ingannare', da afr. *tricher* e il sost. *tricciadore/tricadore*; *treccheria/tricheria* 'inganno' da afr. *trecherie*; *trecciera* 'ingannatrice' da afr. *trichere.*
«Una città avea quivi presso molto forte e bene guernita c'avea nome Samosate. Uno turchio molto disleale n'avea la signoria, Banduc avea nome, tralcieri era, ma pro' era e ardito de l'arme».

AVVERBI

LASCAMENTE: avv. 'lassamente', 'stancamente' (RHC e afr. *laschement*); avv. *lascamente* I,29 – VIII,15. C'è *lasco*, agg., 'largo, allentato' (fr. *lasche*), attestato nel GDLI e TLIO, 1323 prosa.
«Quelli dentro erano sì morti e sì disperati che lascamente si difendeano, ma attendevano la morte tutto prestamente».
«La gente del duca Gottifredi e de li altri baroni ch'erano con esso lui, com'io v'oe detto, incalciavano molto arditamente loro nemici: molto loro rendevano

periglioso asalto, tanto li aveano istudiati ch' e' turchi erano molto allasati e lascamente si difendeano».

STANFELTRA: locuzione *alla s.*, 'disordinatamente (RHC *à desroi*, 'disordine, confusione'); loc. *alla s.* III,3. Il lemma è attestato anche nell'*Intelligenza. Poemetto in nona rima*, in cui l'ed. anastatica di Arnaldo Forni Editore del 1974 (originale Milano, Daelli Editori, 1863) riporta: «Non tenner ordine i Cesarieni / misersi alla stanfeltra intra nemici / quegli uccidean barbari e Mundieni / sì come fosser di Roma patrici» (stanza 169, p. 57). Nelle edizioni moderne a cura di Vittorio Mistruzzi (Bologna, Casa Carducci, 1928) e di Marco Berisso (Parma, Guanda 2000) il passo viene invece trascritto come: «misersi a l'asta 'n feltra intr' a' nemici». Questa occorrenza è l'unica presente nel TLIO che propone come significato 'con la lancia in resta', intendendo per *resta* il ferro applicato sulla corazza per appoggiare il calcio della lancia in uso dal XV sec. (facendo derivare *feltra* da afr. *fautre*, *feutre,* 'appoggio rivestito di feltro del calcio della lancia per caricare a cavallo'); l'espressione vorrebbe dunque dire: 'prepararsi al combattimento, essere pronti all'attacco'. Oltre a una possibile differenza cronologica nell'utilizzo della feltra (quindi del rivestimento in feltro) e della resta (in ferro), permane un dubbio a livello di significato. L'espressione 'l'asta in feltra' (o in resta), 'prepararsi alla battaglia', non è quello indicato dal francese *à desroi e* che ci sembra essere il più calzante anche per il testo di Laur in cui si dice che i cristiani giunsero davanti alla città «sanza ordine e sanza provedimento», quindi trasmettendo un'idea di caos piuttosto che di preaparazione all'attacco. Aggiungerei che il medesimo significato, ovvero quello di disordine, è suggerito anche nell'Intelligenza nel quale viene anticipato da «Non tenner ordine i Cesarieni».
«La nostra gente vennono davanti alla città alla stanfeltra, sanza ordine e sanza provedimento, sì cominciarono ad asalire sì che quelli dentro non poteano uscire fuori, né quelli di fuori non vi poteano niente entrare [...]»

LEMMI NON TRADOTTI

Infine, nel testo sono presenti alcuni lemmi non tradotti dal francese e così riportati dal copista. Alcuni di questi lemmi riguardano il lessico dei mezzi di guerra, come:

CASSES: sm. 'piccola nave' (RHC *chaz*, afr. *chasse*); sm. *casses* XI,19.

DOMONS, DROMONS: sm. 'vascello da guerra bizantino, nave lunga e veloce' (RHC *dromonz*; afr. *dromon, dromont*); sm. *domons* XVI,24; sm. *dromons* XIX,10.

Altri lasciano invariati i nomi dei popoli d'Oltremare:

BEDONIS: pm. 'beduini', (probabile cattiva lettura da RHC *bedoins*); pm. *bedonis* XVIII,18 – XX,19 – ecc. Ci sembra che non si possa leggere *bedoin* (c. 184rb).

CAROLOGOLAINS: pm., 'tipo di guerrieri turchi a cavallo' (RHC *Carologolanz*); pm. Carologolains XX,18; nelle note del RHC leggiamo un *Carnagolam* più vicino al testo latino *Caragolam*.

MAMESSLUT: pm. 'mamelucchi', 'soldati della milizia a cavallo in Egitto e Terrasanta' (RHC *Mameluc*); pm. *mamesslut* XX,18.

TIOIS: pm., 'popolo germanico' (RHC *Thyois*); pm. *tiois* I,23 – I,24 – ecc. Nel testo è attestato anche *alemani/alemanni*.

TOSSIAUS: pm., 'tipo guerrieri turchi' (RHC *Tonssanz*); tossiaus XX,18. Nota nel RHC: *Toassim* A (uguale testo latino).

TURCOPLES: pm. 'turcopoli', 'milizie mercenarie turche' (RHC *turcoples*); pm. *turcoples* XVIII,18.

Tra i nomi propri è presente inoltre:

REBLATA: Reblada, località geografica (RHC *escriptures Reblada*, da intendersi come 'scritture di Reblada'); *Reblada* IV,IX. Attestazioni nell'OVI dalla Bibbia del XIV-XV secolo in toscano come nome della regione dove si trovava la città di Babilonia.

Sono rimasti invariati nomi specifici di tagli di moneta e di animali:

MICHELOIS: pm. taglio di moneta (RHC *michelois*); pm. *michelois* XII,10.

RABON: sm. 'taglio di moneta' (RHC *raboin*; afr. *raboin*: moneta che vale circa tre soldi); sm. *rabon* XXI,20.

LANGONTES: pf. 'cavalletta', 'locusta' (RHC *langoustes*; afr. *langouste,languste*); pf. *langontes* XI,12.

MULOS: pm. 'piccoli roditori' (RHC *muloz*; afr. *mulot*); pm. *mulos* XI,12.

Altri lemmi non tradotti:

BALIF: sm. 'magistrato preposto a una giurisdizione territoriale', (RHC *bailif*; afr. *bailli, bailiff*); sm. *balif* X,13 – ecc. Almeno dal 1331 troviamo attestato in italiano *balivio*.

ENOINS: v. 'unto' (afr. *enoindre*: 'ungere'); part. pass. *enoins* VIII,3. In OVI prima attestazione veneziana 1313/1315 di *onto*; attestazione toscana pisana 1334 *uncti*; altre forme dalla metà del XIV sec. *onto, uncto*.

EPIATE: sf. *oppiate*? (RHC e afr. *opiate*: 'composizione farmaceutica a base di oppio'); sf. *opiate* XVIII,18. Le voci *oppio, opio* sono già attestate dall'inizio del Trecento con Zucchero Bencivenni (1310).

MAROIS: pm. 'palude, stagno' (RHC *marois*; afr. *marais, mareis*); pm. *marois* II,14.

MOLUE: agg. 'macinata' (RHC *molue*; afr. *moldre, moudre*: arrotato, macinato; afr. *moulu*: tipo di macinatura); agg. *molue* VI,21; le forme *macinata, masenata* sono attestate in aerea toscana dalla fine del Duecento.

REGOLEIS: sm. 'golfo' (RHC *regouleiz*; afr. *rigole, regel, rigollas*: 'piccolo canale per raccogliere acqua'; afr. *goulet, gole*: 'passaggio stretto, gola'); sm. *regoleis* II,6.

RODDO: agg. 'rapido', 'impetuoso' (RHC *roides*; afr. *roide, raide*); sm. *roddo* VI,18.

ROVELLANS: agg. 'rosso' (RHC *rouelanz*; afr. *rovelent*: rosso); sm. *rovellans* XI,5.

Pantalea MAZZITELLO
Indiana University

REMERCIEMENTS

Nous tenons à remercier Mme Julie Métois, M. Yan Greub et M. Richard Trachsler pour leur relecture attentive des articles de Stefano Resconi, Daniele Baglioni et Massimiliano Gaggero, et pour leurs conseils.

BIBLIOGRAPHIE

OUVRAGES CITÉS DE FAÇON ABRÉGÉE

DEAF *Dictionnaire étymologique de l'ancien français*, dir. Thomas Städtler, Heidelberger Akademie der Wissenschaften : http://www.deaf-page.de/fr/index.php.

Dizionario Biografico degli Italiani *Dizionario biografico degli italiani*, dir. Raffaele Romanelli, Roma, Istituto Treccani 1961-2020 : https://www.treccani.it/biografico/index.html.

DFM MATSUMURA Takeshi, *Dictionnaire du français medieval*, Paris, Les Belles Lettres, 2015.

DMF *Dictionnaire du Moyen Français*, dir. Robert Martin – Sylvie Bazin. ATILF – CNRS & Université de Lorraine : http://www.atilf.fr/dmf.

FEW *Französisches Etymologisches Wörterbuch* de Walther von Wartburg, 25 vol., 1922-2002, version en ligne, dir. Yan Greub, ATILF : http://www.atilf.fr/FEW/.

GAVI *Glossario degli antichi volgari italiani*, ed. Giorgio Colussi, 45 vol., Helsinki, Helsinki University Press, puis Foligno, Editoriale Umbra, 1983-2006.

GDLI BATTAGLIA, Salvatore, *Grande dizionario della lingua italiana*, 24 vol., Torino, UTET, 1961-2008 ; version en ligne : https://www.gdli.it/

Godefroy GODEFROY, Frédéric, *Dictionnaire de l'ancienne langue française et de tous ses dialectes du IXe au XVe siècle*, 8 vol., Paris, Vieweg, 1881-1895 ; version en ligne : https://micmap.org/dicfro/introduction/dictionnaire-godefroy.

LRL *Lexicon der Romanistischen Linguistik*, hrsg. von Günter Holtus, Michael Metzeltin, Christian Schmitt, 7 vol., Tübingen, Niemeyer, 1988-2001.

PL	MIGNE, Jacques-Paul. *Patrologiae cursus completus. Series Latina*, 221 vol., 1844-1866.
REW	MEYER-LÜBKE, Wilhelm, *Romanisches Etymlogisches Wörterbuch*, Heidelberg, Winter, 1935[3].
TLIO	*Tesoro della Lingua Italiana delle Origini*, fondato da Pietro Beltrami e continuato da Lino Leonardi, dir. Paolo Squillacioti, Opera del Vocabolario Italiano-CNR : http://tlio.ovi.cnr.it/TLIO/ ; Corpus TLIO : http://www.ovi.cnr.it/Interroga-il-Corpus.html.
Tommaseo-Bellini	TOMMASEO, Niccolò, BELLINI, Bernardo, *Dizionario della lingua italiana*, 10 vol., Torino, Utet, 1861-1879 ; version en ligne : https://www.tommaseobellini.it/#/.

TEXTES

A Critical Edition of the Estoires d'Outremer et de la naissance Saladin, by Margaret A. JUBB, London, Committee for Medieval Studies, Queen Mary and Westfield College, University of London, 1990.

Annales de Terre Sainte. 1095-1291, éd. Reinhold Röhricht et Gaston Raynaud, Paris, Leroux, 1884.

Aspremont. Chanson de geste du XIIe siècle, éd. François Suard, d'après le manuscrit 25529 de la BNF, Paris, Champion, 2008.

Assises de la baisse court. Les Livres des assises et des usages dou reaume de Jérusalem sive leges et instituto regni hierosolymitani, ed. Eduard Heinrich von Kausler, Stuttgart, Krabbe, 1839.

BAGLIONI, Daniele, *La* scripta *italoromanza del regno di Cipro. Edizione e commento di testi di scriventi ciprioti del Quattrocento*, Roma, Aracne 2006.

BECK, Jean, BECK, Louise, *Les chansonniers des troubadours et des trouvères : le Manuscrit du Roi, fonds français n. 844 de la Bibliothèque Nationale*, Philadelphia, University of Pennsylvania Press, 1938.

BERGGÖTZ, Otto, *Der Bericht des Marsilio Zorzi: Codex Querini-Stampalia IV.3 (1064)*, Frankfurt a. M.-Bern-New York-Paris, Peter Lang, 1991.

BERTOLUCCI PIZZORUSSO, Valeria, «Testamento in francese di un mercante veneziano (Famagosta, gennaio 1294)», *Annali della Scuola Normale Superiore di Pisa*, t. 18, 1988, p. 1011-1033, in EAD., *Scritture di viaggio. Relazioni di viaggiatori e altre testimonianze letterarie e documentarie*, Roma, Aracne, 2011, p. 243-268.

Boccaccio, Giovanni, *Decameron*, testo critico di M. Fiorilla, introd. e note di A. Quondam, introd. alle giornate di G. Alfano, Milano, Biblioteca Universale Rizzoli, 2013.

Canciani, Paolo, *Barbarorum leges antiquae*, Venezia, Coletiu et Pitter, 1781-1792, vol. 5, p. 109-309.

Carmina Graeca Medii Aevi, ed. W. Wagner, Lipsia, B. G. Teubner, 1874.

Cartulaire général de l'Ordre des Hospitaliers de Saint-Jean de Jérusalem (1100-1310), éd. Joseph Delaville Le Roulx, 4 vols., Paris, Leroux, 1894-1906.

Cerrini, Simonetta, « A New Edition of the Latin and French Rule of the Temple », *The Military orders*, II, *Welfare and Warfare*, ed. Helen Nicholson, Great Britain, Ashgate, 1998.

Chansons attribuées au Chastelain de Couci (fin du XII*e-début du* XIII*e siècle)*, éd. Alain Lerond, Paris, Presses Universitaires de France, 1964.

Chronique d'Ernoul et de Bernard le Trésorier, éd. Louis de Mas Latrie, Paris, Société de l'Histoire de France-Jules Renouard, 1871.

Chronique des comtes d'Anjou et des seigneurs d'Amboise, éd. Louis Halphen – René Poupardin, Paris, Picard, 1913.

Chroniques étrangères relatives aux expéditions françaises pendant le 13e siècle, publiées pour la premiere fois, élucidées et traduites, éd. J. A. Buchon, Paris, A. Desrez, 1840.

Cigni, Fabrizio, *Il romanzo arturiano di Rustichello da Pisa*, Pisa, Cassa di Risparmio di Pisa, 1994.

Cipro nella Biblioteca Marciana di Venezia: Manoscritti, teste e carte. Catalogo della mostra, Venezia, Salone Sansoviniano, Biblioteca Nazionale Marciana 22-27 agosto 2022, ed. Marco Fanelli, Venezia, Edizioni Ca' Foscari, 2022.

Crociate. Testi storici e poetici, a cura e con Introduzione di Gioia Zaganelli, Milano, Mondadori, 2004.

Cronaca del Templare di Tiro (1243-1314). La caduta degli Stati Crociati nel racconto di un testimone oculare, ed. Laura Minervini, Napoli, Liguori, 2000.

Cronaca dei Tocco di Cefalonia, ed. G. Schirò, Roma, Accademia Nazionale dei Lincei, 1975.

Crusaders as conquerors: the Chronicle of Morea *translated from the Greek*, ed. H. E. Lurier, New York-London, Columbia University Press, 1964.

D'Agostino, Alfonso, Barbieri, Luca, Istorietta troiana *con le* Eroidi *gaddiane glossate. Studio, edizione critica e glossario*, Milano, Ledizioni, 2017.

Dandolo, Andrea, *Chronica per extensum descripta*, *Rerum Italicarum scriptores: raccolta degli storici italiani dal Cinquecento al Millecinquecento*, ordinata da L. A. Muratori, ed. rivista a cura di E. Pastorello, Bologna, Zanichelli, 1938.

Das Itinerarium peregrinorum: eine zeitgenössische englische Chronik zum dritten Kreuzzug in ursprünglicher Gestalt, hrsg. Hans E. Mayer, Stuttgart, *Schriften der Monumenta Germaniae Historica*, 18 (1962).

DI FABRIZIO, Anna Maria, *Saggio per una definizione del francese di Oltremare : edizione critica della* Continuazione di Acri *dell'*Historia *di Guglielmo di Tiro, con uno studio linguistico e storico*, tesi di dottorato, Università di Padova – École Pratique des Hautes Études, 2013.

DOLFIN, Giorgio, *Cronicha dela nobil cità de Venetia et dela sua provintia et destretto (origini-1458)*, ed. A. Caracciolo Aricò, C. Frison, 2 vol., Venezia, Centro di Studi Medievali e Rinascimentali «E.A. Cicogna», 2007-2009.

EDBURY, Peter W., « A New Text of the *Annales de Terre Sainte* », *In Laudem Hierosolymitani. Studies in Crusades and Medieval Culture in Honour of Benjamin Z. Kedar*, ed. Iris Shagrir, Ronnie Ellenblum, Jonathan Riley-Smith, Aldershot, Ashgate, 2007, p. 145-161.

Estoire de la guerre sainte, éd. Catherine Croizy-Naquet, Paris, Champion, Classiques Français du Moyen Âge, 2014.

ÉTIENNE DE FOUGÈRES, *Le Livre des manières*, éd. Anthony Lodge, Genève, Droz, 1979.

FERNANDEZ DE HEREDIA, Juan, *Crónica de Morea*, in *Digital Library of Old Spanish Texts, Medieval Navarro-Aragonese Texts*, ed. Francisco Gago Jover, Lloyd Kasten, John Nitti, Hispanic Seminary of Medieval Studies, University of Wisconsin-Madison: http://www.hispanicseminary.org/t&c/nar/index-en.htm.

FILIPPO DA NOVARA, *Guerra di Federico II in Oriente (1223-1242)*, ed. Silvio Melani, Napoli, Liguori, 1994.

FILIPPO DA NOVARA, *Les .iiij. tenz d'aage d'ome*, testo, traduzione e note a cura di Silvio Melani, Padova, Università degli Studi di Padova, 2020 (https://phaidra.cab.unipd.it/o:500563).

FLORIO BUSTRON, *Chronique de l'île de Chypre*, éd. René de Mas Latrie, Paris, Imprimerie nationale, 1891.

GABEL DE AGUIRRE, Jennifer, *La* Chanson de la Première Coisade *en ancien français d'après Baudri de Bourgueil. Édition et analyse lexicale*, Heidelberg, Winter, 2015.

Gace Brulé, trouvère champenois, éd. Holger Petersen Dyggve, Helsinki, Imprimerie de la Société de Littérature Finnoise, 1951.

Garin le Loheren, according to manuscript A [...] With Text, Introduction and Linguistic Study by Josephine Elvira Vallerie, Ann Arbor, Edwards, 1947.

Garin le Loherant, according to manuscript N [...]. Text published for the first time with an Introduction by Richard Gladwin Monges, New York, Columbia University, 1951.

Garin le Loherenc, éd. Anne Iker-Gittleman, Paris, Champion, 1996-1997.

GAUTIER DE DARGIES, *Poesie*, ed. Anna Maria Raugei, Firenze, La Nuova Italia, 1981, alle p. 30-33.

GEOFFROY DE VILLEHARDOUIN, *La Conquête de Constantinople*, éd. Jean Dufournet, 2004.

GEOFFROY DE VILLEHARDOUIN, *La conquête de Constantinopole*, éd. et trad. Edmond Faral, 2 vol., Paris, Les belles lettres, 1938-1939 (1972[3]).

GIANNINI, Gabriele, *Un guide français de Terre sainte, entre Orient latin et Toscane occidentale*, Paris, Classiques Garnier, 2016.

GIOVANNI VILLANI, *Nuova cronica*, ed. G. Porta, 3 vol., Parma, Guanda, 1990.

Guillaume de Tyr et ses continuateurs, texte français du XIIIe siècle, éd. Paulin Paris, Paris, Librairie de Firmin-Didot et Cie, 1879-1880.

GUIOT DE DIJON, *Canzoni*, ed. Maria Sofia Lannutti, Bottai-Impruneta, SISMEL Edizioni del Galluzzo, 1999.

HELOU, Kasser, *Étude et édition de l'*Estoire d'Outremer*, d'après le manuscrit Firenze, Biblioteca Medicea Laurenziana, pluteus LXI.10, f. 274-336*, thèse soutenue à l'Université de Paris-Sorbonne, 8 décembre 2017.

HENRY, Albert, *Les Œuvres d'Adenet le roi. IV. Berte aus grans piés*, Bruxelles-Paris, Presses Universitaires de Bruxelles – Presses Universitaires de France, 1963.

HOPF, Carl, *Chroniques greco-romaines inédites ou peu connues*, Berlin, Librairie de Weidmann, 1873.

Il 'Liber peregrinationis' di Jacopo da Verona, ed. Ugo Monneret de Villard, Roma, Libreria dello Stato, 1950.

Il romanzo del Castellano di Coucy e della Dama di Fayel, ed. Anna Maria Babbi, Parma. Pratiche, 1994.

Il Teseida neogreco, ed. E. Follieri, Roma-Atene, Istituto di studi bizantini e neoellenici, 1959.

IMÂD AL-DÎN AL-ISFAHÂNÎ, *Conquête de la Syrie et de la Palestine par Saladin*, trad. Henri Massé, Paris, Librairie orientaliste Paul Geuthner, 1972.

Itinerarium peregrinorum et gesta regis Ricardi, auctore, ut videtur, Ricardo, canonico Sanctae Trinitatis Londoniensis, dans *Chronicles and Memorials of the reign of Richard I*, 1, ed. William Stubbs, London, Longman-Trübner, 1864 (rist. Millwood, Kraus reprint 1964).

JAKEMÉS, *Le Roman du Châtelain de Coucy et de la Dame de Fayel*, éd. Catherine Gaullier-Bougassas, Paris, Champion, 2009.

JACQUES BRETEL, *Le Tournoi de Chauvency*, éd. Maurice Delbouille, Liège-Paris, Vaillant-Carmanne-Droz, 1932.

JEAN DE JOINVILLE, *Vie de saint Louis*, éd. Jacques Monfrin, Paris, Le livre de poche, Lettres gothiques, 2002.

JOHN OF IBELIN, *Le Livre des Assises*, ed. Peter W. Edbury, Leiden-Boston, Brill, 2003.

JUBB, Margaret, « The *Ordene de chevalerie* and the Old French Translation of

William of Tyre: The Relationship of Text to Context (with and Edition of *OC*) », *Carte romanze*, t. 4, 2, 2016, p. 8-36.

La Bible d'Acre. Genèse et Exode, éd. Nobel Pierre, Besançon, Presses Universitaires de Franche-Comté, 2006.

Laborderie, Noëlle, *Florent et Octavien. Chanson de geste du XIV siècle*, Paris, Champion, 1991.

La caduta di Costantinopoli, 1204: fonti bizantine e occidentali sulla Quarta crociata, testi presentati in occasione del Convegno «Venezia, la Quarta crociata, l'impero latino d'Oriente», Venezia 4 maggio 2004, Venezia, Università Ca'Foscari, 2004.

La Chanson d'Antioche. *Édition du texte d'après la version ancienne*, éd. Suzanne Duparc-Quioc, Paris, Librairie Orientaliste Paul Geuthner, 1977.

La chanson d'Aspremont. Chanson de geste du XIIe siècle. Texte du manuscrit de Wollaton Hall éd. Louis Brandin. Deuxième édition revue, Paris, Champion, 1923-1924, 2 vol.

La Chanson de Godin. Chanson de geste inédite, éd. Françoise Meunier, Louvain, Bibliothèque de L'Université – Publications Universitaires de Louvain, 1958.

La continuation de Guillaume de Tyr (1184-1197), éd. Margaret Ruth Morgan, Paris, Geuthner, 1982.

La Gran Conquista de Ultramar, ed. Louis Cooper, Bogotá, Instituto Caro y Cuervo, 1979, 4 vol.

La Gran Conquista de Ultramar. Biblioteca Nacional MS 1187, ed. Louis Cooper, Madison, The Hispanic Seminary of Medieval Studies, 1989.

La Gran Conquista de Ultramar, que mandó escribir el rey don Alfonso el Sabio, ed. Pascual de Gayangos, Madrid, Rivadeneyra, 1858.

La Passion de Sainte Catherine d'Alexandie, par Aumeric, éd. Olivier Naudeau Tübingen, Niemeyer, 1982.

La Rectorique de Cyceron *tradotta da Jean d'Antioche*, edizione e glossario, ed. Elisa Guadagnini, Pisa, Edizioni della Normale, 2010.

La Vraie estoire de Troye, ed. Rochebouet & Tanniou, en préparation.

Le Livre au roi, éd. Myriam Greilsammer, Paris, Académie des Inscriptions et Belles Lettres, 1995.

Le Livre de remembrances de la Secrète du royaume de Chypre (1468-1469), publié par Jean Richard, avec la collaboration de Théodore Papadopoullos, Nicosie, Centre de recherches scientifiques, 1983.

Le liriche di Hugues de Berzé, ed. Luca Barbieri, premessa di Aldo Menichetti, Milano, CUSL, 2001.

Le Moniage Guillaume, Chanson de geste du XIIe siècle. Édition de la rédaction longue par Nelly Andrieux-Reix, Paris, Champion, 2003.

Le moniage Rainouart, publié d'après les manuscrits de l'Arsenal et de Boulogne par Gérald A. Bertin, Paris, Picard, 1973.

Λεοντίου Μαχαιρά Χρονικό της Κύπρου. Παράλληλη διπλωματική έκδοση των χειρογράφων, eds. Michalis Pieris, Angel Nicolaou-Konnari, Nicosia, Kentro Epistemonikon Erevnon, 2003.

LEONTIOS MAKHAIRAS, *Recital concerning the Sweet Land of Cyprus, entitled "Chronicle"*, ed. Richard Dawkins, 2 vol., Oxford, The Clarendon Press, 1932.

Le Roman du Castelain de Couci et de la Dame de Fayel par Jakemes, éd. établie à l'aide des notes de John E. Matzke par Maurice Delbouille, Paris, Société des Anciens Textes Français, 1936.

LE ROUX DE LINCY, Antoine J. V., *Recueil de chants historiques français depuis le XIIe jusqu'au XVIe siècle*, vol. 1, Paris, Gosselin, 1841.

Les Assises de Romanie : édition critique avec une introduction et des notes, éd. G. Recoura, Paris, H. Champion, 1930.

Les deux rédactions en vers du Moniage Guillaume, éd. Wilhelm Cloetta, Paris, Libraire de Firmin Didot, 2 voll., 1906-1911.

L'Estoire de la guerre sainte, Histoire en vers de la troisième croisade (1190-1192) par Ambroise, éd. et trad. Gaston Paris, Paris, 1897.

Libro de los fechos et conquistas del principado de la Morea compilado por comandamiento de Don Fray Johan Fernández de Heredia, ed. G. Morel-Fatio, Ginevra, Jules-Guillaume Fick, 1885.

Lion de Bourges, éd. William W. Kibler, Jean-Louis J. Picherit et Thomas S. Fenster, Genève, Droz, 1980, 2 voll.

Livre de la conqueste de la princée de l'Amorée : Chronique de Morée (1204-1305), éd. J. Longnon, Paris, Librairie Renouard-H. Laurens, 1911.

Lyric Responses to the Crusades in Medieval France and Occitania, Warwick University dir. Linda Paterson: https://warwick.ac.uk/fac/arts/modernlanguages/research/french/crusades/.

MARINO SANUDO IL GIOVANE, *Vite dei dogi*, ed. G. Monticolo, *Rerum Italicarum scriptores: raccolta degli storici italiani dal Cinquecento al Millecinquecento*, ordinata da L. A. Muratori, Città di Castello, S. Lapi, 1900-1911.

MARTIN DA CANAL, *Les Estoires de Venise. Cronaca veneziana in lingua francese dalle origini al 1275*, ed. Alberto Limentani, Firenze, Olschki, 1972.

MAZZITELLO, Pantalea, «Un volgarizzamento fiorentino dell'*Olympiade* di Pierre de Beauvais», *Forme letterarie del Medioevo romanzo: testo, interpretazione e storia*, XI Congresso Società Italiana di Filologia Romanza (Catania, 22-26 settembre 2015), Soveria Mannelli, Rubbettino, 2016, p. 335-349.

NICEPHORUS GREGORAS, *Byzantina historia Grece et Latine cum annotationibus Hier. Wolfii, Car. Ducangii, Io. Boivini et Cl. Capperonnerii*, ed. Ludwig Schopen, 2 vol., Bonn, Weber, 1829.

Octavian, hrsg. von Karl Vollmöller, Heilbronn, Henninger, 1883.

PHILIP OF NOVARA, *Le livre de forme de plait*, ed. and transl. P. W. Edbury, Nicosia, Cyprus Research Centre, 2009.

PHILIPPE DE NOVARE, *Les quatre âges de l'homme*, ed. Marcel de Fréville, Paris, Didot, 1888.

*Recueil des historiens des croisades. Lois (*Assises de Jérusalem*)* éd. Arthur Beugnot, I, *Assises de la Haute Cour*, Paris, Imprimerie royale, 1841 ; II, *Assises de la Cour des Bourgeois*, Paris, Imprimerie royale, 1843.

Recueil des historiens des Croisades. Historiens occidentaux, I, Guillaume de Tyr, *Historia*, texte latin et traduction française, Paris, Imprimerie royale, 1844 ; II, *Continuations* françaises de Guillaume de Tyr, Paris, Imprimerie impériale, 1859.

Regesta Honorii Papae III, ed. P. Pressutti, 2 vol., Hildesheim, Olms, 1888-1895.

RICHARD, Jean, *Chypre sous les Lusignans. Documents chypriotes des Archives du Vatican (XIVe et XVe siècles*, Paris, Geuthner, 1962.

ROBERT DE CLARI, *La Conquête de Constantinople*, éd. Philippe Lauer, Paris, Champion, 1924.

ROBERT DE CLARI, *La Conquête de Constantinople*, éd. Dufournet, Paris, Honoré Champion, 2004.

RYMER, Thomas, *Foedera*, ed. Adam Clarke, Frederick Holbrook et John Caley, London, Record Commission, 1816-1869.

STRAMBALDI, Diomede, *Cronicha del regno di Cypro*, éd. René de Mas Latrie, *Chroniques d'Amadi et de Strambadi*, 2 vols., vol. II, *Chronique de Strambaldi*, Paris, Imprimerie nationale, 1891.

The Assizes of the Lusignan Kingdom of Cyprus, trans. Nicholas Coureas, Nicosia, Cyprus Research Centre, 2002.

The Cartulary of the Cathedral of Holy Wisdom of Nicosia, ed. Nicholas Coureas, Christopher Schabel, Nicosia, Cyprus Research Centre, 1997 (*Texts and Studies in the History of Cyprus*, 25).

The Chronique d'Ernoul *and the* Colbert-Fontainebleau Continuation *of William of Tyre*, ed. Peter W. Edbury, Massimiliano Gaggero, 2 vols., Leiden-Boston, Brill, 2023.

The Chronicle of Morea: a History in Political Verse relating the Establishment of Feudalism in Greece by the Franks in the Thirteenth Century, edited in two parallel Texts from the mss. of Copenaghen and Paris, ed. J. Schmitt, London, Methuen & Co., 1904.

The Chronicle of Novgorod 1016-1471, trad. R. Mitchell & N. Forbes, London, Royal Historical Society, 1914.

The History of the Holy War. Ambroise's Estoire de la Guerre Sainte, I, ed. Marianne Ailes and Malcolm Barber; II, trad. Marianne Ailes, notes Marianne Ailes and Malcolm Barber, Woodbridge, The Boydell Press, 2003.

The Old French Chronicle of Morea. *An account of Frankish Greece after the Fourth Crusade*, ed. A. Van Arsdall & H. Moody, Farnham (U.K.)-Burlington (U.S.A), Ashgate, 2015.

The Old French Crusade Cycle, general editors Jan A. Nelson – Emanuel J. Mickel: vol. I: *La naissance du Chevalier au Cygne. Elioxe*, ed. Emanuel J. Mickel; *Beatrix*, ed. Jan A. Nelson, Univ. of Alabama, The University of Alabama Press, 1977; vol. IV: *Chanson d'Antioche*, ed. Jan A. Nelson, Tuscaloosa – London, The University of Alabama Press, 2003; vol. V: *Les Chétifs*, ed. Geoffrey G. Myers, Univ. of Alabama, The University of Alabama Press, 1981; vol. VIII: *The Jérusalem Continuations. The London-Turin* Version, ed. Peter R. Grillo, Tuscaloosa – London, The University of Alabama Press, 1994; vol. X: *Godefroi de Buillon*, ed. Jan Boyd Roberts, ivi, 1996.

The Old French Johannes *Translation of the* Pseudo-Turpin *Chronicle*, ed. by Ronald N. Walpole, 2 vol., Berkeley-Los Angeles-London, University of California Press, 1976.

The War of Troy, ed. Elizabeth M. Jeffreys, Manolis Papathomopoulos, Byzantini kai Neoelliniki Bibliothiki, Athens, 1996.

TYSSENS, Madeleine, *Le Chansonnier français U, publié d'après le manuscrit Paris, BNF, fr. 20050*, vol. 1, Paris, Société des Anciens Textes Français, 2015.

WACE, *Le Roman de Brut*, éd. Ivor Arnold, Paris, SATF, 2 vols., 1938-1940.

WILLELMI TYRENSIS ARCHIEPISCOPI *Chronicon*, 2 vols., ed. Robert Burchard Constantin Huygens, Turnhout, Brepols («Corpus Christianorum Continuatio Mediaevalis» 63), 1986.

ÉTUDES

A companion to Latin Greece, ed. Nickiphoros Tsougarakis & Peter Lock, Leiden-Boston, Brill, 2014.

ALBONICO, Simone, «Un testo pavese in prosa del primo Quattrocento», *Valorosa vipera gentile. Poesia e letteratura in volgare attorno ai Visconti fra Trecento e primo Quattrocento*, ed. S. Albonico, M. Limongelli, B. Pagliari, Roma, Viella, 2014, p. 147-168.

ANDREI, Filippo, *L'epica ultima. La* Chanson de Jérusalem *e le crociate*, Alesssandria, Edizioni dell'Orso, 2022.

ANGLADE, Joseph, *Grammaire de l'ancien provençal ou ancienne langue d'oc*, Paris, Klincksieck, 1921.

ARBEL, Benjamin, « The reign of Caterina Cornaro (1473-1489) as a family affair », *Studi veneziani*, t. 26, 1993, p. 67-85 (rist. in ID., *Cyprus, the Franks and Venice*, Aldershot, Ashgate, 2000, p. 67-87.

ARQUILLIÈRE, Henri-Xavier, *L'Augustinisme politique. Essai sur la formation des théories politiques du Moyen Âge*, Paris, Vrin, 1972 (1re éd. 1933).

ASLANOV, Cyril, « Interpreting the Language-mixing in Terms of Codeswitching: The Case of Franco-Italian Interface in the Middle Ages », *Journal of Pragmatics*, t. 32, 2000, p. 1273-1277.

ASLANOV, Cyril, « Languages in Contact in the Latin East: Acre and Cyprus », *Crusades*, t. 1, 2002, p. 155-181.

ASLANOV, Cyril, « Quand les langues romanes se confondent… La Romania vue d'ailleurs », *Langage & société*, t. 99, 2002, p. 9-52.

ASLANOV, Cyril, *Le français au Levant, jadis et naguère. À la recherche d'une langue perdue*, Paris, Champion, 2006.

Atti del XXVIII Congresso internazionale di linguistica e filologia romanza (Roma, 18-23 luglio 2016), éd. Roberto Antonelli, Martin Glessgen, Paul Videsott, 2 vol., Strasbourg, EliPhi, 2018.

AUERBACH, Erich, *Mimesis. Il realismo nella letteratura occidentale* (1956), Torino, Einaudi, 2000.

BAGLIONI, Daniele, « Language and Identity in Late Medieval Cyprus », *Identity/Identities in Late Medieval Cyprus. Papers given at the ICS Byzantine Colloquium (London, 13-14 June 2011)*, eds. Tassos Papacostas, Guillaume Saint-Guillain Nicosia, Cyprus Research Centre, 2014, p. 27-36.

BAGLIONI, Daniele, «L'italiano fuori d'Italia dal Medioevo all'Unità», *Manuale di linguistica italiana*, ed. Sergio Lubello, Berlin, de Gruyter, 2016, p. 125-145.

BAGLIONI, Daniele, « Italian in the Mediterranean Area », *The Oxford Handbook of the Italian Language*, ed. Adam Ledgeway et Martin Maiden, Oxford, Oxford University Press, à paraître.

BALARD, Michel, « La place de Famagouste génoise dans le royaume des Lusignan (1374-1464) », *Les Lusignans et l'Outre Mer. Actes du Colloque Poitiers-Lusignan, 20-24 octobre 1993*, Poitiers, s.e., 1993, p. 16-27.

BALDWIN, John W., « Jean Renart et le tournoi de Saint-Trond : une conjonction de l'histoire et de la littérature », *Annales. Économies, sociétés, civilisations*, t. 45, 3, 1990, p. 565-588.

BANFI, Emanuele, *Lingue d'Italia fuori d'Italia. Europa, Mediterraneo e Levante dal Medioevo all'età moderna*, Bologna, il Mulino, 2015.

BARBATO, Marcello, «Trasmissione testuale e commutazione del codice linguistico. Esempi italoromanzi», *Transcrire et/ou traduire. Variation et changement linguistique dans la tradition manuscrite des textes médiévaux. Actes du congrès international (Klagenfurt, 15-16 novembre 2012)*, éd. R. Wilhelm, Heidelberg, Winter, 2013, p. 193-211.

BARBERO, Alessandro, *L'aristocrazia nella società francese del Medioevo. Analisi delle fonti letterarie (secoli X-XIII)*, Bologna, Cappelli, 1987.

BARBIERI, Alvaro, «"Era de maggio": *tópos* primaverile e poetica della guerra nella letteratura cavalleresca del Medioevo di Francia», *AMB: dialoghi e scritti per Anna Maria Babbi*, ed. G. Borriero, Verona, Fiorini, 2016, p. 65-74.

BARBIERI, Luca, «Note sul *Liederbuch* di Thibaut de Champagne», *Medioevo Romanzo*, 23 (1999), p. 388-416.

BARILLARI, Sonia Maura, « L'esercito dei morti: lungo il filo del tempo, dal mito all'epica », in *WAR! – L'esperienza della guerra fra storia, folclore e letteratura*, a c. di Sonia Maura Barillari – Martina Di Febo, Aicurzio, Virtuosamente, 2016, p. 126-139.

BATTELLI, Maria Carla, « Il codice Parigi, Bibl. Nat. F. Fr. 844: un canzoniere disordinato? », in *La filologia romanza e i codici. Atti del Convegno, Messina, Università degli Studi, Facoltà di Lettere e Filosofia, 19-22 Dicembre 1991*, ed. Saverio Guida e Fortunata Latella, Messina, Sicania, 1993, 2 vol., I, p. 273-308.

BAUMGARTNER, Emmanuèle, *Le récit médiéval*, Paris, Hachette, Contours littéraires, 1995.

BEATON, Roderick, *The Medieval Greek Romance*, Cambridge, Cambridge University Press, 1989.

BEAUDOUIN, Mondry, *Étude du dialecte chypriote moderne et médiéval*, Paris, Ernest Thorin éditeur, 1884.

BÉDIER, Joseph, *Les légendes épiques. Recherches sur la formation des chansons de geste*, Paris, Champion, III éd., 1926-1929.

BIZZARRI, Hugo Óscar, «Sancho IV y el relato de las cruzadas», *Europa y sus mitos*, ed. Fernando Carmona Fernández – José Miguel García Cano, Murcia, Universidad de Murcia, 2004, p. 9-29.

BLANCHET, Marie-Hélène-SAINT-GUILLAIN, Guillaume, « À propos d'un ouvrage récent sur la Chronique de Morée », *Byzantion*, 83 (2013), p. 13-39.

BON, Antoine, *La Morée Franque ; recherches historiques, topographiques et archéologiques sur la Principauté d'Achaïe (1205-1430)*, Paris, Boccard, 1969.

BOQUET, Damien – Nagy, Pirojka, *Sensible Moyen Âge, Une histoire des émotions dans l'occident médiéval*, Paris, Seuil, 2015.

BORG, Alexander, *Cypriot Arabic. A historical and comparative investigation into the phonology and morphology of the Arabic vernacular spoken by the Maronites of Kormakiti village in the Kyrenia district of north-western Cyprus*, Stuttgart, Franz Steiner, 1985.

BORG, Alexander, *A Comparative Glossary of Cypriot Maronite Arabic (Arabic-English) with and Introductory Essay*, Leiden, Brill, 2004.

BOURCIEZ, Édouard, *Phonétique française. Étude historique*, Paris, Éditions Kincksieck, 1967.

BOUSMANNE, Bernard, VAN HEMELRYCK, Tania, VAN HOOREBEECK, Celine, *La librairie des ducs de Bourgogne. Manuscrits conservés à la Bibliothèque royale de Belgique. Volume IV : Textes historiques*, Turnhout, Brepols, 2009.

BOUTET, Dominique, *Charlemagne et Arthur*, Paris, Champion, 1992.

BOUTET, Dominique, *Formes littéraires et conscience historique aux origines de la littérature française (1100-1250)*, Paris, PUF, 1999.

BRANNER, Robert, *Manuscript painting in Paris during the reign of Saint Louis: A Study of Styles*, Berkley-Los Angeles-London, University of Caroline Press, 1977.

BRAYER, Édith, « Un manuel de confession en ancien français conservé dans un manuscript de Catane (Bibl. Ventimiliana, 42) », *Mélanges d'archéologie et d'histoire publiés par l'École française de Rome*, t. 59, 1947, p. 155-198.

BRAYER, Édith, LEMERLE, Paul, LAURENT, Vitalien, « Le Vaticanus latinus 4789. Histoire et alliances des Cantacuzènes au XIVe-XVe siècles », *Revue des Études byzantines*, t. 9, 1951, p. 47-105.

BREILLAT, Pierre, « La table ronde en Orient. Le poème grec du Vieux Chevalier », *Mélanges d'Archéologie et d'Histoire de l'École française de Rome*, t. 55, 1938, p. 308-340.

BROUGHTON, Bradford B., *The Legends of King Richard I, Cœur de Lion. A Study of Sources and Variations to the Year 1600*, The Hague, Paris, Mouton & Co, 1966.

BRUNDAGE, James A., « Latin Jurists in the Levant: the Legal Elite of the Crusade States », *Crusaders and Muslims in Twelfth-century Syria*, ed. Maya Shatzmiller, Leiden, Brill, 1993, p. 27-29.

BUCHTAL, Hugo, *Miniature Painting in the Latin Kingdom of Jerusalem*, Oxford, Clarendon Press, 1957.

BUDINI GATTAI, Niccolò, «La percezione del mondo greco del XIV secolo tra incomprensioni culturali e topoi letterari», *Bocaccio geografo. Un viaggio nel Mediterraneo tra le città, i giardini e...il 'mondo' di Giovanni Bocaccio*, ed. R. Morosini, Firenze, Polistampa, 2010, p. 103-131.

BURIDANT, Claude, *Grammaire nouvelle de l'ancien français*, Sedes, 2000.

BUTTERFIELD, Ardis, *Poetry and Music in Medieval France: from Jean Renart to Guillaume de Machaut*, Cambridge, Cambridge University Press, 2002.

CACHO BLECUA, Juan Manuel, *El Gran Maestre Juan Fernández de Heredia*, Zaragoza, Caja de Ahorros de la Inmaculada de Aragón, 1997.

CARERI, Maria, FERY-HUE, Françoise, GASPARRI, Françoise, HASENOHR, Geneviève, LABORY, Gillette, LEFEVRE, Sylvie, LEURQUIN, Anne-Françoise, RUBY, Christine, *Album des manuscrits français deu XIIIe siècle. Mise en page et mise en texte*, Roma, Viella, 2001.

CARRASCO TENORIO, Milagros, «El texto detrás del texto: *L'estoire d'Eracles empereur et la conqueste de la terre d'Outremer* en la *Gran Conquista de Ultramar* (ms. BNE 1187)», *Estudios de literatura medieval. 25 años de la AHLM*, ed. Antonia Martínez Pérez, Ana Luisa Baquero Escudero, Murcia, EditUM, 2012, p. 273-283.

CASAGRANDE, Carla, VECCHIO, Silvana, « Clercs et jongleurs dans la société médiévale (XIIe et XIIIe siècles) », *Annales ESC*, t. 34, 1979, p. 913-928.

CASTELLANI, Marie-Madeleine, « De quelques manifestations divines et apparitions célestes dans le *Récit en vers de la Première Croisade* d'après Baudri de Bourgueil (RPCBB) », in *Chanter de geste. L'art épique et son rayonnement. Hommage à Jean Claude Vallecalle*, éd. Marylène Possamaï-Pérez, Jean-René Vallette, Paris, Champion, 2013, p. 67-79.

CERQUIGLINI, Bernard, *La parole médiévale*, Paris, Éditions de Minuit, 1989.

CHATZEIOANNOU, Kyriakos, *Περὶ τῶν ἐν τῇ μεσαιωνικῇ καὶ νεώτερᾳ κυπριακῇ ξένων γλωσσικῶν στοιχείων*, Athina, s.e., 1936.

COLANTUONI, Alice, *La Cronaca della Morea: edizione e studio della versione francese*, Napoli, Federico II – Paris, École pratique des hautes études, 2017.

COLANTUONI, Alice, « Multilingual Traditions in Multilingual Contexts. State of the Art and Methodological Problems in the Study of the Chronicle of Morea (XIV c.) », *Byzantion*, t. 91, 2021, p. 75-98.

CORVISIER, André, *Les saints militaires*, Paris, Champion, 2006.

CROIZY-NAQUET, Catherine, « Les festivités dans l'*Estoire de la guerre sainte* d'Ambroise », *Le Moyen Âge*, t. 108, 1, 2002, p. 61-82.

CROIZY-NAQUET, Catherine, « "Nus contes rimés n'est verais", La poésie en procès, *Revue des Sciences Humaines*, t. 276, 4, 2004 (*Poésie en procès*, éd. Claude Millet), p. 29-44.

CROIZY-NAQUET, Catherine, « Les voix de l'histoire dans l'*Estoire de la guerre sainte* d'Ambroise », *La voix dans l'écrit, PRIS MA*, IX/X, 24/1-2, n° 47-48 (2008), p. 55-70.

CROIZY-NAQUET, Catherine, « Légende ou histoire ? Les Assassins dans l'*Estoire de la guerre sainte* d'Ambroise et dans la *Chronique d'Ernoul et de Bernard le trésorier* », *Le Moyen Âge*, t. 117, 2, 2011, p. 237-257.

CROIZY-NAQUET, Catherine, « La représentation de Richard Cœur de Lion dans l'*Estoire de la guerre sainte* : des éléments d'hagiographie ? », *Des saints et des rois. L'hagiographie au service de l'histoire*, éd. Françoise Laurent, Laurence Mathey-Maille, Michelle Szkilnik, Paris, Champion, 2014, p. 175-190.

CROIZY-NAQUET, Catherine, « Rigord, Philippe Auguste et la croisade », *De la pensée de l'histoire au jeu littéraire*, études médiévales en l'honneur de Dominique Boutet. Études réunies par S. Douchet, M.-P. Halary, S. Lefèvre, P. Moran et J.-R. Valette, Paris, Champion, 2019, p. 148-160.

CUPANE, Carolina, « Λογοτεχνική παραγωγή στο φραγκοκρατούμενο Μωρέα », *Βυζαντιναὶ μελέται*, t. 6, 1995, p. 371-385.

DAMIAN-GRINT, Peter, *The New Historians of the Twelfth-Century Renaissance, Inventing Vernacular Authority*, Woodbridge, The Boydell Press, 1999.

DAVY, Jim, PANAYOTOU, Anna, « French Loans in Cypriot Greek », *Chypre et la Méditerranée orientale. Formations identitaires : perspectives historiques et enjeux contemporains*, Actes du Colloque tenu à Lyon 1997, Université Lumière-Lyon 2, Université de Chypre, éd. Yannis Ioannou – Françoise Métral – Marguerite Yon Lyon, Maison de l'Orient méditerranéen, 2000, p. 113-125.

DAWKINS, Richard, « Compte rendu de Kyriakos Hadjiioannou, *Περὶ τῶν ἐν τῇ μεσαιωνικῇ καὶ νεωτέρᾳ κυπριακῇ ξένων γλωσσικῶν στοιχείων* », *Byzantinisch-neugriechische Jahrbücher*, 13 (1937), p. 108.

DEES, Antonij, *Atlas des formes linguistiques des textes littéraires de l'ancien français*, Tübingen, Niemeyer, 1987.

DEHOUX, Esther, « *Con avés non, vasal al ceval blanc ?* Sur quelques apparitions des saints guerriers lors de combat, notamment dans la *Chanson d'Aspremont* », *L'epopea normanna e il territorio*, Reggio Calabria, Associazione Nuovo Umanesimo, 2007, p. 23-114.

DEHOUX, Esther, « Roland dans la *Chanson d'Aspremont*. Du texte aux images », *Comunicazione e propaganda nei secoli XII e XIII*, ed. Rossana Castano, Fortunata Latella e Tania Sorrenti, Roma, Viella, 2007, p. 255-293.

DEHOUX, Esther, « Le clerc, le combattant et le saint », *Inflexions*, t. 14, 2010, p. 139-148.

DEHOUX, Esther, *Saints guerriers. Georges, Guillaume, Maurice et Michel dans la France médiévale (XIe-XIIIe siècle)*, Rennes, Presses Universitaires de Rennes, 2014.

DEISSER, André, « Les oracles de Léon VI le. Sage, leurs origines et leur postérité », *Kernos*, t. 3, 1990, p. 135-145.

DELBOUILLE, Maurice, « Problèmes d'attribution et de composition. IV. L'auteur du *Roman du Châtelain de Coucy* est-il Jacques Bretel ? », *Revue belge de philologie et d'histoire*, t. 12, 1-2, 1933, p. 29-48.

DELISLE, Léopold, « Mémoire sur les œuvres de Guillaume de Nangis », *Mémoires de l'Institut national de France*, t. 27, 2, 1873, p. 364-372.

DE MANDACH, André, *Naissance et développement de la Chanson de geste en Europe*, III. *Chanson d'Aspremont*, Genève, Droz, 1975.

DEMURGER, Alain, « Templiers et Hospitaliers dans les combats de Terre sainte », *Le combattant au Moyen Âge*, Société des historiens médiévistes de l'Enseignement Supérieur public, Paris, Publications de la Sorbonne, 1995, p. 77-92.

DEROLEZ, Albert, *The Palaeography of Gothic Manuscript Books: From the Twelfth to the Early Sixteenth Century*, Cambridge, Cambridge University Press, 2003.

DIJKSTRA, Cathrynke Th. J., *La chanson de croisade. Étude thématique d'un genre hybride*, Amsterdam, Schiphouwer en Brinkman, 1995.

DI MAIO, Mariella, *Le cœur mangé. Histoire d'un thème littéraire du Moyen Âge au XIXe siècle*, Paris, PUPS, 2005.

Dizionario di abbreviature latine ed italiane usate nelle carte e codici specialmente del Medio-Evo, riprodotte con oltre 14000 segni incisi, a c. di A. Cappelli, Milano, Hoepli, 1967^6.

DOMÍNGUEZ, César, «La *Grant estoria de Ultramar* (conocida como *Gran Conquista de Ultramar*) de Sancho IV y la *Estoire de Eracles empereur et la conqueste de la terre d'Outremer*», *Incipit*, t. 25-26, 2005-2006, p. 189-212.

DONÀ, Carlo, *Per le vie dell'altro mondo. L'animale guida e il mito del viaggio*, Soveria Mannelli, Rubbettino, 2003.

DRAGONETTI, Roger, *La technique poétique des trouvères dans la chanson courtoise*, Brugge, De Tempel, 1960.

DUBY, Georges, *Guerriers et paysans*, Paris, Gallimard, 1973.

EDBURY, Peter W., *The Kingdom of Cyprus and the Crusades, 1191-1374*, Cambridge, Cambridge University Press, 1991.

EDBURY, Peter W., « The Templars in Cyprus », *The military orders. Fighting for the Faith and Caring for the Sick*, ed. Malcolm Barber, Great Britain, Variorum, Ashgate, 1994.

EDBURY, Peter W., « Law and Custom in the Latin East: *Les Letres dou Sepulcre* », *Mediterranean Historical Review*, t. 10, 1995, p. 71-79.

EDBURY, Peter W., *John of Ibelin and the Kingdom of Jerusalem*, Woodbridge, Boydell, 1997.

EDBURY, Peter W., « The Lyon *Eracles* and the Old French Continuations of William of Tyre », *Montjoie. Studies in Crusade History in honour of H. E. Mayer*, ed. Benjamin Z. Kedar *et al.*, Aldershot, Variorum, 1997, p. 139-153.

EDBURY, Peter W., « Fiefs and Vassals in the Kingdom of Jerusalem: from the Twelfth Century to the Thirteenth », *Crusades*, t. 1, 2002, p. 49-62.

EDBURY, Peter W., « Franks », *Cyprus. Society and Culture 1191-1374*, eds. Angel Nicolaou-Konnari – Chris Schabel, Leiden, Brill, 2005, p. 77-87.

EDBURY, Peter W., « The French Translation of William of Tyre's *Historia*: The Manuscript Tradition », *Crusades*, t. 6, 2007, p. 69-75.

EDBURY, Peter W., « New Perspectives on the Old French Continuations of William of Tyre », *Crusades*, t. 9, 2010, p. 107-110.

EDBURY, Peter W., « Gerard of Ridefort and the Battle of Le Cresson (1 May 1187): The Developing Narrative Tradition », *On the Margins of Crusading. The Military Orders, the Papacy and the Christian World*, ed. Helen J. Nicholson, Aldershot, Ashgate, 2011, p. 45-60.

EDBURY, Peter W., « Ernoul, *Eracles* and the Beginnings of Frankish Rule in Cyprus, 1191-1232 », *Medieval Cyprus: a Place of Cultural Encounter*, ed. Sabine Rogge and Michael Grünbart, Münster / New York, Waxmann, 2015, p. 29-51.

EDBURY, Peter W., « Making Sense of the *Annales de Terre Sainte*: Thirteenth-century vernacular narratives from the Latin East », *Crusader Landscapes in the Medieval Levant: the Archaeology and History of the Latin East*, ed. Micaela

Sinibaldi, Kevin J. Lewis, Balázs Major and Jennifer A. Thompson, Cardiff, University of Wales Press, 2016, p. 403-413.

EDBURY, Peter W., « Ernoul, *Eracles* and the Fifth Crusade », *The Fifth Crusade in Context: The Crusading Movement in the Thirteenth Century*, ed. E. J. Mylod, Guy Perry, Thomas W. Smith and Jan Vandeburie, London and New York, Routledge, 2017, p. 163-174.

EDBURY, Peter W., « Ernoul, *Eracles* and the Collapse of the Kingdom of Jerusalem », *The French of Outremer, op. cit.*, 2018, p. 44-85.

EDBURY, Peter W., « Conrad versus Saladin: the Siege of Tyre, November-December 1187 », *Crusading Europe: Essays in Honour of Christopher Tyerman*, ed. by Jessalynn Lea Bird and G. E. M. Lippiatt, Turnhout, Brepols, 2019, p. 237-247.

EDBURY, Peter W., « The Lyon *Eracles* revisited », *Crusading and Trading between West and East: Studies in Honour of David Jacoby*, ed. by Sophia MENACHE, Benjamin Z. KEDAR and Michel BALARD, London and New York, Routledge, 2019, p. 40-53.

EDBURY, Peter W., « Continuing the *Continuation*: *Eracles*, 1248-1277 », *The Templars, the Hospitallers and the Crusades: Essays in Homage to Alan J. Forey*, ed. Helen J. Nicholson and Jochen Burgtorf, Oxon-New York, Routledge 2020, p. 82-93.

EDBURY, Peter W., FOLDA, Jaroslav, « Two Thirtheenth-century Manuscripts of Crusader Legal Texts from Saint-Jean d'Acre », *Journal of the Warburg and Courtauld Institutes*, t. 57, 1994, p. 243-257.

EDBURY, Peter W., ROWE John Gordon, *William of Tyre: Historian of the Latin East*, Cambridge, Cambridge University Press, 1988.

EDDÉ, Anne-Marie, *Saladin*, Paris, Fayard, 2009.

ESPOSITO, Davide, *La chanson de Jérusalem. L'epopea dei crociati cannibali. La storia dei «fanatici dell'Apocalisse»*, Roma, Carocci, 2023.

EUFE, Rembert, «La cancelleria del Duca di Candia e il volgare a Creta», *Il veneziano «de là da mar». Contesti, testi, dinamiche del contatto linguistico e culturale*, ed. Daniele Baglioni., Berlin, de Gruyter, 2019, p. 137-176.

Excerpta Cypria. Materials for a History of Cyprus, ed. Claude Delaval Cobham, Cambridge, Cambridge University Press, 1908.

FERNÁNDEZ, Laura, RODRÍGUEZ, Francisco J., «Historia de 'J' (*La Gran Conquista de Ultramar*, ms. 1187 de la Biblioteca de Madrid)», *Actas del VIII Congreso de la Asociación Hispánica de Literatura Medieval* (Santander, 22-26 de septiembre de 1999), ed. Margarita Freixas, Silvia Iriso, Santander, Consejería de Cultura del Gobierno de Cantabria – AHLM, 2000, p. 701-716.

FERNÁNDEZ-ORDÓÑEZ, Inés, «Trasmissione e metamorfosi. Verso una tipologia dei meccanismi evolutivi nei testi medievali», *Ecdotica*, t. 10, 2013, p. 118-177.

FERNÁNDEZ-ORDÓÑEZ, Inés, «El texto medieval: propiedad y uso», *Medioevo romanzo*, t. 38, 1, 2014, p. 45-68.

FLORI, Jean, *Croisades et chevalerie (XIe-XIIe siècles)*, Paris-Bruxelles, De Boeck & Larcier, 1998.

FLORI, Jean, *Richard Cœur de Lion : le roi chevalier*, Paris, Payot & Rivages, 1999.

FLORI, Jean « Les héros changés en saints... et les saints en héros. Sacralisation et béatification du guerrier dans l'épopée et les chroniques de la première croisade », *PRIS-MA*, t. 30, 1999, p. 255-272

FLORI, Jean « Ambroise, propagateur de l'idéologie Plantagenêt ? », *Culture politique des Plantegenêt (1154-1224), Actes du Colloque tenu à Poitiers du 2 au 5 mai 2002*, éd. Martin Aurell, Poitiers, C. E. S. C. M., 2003, p. 173-175.

FLORI, Jean, « La chevalerie célestielle et son utilisation idéologique dans les sources de la première croisade : autour de la bataille d'Antioche (28 juin 1198) », *Chevalerie et christianisme au XIIe et XIIIe siècles*, éd. Martin Aurell – Catalina Girbea, Rennes, Presses universitaires de Rennes, 2011, p. 271-290.

FOLDA, Jaroslav, « A Crusader Manuscript from Antioch », *Atti della Pontificia Accademia romana di archeologia*, t. 42, 1969-1970, p. 283-298.

FOLDA, Jaroslav, *The Illustrations in Manuscripts of the* History of Outremer *by William of Tyre* (volumes I-III), The Johns Hopkins University, 1968.

FOLDA, Jaroslav, « Manuscripts of the *History of Outremer* by William of Tyre: A Handlist », *Scriptorium*, t. 27, 1973, p. 90-95.

FOLDA, Jaroslav, *Crusader Manuscript Illumination at Saint-Jean d'Acre, 1275-1291*, Princeton, Princeton University Press, 1976.

FOLDA, Jaroslav, *Crusader Art in the Holy Land: from the Third Crusade to the Fall of Acre, 1187-1291*, Cambridge, Cambridge University Press, 2005.

FOLDA, Jaroslav, *Crusader Art: the Art of the Crusaders in the Holy Land, 1099-1291*, Aldershot, Lund Humphries, 2008.

FOLDA, Jaroslav, « The Panorama of the Crusades, 1096 to 1218, as Seen in Yates Thompson MS. 12 in the British Library », *The Study of Medieval Manuscripts of England*, éd. G. Hardin Brown et L. Ehrsam Voigts, Turnhout, Brepols, 2010, p. 253-280.

FOLENA, Gianfranco, *Culture e lingue del Veneto orientale*, Padova, Editoriale Programma, 1990.

FURON, Christophe, « Entre mythes et histoires : les origines de la Principauté d'Achaïe dans la *Chronique de Morée* », *Revues des études byzantines*, t. 62, 2004, p. 133-157.

GAGGERO, Massimiliano, « La *Chronique d'Ernoul* : problèmes et méthode d'édition », *Perspectives médiévales*, t. 34, 2012 : http://peme.revues.org/1608.

GAGGERO, Massimiliano, « L'edition d'un texte historique en évolution : la *Chronique* d'Ernoul et de Bernard le Trésorier », *Actes du XXVIIIe Congrès international de linguistique et de philologie romanes (Nancy, 15-20 juillet 2013).*

Section 13 : Philologie textuelle et éditoriale, éd. par Richard Trachsler, Frédéric Duval, Lino Leonardi, Nancy, ATILF, 2017, p. 133-145 (https://web-data.atilf.fr/ressources/cilpr2013/actes/section-13.html).

GAGGERO, Massimiliano, « Identification de deux manuscrits italiens de la *Chronique* d'Ernoul et de Bernard le Trésorier », *Segno e Testo*, t. 16, 2018, p. 291-314.

GAGGERO, Massimiliano, « Succès et tradition manuscrite : les rédactions longues de l'*Eracles* », *Atti del XXVIII Congresso internazionale di linguistica e filologia romanza* (Roma, 18-23 luglio 2016), *op. cit.*, vol. I, p. 185-197.

GAGGERO, Massimiliano, « Western Eyes on the Latin East: The *Chronique d'Ernoul et de Bernard le Trésorier* and Robert of Clari's *Conquête de Constantinople* », in *The French of Outremer*, *op. cit.*, p. 86-109.

GAGGERO, Massimiliano, « La *Chronique d'Ernoul et de Bernard le Trésorier*, l'*Eracles* et la narration des croisades », *Conter des croisades du Moyen Âge à nos jours*, éd. Catherine Croizy-Naquet (*Cahiers de recherches médiévales et humanistes*, t. 37, 1, 2019), p. 53-75.

GAGGERO, Massimiliano, « Le paratexte et la restructuration du récit : l'*Eracles* au XIVe siècle », *Studi Francesi*, t. 64, 3, 2020, p. 488-500.

GILLINGHAM, John, *Richard I*, New Haven and London, Yale University Press, 1999.

GILLINGHAM, John, « Royal Newsletters, Forgeries and English Historians: Some Links between Court and History in the Reign of Richard I », *La cour Plantagenêt*, actes du colloque tenu à Thouars du 30 avril au 2 mai 1999, Poitiers, CESCM, 2000, p. 171-185.

GIUSEPPI, Montague Spencer, « On the Testament of Sir Hugh de Nevill, written at Acre, 1267 », *Archaeologia*, 2[d] series, t. 56, 1899, p. 352-354.

GLESSGEN, Martin Dietrich, « L'écrit documentaire dans l'histoire linguistique de la France », *La langue des actes. Actes du XI[e] congrès de la Commission internationale de diplomatique*, éd. Olivier Guyotjeannin, Paris, 2006 : http://elec.enc.sorbonne.fr/CID2003/.

GÓMEZ REDONDO, Fernando, *Historia de la prosa medieval castellana, 1. La creación del discurso prosístico: el entramado cortesano*, Madrid, Cátedra, 1998, p. 1053-1055.

GOSSEN, Carl Theodor, *Französische Skriptastudien: Untersuchungen zu den nordfranzösichen Urkundensprachen des Mittelalters*, Wien, Bohlhaus, 1967.

GOSSEN, Carl Theodor, *Grammaire de l'ancien picard*, Paris, Klincksieck, 1970.

Grande grammaire historique du français, éd. Christiane Marchello-Nizia, Bernard Combettes, Sophie Prévost, Tobias Scheer, 2 vol., Berlin-Boston, De Gruyter-Mouton, 2020.

GRIVAUD, Gilles, *Entrelacs chiprois. Essai sur les lettres et la vie intellectuelle dans le royaume de Chypre 1191-1570*, Nicosia, Moufflon, 2009.

GRIVAUD, Gilles, « Villages désertés à Chypre (fin XIIe-fin XIXe siècle) », *Μελέται καὶ Ὑπομνήματα*, t. 3, 1998, p. 1-604.

GUENÉE, Bernard, *Histoire et culture historique dans l'Occident médiéval*, Paris, Aubier Montaigne, 1980.

HAINES, John, « The Songbook for William of Villehardouin, Prince of the Morea (Paris, Bibliothèque nationale de France, fonds français 844). A Crucial Case in the History of Vernacular Song Collections », *Viewing the Morea*, ed. Sharon E.J. Gerstel, *op. cit.*, p. 57-109.

HANDYSIDE, Philip, *The Old French William of Tyre*, Boston-Leiden, Brill, 2015.

HANLEY, Catherine., « The siege engine as metaphor in four Old French chronicles », *French Studies Bulletin*, t. 77, 2000, p. 2-5.

HANLEY, Catherine., "Reading the past through the present: Ambroise, the Minstrel of Reims and Jordan Fantosme", *Mediaevalia*, t. 20, 2001, p. 265-271.

HARDY, Ineke, « *Nus ne poroit de mauvaise raison* (R1887): a case for Raoul de Soissons », *Medium Aevum*, t. 70, 2001, p. 95-111.

HATZIKIRIAKOS, Alexandros Maria, *Musiche da una corte effimera: lo* Chansonnier du Roi *(BnF f. fr. 844) e la Napoli dei primi angioini*, Verona, Edizioni Fiorini, 2020.

HELOU, Kasser-Antton, *Étude et édition de l'*Estoire d'Outremer*, d'après le manuscrit Firenze, Biblioteca Medicea Laurenziana, pluteus LXI.10, f. 274-336*, thèse soutenue à l'Université de Paris-Sorbonne le 8 décembre 2017.

HELOU, Kasser Anton, « D'un acrostiche trouvé dans l'*Estoire d'Outremer* », *Romania*, t. 141, 2023, p. 294-346.

HIRSCHBICHLER, Monika, « The Crusader Paintings in the Frankish Gate at Nauplia, Greece: a Historical Construct in the Latin Principality of Morea », *Gesta – The International Center of Medieval Art*, t. 44, 1, 2005, p. 13-30.

HOLTUS, Günther, « Franko-italienisch / Franco-italien », *LRL*, VII, 1998.

HONNORAT, Simon-Jude, *Dictionnaire provençal-français ou dictionnaire de la langue d'oc, ancienne et moderne, suivi d'un vocabulaire français-provençal*, 2 vol., Digne, Imprimerie Repos, 1846-1847.

HOPF, Carl, *Geschichte Griechenlands vom Beginn des Mittelalters bis auf unsere Zeit*, 2 vol., New York, B. Franklin, 1960.

HORROCKS, Geoffrey, *Greek. A History of the Language and its Speakers*, 2^d^ edition, Oxford, Wiley-Blackwell, 2010.

IBOS-AUGÉ, Anne, *Chanter et lire dans le récit médiéval. La fonction des insertions lyriques dans les œuvres narratives et didactiques d'oïl aux XIIIe et XIVe siècles*, Bern-Berlin-Bruxelles-Frankfurt am Main-New York-Wien, Lang, 2010, 2 voll.

« Intavulare ». Tables de chansonniers romans (série cordonnée par Anna Ferrari), *II. Chansonniers français. 1. a (B.A.V., Reg. lat. 1490), b (B.A.V., Reg. lat. 1522), A (Arras, Bibliothèque Municipale 657)*, par Madeleine Tyssens, Città del Vaticano, Biblioteca Apostolica Vaticana, 1998.

« *Intavulare* ». *Tables de chansonniers romans, II. Chansonniers français* (série coordonnée par Madeleine Tyssens). *3. C (Bern, Burgerbibliothek 389)*, par Paola Moreno, Liège, Université de Liège, 1999.

JACKSON, Peter, « The Crusades of 1239-1241 and Their Aftermath », *Bulletin of the School of Oriental and African Studies, University of London*, t. 50, 1, 1987, p. 32-60.

JACOBY, David, « Quelques considerations su les versions de la Chronique de Morée », *Journal des savants*, t. 3, 1968, p. 133-189.

JACOBY, David, *La féodalité en Grèce Médiévale. Les Assises de Romanie : sources, application et diffusion*, Paris-La Haye, Mouton & Co, 1971.

JACOBY, David, « La littérature française dans les états latins de la Méditerranée orientale è l'époque des croisades : diffusion et création », *Essor et fortune de la chanson de geste dans l'Europe et l'Orient latin. Actes du IXe congrès international de la Société Rencesvals pour l'étude des épopées romanes, Padoue-Venise, 29 août-4 septembre 1982*, Modena, Mucchi, 1984, t. II, p. 617-646.

JACOBY, David, « Knightly values and class consciousness in the Crusader states of the Eastern Mediterranean », *Mediterranean Historical Review*, t. 1, 1986, p. 98-186.

JACOBY, David, « The Kingdom of Jerusalem and the Collapse of Hohenstaufen Power in the Levant », *Dumbarton Oaks Papers*, t. 40, 1986, p. 83-101.

JACOBY, David, « Conrad, Marquis of Montferrat, and the Kingdom of Jerusalem (1187-1192) », *Atti del Congresso internazionale « Dai feudi monferrini e dal Piemonte ai nuovi mondi oltre gli Oceani »*, ed. Laura Balletto, Alessandria 2-6 aprile 1990, Alessandria, Accademica degli Immobili, 1993, p. 187-238.

JACOBY, David, « Society, Culture and the Arts in Crusader Acre », *France and the Holy Land: Frankish Culture at the End of the Crusades*, ed. Daniel H. Weiss and Lisa Mahoney, Baltimore and London, The Johns Hopkins University Press, 2004, p. 97-137.

JACOBY, David, « Compte rendu de Teresa Shawcross, *The Chronicle of Morea. Historiography in Crusader Greece* », *Byzantinische Zeitschrift*, t. 104, 2, 2011, p. 780-783.

JEANROY, Alfred, « La *Chanson d'Aspremont* et les poèmes sur la première Croisade », *Studi medievali*, n.s., t. 11, 1938, p. 1-11.

JEANROY, Alfred, « Sur un épisode de la *Chanson d'Aspremont* », *Romania*, 60 (1934), p. 85-87.

JEFFREYS, Elizabeth, « Place of Composition as a Factor in the Edition of Early Demotic Texts », *Origini della Letteratura Neogreca I*, ed. N. Panayotakis, Venice, [#], 1993, p. 310-324.

JEFFREYS, Elizabeth, JEFFREYS, Michael, *Popular Literature in Late Byzantium*. London, Variorum Reprints, 1983.

JEFFREYS, Michael, « Formulas in the Chronicle of Morea », *Dumbarton oaks papers*, t. 27, 1973, p. 163-195.

JEFFREYS, Michael, « The Chronicle of The Morea: Priority of the Greek Version », *Byzantinische Zeitschrift*, t. 68, 1975, p 304-350.

JUBB, Margaret A., *The Legend of Saladin in Western Literature and Historiography*, Lewiston, Edwin Mellen Press, 2000 (*Studies in Comparative Literature*, 34).

KALONAROS, Petros, «Μορέας», *Neoteron enkyklopaidikon lexikon: methodike kai sustematike sumpyknosis kai eklaikeusis olon ton anthropinon gnoseon*, ed. I. D. Passas, 18 vol., Atene, Elios, 1948-1957, vol. 13 ; Egea, 1996.

KANTOROWICZ, Ernst, *Les deux corps du roi, Essai sur la théologie politique au Moyen Âge*, trad. Jean-Philippe et Nicole Genet, Paris, Gallimard, 1989 (1re éd. 1957).

KER, Neil, « From 'above top line' to 'below top line': a change in scribal practice », *Celtica*, t. 5, 1960, p. 13-16.

KINOSHITA, Sharon, JACOBS, Jason, « Ports of Call: Boccaccio's Alatiel in the Medieval Mediterranean », *Journal of Medieval and Early Modern Studies*, t. 37, 1, 2007, p. 163-195.

KLEBER, Hermann, « Graindor de Douai : remanieur – auteur – mécène ? », *Les épopées de la croisade*. Premier colloque international (Trèves, 6-11 août 1984), publié par Karl Heinz Bender avec la collaboration de Hermann Kleber, Franz Steiner, Stuttgart 1987, p. 66-75.

KÖHLER, Erich, « Byzanz und die Literatur der Romania », *Grundriß der romanischen Literaturen des Mittelalters*, I, Heidelberg, 1971, p. 396-407.

KRIARÀS, Emmanouel, *Βυζαντινὰ ἱπποτικὰ μυθιστορήματα*, Ἀθῆναι, Ἀέτος, 1955 (*Βασικὴ Βιβλιοθήκη*, 2).

KRIARÀS, Emmanuel, *Λεξικό τῆς μεσαιωνικῆς ἑλληνικῆς δημώδους γραμματεῖας 1100-1669*, 14 voll., Thessaloniki, s.e.

KRYNEN, Jacques, *L'empire du roi, Idées et croyances politiques en France, XIIIe-XVe siècles*, Paris, Gallimard, 1993.

KULLMANN, Dorothea, « Compte rendu de *Aspremont. Chanson de geste du XIIe siècle*, éd. François Suard », *Zeitschrift für romanische Philologie*, 126 (2010), p. 638-643.

LAIOU, Angeliki, *Urbs Capta: The Fourth Crusade and Its Consequences / La IVe Croisade et ses consequénces*. Paris, Éditions Lethielleux. 2005.

LAPINA, Elizabeth, *Warfare and the Miraculous in the Chronicles of the First Crusade*, University Park (Pennsylvania), The Penssylvania State University Press, 2015, p. 97-121.

La régionalité lexicale du français au Moyen Âge, éd. Martin-Dietrich Glessgen, David Trotter, Strasbourg, Éditions de Linguistique et de Philologie, 2016.

LAZZERINI, Lucia, *Letteratura in lingua d'oc*, Modena, Mucchi, 2001.

LECCO, Margherita, *Il motivo della* Mesnie Hellequin *nella letteratura medievale*, Alessandria, Edizioni dell'Orso, 2001.

LECLERCQ, Armelle, *Portraits croisés. L'image des Francs et des Musulmans dans les textes sur la Première Croisade*, Paris, Champion, 2010.

LEJEUNE-DEHOUSSE, Rita, *L'œuvre de Jean Renart. Contribution à l'étude du genre romanesque au Moyen Âge*, Paris-Liège, Faculté de Philosophie et de Lettres-Droz, 1935.

LE PERSON, Marc, « L'insertion de la "reverdie" comme ouverture ou relance narratives dans quelques romans des XIIe et XIIIe siècles », *Les genres insérés dans le roman*, Actes du Colloque International, Lyon, 10-12 décembre 1992, éd. C. Lachet, Lyon, CEDIC, 1994, p. 17-33.

LESON, Robert, « 'Partout la figure du lion': Thomas of Marle and the Enduring Legacy of the Coucy Donjon Tympanum », *Speculum*, t. 93, 1, 2018, p. 27-71.

Lettres, musique et société en Lorraine médiévale. Autour du Tournoi de Chauvency *(Ms. Oxford Bodleian Douce 308)*. Actes réunis et édités par Mireille Chazan et Nancy Freeman Regalado, Genève, Droz, 2012.

LEVY, Brian J., « Pèlerins rivaux de la Troisième Croisade : les personnages des rois d'Angleterre et de France d'après les chroniques d'Ambroise et d'Ernoul et le récit anglo-normand de la *Croisade et Mort Richard Cœur de Lion* », *La Croisade – réalités et fictions*, Actes du Colloque d'Amiens, 1987, éd. Danielle Buschinger, Göppingen, Kümmerle, 1989, p. 62-80.

LEVY, Emil, *Petit dictionnaire provençal-français*, Heidelberg, Carl Winters Universitätsbuchhandlung, 1909.

Libro delle uxanze e statuti delo imperio de Romania, ed. A. Parmeggiani, Spoleto, Centro italiano di studi sull'alto medioevo, 1998.

LIEBERMANN, Felix, ed., *Die Gesetze der Angelsachsen*, 4 vol., Halle, Max Niemeyer, 1903-1916.

LOCK, Peter, *The Franks in the Aegean, 1204-1500*, London, Longman, 1995.

LONGNON, Jean, « Le prince de Morée chansonnier », *Romania*, 65 (1939), p. 95-110.

LONGNON, Jean, *L'empire latin de Constantinople et la principauté de Morée*, Paris, Payot, 1949.

LONGNON, Jean, *Les compagnons de Villehardouin. Recherches sur les croisés de la quatrième croisade*, Genève, Droz, 1978.

LUTTRELL, Anthony, « Greek Histories Translated and Compiled for Juan Fernández de Heredia, Master of Rhodes: 1377-1396 », *Speculum*, t. 35, 3, 1960, p. 401-407.

LUTTRELL, Anthony, « Juan Fernández de Heredia and the Compilation of the Aragonese Chronicle of the Morea », *Deus Vult: miscellanea di studi sugli ordini militari*, ed. C. Guzzo, Tuscania, Penne & Papiri, 2011, p. 69-134.

LUTTRELL, Anthony, « Juan Fernandez de Heredia's History of Greece », *Byzantine and Modern Greek Studies*, t. 34, 1 (2010), p. 30-37.

LYONS, Faith, *Les éléments descriptifs dans le roman d'aventure au XIIIe siècle (en particulier* Amadas et Ydoine, Gliglois, Galeran, L'Escoufle, Guillaume de Dole, Jehan et Blonde, Le Castelain de Couci*)*, Genève, Droz, 1965.

MACGREGOR, James, « Negotiating Knightly Piety : The Cult of the Warrior-Saints in the West, ca. 1070-ca. 1200 », *Church History*, t. 73, 2004, p. 317-345.

MADDEN, Thomas F., *Enrico Dandolo and the Rise of Venice*, John Hopkins University Press, 2003.

MAKRIS, Gregorios, « Vernacular Greek from Old French or Vice Versa ? The Chronicle of the Morea », *Quarta crociata : Venezia, Bisanzio, impero latino*, ed. G. Ortalli, G. Ravegnani, P. Schreiner, Venezia, Istituto veneto di scienze lettere ed arti, 2006, Vol. II, p. 607-615.

MANGO, Cyril, « The Legend of Leo the Wise » in ID, *Byzantium and its Image. History and Culture of the Byzantine Empire and its Heritage*, London, Variorum Reprints, 1984, p. 59-101.

MARCHELLO-NIZIA, Christiane, *L'évolution du français : ordre des mots, démonstratifs, accent tonique*, Paris, Armand Colin, 1995.

MAYER, Hans E., *Von dem* Cour des Bourgeois *zum öffentlichen Notariat* : *Die freiwillige Gerichtsbarkeit in den Kreuzfahrerstaaten*, Wiesbaden, Harrassowitz Verlag, 2016.

MCCANN Boulton, Maureen B., *The Song in the Story. Lyric Insertions in French Narrative Fiction, 1200-1400*, Philadelphia, University of Pennsylvania Press, 1993.

MENARDOS, Simos, « Γαλλικαὶ Μεσαιωνικαὶ λέξεις ἐν Κύπρῳ », *Ἀθηνᾶ*, t. 12, 1909, p. 360-384.

MENEGHETTI, Maria Luisa, «Il ms ambrosiano D 55 sup. tra Francia, Oltremare e "Lombardia": illazioni su un percorso possibile», *Narrazioni e strategie dell'illustrazione: codici e romanzi cavallereschi nell'Italia del Nord (sec. XIV-XVI)*, ed. Annalisa Izzo et Ilaria Molteni, Roma, Viella, p. 15-24.

MENEGHETTI, Maria Luisa, *Il romanzo nel Medioevo. Francia, Spagna, Italia*, Bologna, Il Mulino, 2010.

MENEGHETTI, Maria Luisa, «L'"altro amante": qualche considerazione sulla storia di Andrieu de Paris (o de Fransa), innamorato fantomatico», *Letteratura, alterità, dialogicità. Studi in onore di Antonio Pioletti*, ed. Eliana Creazzo, Gaetano Lalomia, Andrea Manganaro [=«Le Forme e la Storia», n.s. t. 8, 2, 2015], p. 607-617.

MENEGHETTI, Maria Luisa, *Storie al muro. Temi e personaggi della letteratura profana nell'arte medievale*, Torino, Einaudi, 2015.

MESCHINI, Marco, *1204: l'incompiuta: la quarta crociata e le conquiste di Costantinopoli*, Milano, Àncora, 2004.

MEYER, Gustav, « Romanische Wörter im kyprischen Mittelgriechisch », *Jahrbuch für romanische und englische Literatur*, t. 3, 1876, p. 33-56.

MILLER, William, *The Latins in the Levant: a History of Frankish Greece (1204-1566)*, London, J. Murray, 1908.

MILONIA, Stefano, «Riccardo Cuor di Leone, *Ja nuns hons pris ne dira sa raison.* Una proposta di edizione critica», *Critica del Testo*, t. 20, 1, 2017, p. 243-300.

MINAZZATO, Marta, «Maestro del Sanudo», *Dizionario biografico dei miniatori italiani, secoli IX-XVI*, a cura di M. Bollati, Milano, Sylvestre Bonnard, 2004, p. 662-663.

MINERVINI, Laura, «Leggende dei cristiani orientali nelle letterature romanze del Medioevo», *Romance Philology*, t. 49, 1995, p. 1-12.

MINERVINI, Laura, «La lingua franca mediterranea. Plurilinguismo, mistilinguismo, pidginizzazione sulle coste del Mediterraneo tra tardo medioevo e la prima età moderna», *Medioevo Romanzo*, t. 20, 1996, p. 231-301.

MINERVINI, Laura, «Outremer», *Lo spazio letterario del Medioevo. 2. Il Medioevo volgare*, I, *La produzione del testo*, Roma, Salerno editrice, 2001, p. 611-648.

MINERVINI, Laura, «Il francese negli Stati Crociati: testi e contesti», *Critica del testo*, t. 9, 3, 2006, p. 853-870.

MINERVINI, Laura, « Le français dans l'Orient latin (XIIIe-XIVe siècles). Éléments pour la caractérisation d'une *scripta* du Levant », *Revue de Linguistique Romane*, t. 74, 2010, p. 119-198.

MINERVINI, Laura, « Les emprunts arabes et grecs dans le lexique français d'Orient (XIIIe-XIVe siècles) », *Revue de Linguistique Romane*, t. 76, 2012, p. 99-197.

MINERVINI, Laura, « La variation lexicale en fonction du contact linguistique : le français dans l'Orient latin » *La régionalité lexicale du français au Moyen Âge*, éd. Martin-Dietrich Glessgen, David Trotter, *op. cit.*, 2016, p. 195-206.

MINERVINI, Laura, «Veneziano e francese nell'Oriente latino», *Il veneziano «de là da mar». Contesti, testi, dinamiche del contatto linguistico e culturale*, ed. Daniele Baglioni, Berlin, de Gruyter, 2019, p. 177-199.

MINERVINI, Laura, « Les manuscrits français d'Outremer. Un nouveau bilan », *Transferts culturels entre France et Orient latin (XIIe-XIIIe siècles)*, eds. Martin Aurell – Marisa Galvez – Estelle Ingrand Varenne, Paris, Garnier, 2021, p. 149-172.

MOISAN, André, *Répertoire des noms propres de personnes et de lieux cités dans les chansons de geste francaises et les œuvres étrangères derivées*, Genève, Droz, I/1, 1986.

MORGAN, Margaret Ruth, *The Chronicle of Ernoul and the Continuation of William of Tyre*, Oxford, Oxford University Press, 1973.

MORGAN, Margaret Ruth, « The *Rothelin Continuation* of William of Tyre », *Outremer. Studies in the History of the Crusading Kingdom of Jerusalem*, presented to Joshua Prawer, ed. Benjamin Z. Kedar, Hans E. Mayer, Raymond C. Smail, Jerusalem, Yad Izhak Ben-Zvi Institute, 1982, p. 244-257.

MÜLHETHALER, Jean-Claude, BURGHGRAEVE, Delphine, SCHERTZ, Claire-Marie « Introduction. Figure, posture, *ethos* à l'épreuve de la littérature médiévale », *Un territoire à géométrie variable. La communication littéraire au temps de Charles VI*, éd. Jean-Claude Mülhetahler, Delphine Burghgraeve, Paris, Garnier, 2017, p. 9-51.

Musica e liturgia a San Marco. Testi e melodie per la liturgia delle ore dal XII al XVII secolo, dal graduale tropato del Duecento ai graduali cinquecenteschi, ed. Giulio Cattin, Giordana Mariani Canova, Susy Marcon Venezia, Edizioni Fondazione Levi (Collezione speciale per la musica veneta IV), 1990.

NADER, Marwan, *Burgesses and Burgess Law in the Latin Kingdoms of Jerusalem and Cyprus (1099-1325)*, Aldershot, Ashgate, 2006.

NICHOLSON, Helen J., *Chronicle of the Third Crusade. A translation of the* Itinerarium peregrinorum et gesta regis Ricardi, Aldershot, Ashgate, 1997 (2e édition, 2001).

NICHOLSON, Helen J., « The Construction of a primary source: The Creation of *Itinerarium peregrinorum 1* », *Cahiers de Recherches Humanistes et Médiévales, Conter des croisades*, t. 37, 1, 2019, p. 143-165.

NICOLAOU-KONNARI, Angel, « Η γλώσσα στην Κύπρο κατά τη Φραγκοκρατία (1192-1489) : μέσο έκφρασης φαινομένων αλληλεπίδρασης και καθορισμού εθνικής ταυτότητας », *Κυπριακαὶ Σπουδαί*, t. 56, 1992, p. 29-55.

NICOLAOU-KONNARI, Angel, « Η διασκευή του χειρογράφου της Ραβέννας της Εξήγησης του Λεοντίου Μαχαιρά και η Narratione του Διομήδη Strambali », *Τ' ἀηδόνιν κεῖνον ποῦ γλυκὰ θλιβᾶται. Εκδοτικά και ερμηνευτικά ζητήματα της δημώδους ελληνικής λογοτεχνίας στο πέρασμα από τον Μεσαίωνα στην Αναγέννηση (1400-1600)*, Acts of the Fourth International Conference Neograeca Medii Aevi (Nicosia, November 1997, eds. Agapitos Panayiotis – Michalis Pieris Herakleion, p. 287-315.

NICOLAOU-KONNARI, Angel, « Leontios Makairas' Greek Chronicle of the 'Sweet Land of Cyprus': History of Manuscripts and Intellectual Links », *The Medieval Chronicle*, 10, ed. Ilya Afanasyev, Juliana Dresvina and Erik Kooper Leiden-Boston, Brill-Rodopi, 2015, p. 163-201.

NICOLAOU-KONNARI, Angel, « Literary Languages in the Lusignan Kingdom of Cyprus in the Thirteenth Century », *Μολυβδοκονδυλοπελεκητής*, t. 7, 2000, p. 7-27.

NICOLAOU-KONNARI, Angel, « Strategies of Distinction: The Construction of the Ethnic Name Griffon and the Western Perception of the Greeks

(Twelfth-Fourteenth Centuries) », *Byzantinistica. Rivista di studi bizantini e slavi*, n. s., t. 4, 2002, p. 181-196.

NOBEL, Pierre, « Écrire dans le Royaume franc : la scripta de deux manuscrits copiés à Acre au XIIIe siècle », *Variations linguistiques, koinè, dialectes, français régioneaux*, éd. Pierre Nobel, Paris, Presses Universitaires de France, 2003, p. 33-52.

NORTHUP, George T., « *La Gran Conquista de Ultramar* and Its Problems », *Hispanic Review*, t. 2, 1934, p. 287-302.

Notice sur les sceaux des Comtes de Louvain et des Ducs de Brabant (976-1430), éd. Pierre F. X. De Ram, Bruxelles, Hayez, 1852.

O'BRIEN, Bruce, « Leis Willelme », *The Encyclopedia of Medieval Literature in Britain*, ed. Siân Echard and Robert Rouse, Oxford, Wiley-Blackwell, 2017.

OROBELLO, Giuseppina, «Nuove ipotesi sulla produzione e circolazione del manoscritto ambrosiano del *Roman de Troie* (D 55 Sup.)», *Carte romanze*, t. 3, 2, 2015, p. 189-214: https://riviste.unimi.it/index.php/carteromanze.

OTT, Muriel, « Édition et géographie (2) : du Piémont à la Toscane dans la *Chevalerie Ogier* », « *Par deviers Rome m'en revenrai errant* », p. 121-129.

PAGE, Gill, « Literature in Frankish Greece », *A companion to Latin Greece*, p. 288-305.

PALUMBO, Giovanni, « *Consensus non facit veritatem* : à propos de la fabuleuse genèse de la *Chanson d'Aspremont* », « *Par deviers Rome m'en revenrai errant* », p. 433-443.

PALUMBO, Giovanni, « Quelques remarques sur l'intérêt philologique des régionalismes : le cas de la *Chanson d'Aspremont* », *La régionalité lexicale du français au Moyen Âge*, éd. Martin-Dietrich Glessgen, David Trotter, *op. cit.*, p. 301-324.

PALUMBO, Giovanni, *La* Chanson de Roland *in Italia nel Medioevo*, Roma, Salerno editrice, 2013.

PALUMBO, Giovanni, RINOLDI, Paolo, « La *Chanson d'Aspremont* dans le nord de la France : quelques remarques sur la chronologie littéraire », Actes du *XXII Congrès International de la Société Rencesvals (Lille, 18-22 juillet 2022)*, à paraître.

PANAGHIOTAKIS, Nikolaos, «Leone il Saggio nella cesta», *Medioevo romanzo e orientale. Il viaggio nei testi. Atti del III colloquio internazionale, Venezia, 10-13 ottobre 1996*, ed. A. Pioletti & F. Rizzo Nervo, Rubbettino, 1999, p. 291-302.

« *Par deviers Rome m'en revenrai errant* ». *XXe Congrès International de la Société Rencesvals pour l'étude des épopees romanes*, a cura di Maria Careri, Caterina Menichetti e Maria Teresa Rachetta, Roma, Viella, 2017.

PARIS, Gaston, « La *Chanson d'Antioche* provençale et la *Gran conquista de*

Ultramar », *Romania*, t. 17, 1888, p. 513-541 ; t. 19, 1890, p. 562-591 ; t. 22, 1893, p. 345-363.

PARIS, Gaston, *La légende de Saladin*, Paris, Imprimerie Nationale, 1893.

PASTOUREAU, Michel, « Les sceaux et la fonction sociale des images », *L'image. Fonctions et usages des images dans l'Occident médiéval*, Actes du VIe International Workshop on Medieval Societies, 17-23 octobre 1992, sous la direction de Jérôme Baschet et Jean-Claude Schmitt, Paris, Le Léopard d'or, 1996, p. 275-307.

PÉRON, Pascal, *Les Croisés en Orient. La représentation de l'espace dans le cycle de la croisade*, Paris, Champion, 2008.

PERRY, Guy, *John of Brienne: King of Jerusalem, Emperor of Constantinople, c. 1175-1237*, Cambridge, Cambridge University Press, 2013, p. 13-14.

PERUGI, Maurizio, «Chiose gallo-romanze alle *Eroidi*: un manuale per la formazione letteraria del Boccaccio», *Studi di Filologia Italiana*, t. 47, 1989, p. 101-148.

PEZZIMENTI, Sara, *L'Estoire de la guerre sainte : tradizione e ricezione (con edizione del frammento di Dublino)*, Thèse de l'Université de Sienne, dir. Maria Luisa Meneghetti, 2012.

PIGEONNEAU, Henri, *Le Cycle de la Croisade et de la famille de Bouillon*, St. Cloud, Belin, 1877.

« Plus agreable a lire en prose que en rime ? ». Vers et prose en moyen français, éd. Catherine Croizy-Naquet, Michelle Szkilnik (*Le moyen français*, t. 76-77, 2016).

POMER MONFERRER, Juanjo, «Les fonts grega i francesa de la versió aragonesa de la Crònica de Morea», *La traducció (in)directa dels clàssics a les literatures hispàniques, entre més*, ed. J. Pomer Monferrer & J. Redondo, Amsterdam, Adolf M. Hakkert, 2016, p. 135-229.

POPE, Mildred K., *From latin to Modern French with Especial Consideration of Anglo-Norman. Phonology and Morphology* [1934], Manchester, Manchester University Press, 1952.

PRINET, Max, « Les armoiries dans le roman du *Chatelain de Coucy* », *Romania*, 46 (1920), p. 163-179.

PRINGLE, Denys, *The Churches of the Crusader Kingdom of Jerusalem: A Corpus*, 4 vol., Cambridge, Cambridge University Press, 1993-2009.

Quarta crociata: Venezia, Bisanzio, impero latino, ed. Gherardo Ortalli, Giorgio Ravegnani, Peter Schreiner, Venezia, Istituto veneto di scienze, lettere ed arti, 2 vols., 2006.

QUELLER, Donald E., DAY, Gerald W., « Some Arguments in Defense of the Venetians on the Fourth Crusade », *The American Historical Review*, t. 81, 4, 1976, p. 717-737.

QUELLER, Donald E., KATELE, Irene B., « Attitudes Towards the Venetians in the Fourth Crusade: The Western Sources », *The International History Review*, t. 4, 1, 1984, p. 1-36.

QUELLER, Donald E., MADDEN, Thomas F., *The Fourth Crusade: The Conquest of Constantinople*, Second Edition, Philadelphia, University of Pennsylvania Press, 1997.

RAFFAELE DA VERONA, *Aquilon de* Bavière. Introduction, édition et commentaire par Peter Wunderli, III, Tübingen, Niemeyer, 1982.

RÄKEL, Hans-Herbert S., *Die musikalische Erscheinungsform der Trouvèrepoesie*, Bern, Haupt, 1977.

RAMON MUNTANER, *Crònica*, ed. M. Gustà, 2 vol., Barcelona, Edicions 62, 1990[3].

RAPTI, Ioanna, « Identities on the Page: Painted Books in Late Medieval Cyprus », *Identity/Identities in Late Medieval Cyprus*, ed. Tassos Papacostas and Guillaume Saint-Guillain, Nicosia, Cyprus Research Centre and King's College London Centre for Hellenic Studies, 2014, p. 322-328.

RAYNAUD, Gaston, *Les Gestes des Chiprois. Recueil des chroniques français écrites en Orient aux* XIII*e et* XIV*e siècles (Philippe de Navarre et Gérard de Monréal)*, Genève, Imprimerie Jules-Guillaume Fick, 1887.

RAYNOUARD, François-Just-Marie, *Lexique Roman ou Dictionnaire de la langue des troubadours*, 6 vol. [1836-1845], Genève, Slatkine Reprints, 1977.

Recherches historiques sur la principauté française de Morée et ses hautes baronnies. Le Livre de la conqueste de la princée de la Morée *publié pour la première fois d'après un manuscrit de la bibliothèque des ducs de Bourgogne à Bruxelles, avec notes et éclaircissements. Première époque : conquête et établissement féodal, de l'an 1205 à l'an 1333*, éd. J. A. Buchon, 2 vol., Paris, Librairie de Jules Renouard et fils, 1845.

REGINATO, Irene, «I nomi propri come "fossili-guida" nello studio filologico-linguistico di un testo: il caso della Versione K del Devisement du Monde», *Nomina sunt...? L'onomastica tra ermeneutica, storia della lingua e comparatistica*, Edizioni Ca' Foscari – Digital Publishing, 2016, p. 65-76.

REGINATO, Irene, « Le manuscrit Contarini de *La conquête de Constantinople* dans un témoin indirect : Ramusio traducteur de Villehardouin », *Romania*, t. 134, 2016, p. 31-76.

REGINATO, Irene, «L'interferenza linguistica nella trasmissione indiretta. Errori di copia ed errori di traduzione nella costellazione catalana del Devisement du monde», *Interferenze. Teorie, Contaminazioni, Interfacce, Trasmissioni*, ed. P. M. Caleffi, A. Cappelletto, F. Ginelli, M. Magnan Verona, Fiorini, 2018, p. 165-187.

Rencontres du vers et de la prose : pensée théorique et mise en page, Actes du colloque des 12-13 décembre 2013, éd. Catherine Croizy-Naquet, Michelle Szkilnik, Turnhout, Brepols, Code & Contexte, 2016.

RENZI, Lorenzo, «Per la lingua dell'*Entrée d'Espagne*», *Cultura Neolatina*, 30, 1970, p. 59-87. ID., *Le piccole strutture. Linguistica, poetica, letteratura*, a cura di Alvise Andreose, Alvaro Barbieri, Dan Octavian Cepraga, con la collaborazione di Marina Doni, Bologna, il Mulino, 2008, p. 265-298.

RENZI, Lorenzo, «Il francese come lingua letteraria e il franco-lombardo. L'epica carolingia nel Veneto», *Storia della cultura veneta*, I, *Dalle Origini al Trecento*, Vicenza, Neri Pozza, 1976, p. 563-589.

RESCONI, Stefano, «Canoni, gerarchie, luoghi, tradizioni: le strategie compilative del canzoniere francese M (BnF, fr. 844) », *I confini della lirica. Tempi, luoghi, tradizione della lirica romanza*, ed. A. Decaria et C. Lagomarsini, Firenze, Edizioni del Galluzzo, 2017, p. 167-191.

RESCONI, Stefano, « La *chanson de départie* per la crociata a voce femminile: contributo all'interpretazione di una tipologia lirica romanza », *Atti del XXVIII Congresso internazionale di linguistica e filologia romanza* (Roma, 18-23 luglio 2016), *op. cit.*, I, p. 234-246.

RESCONI, Stefano, «Tracce, ricontestualizzazioni, canali di trasmissione peculiari: percorsi tra le liriche oitaniche trascritte al di fuori dei canzonieri francesi», *Critica del Testo*, t. 18, 3, 2015, p. 169-198.

REY, Agapito, «Las leyendas del ciclo carolingio en la *Gran Conquista de Ultramar*», *Romance philology*, t. 3, 1, 1944, p. 172-181.

RIANT, Paul, « Inventaire sommaire des mss. de l'*Eracles* », *Archives de l'Orient latin*, t. 1, 1881, p. 247-252.

Richard Cœur de Lion, Histoire et légende, textes présentés par Michèle Brossard-Dandré et Gisèle Besson, Paris, 10/18, Bibliothèque médiévale, 1989.

Richard Cœur de Lion in History and Myth, ed. Janet L. Nelson, King's College, London, Centre for Late Antiquity and Medieval Studies, 1992.

RICHARD, Jean, « Un évêque d'Orient au XIVe siècle. Guy D'Ibelin, O. P., évêque de Limassol et l'inventaire de ses biens [1367] », *Bulletin de Correspondance Hellénique*, 74 (1950), p. 98-133.

RICHARD, Jean, « Le peuplement latin et syrien en Chypre au XIIIe siècle », *Byzantinische Forschungen*, t. 7, 1979, p. 157-173.

RICHARD, Jean, « La cour des Syriens de Famagouste d'après un texte de 1448 », *Byzantinische Forschungen*, t. 12, 1987, p. 383-398.

RICHARD, Jean, « Culture franque, culture grecque, culture arabe dans le royaume de Chypre au XIIIe et au début du XIVe siècle », *Annales du Département des Lettres Arabes de la Faculté de Lettres et Sciences Humaines de l'Université Saint-Joseph*, t. 6, 1991-1992, p. 235-245.

RICHARD, Jean « Les Transformations de l'image de Saladin dans les sources occidentales », *Figures mythiques de l'Orient musulman*, éd. Denise Aigle, *Revue du monde musulman et de la Méditerranée*, Aix-en-Provence, Edisud, 89-90 (2000), p. 177-187.

RILEY-SMITH, Jonathan, « The First Crusade and Saint Peter », *Outremer. Studies in the History of the Crusading Kingdom of Jerusalem presented to Joshua Prawer*, ed. Benjamin Zeev Kedar, Hans Eberhard Mayer, Raimund Charles Smail, Jerusalem, Yad Izhak Ben-Zvi Institute, 1982, p. 41-63.

RINOLDI, Paolo, «Boccaccio e il *gouffre de Setalie*», *Studi sul Boccaccio*, t. 34, 2008, p. 89-109.

RINOLDI, Paolo, « Compte rendu de *The History of the Holy War. Ambroise's Estoire de la Guerre Sainte*, I, ed. Marianne Ailes and Malcolm Barber », *Revue critique de Philologie romane*, t. 10, 2009, p. 3-83.

RINOLDI, Paolo, «La tradizione dell'*Estoire d'Eracles* in Italia: note su un volgarizzamento fiorentino», *Studi su volgarizzamenti italiani due-trecenteschi*, ed. P. Rinoldi e G. Ronchi, Roma, Viella, 2005.

RODRIGUES, Tina Lynn, *The Old French Chronique de Morée: Historiographic-Romance Narrative, The Greek Context, and Courtoisie*, Princeton University Thesis, 1996.

ROHLFS, Gerhard, *Grammatica storica della lingua italiana e dei suoi dialetti*, 3 vol., Torino, Einaudi, 1966-1969.

RÖHRICHT, Reinhold, *Regesta Regni Hierosolymitani*, Innsbruck, Libraria Academia Wagneriana, 1893-1904.

RÖHRICHT, Reinhold, RAYNAUD, Gaston, « Annales de Terre Sainte (1095-1291) », *Archive de l'Orient latin*, t. 2, 1884, p. 427-461.

RONJAT, Jules, *Grammaire istorique des parlers provençaux modernes*, 4 vol., Montpellier, Société des langues romanes, 1930-1941.

ROSSI, Luciano, «Il cuore, mistico pasto d'amore: dal *Lai Guirun* al *Decameron*», *Studi provenzali e francesi 82*, L'Aquila, Japadre, 1983, p. 28-128.

RUBIN, Jonathan, « John of Ancona's *Summae*: A Neglected Source for the Juridical History of the Latin Kingdom of Jerusalem », *Bulletin of Medieval Canon Law*, n.s., 29 (2011-2012), p. 183-218.

RUDT DE COLLENBERG, Wilpertus Hugo, « Δομὴ καὶ προέλευση τῆς τάξεως τῶν εὐγενῶν », *Ἱστορία τῆς Κύπρου. Μεσαιωνικὸν βασίλειον. Ἐνετοκρατία*, ed. Theodoros Papadopoullos, vol. I, Lefkosia, Idryma Archiepiskopou Makariou III, 1995, p. 785-862.

RUDT DE COLLENBERG, Wilpertus Hugo, « Le déclin de la société franque de Chypre entre 1350 et 1450 », *Κυπριακαὶ Σπουδαί*, t. 46, 1982, p. 71-83.

RUNCIMAN, Steven, *A History of the Crusades*, 3 vol., Cambridge, Cambridge University Press, (1951) 1995.

SACCHI, Luca, «Stratigrafie della *Gran Conquista de Ultramar*», *Atti del XXVIII Congresso internazionale di linguistica e filologia romanza* (Roma, 18-23 luglio 2016), II, p. 1332-1341.

SACCHI, Luca, «La finestra fatale. Morte di Enrico II di Champagne nella *Gran Conquista de Ultramar*», *Carte Romanze*, t. 9, 1, 2021, p. 149-175.

SÁNCHEZ CANDEIRA, Alfonso, «Las Cruzadas en la historiografia española de la época. Traducción castellana de una redacción desconocida de los *Anales de tierra santa*», *Hispania*, t. 20, 1960, p. 325-367.

SCHAEFER, Wulf, « Neue Untersuchungen über die Baugeschichte Napulias im Mittelalter », *Jahrbuch des Deutschen Archäologischen Instituts und Archäologischer Anzeiger*, t. 76, 1961, p. 196-214.

SEGRE, Cesare, «Quello che Bachtin non ha detto. Le origini medievali del romanzo», ID., *Teatro e romanzo*, Torino, Einaudi, 1984, p. 61-84.

SETTON, Kenneth M., *A History of the Crusades*, 6 vol., Madison, University of Wisconsin Press, 1969-1989, 1969.

SHAWCROSS, Teresa, *The Chronicle of Morea: Historiography in Crusader Greece*, Oxford, Oxford University Press, 2009.

SHORT, Ian, *Manual of Anglo-norman*, London, Anglo-norman Text Society, 2007.

SIMÓ, Meritxell, *La arquitectura del* roman courtois *en verso con inserciones líricas*, Bern-Berlin-Frankfurt a. M.-New York-Paris-Wien, Lang, 1999.

SIMONI-AUREMBOU, Marie-Rose, « Les *scriptae* françaises V. Haute-Bretagne, Maine, Anjou, Touraine, Orléanais, Berry », *LRL*, II, 2, p. 347-365.

SPADARO, Giuseppe, «Studi introduttivi alla Cronaca di Morea» I, II, III, *Siculorum gymnasium*, t. 12, 1959, p. 125-152; t. 13, 1960, p. 133-176; t. 14, 1961, p. 1-70.

SPADARO, Giuseppe, *Contributo sulle fonti medievali del romanzo greco medievale « Florio e Plaziaflora »*, Αθήναι, s.e., 1966 (« *Κείμενα και Μελέται Νεοελληνικής Φιλολογίας* », 26).

SPADARO, Giuseppe, «Sul prototipo della Cronaca di Morea», *Siculorum gymnasium*, 45 (1992), p. 89-104.

SPAMPINATO BERETTA, Margherita, «Filippo da Novara», *Dizionario Biografico degli Italiani*, en ligne : www.treccani.it/enciclopedia/filippo-da-novara_(Dizionario-Biografico)/.

SPETIA, Lucilla, «Riccardo Cuor di Leone tra oc e oïl (BdT 420,2)», *Cultura Neolatina*, t. 56, 1996, p. 101-155.

SPIEGEL, Gabrielle, *The Past as Text: the Theory and Practice of Medieval Historiography*, Baltimore-London, John Hopkins University Press, 1997.

STANITSAS, Stamatis, « Origine des manuscrits P (Parisinus gr. 2898) et T (Taurinensis B. II. 1) de la Chronique de Morée », *Πρατικὰ Α΄Διεθνοῦς Συνεδρίου Πελοποννησιακῶν Σπουδῶν*, Atene, 1976, p. 277-340.

STONES, Alison, « Le contexte artistique du *Tournoi de Chauvency* » *Lettres, musique et société en Lorraine médiévale*, p. 151-204.

SWEETHENAM, Carol, « What really happened to Eurvin de Créel's Donkey? Anecdotes in the Sources for the First Crusade », *Writing the Early Crusades. Text, Transmission and Memory*, eds. Marcus Bull, Damien Kempf, Woodbridge, The Boydel Press, 2014, p. 75-88.

SWEETENHAM, Carol, PATERSON, Linda M., *The* Canso d'Antioca. *An Occitan Epic Chronicle of the First Crusade*, Ashgate, Aldershot, 2003.

TABBAA, Yasser, « Dayfa Khatun, Regent Queen and Architectural Patron », *Women, Patronage, and Self-Representation in Islamic Societies*, ed. D. Fairchild Ruggles, Albany, State University of New York Press, 2000, p. 17-34.

Tabulae Ordinis Theutonici ex Tabularii Regii Belinensis Codice Potissimum, hrsg. Ernst Strehlke, Berlin, Weidmann, 1869.

The French of Outremer: Communities and Communications in the Crusading Mediterranean, ed. Laura K. Morreale and Nicholas L. Paul, Fordham Series in Medieval Studies, New York, Fordham University Press, 2018, p. 86-109.

The Historia Ierosolimitana *of Baldric of Borgueil*, edited by Steven Biddlecombe, Woodbridge, The Boydell Press, 2014.

THOMAS, Antoine, « Notice sur le manuscrit latin 4788 du Vatican contenant une traduction française avec commentaire par maître Pierre de Paris, de la *Consolatio Philosophiae* de Boèce », *Notice et extraits des manuscrits de la Bibliothèque Nationale*, t. 41, 1923, p. 29-90.

THOMAS, Georg M., « Über handschriftliche venezianische Chroniken und den Lateinerzug nach einer solchen », *Sitzungsberichte der königlichen bayerischen Akademie der Wissenschaften*, t. 4, 2, 1864, p. 67-80.

TOLAN, John, « Mirror of Chivalry: Salah al-Din in the Medieval European Imagination », *Images of the Other: Europe and the Muslim World before 1700*, Cairo, The American University in Cairo Press, 1996 (*Cairo Papers on Social Science*, 19), p. 7-38.

TOLAN, John, « Miroir de la chevalerie : Saladin dans l'imaginaire européen médiéval », *L'Europe latine et le monde arabe au Moyen Âge, Cultures en conflit et en convergence*, Rennes, Presses Universitaires de Rennes, 2009, p. 75-96.

TONNET, Henri, « Les Assises de Chypre et l'histoire de la langue grecque moderne », *Contribution de Chypre à la civilisation néo-hellénique. Actes du VIIIe Congrès international des néo-hellénistes des universités francophones (Montpellier, 10-12 mai 1982)*, Montpellier, Imprimerie de l'Université Paul-Valéry, 1984, p. 69-79.

TOPPING, Peter, *Feudal institutions as revealed in the Assizes of Romania: the law code of Frankish Greece*, Philadelphia, University of Pennsylvania press, 1949.

TOPPING, Peter, « Review of H.E. Lurier, Crusaders as Conquerors: the Chronicle of Morea », *Speculum*, t. 40, 4, 1965, p. 737-742.

TYERMAN, Christopher, *God's War. A New History of the Crusades*, London, Penguin Books, 2007.

UITTI, Karl, « Historiography and Romance: Explorations of Courtoisie in the Chronique de Morée », *Autobiography, Historiography, Rhetoric: a Festschrift in Honor of Frank Paul Bowman by His Colleagues, Friends and Former Students*, ed. M. Donaldson-Evans, L. Frappier-Mazur, G. Prince, Amsterdam-Atlanta, Rodopi, 1994, p. 265-286.

USSEGLIO, Leopoldo, *I marchesi di Monferrato in Italia ed in Oriente durante i secoli XII e XIII*, Milano, 1962.

VAN EMDEN, Wolfgang G., « La *Chanson d'Aspremont* and the Third Crusade », *Reading medieval studies*, 18 (1992), p. 57-80.

VAN WAARD, Roelof, *Études sur l'origine et la formation de la* Chanson d'Aspremont, Groningen – Batavia, Wolter, 1937.

VAN WAARD, Roelof, GUYOTJEANNIN, Olivier, « L'Italie méridionale vue du royaume de France : XIe-milieu XIIIe siècle », *Il Mezzogiorno normanno-svevo visto dall'Europa e dal mondo mediterraneo.* Atti delle tredicesime giornate normanno-sveve, Bari, 21-24 ottobre 1997, ed. Giosuè Musca, Bari, 1999, p. 143-173.

VARELLA, Stavroula, *Language Contact and the Lexicon in the History of Cypriot Greek*, Oxford, Peter Lang, 2006.

VARVARO, Alberto, «Il testo letterario», *Lo spazio letterario del medioevo. 2. Il Medioevo volgare*, I, 1, *La produzione del testo*, ed. Pietro Boitani, Mario Mancini, Aberto Varvaro, Roma, Salerno Editrice, 1999, p. 387-422.

VARVARO, Alberto, «Sociolinguistica e linguistica storica», [1982], ID., *La parola nel tempo*, Bologna, il Mulino, 1984, p. 105-116.

VIELLIARD, Françoise, « Richard Cœur de Lion et son entourage normand : le témoignage de l'*Estoire de la guerre sainte* », *Bibliothèque de l'École des Chartes*, t. 160, 2002, p. 5-52.

VIEL, Riccardo, *I gallicismi nella* Divina Commedia, Ariccia, Aracne, 2014.

VIEL, Riccardo, «La tenzone tra Re Riccardo e il Delfino d'Alvernia: liriche d'oc e d'oïl a confronto», *Dai pochi ai molti. Studi in onore di Roberto Antonelli*, ed. Paolo Canettieri e Arianna Punzi, Roma, Viella, 2014, II, p. 1761-1786.

Viewing the Morea: Land and People in the Late Medieval Peloponnese, ed. Sharon E. J. Gerstel, Cambridge, Harvard University Press, 2013.

VINCENSINI, Jean-Jacques, « D'une distinction préalable à la définition des stéréotypes anthropologiques », *Ethnologie française*, t. 25, 2, 1995, p. 257-264.

VIVES, José, «Juan Fernaández de Heredia, Gran Maestre de Rodas. Vida, obras, formas dialectales», *Analecta sacra Tarraconensia*, t. 3, 1927, p. 121-192.

Vocabolario degli Accademici della Crusca, riproduzione anastatica della Prima Edizione (Venezia 1612), promossa dall'Accademia della Crusca in collaborazione con ERA Edizioni, Firenze-Varese, Accademia della Crusca-ERA, 2008.

WALTER, Christopher, *The Warrior Saints in Byzantine Art and Tradition*, Aldershot, Ashgate, 2003.

WEINREICH, Uriel, *Lingue in contatto* [1953]. Traduzione italiana a cura di Giorgio R. Cardona, Torino, Editore Boringhieri, 1974.

WITTEK, Martin, *Inventaire des plus anciens manuscrits de papier conservés à la Bibliothèque royale Albert Ier et de leur filigranes (XIIIe-XIVe siècles)*, Bruxelles, Bibliothèque royale Albert 1er, 2001.

WOLFF, Robert L., « Hopf's So-Called Fragmentum of Marino Sanudo Torsello », *Studies in the Latin Empire of Constantinople*, t. 10, 1976, p. 149-159.

WOLLESEN, Jens T., *Acre or Cyprus? A New Approach to Crusader Painting Around 1300*, Berlin, Akademie Verlag, 2013.

ZINELLI, Fabio, « Sur les traces de l'atelier des chansonniers occitans IK : le manuscrit de Vérone, Biblioteca Capitolare, 508 et la tradition méditerranéenne du *Livre dou Tresor* », *Medioevo Romanzo*, t. 31, 2007, p. 7-69.

ZINELLI, Fabio, «Il *Roman de Cardenois*, Guillaume de Machaut e Oton de Grandson tra Francia del sud e Catalogna», *Romania*, t. 130, 2012, p. 294-354.

ZINELLI, Fabio, « Espaces franco-italiens : les italianismes du français-médiéval », *La régionalité lexicale du français au Moyen Âge*, éd. Martin-Dietrich Glessgen, David Trotter, *op. cit.*, p. 207-268.

ZINK, Gaston, *Morphologie du français médiéval*, Paris, Presses Universitaires de France, 1997.

ZINK, Michel, *Nature et poesie au Moyen Âge*, Paris, Fayard, 2006.

INDEX DES AUTEURS ET PERSONNAGES CITÉS

Les astérisques indiquent les auteurs des textes (littéraires ou documentaires) cités. Les sobriquets ou les dénominations alternatives, ainsi que des indications permettant de lever les ambiguïtés dans les cas d'homonymie figurent entre parenhèses.

INDEX DES AUTEURS MODERNES

INDEX DES ŒUVRES MÉDIÉVALES

Les rédactions variantes d'un même texte figurent à la suite du titre du texte de référence.

INDEX DES MANUSCRITS ET DES IMPRIMÉS ANCIENS

Lorsqu'un témoin est aussi identifié par un sigle dans le texte des articles, celui-ci figure entre parenthèses après la cote.

RÉSUMÉS

Catherine Croizy-Naquet et Sara Pezzimenti, « Infortune manuscrite, fortune textuelles ? Le succès d'un idéal, l'*Estoire de la Guerre Sainte* et le motif du pouvoir collectif au Moyen Âge »

Écrite à la fin du XIIe siècle, l'*Estoire de la guerre sainte*, premier récit de croisade en langue vernaculaire, apporte une connaissance inédite sur la troisième expédition en Terre sainte du côté de Richard Cœur de lion. Elle a laissé des empreintes visibles chez Ernoul et Robert de Clari, notamment par le biais d'un motif récurrent, l'exercice du pouvoir royal autour de la notion de *consilium* et de collégialité, privilégiant la célébration simultanée du roi, des barons et de ses conseillers.

Paolo Rinoldi, «*Sainte legion.* Il motivo dell'armata celeste nelle *chansons de geste*»

La contribution étudie le motif de l'armée céleste (la *sainte légion* généralement guidée par saint Georges) dans quelques chansons de geste en langue d'oïl des XIIe-XIVe siècles. À côté de quelques problèmes de variantes et d'identifications onomastiques, le motif subit une série d'adaptations et de retouches au fil du temps, dont on propose un échantillon, témoignant de la vitalité de ce motif et de la place importante que le motif occupe dans le merveilleux chrétien exploité par les épopées romanes.

Stefano Resconi, « L'image des croisades entre réalité historique et idéalisation courtoise dans le *Roman du Châtelain de Coucy et de la Dame de Fayel* »

Le *Roman du Châtelain de Coucy et de la Dame de Fayel* se déroule à l'époque de la Troisième Croisade, dont il offre une représentation très particulière. Au sein du roman, les références à cette expédition militaire en Outremer sont multiples et pas toujours explicites : l'auteur en restitue ainsi une représentation fabuleuse étroitement mêlée à l'idée d'une noblesse désormais légendaire, parfaitement courtoise, à l'image de celle représentée dans certains recueils de chants troubadours.

Peter W. EDBURY, "Medieval Legal Treatises from the Latin East in the *Langue d'Oïl*"

Une partie importante de la littérature écrite en français dans l'Orient latin est représentée par les traités juridiques. L'ensemble de ces ouvrages constitue un corpus consistant. Certains sont anonymes, mais ceux de Jean d'Ibelin, Philippe de Novare et Geoffroi Le Tor témoignent des compétences intellectuelles et littéraires de leurs auteurs.

Alice COLANTUONI, «Scrivere storia oltremare. Fonti e organizzazione narrativa nella *Chronique de Morée* (XIV s.)»

La préparation d'une nouvelle édition critique de la version française de la *Chronique de Morée*, conservée dans un manuscrit unique d'environ 1400 provenant probablement du Péloponnèse français, et dont le texte remonte aux années 1340 environ, a permis de relever une mise en texte en paragraphes probablement originelle, qui met en relief l'organisation narrative de l'œuvre et, parfois, l'utilisation de sources différentes de la part de l'auteur.

Daniele BAGLIONI, « La circulation du lexique dans le Levant médiéval. Le cas de Chypre »

Au Moyen-Âge, Chypre présentait un remarquable degré de multilinguisme : variété grecque locale, en diglossie avec la koiné panhellénique, français et latin de l'aristocratie, variétés italiennes (surtout le vénitien) des marchands. Les emprunts romans dans les chroniques grecques (XVe siècle) et les emprunts grecs dans les chroniques italiennes (XVe-XVIe siècle) montrent la vitalité des langues et l'évolution du répertoire linguistique de l'île entre le règne des Lusignan et la domination vénitienne.

Massimiliano GAGGERO, « Les premières phases de la transmission de l'*Eracles* »

L'étude de la vaste tradition manuscrite de l'*Eracles* reste en grande partie à faire. En se concentrant sur les manuscrits les plus anciens de cette compilation, datés de la seconde moitié du XIIIe siècle, cet essai met d'abord en lumière leur caractéristiques codicologiques et prend ensuite en considération leurs liens philologiques et leur place dans le stemma de la *Première Continuation*, tirée de la *Chronique d'Ernoul*, à travers l'étude d'une série d'échantillons de texte.

Anna Maria Di Fabrizio, «Da Oriente a Occidente. Alcuni indizi sulla circolazione nel Mediterraneo di due manoscritti della *Continuazione di Acri*»

Les manuscrits Firenze, Biblioteca Medicea Laurenziana, Pluteo LXI.10 et Boulogne-Sur-Mer, Bibliothèque Municipale, ms. 142 sont analysés en tant que témoins de la transmission de la *Continuation d'Acre* de l'Orient latin à l'Occident, en tenant compte à la fois des caractéristiques codicologiques et de la décoration et des traits de la *scripta*, qui présente des phénomènes de stratigraphie intéressants.

Luca Sacchi, «"*E de otras cosas que acaescieron estonces*". Dalla *Continuazione di Acri* alla *Gran Conquista de Ultramar*»

L'essai propose une comparaison entre la *Continuation d'Acre* et la version castillane de cette dernière, transmise par la *Gran Conquista de Ultramar* : les divergences entre les deux textes (dislocations, ajouts, omissions) permettent de mieux comprendre la qualité des matériaux historiographiques dont disposaient les traducteurs ibériques, en partie perdus ailleurs, ainsi que d'observer leur réception et réorganisation en fonction du nouveau contexte.

Pantalea Mazzitello, «I gallicismi nel volgarizzamento toscano dell'*Estoire d'Eracles*»

L'article propose une étude des gallicismes présents dans une traduction toscane de l'*Estoire d'Eracles*, (manuscrit Firenze, BML, Plut. LXI.45). L'étude analyse brièvement le manuscrit, et donne aussi une description des autres textes qu'il contient. Il propose ensuite une analyse des gallicismes, groupés en plusieurs catégories : courants, difficiles, rares et hyper-gallicismes. Quelques formes absentes des répertoires et des lemmes non traduits sont répertoriés.

TABLE DES MATIÈRES

COLLECTION « RENCONTRES »

Cette collection est le lieu d'accueil de recherches collectives, actes de colloques, mélanges, ouvrages de synthèse, en littérature et sciences humaines.

Retrouvez tous les titres de la collection en scannant ce code QR :

Et pour recevoir nos dernières actualités, abonnez-vous ici :

Achevé d'imprimer par Corlet,
Condé-en-Normandie (Calvados),
en Juin 2025
N° d'impression : 188200 - dépôt légal : Juin 2025
Imprimé en France